보험법 판례 강의

이 도서는 중화인민공화국 국무원신문사무실의 출판지원금을 받았습니다.

보험법 판례 강의

박 은 경 역

房绍坤 郭明瑞 总主编 史卫进 孙洪涛 编著

경성대학교출판부

보험법 판례 강의 **차례**

제 2 장 재산보험계약

제 3 장 인보험계약

제 4 장 보험대리계약

서언

법학은 실용성이 매우 강한 사회과학으로, 법학교육은 학생들이 실제상의 문제를 분석하고 해결능력을 배양하도록 함으로써 입법과 사법의 실무와 밀접한 관계를 유지하여야 한다. 이러한 목적을 달성하기 위해서는 기존의 법학교육방법과 교육내용은 반드시 개혁되어야 한다. 현재 각 고등법률원 학교가 광범위하게 채택하고 있는 사례강의법은 많은 개혁조치 중 가장 효과적인 방법의 하나이다. 법학교육의 수준을 제고하고 학생들의 실무능력의 강화를 촉진하는 사례강의법은 널리 보급하고 창달한 만한 가치 있는 교수방법이다.

우리는 2001년 산동성 교육청의 지원을 받아, 산동성 법학교육개혁 시범업무중 강의개혁프로그램을 맡게 되었다. 이 프로그램은 법학교육 개혁을 통하여, 법학전공강의를 질적으로 향상시키고 실제수요에 충분히 적용할 수 있는 법률인재 양성을 도모하였다. 이를 위해 이론적 기초를 강화하는 동시에 법학교육의 실천성을 특히 강조하여 각종방식으로 강의실수업과 보충수업 시에 사법실무와 밀접한 강의가 이루어지도록 하였다. 예를 들어, 졸업실습을 한 학기 배정하여 학생들이 사법절차의 실제를 완전히 파악할 수 있도록 하였을 뿐만 아니라, 사법실무종사자들을 학교로 초빙하여 사법실무경험을 설명하도록 하는 "법관논단", "검사논단", "변호사논단" 등을 개설하여 학생들의 사법실무에 대한 인식수준을 제고하였다. 그러나 이런 정도로는 부족하고, 학생들에게 일상적인 사례강의를 위한 자료를 제공하여야 할 필요가 있다고 생각한 것이 바로 사례강의교재이다. 사례강의를 하기 위해서는 좋은 교재를 구하는 것이 매우 중요한 데, 이것은 더할 나위 없이 좋은 사례교재의 기초적 작업이다. 현재 여러 곳에서 사례교재를 출판하고 있으나, 이들 교재는 대부분 단순한 사례분석에 그치고 있으며, 체계에 있어서도 '1사례 1주제'로 구성되어, 법률규정이나 법학이론과의 유기적인 결합이 부족하여, 학생들이 사례를 통해 현재의 법률규정과 관련 법학이론을 파악하기에 불리하다. 이에 우리는 북경대학교의 전폭적인 지원을 받아 완전히 새로운 법학사례교재를 집필하여 사례강의의 수요를 충족하고자 하였다.

질적으로 완성되고 특색 있는 사례교재를 집필하기 위하여, 먼저 광범위한 자료조사를 진행하여, 현행 모든 사례교재의 장단점을 분석하고, 각계의 의견과 건의를 수용하여 이 책이 법학교육의 개혁이란 요구에 보다 훌륭하게 적용할 수 있게 하였다. 이 교재는 다음과 같은 특징을 가진다. 첫째, 체계의 참신성이다. 각 주제별로 법학이론으로 실마리를 만든 후, 각각의 구체적인 사례문제를 사건개요, 쟁점사항, 법률규정, 학리분석, 연습문제의 다섯 가지 단계로 구성하였다. 이런 체계적 구성은 실무, 법률, 이론의 3자 결합을 보다 완전하게 구현할 수 있다. 둘째, 내용의 간결성이다. 이 교재는 간결한 언어로 문제, 사례해석, 법리설명을 함으로써 학생들로 하여금 일목요연한 파악이 가능하도록 하고 있다. 셋째, 법률규정의 긴밀한 결합성이다. 현재의 사례교재들이 종종 현행법과 거리가 있다는 결함을 가지고 있지만, 이 교재는 특히 현행법규정을 특별히 강조하여, 사례를 통해 학생들의 법률규정에 대한 이해를 도와 학생들 스스로 법률적용 능력을 강화하도록 돕는다. 넷째, 계발성이다. 이 교재는 매 주제별로 구체적인 이론문제의 설계상에 모두 연습문제를 두고 있다. 그 목적은 학생들에게 충분한 사고의 공간을 제공하여, 학생들이 이론과 법률규정의 분석을 운영하여 실제문제해결능력을 계발하도록 함에 있다.

이 교재는 房绍坤교수, 郭明瑞교수가 총집필자이며, 일정한 강의경험이 있고, 비교적 법학적 전문지식이 많은 학자들이 각 분야에 대한 집필을 함께 담당하였다. 우리가 사례교재 집필에 대한 경험이 부족하고, 사법실무경험이 없어 이 책에 타당하지 않은 부분이 있을 것이다. 많은 독자여러분의 비판을 통해 이 교재가 법학강의의 수요에 보다 잘 활용될 수 있기를 기대한다.

房绍坤, 郭明瑞

2003년 7월 1일

번역서를 출판하며

최근 중국의 경제적 영향력이 전 세계적으로 강대해지면서, 국내에서도 중국의 사회, 경제, 정치, 문화 전반에 걸친 관심과 연구가 활발하게 진행되고 있다. '법은 그 사회의 거울'이라는 법언에서 알 수 있듯이 사회경제체계에 걸친 모든 영역에서 법은 일정한 제도의 창출이나 정책의 수립에 있어서 근본적인 틀을 제공하고 있다. 따라서 한 국가의 법률체계와 구체적인 사실관계에 대한 법적용결과인 판례에 대한 광범위한 이해는 결국 그 국가의 정치, 경제, 사회, 문화 전반에 대한 보다 깊은 이해의 단초가 될 수 있을 것이라 생각해왔다. 결국 중국의 법률규정과 판례를 함께 공부함으로써 중국법에 대한 보다 폭넓은 이해를 도모할 수 있을 것이다.

중국은 개혁개방 이후 급속한 경제발전을 이룩하는 과정에서 필연적으로 재화와 인신에 대한 각종의 위험을 전가할 수 있는 보험제도의 급성장을 가져왔다. 보험계약관계를 규율하고 보험사업자를 감독할 법률의 필요성으로 1991년 중국 정부는 보험계약법을 단행법으로 제정하게 된다. 중국의 보험계약법은 선진각국 입법의 장점을 능동적으로 수용한 선진적 입법으로 평가받고 있으며, 약 20년간의 법적용을 통하여 시사성 있는 판결과 우리 법원에도 참고가 될 만한 중요 판결들이 다수 축적되어 있다.

보험법은 일상생활에서의 각종 위험을 전가하고 보험사고가 발생한 경우 보험자로부터 적절한 보상이나 급부를 받음으로써, 경제적 안정을 보장하는 보험제도에 대한 규율로서 보험계약자 혹은 피보험자로서의 지위를 누리게 될 일반인에는 매우 실용적인 법률규정이다. 법률이 조문으로만 존재하는 것이 아니라, 실제 생활에서 살아 움직이는 것이기 때문에 법학교육 역시 조문에 대한 해석론에만 머무르기 보다는 실제 적용을 통한 문제해결능력을 제고하는 방향으로 진행하고 싶었다. 그래서 중국 보험법에 대한 이해의 깊이를 더하면서 실용학문으로서의 보험법학을 강의할 수 있는 교재를 번역해보고 싶었던 마음에 북경대학의 서점에서 눈이 번쩍 뜨이는 책을 찾게 되었다. 역자가 선택한 원서는 중국의 로스쿨에서 법학의 실용성을 강조하면서 법학교육 역시 현실적 문제를 분석하고 해결하는 역량을 강화함에 있다는 전제하에서 최근 보험법판례에 나타난 보험법 이론을 강의하기 위한 목적으로 출간되었다. 보험법판례강좌를 위한 교재로 출판된 것이지만, 기존의 판례교재와는 달리 체계적인 특징을 가지고 있다. 우선 각각의 주제별로 보험법의 중요한 법리에 대한 기본적 설명을 한 후에 관련 판결의 사실관계와 판결요지를 간단히 소개하고, 주요 쟁점과 관련 법조문을 제시하여 학습자가 스스로 판결의 타당성여부를 판단하도록 하고 있다. 특히 각 주제마다 이해도를 점검하기 위한 연습용 사례문제를 제시하여 자율학습을 유도하고 있다는 장점을 가지고 있다.

중국의 많은 법학원(우리의 로스쿨)에서 보험법실무교재로 활용되고 있는 원서를 국내에서 번역 출판함으로써 우리 대학 뿐 아니라 중국법률과 실무에 관심 있는 국내 로스쿨설치 대학의 학생들에게도 중국보험법에 대한 깊은 이해를 도와줄 귀중한 자료가 될 것이라 믿는다.

하지만 중국법과 문화에 대한 전반적인 이해가 깊지 못한 데다 어학능력의 한계로 인하여 원서의 내용을 정확하게 이해하지 못하거나 전달에 부족한 부분이 많을 것이란 생각에 번역서를 세상에 내어놓기가 많이 부끄럽다. 그래도 용기를 낼 수 있었던 것은 중국정부의 번역출판 지원을 받을 수 있도록 물심양면으로 도와주신 우리 대학 출판부와 늦게까지 공부하는 아내와 엄마에게 항상 격려가 되어주는 가족들이 있었기 때문이다. 이 자리를 빌려 감사한 마음을 전한다.

끝으로 부족한 재주이지만 최선을 다하여 번역을 마친 이 책이 중국의 보험법과 보험판례에 대하여 관심을 불러일으키고 깊이 있는 연구에의 방향설정에 조금이라도 도움이 되었기를 바란다. 독자 여러분의 충고를 통해 보다 나은 번역서로 다듬어 나갈 것을 약속드린다.

박은경

2010년 8월 5일

대연동의 연구실에서

제 1 장 보험계약총론

제 1 절 보험의 개념

보험이란 보험자가 보험계약자로부터 갹출 받은 보험료로 보험기금을 마련하여, 피보험자가 자연재해 또는 우연한 사고로 인하여 입은 재산상의 손실을 보상하거나 인신사상, 질병 등으로 노동능력을 상실한 자에게 금선석 급부를 행하는 경제제도의 하나이다. 보험계약은 재산보험계약과 인보험계약으로 나눈다. 재산보험계약은 재산 또는 재산상의 이익을 보험계약의 목적으로 하는 것이고, 인보험계약은 사람의 생명이나 신체기능(의 완전성)을 보험계약의 목적으로 하는 것이다.

먼저 보험법상의 보험은 영리보험행위에 속하고, 이것은 보험계약자와 보험자의 양당사자가 계약자유의 원칙에 따라 보험계약을 체결함으로서 민사법률관계를 구성하는 것으로 영리를 목적으로 한다. 따라서 비영리목적의 보험행위는 이에 포함되지 않고, 기본사회보장을 위해 국가가 강제로 실시하는 특징을 가지는 사회보험이다.

다음으로 보험법상의 보험은 손실보상을 핵심으로 만들어진 사회보장제도이다. 즉 보험은 동일한 위험을 가진 다수의 사람이 그 위험이 발생하여 손실을 야기한 경우 보상의 수요를 만족시키기 위하여 합리적 계산에 따라 공동으로 출자하여 보상기금을 만들어 그 위험으로 발생한 손실을 보상하는 제도이다. 보험제도하에서 보험계약자는 보험자에게 청약과 함께 보험료를 납입함으로써 장차 담보된 손실위험을 보험자에게 전가하는 것이다.

1. 사건의 개요

선불제치과진료서비스회사(이하 회사)의 건강서비스 제공방법의 주요내용은 다음과 같다. (1) 회사는 우선 많은 고용주와 계약을 체결한다. 이들 고용주는 매월 회사에 일정한 비용을 지급하고, 그들의 피용자가 필요로 할 경우 특정한 치과진료를 받을 수 있음을 보증한다. (2) 동시에 회사는 치과와 계약을 체결한다. 치과는 위에서 설명한 치과진료서비스를 제공한다. 그러나 그 제공한 진료횟수에 관계없이 회사는 매월 치과에 대하여 일정한 비용을 지급한다. (3) 이 프로그램의 참여자는 오직 회사에서 지정한 치과에서 제공하는 진료만을 받을 수 있을 뿐이다. (4) 회사는 치과의사협회에 제3자이행보증서의 제공을 요구할 수 있다. (5) 이 프로그램은 우연한 사고로 인한 간병, 입원환자의 의료와 간호서비스는 제공하지 않으며, 소관구역 이외 혹은 문진의 의료서비스도 제공하지 않는다.

이러한 프로그램에 대하여, 미국 유타주의 보험위원회원은 이 프로그램이 유타주 법전에서 정의한 보험의 범위를 침범하고 있다고 생각하였다. 따라서 이 프로그램은 보험활동에 해당하므로, 회사가 보험감독위 건강유지부에서 업무에 대한 허가를 얻지 않았다면 영업활동을 할 수 없다고 판단하였다.

이에 회사는 소송을 제기하였고, 1심법원은 보험위원회의 조사결과를 지지하였으며, 회사가 치과협회 발행의 이행보증서를 요구하는 것은 이 협회가 이 프로그램에 존재하는 위험을 부담하는 형태를 보여주는 것이라 하여 회사의 청구를 기각하였다. 회사는 항소하였다. 항소심에서 항소법원은 보험의 정의에 근거하여 보험계약에서 말하는 위험은 보험료를 납부한 사람이 누구나 만날 수 있는 위험을 말하는 것으로 당해 계약에서 정한 우연한 사고가 발생한 경우 보험회사는 이 위험이 초래한 비용의 지급을 담보하게 된다. 명백하게 위에서 언급한 의료서비스회사의 프로그램 중에는 일정한 위험 즉 프로그램의 참여자에게 치과진료라는 수요가 발생할 수 있고, 이러한 위험이 프로그램의 모든 참여자에게 파급될 수 있지만, 치과진료서비스 프로그램이 보험이라 할 수는 없다. 왜냐하면, 이 프로그램의 위험은 회사가 부담하는 것이 아니기 때문이다. 즉 프로그램의 참여자가 진료서비스가 필요한가를 불문하고 회사가 치과에 지급하는 비용은 모두 일정하여 참여자가 진료서비스를 필요로 하지 않을 경우에 회사의 입장에서 보면 참여자가 보다 많은 진료서비스를 요구할 경우에는 결과적으로 동일한 비용으로 더 많은 서비스를 제공하게 되어 비용을 절약할 수 있게 된다는 것이다. 이는 회사가 결코 일정한 위험을 부담하는 것이 아니기 때문에 항소법원은 이 프로그램이 보험계약이라 볼 수 없다고 판시하였다.[1)]

2. 쟁점사항

보험계약은 일종의 손실보상계약으로, 장래에 우연한 사고가 발생한 경우, 일방당사자에게 반드시 손실이 발생할 위험이 존재하여야 하고 위험은 다른 상대방이 법정구속력에 따라 배분된 부담을 주는 것이다. 보험중 위험과 위험책임의 전가는 두 가지 기본요소이다. 만약 위험이 존재하지 않거나 존재하는 위험이 다른 사람(들)에게 전가되지 않는다면 그것은 보험이 아니다. 따라서 보험의 주요 구성요소는 위험

1) ≪一不小心成了保险公司≫, 君之, 北大法律信息网, http://www.chinalawinfo.com, 法律文献, 商法.

의 존재, 위험의 분배와 위험의 부담이라는 세 가지이다.

3. 법률규정

≪중국인민공화국보험법≫(이하 간단히 ≪보험법≫이라 칭함) 제2조 본법에서 보험이라 함은 보험계약자가 계약의 정하는 바에게 따라 보험자에게 보험료를 납부하고 보험자는 보험계약에서 정한 우연한 사고 발생으로 조성된 재산손실에 대하여 또는 피보험자의 사망, 상해, 질병 혹은 계약에서 정한 연령에 도달하거나 기한이 도래한 경우, 보험금지급책임을 부담하는 영업보험을 말한다.

4. 학리분석

보험의 구성요소는 다음과 같다. 첫째, 위험의 존재이다. "위험 없으면, 보험 없다."라는 보험격언은 특정한 위험의 존재가 보험성립의 전제가 되기 때문이다. 인류가 만나는 위험은 사망과 부상·질병 등의 인신위험, 재산위험, 법률위험의 세 가지로 나눌 수 있고, 또한 보험의 위험은 발생가능성, 불확정성 및 예측불가능성을 가지는 위험을 말한다. 둘째, 다수당사자의 협력은 보험의 기초이다. 다수당사자의 협력은 사실상 경제적 상호공제관계를 의미하며, 이것은 다수의 사회구성원이 보험에 참여하고, 공동으로 갹출된 보험료로 거액의 보험기금을 만들어 소수의 참여자에게 위험이 발생하여 손실을 입은 경우 즉각적인 보상이 이루어지도록 한다는 것을 의미한다. 따라서 보험이 정상적으로 유지되기 위해서는 보험계약자는 자신의 능력이 상당하는 보험료의 납부가 보장되어야 하며, 보험자는 보험료수입과 보험금지출이 동일하여야 한다는 원칙이 요구된다(수지상등의 원칙). 이는 상호공제관계의 유지를 가져올 뿐만 아니라 보험자로 하여금 충분한 보상능력을 갖추도록 한다. 이러한 목적의 달성은 과학적 방법과 정밀한 조직이 있어야 이루어질 수 있다. 셋째, 손실보상은 보험의 공통된 기능이다. 보험의 기능은 위험의 소멸이 아니고 역시 위험의 소멸은 불가능하다. 보험은 오직 보험계약자가 보험료를 지급한 대가로서 보험계약자가 부담하여야 할 위험손실의 기회를 보험자부담으로 전가한 것, 즉 장래 발생 가능한 사고의 발생 시 보험자가 위험손실에 대하여 보상을 하는 것이다. 재산보험과 인보험중 손실보상기능이 완전히 동일하지는 않다. 재산보험에 있어서 보험의 목적은 반드시 금전으로 평가 가능한 가치를 가져야만 하는데 손실보상원칙에 따라 경제보상이 행해지기 때문이다. 인보험에 있어서 보험목적은 사람의 신체, 건강과 생명은 금전으로 평가할 수 없어 일단 조건이 성취되면 약정한 금전을 지급하는 것으로 보상원칙의 작용영역이 아니다.

본 사례는 위험의 전가와 위험부담의 문제뿐만 아니라 위험의 존재여부에 대한 문제와도 관련이 있다. 회사와 치과사이에 존재하는 계약관계에 따라 회사는 영업허가증을 얻은 치과에 약정한 비용을 지급하는 이외에는 어떠한 위험도 부담하지 않으며, 회사가 치과에 지급하는 약정의 비용 역시 위험이라 볼 수는 없다. 이 회사의 프로그램 중에서 위험을 부담하는 것은 계약치과는 회사와의 계약에서 제3자이다. 비용이 일정한 상황 하에서 계약조건을 만족하는 것은 치과진료요구를 하는 사람이 많으면 많을수록 치과의 의료비지출은 높아진다. 치과가 이런 서비스를 제공할 수 있을까? 그렇지 않을 것이기에 회사는 제3자가 발급한 이행보증서로서 치과의 진료거부를 통제할 수 있는 권한을 장악하고 있는 것이다. 만약 치과가 계약상의 진료를 거부할 경우 이행보증서를 발급한 제3자가 계약상의 의무이행을 부담하게 되는 것이다.

미국 유타주 법전은 보험이 일종의 계약이며, 이러한 계약에 따라 일방은 확정적인 위험률에 따라 상대방의 손해를 보상하기 위하여 보험금의 지급 혹은 특정한 금전이나 이익을 지급하는 것이다. 이 규정에 따르면 보험의 세 가지 요소, 즉 위험, 피보험자가 가진 위험의 보험자에 대한 전가 및 위험에 대한 보험자의 책임부담의 요소가 명확히 표시되어야 한다. 그러나 이 사안에서 치과와 프로그램참여자 간에는 어떤 계약도 체결되어 있지 않으며, 위험은 회사의 중개를 통해 치과, 프로그램참여자와 이행보증을 제공한 제3자간에 위험전가가 이루어지고 있고, 이들 세 당사자는 이미 합리적인 감독체계를 형성하고 있는 것으로 볼 수 있어, 회사의 프로그램에 존재하는 계약은 보험이라 볼 수 없어 감독이 필요한 보험은 존재하지 않는 것이다.

5. 연습문제

1996년 4월 상순, A농촌신용사는 저축을 끌어들이기 위해 다액저축 상품을 발행하였는데, 그 액면가는 1,000원 인민폐(이하 '위안'으로 함)로 하고, 예금기간은 1년, 연이율 15%였다. A농촌신용사는 통장의 뒷면에 부기된 약관에서 '예금기간 내에 예금주가 상해 또는 질병으로 입원치료가 필요한 경우 현급(우리 행정구역상 '구'에 해당) 이상의 인민병원 입원치료증명서를 제출하면 원금과 예금만기시의 이자를 합한 전액을 사전에 지급할 수 있다.'고 규정하고 있다. 중국인민은행의 B성 지점에서 영업조사과정에서 이를 발견한 후 즉시 이 농촌신용사가 보험영업을 위반하였는가에 대한 조사에 착수하였다.

[문] 1. A농촌신용사의 고액통장에 부가된 약관조항은 보험이라 볼 수 있는가?

제 2 절 보험법의 효력범위

보험법의 효력범위는 보험법의 적용범위를 말하는 것이다. 이는 보험법의 공간적 효력, 대인적 효력 및 시간적 효력을 포함한다.

보험법의 효력이 미치는 사람의 범위에 대해서는 중국≪보험법≫제3조에서 '중국의 국경 내에서 보험활동에 종사하고자 하는 자는 본법의 적용을 받는다.'고 규정하고 있다. 이 규정에 따르면 보험법의 공간적 효력 즉 중국 내에서 발생한 각종의 보험영업행위에는 중국보험법이 적용됨을 알 수 있다. 그러나 ≪중국홍콩특별행정구기본법(이하 '홍콩특구기본법')≫과 ≪오문특별행정구기본법(이하 '오문특구기본법')≫의 규정에 따르면 부칙에서 특별행정구역에 적용되는 전국적인 법률을 제외한 기타 법률은 이들 특구에는 적용이 없다고 규정하고 있다. 중국보험법은 이들 특구기본법 부칙에서 규정한 범위에 포함되지 않기 때문에 그 적용이 없다할 것이다.

중국 내에서 보험영업에 종사하는 자는 모두 중국보험법의 관할을 받는다. 보험활동에 종사하는 주체에는 보험관리사무에 종사하는 보험관리인, 보험경영업무에 종사하는 보험자, 보험대리인, 보험중개인, 보험공증인, 손해사정인 등과 보험계약자, 피보험자 및 보험수익자까지 포함된다.

보험법의 시간적 효력에 대해서는 중국≪보험법≫제158조에서 "본법은 1995년 10월 1일부터 시행한다."고 규정하고 있다. 2002년 10월 28일 제9차전국인민대표대회상무위원회 제30차회에서 통과된 ≪중국보험법의 개정에 관한 결정(이하 '중국보험법개정결정')≫에서 "개정법의 효력발생시기는 2003년 1월 1일부터"라고 규정하였다. 따라서 1995년 10월 1일 중국보험법이 효력 발생한 시점부터 그에 저촉되는 모든 법률규정은 효력을 상실하게 되었으며, 2003년 1월 1일 개정보험법이 효력을 발휘한 날로부터 보험활동에 종사하는 모든 당사자는 개정보험법의 적용을 받게 되며, 개정보험법 시행 전에 발생한 보험행위에 대하여는 종전의 보험법이 적용된다.

1. 사건의 개요

원고 : 양보원, 남 35세, 신장 제3자동차운수회사 운전자

피고 : 중국보험회사생명보험유한회사(이하 '보험회사')

1997년 11월 30일 양보원과 보험회사는 3종의 보험계약을 체결하였다. 하나는 "내일을 위한 (99형)" 생명보험계약으로 보험금액은 1만위안이다. 또 하나는 입원비추가보험계약으로 보험금액은 2만원이고, 보험자의 책임기간은 1997년 11월 30일부터 1998년 11월 29일까지이다. 보험약관에서는 "본 보험의 유효기간 중에 피보험자가 보험료를 납부한 이후 보험자는 피보험자가 질병이나 상해로 입원치료를 받을 경우 보험금을 지급할 책임을 부담한다."고 규정하였다. 그 지급방법에 있어서는 "피보험자가 입원치료를 받을 때마다 우선 100위안의 치료비를 부담하고, 피보험자가 매 입원으로 지급한 치료비가 100위안을 초과하는 경우에는 보험자가 70%의 안분비례계산한 금액을 지급한다. 단, 간병비, 진찰비 등은 포함되지 않는다."라는 규정을 두었다. 마지막 세 번째 계약은 입원의료비보상특약보험계약으로 합계보험금액은 1만800위안이며, 보험기간은 1997년 11월 30일부터 1998년 11월 29일까지이다. 이 보험약관에는 "피보험자가 질병으로 입원치료를 받거나 상해사고일로부터 10일 이내에 입원치료를 받은 경우에, 보험자는 피보험자가 입원한 날로부터 입원비보험금을 지급하고, 매일 20위안의 보험금을 추가 지급한다."라는 규정이 있었다. 위 3종 보험계약 모두의

책임제한약관 중에는 피보험자가 국외에서 발생한 사고로 상해를 입고 입원함으로써 생긴 비용에 대하여 보험자는 보험금지급책임을 면한다는 약정은 없었다. 양보원은 보험계약을 체결할 때 자신이 외국화물운송업에 종사하고 있음을 명백히 고지하고 제1차 보험료 전액(1,239위안)을 납입하였다.

1998년 2월 1일 밤, 양보원은 트럭을 운전하여 중국에서 출발하여 카자흐스탄의 아라무트까지 화물을 운송하는 도중, 카자흐스탄 국경을 넘어 징치에라이크디두안에 도착할 무렵 날이 어둡고 길이 미끄러워 마주오던 화물차와 충돌하여 우측늑골이 골절되었다. 양보원은 아라무트정형외과에 14일 입원하였다가 귀국하여 제15국군병원에서 136일을 입원하여 치료비와 간병비로 4,365.79위안을 지불하였다. 양보원은 관련증빙자료를 첨부하여 보험회사에 보험금지급의 청구를 하였으나, 보험회사는 중국≪보험법≫제3조에 근거하여 이 사건은 보험자의 면책사유에 해당함을 이유로 보상을 거절하였다.

양보원은 입원비추가보험계약과 입원비특약보상보험계약의 규정에 따라 보험자는 입원비보험금과 입원비추가보험금 등 합계액 10,858.69위안의 보상책임이 있다는 주장을 하면서 지방법원에 소송을 제기하였다.

보험회사의 답변은 다음과 같다. "우리 회사는 원고와 보험계약을 체결하였으나, ≪보험법≫제3조에서는 중국 국내에서 보험활동에 종사하는 경우 본법을 적용한다고 규정하고 있으며, 보험법은 국내법으로 속지주의를 원칙으로 하고 있는바, 본 사건의 원고 양보원이 상해를 입은 사고는 국외에서 발생하였기 때문에 그 손해는 이른바 보험법의 보호를 받을 수 있는 손해에 해당하지 않는다. 또한 원고가 보험금청구 당시 카자흐스탄에서 입은 교통사고의 관련증명을 제출하지 못하였다. 따라서 우리 보험회사는 보험법의 관련 규정에 의거 보험금

지급책임이 없다."

제1심법원은 심리를 통하여 "원・피고 간에 체결된 보험계약은 유효하며, 원고 양보원은 보험계약의 유효기간 내에 보험사고가 발생하였으므로 피고보험회사는 약정한 보험금액의 지급책임이 있다고 판시하였다. 보험사고가 국외에서 발생하였으므로 우리(중국)보험법의 적용을 받을 수 없다는 피고의 주장은 법리상 이유가 될 수 없다. 원고 양보원이 계약 체결 시 보험회사에 대하여 화물의 국외운송업에 종사하고 있음을 명백히 고지하였으며, 쌍방의 보험계약 중에 피보험자가 국외에서 보험사고가 발생한 경우 보험자는 보험금지급책임을 면한다는 특별약정도 없었다. 따라서 보험회사는 양보원에게 입원비보험금과 입원비추가특약보험금 등 모두 10,828.70위안을 지급하라"고 판결하였다.

보험회사는 양보원이 고지의무를 위반하였으며, 상해사고가 국외에서 발생하였으므로 중국≪보험법≫제3조의 규정에 근거하여 양보원이 입은 상해는 보험법의 보호범위를 벗어나는 것이라는 등을 이유로 항소하였다.

2심법원은 중국≪보험법≫제3조의 규정은 보험법의 공간적 효력에 관한 규정으로 보험사고의 발생지에 관한 규정이 아닐 뿐만 아니라, 당사자 간에 피보험자가 국외에서 상해사고를 입은 경우 보험자의 책임을 면제한다는 약정을 체결하지도 않았으므로, 보험회사는 양보원에게 보험금 합계액 10,858.70위안을 지급하라고 판시하였다(보험금계산에 오류가 있음을 발견하여 보정을 요구하였다).[2)]

2) 周玉华, ≪最新保险法法理精义与实例解析≫, 法律出版社. 2003. 9-13页.

2. 쟁점사항

위 사안의 쟁점은 원고와 피고간에 체결된 보험계약과 보험사고발생 등 사실관계에 기초하여 보험회사가 제출한 항변이 이유 있는 것인가에 대한 판단 즉, 중국≪보험법≫제3조에 근거하여 양보원에게 발생한 보험사고가 중국 국경을 넘어 발생하였으므로 양보원이 입은 손해가 보험법의 보호범위를 벗어난 것이라는 주장이 합리적인 것인가의 여부에 대한 판단이다.

3. 법률규정

1) **≪보험법≫제3조** 중화인민공화국내에서의 보험활동은 본 법의 적용을 받는다.

2) **≪보험법≫제158조** 본 법은 1995년 10월 1일부터 시행한다.

3) **≪보험법의 개정에 관한 결정≫** 본 개정 법률은 2003년 1월 1일부터 시행한다.

4) **≪홍콩특별행정구역기본법≫제18조 제2항** 전국성 법률은 본법 부칙에서 정한 이외에는 홍콩특별행정구에 적용되지 않는다.

5) **≪오문특별행정구역기본법≫제18조 제2항** 전국성 법률은 본법 부칙에서 정한 이외에는 오문특별행정구에 적용되지 않는다.

6) **≪중국인민공화국계약법≫제126조** 섭외계약의 당사자는 계약의 분쟁해결에 적용할 법률을 선택할 수 있다. 그러나 법률로 다른 정함이 있는 경우에는 그러하지 아니하다. 섭외계약의 당사자가 선택을 하지 않은 경우에는 당해 계약과 가장 유사한 국가의 법률을 적용한다.

7) **중국보험감독관리위원회(이하 '중국보감회') ≪불법보험영업활동에 대한 공고≫**(보감공고 제56호, 2003. 9. 1.)

① 중국보험감독위원회의 비준을 얻지 않은 모든 외국보험단체가 중국 내에서 영업조직을 설립하거나 보험상품을 중국 내에서 판매하는 행위는 모두 위법하다. 중국보감회는 소비자가 사기를 당하지 않도록 주의를 환기하여야 한다.

② 보험가입의 필요가 있을 경우 소비자는 비준을 받아 중국 내에서 합법적 기구를 설립한 보험회사의 상품을 구입하여야 하며, 중국보감회 비준이나 인가를 거친 상품을 구매하여야만 하고, 보험판매원은 합법적인 영업자격을 구비하여야 한다.

③ 소비자가 불법적으로 보험활동에 종사하는 자를 발견한 경우에는 지체없이 중국보감회 및 그 지부 혹은 지역공상행정관리부나 공안기관에 신고하여야 한다.

4. 학리분석

보험법의 효력범위에 관한 문제는 보험법의 적용범위의 문제이다. 본 사안에서 다루어진 것은 ≪보험법≫제3조에 대한 이해와 관련된 것이다. ≪보험법≫제3조는 "중화인민공화국 내에서 보험활동을 영위할 경우에는 본 법의 적용을 받는다."고 규정하고 있다. 이 조항은 보험법의 효력범위에 관한 규정으로서 공간적 효력과 대인적 효력을 포함하고 있다.

본 사안에서 먼저, 보험계약의 주체와 관련하여 보면, 보험회사는 중국의 법인이며 피보험자는 중국국민으로서 이 사건 보험계약관계는 보험법에서 규정한 인적 관할 범위를 만족시키므로 보험법의 적용범주에 속한다. 다음으로 보험영업이 이루어진 장소를 중심으로 볼 때, 보험의 청약과 승낙, 보험금청구와 보험금지급책임의 발생지 모두 중국 내에서 이루어지고 있으므로 이 또한 중국 내에서 보험활동에 종사한다는 공간적 효력범주의 조건을 만족시키고 있다. 따라서 본 사건에는 마땅히 보험법이 적용되어야 한다.

보험사고가 국외에서 발생하였으므로 보험법의 적용이 되지 않는다는 보험회사의 주장은 ≪보험법≫제3조의 지역적 효력에 관한 내용을 보험사고발생의 지역범위로 오해한 것이다. 사실 양보원의 보험사고가 국외에서 발생한 것이지 혹은 국내에서 발생한 것인지 간에 보험자의 보험책임의 전제로서 보험계약의 효력에는 아무런 영향을 미치지 아니하며, 당연히 본 사건에 대해 보험법이 보험계약관계에 적용된다는 것은 근본적으로 영향을 받지 않는다. 또한 당사자 간에 피보험자가 국외에서 보험사고가 발생한 경우 보험자의 책임을 면제한다는 특별약정도 없었다. 따라서 제1심 법원과 제2심 법원의 판결은 모두 타당하다. 특히 제2심 법원이 ≪보험법≫제3조 규정의 의미를 정확하게 해석하여 밝힌 것으로 더욱 합리적이다.

5. 연습문제

1996년 1월 20일 광주A해운대리회사(이하 해운회사)는 자신이 소유하는 광주시 소재 부동산을 홍통 B보험회사(이 보험회사는 중국내 보험영업의 허가를 아직 얻지 못하였다)와 화재보험계약을 체결하였다. 보험금액 160만 홍콩달러, 보험기간 1996년 1월 20일 24시부터 1997년 1월 19일 24시까지, 보험자 면책사유로 천둥, 폭발, 방화로 인한 화재에 대해 보험자는 보상책임을 부담하지 않음. 보험계약에는 적용 법률에 대한 약정은 없었다. 1996년 7월 15일, 이웃한 창고의 폭발로 인한 화재로 해운회사 소유의 부동산이 소실되자, 해운회사는 보험회사에 대해 보험금지급청구를 하였으나, 보험회사는 폭발사고는 보험자의 면책사유에 포함되는 것임을 이유로 보상을 거절하였다. 해운회사는 이 보험계약이 섭외계약의 분쟁에 속한다는 것을 이유로 광주인민법원에 보험회사의 보험금지급책임을 명하는 판결을 구하는 소송을 제기하였다.

[문] 1. 해운회사의 소송청구는 성립되는가?

2. 본 사안에 중국보험법의 규정이 적용되는가?

제3절 보험계약의 성립

보험계약의 성립 또는 체결은 계약당사자가 보험계약상의 권리의무관계에 놓이게 되는 것을 말한다. 즉 보험계약이란 보험계약자와 보험자가 보험권리의무관계에 대한 협의를 약정하는 것이다. 보험권리의무 중 보험계약자는 보험계약에서 정한 보험료를 지급할 의무를 부담하며, 보험자는 손해배상책임 또는 보험금급부책임을 부담하게 된다. 중국≪보험법≫제13조에서는 보험계약자의 보험청약에 대하여 보험자가 동의 승낙함으로써 보험계약은 성립된다고 규정하고 있다. 보험자는 즉시 보험계약자에게 보험증권 기타 보험증명서 등을 발급하여야 하며, 이들 증권에는 보험계약당사자 쌍방이 약정한 계약의 내용을 명확히 기재하여야 한다. 당사자가 협의한 경우에는 제13조에서 정한 이외의 기타 서면으로 보험계약의 체결을 할 수 있다.

중국≪보험법≫제13조는 보험계약의 요식성에 대한 명확한 규정을 두고 있지 않기 때문에 보험계약은 채무계약의 속성을 가지는 것으로 당사자 쌍방의 의사표시의 합치만으로 보험계약이 성립된다고 보아야 한다. 즉 일방의 청약에 대해 상대방이 승낙함으로써 보험계약은 성립되고, 청약과 승낙의 의사표시가 특별한 방식으로 나타날 것을 요구하지 않는다.

보험자와 보험계약자는 보험권리의무에 대한 의사표시의 일치로서 보험계약은 성립되고, 보험증권 및 보험증명서의 작성과 교부는 보험계약의 성립에 대한 기재일 뿐이고, 계약당사자가 약정으로 보험증권 및 보험증명서의 교부를 보험계약성립의 조건으로 합의한 경우를 제외하고는 보험증권과 보험증명서가 보험계약성립의 증거서류가 된다.

1. 사건의 개요

1997년 9월 16일 A보험회사는 피보험자가 9월 9일 저녁 사망하였으며 보험금 30만원의 지급을 청구한다는 보고를 영업직원으로부터 받았다. 보험회사의 손해사정인이 조사한 바에 의하면, (1) 피보험자 양모(여)는 1997년 9월 9일 승용차 안에서 칼에 찔려 사망한 후 밖으로 버려졌으며, 의사는 양모의 사망시간을 9월 9일 밤 9시 경으로 추정하였다. (2) 1997년 8월 30일 양모는 청약서를 작성하여 평안장수보험금 15만 위안이 부가된 상해보험금 15만 위안의 보험계약의 청약을 하였다. 다음날 보험금액이 비교적 과다하여 영업사원은 회사의 규정에 따라 양모가 반드시 신체검사를 받아야 하며, 신체검사비용은 400위안으로, 신체검사에서 합격하고 보험자가 동의승낙을 하게 되면 400위안의 신체검사비용은 최초보험료의 일부로 전환됨을 알려주었다. 양모는 신체검사비용 400위안을 지급하였고 영업사원은 '생명보험료임시수령영수증'을 발급하였다. 9월 8일 양모는 회사에서 신체검사를 받고, 당시 영업사원은 그녀에게 회사의 규정에 따르면 보험료는 15,460위안이지만, 만약 신체검사결과에 문제가 있는 경우에는 보험가입이 거절되거나 보험료가 증액청구 될 수 있음을 설명하였다. 양모는 영업사원에게 증액될 보험료가 1,000위안의 범위 이내라면 영업사원이 알아서 처리해달라고 답하였다. 그리고 9월 10일 오후 5시 30분 양모의 집에서 보험료를 지급하기로 약정하였다. 9월 10일 오후 영업사원이 양모의 집에 보험료를 받으러 갔으나, 양모는 집에 없었고 그녀의 어머니가 그녀의 부탁으로 보험료 15,060위안(400위안의 신체검사비용의 보험료 전환 포함)을 지급하였고, 영업사원은 보험료 총액 15,460위안을 기재한 '생명보험료임시영수증'을 발급하고, 종전에 발급하였던 400위안에 대한 임시영수증을 회수하였다. (3) 9월 11일부터 12일까지 보험회사는 휴무일이었고 13일 영업사원은 보험회사에 보험료를 제출하였으나, 보험회사는 양모의 신체검사 결과에 따라 "우측어깨에 물이 고여 있는 증상으로 표준체에 비해 400위안의 추가보험료 납부가 필요한 것"으로 결론을 내렸다. 영업사원은 400위안의 추가보험료를 대신 납입하였다. 9월 15일 회사는 정식 보험증권을 발급하였는데, 이 증권에는 장수보험금 15만 위안, 부가 상해보험금 15만 위안, 의료비 5만 위안, 수익자는 양모의 딸 장씨, 보험기간은 1997년 9월 13일 12시부터 라고 기재되어 있었다. 으로 명백히 기재되어 있었다. 다음 날 영업사원이 보험증권을 전달하러 양모의 집으로 찾아갔다가 양모가 이미 사망하였다는 사실을 알게 되었다.

보험회사는 보험계약자가 1997년 8월 30일 청약서를 작성하여 영업사원에게 제출한 것은 청약행위에 해당하고, 보험회사가 신체검사결과와 청약서에 근거하여 1997년 9월 13일 피보험자에게 표준체 대비 추가보험료의 지급을 요청하였고 이는 반대의 청약에 해당하며, 영업사원이 양모의 위임에 근거하여 추가보험료를 대신 지급한 것은 승낙행위라고 인정하였다. 다만 피보험자인 양모가 1997년 9월 9일 밤에 이미 사망하였으며 이는 보험목적의 소멸에 해당한다. 따라서 보험계약은 성립되지 않았고 발급된 보험증권은 무효이므로 보험자는 보험금 지급책임이 없다. 보험자가 무효인 계약에 기초하여 취득한 보험료는 마땅히 보험계약자에게 반환하여야 한다. 보험회사는 서면으로 보험금

지급 거절을 통지하였고 피보험자 양모의 수익자는 이의를 제출하지 않았다.[3)]

2. 쟁점사항

본 사안의 쟁점은 양모가 사망할 당시 보험계약자와 보험자 사이에 보험계약이 성립되어 있다고 볼 수 있는가에 관한 것이다. 또한 이미 발급된 보험증권의 효력의 인정문제에 관한 것도 주의하여 살펴볼 부분이다.

3. 법률규정

1) **≪보험법≫제10조** 보험계약은 보험계약자와 보험자 사이의 보험권리의무관계 의사의 약정을 말한다.

2) **≪보험법≫제13조** 보험계약자의 보험청약에 대하여 보험자가 동의승낙한 경우 보험계약은 성립한다. 보험자는 즉시 보험계약자에게 보험증권 기타 보험증명서를 발급하여야 하며, 이들 증권에는 당사자 쌍방이 약정한 보험계약의 내용이 명기되어 있어야 한다. 보험계약자와 보험자의 합의가 있는 경우에는 위 규정의 증권 이외의 기타 서면의 형식으로 보험계약을 체결할 수 있다.

4. 학리분석

본 사안의 중요 쟁점은 보험계약의 성립여부에 대한 판단이다. 보험계약의 성립여부에 대한 판단은 이론적인 문제일 뿐만 아니라 실무상

3) 주옥화, 앞의 책, 83-84면.

으로도 중요한 의미가 있는 문제이다. 첫째, 보험계약의 성립여부에 대한 판단은 보험계약의 존재여부에 대한 확인을 위하여 필요한데, 만약 보험계약이 존재하지 않는다면, 그 이행, 변경, 양도, 해제 등과 같은 일연의 문제도 발생하지 않게 된다. 둘째, 보험계약의 성립여부에 대한 판단은 보험계약의 효력을 인정하기 위해서도 필요하다. 만약 보험계약이 처음부터 존재하지 않았다면 보험계약의 유효, 무효와 같은 보험계약의 효력문제는 논의할 필요조차 없기 때문이다. 따라서 보험계약의 성립과 보험계약의 효력발생은 구분하여야 할 중요한 문제이며 보험계약의 성립은 보험계약효력발생의 전제조건이다.

본 사안에서 보험계약이 성립되지 않았으므로 보험금지급책임이 없으며 보험료를 반환하여야 한다는 보험회사의 주장은 타당하다. 그러나 보험회사는 양모의 사망으로 보험목적이 소멸되었음을 이유로 보험계약이 성립되지 않았다고 판단하였지만, 이는 논리적으로 불완전하다. 보험계약에서 피보험자는 보험계약체결을 통하여 이미 보험자에게 보험목적의 멸실위험을 전가하였기 때문이다. 또한 보험회사가 보험계약이 무효라는 주장 역시 잘못된 것이다.

사실관계에 비추어 볼 때 보험계약이 성립하지 않았다고 볼 수 있는 이유는 다음과 같다. 첫째, 보험계약체결 당사자의 입장에서 본다. 보험계약자는 1997년 8월 30일 청약서를 작성하여 영업사원에게 청약서를 제출하여 보험계약의 청약을 하였고, 보험자는 신체검사결과와 보험청약서에 기초하여 1997년 9월 13일 피보험자에게 추가보험료의 지급을 요구하는 반대의 청약을 하였으며, 영업사원은 양모의 수권에 따라 추가보험료를 대신 납입한 것은 승낙행위라 볼 수 있다. 그러나 승낙자인 양모가 9월 13일 영업사원이 양모의 수권에 따라 보험계약을 승낙하기 전인 9월 9일에 이미 사망하여, 9월 13일 영업사원은 양모의 수권에 기한 승낙을 성립시킬 수 없다. 소위 보험계약은 전혀 성립되지 않았다. 둘째, 보험회사가 인정한 바와 같이 피보험자인 양모는 이미 9월 9일 사망하여 보험목적의 멸실로 보험계약을 성립으로 이끌 수 없다.

또 하나 살펴보아야 할 것은 보험회사가 이미 발급한 보험증권이 무효임을 주장하면서 보험계약이 성립하지 않았다는 주장은 논리적으로 모순된다는 점이다. 중국계약법의 규정에 따르면 무효인 계약은 이미 성립된 계약의 효력을 소급적으로 무효로 되는 것이다. 보험계약이 전혀 성립되지 않았기 때문에 보험증권의 무효라는 문제는 발생할 여지가 없다. 따라서 본 사안에서 이미 발행된 보험증권이 계약의 형식을 구비하고 있더라도 계약체결과정에서 당사자의 일방이 사망하였고 보험목적의 멸실로 법률적 요건을 구비하지 못하여 보험계약은 성립되지 않은 것이지 보험계약이 무효인 것은 아니다.

5. 연습문제

1995년 5월 19일 이모는 청약서를 작성하여 모생명보험회사에 대해 보험금액 20만 위안, 상해보험특약보험금액 20만 위안의 홍복생명보험의 청약을 하였다. 보험회사 영업사원은 이모에게 보험회사 규정에 따라 신체검사를 진행하여야 하며, 신체검사비용은 200위안이며, 신체검사에 합격할 경우 년 보험료는 4,200위안이며 보험료납입기간은 10년이라고 고지하였다. 이모는 신체검사에 동의하고, 검사비용 200위안과 최초보험료 4,200위안을 지급하였고, 영업사원은 검사비 200위안과 4,200위안에 대한 '보험료수령임시영수증'을 발급해주었다. 이모는 5월 25일 보험회사에 도착하여 신체검사를 받았다. 5월 28일 보험회사는 신체검사에서 '비장비대증'이라는 결과에 따라 년 보험료 560위안의 추가지급을 요청하였고, 영업사원이 스스로 560위안의 추가보험료를 대체지급하자 보험회사는 당일 보험증권을 발급하였다. 보험증권에는 홍복생명보험금액 20만 위안, 상해특약보험금액 20만 위안, 수익자 공란, 홍복생명보험증권의 발급일로부터 180일이 되는 날 효력을 발생하며, 상해특약보험의 보험기간은 정해져있지 않았다.

영업사원이 6월 2일 이모에게 보험증권을 교부하고 추가 지급한 560위안의 반환을 청구하였으나, 이모는 자신이 사기를 당하였다며 560위안의 지급을 거절하고, 보험증권을 남겨두면 자신이 알아서 보험계약을 취소하겠다고 하였다. 영업사원의 요구에 따라 이모는 "보험증권을 받았으나 추가보험료 560위안에 동의하지 않고 보험계약의 취소를 요구한다."라는 메모를 적어주었다. 6월 3일 이모는 보험회사로 가던 길에 교통사고로 사망하였고, 이모의 부인은 보험증권의 내용에 따라 보험회사에 상해보험금 20만 위안의 지급을 청구하였다.

[문] 1. 보험계약이 성립하였는가? 그 이유를 설명하시오.

2. 보험회사는 보험금지급책임이 있는가? 그 이유를 설명하시오.

제 4 절 보험계약의 효력발생

보험계약의 효력발생과 보험계약의 성립은 서로 다른 개념이다. 보험계약의 성립은 계약당사자가 보험계약의 주요내용에 대하여 상호협의에 도달하는 것인 반면, 보험계약의 효력발생이란 계약당사자가 이미 발생한 법률상의 구속력에 따라, 상대방에게 계약의 내용에 부합되는 의무의 이행을 요구하는 것을 말한다. 보험계약의 성립과 보험계약의 효력발생의 관계에서 보험계약의 성립은 효력발생의 전제조건으로 표현된다. 그러나 보험계약의 성립이 곧 보험계약의 효력발생을 의미하는 것은 아니다. 왜냐하면 보험계약의 효력발생은 다음과 같은 두 가지 상황에 따라 달라지기 때문이다. 하나는 보험계약이 성립하면, 즉시 효력을 발생하고 당사자 쌍방은 바로 계약관계에 기한 권리를 누리고 의무를 부담하게 되는 경우이다. 또 다른 경우는 보험계약이 성립 후 바로 효력을 발생하는 것이 아니라 보험계약에서 정한 계약 효력발생의 요건이 성사되거나 기한이 도래한 때에 비로소 효력을 발생하는 것이다.

보험계약의 효력발생 요건에 관하여는 ≪민법통칙≫제55조에서 "민사법률행위는 반드시 아래의 요건을 갖추어야 한다. (1) 행위주체의 민사행위능력이 있어야 하고 (2) 의사의 표현이 진실하여야 하고 (3) 법률 혹은 사회공공의 이익에 반하지 말아야 한다."라고 규정하고 있다. 또한 ≪계약법≫제9조에서 "당사자가 계약을 체결할 때에는 권리능력과 행위능력을 갖고 있어야 한다." 고 규정하고 있다. 따라서 보험계약의 당사자도 계약체결에 대한 능력이 있어야 하며, 보험계약의 내용은 보험계약당사자의 진실한 의사의 표현이어야 한다. 또한 법률과 사회공공의 이익에 반하지 말아야 한다는 것이 보험계약이 효력을 발생하기 위한 요건이라 정리할 수 있다.

1. 사건의 개요

1997년 5월 22일 江阴市 모 상가는 강음보험회사에 보험을 가입하면서 보험청약서를 작성하였다. 당시 보험에 가입한 것은 상가 2공구, 3공구의 영업장과 영업장 내 재산이었고, 보험금액은 350만원, 보험료는 8,750위안이었다. 보험자의 책임기간은 1997년 5월 23일부터 1998년 5월 22일 까지였다. 그중 2공구의 영업장에 대한 보험금액은 100만위안, 영업장내 재산보험금액은 50만 위안이었다. 그 다음날 상가는 보험료의 납기를 1998년 3월말에 지불하도록 연기하여 줄 것을 제시하였고, 보험회사는 구두로 동의한 후 상가에게 8,750위안의 보험료 영수증을 발급하고 보험청약서를 작성한 후, 보험증권은 보험회사가 보관하였다.

1998년 3월 20일 오전, 상가 2공구의 영업장이 폭설로 인하여 무너지면서 사망 2인, 상해 2인, 285만 위안의 직접적인 경제손실이 발생하는 사고가 일어났다. 이에 보험회사는 아직 이 사건의 보험계약이 성립되지 않았다고 주장하자, 상가는 인민법원에 소를 제기했다.

보험회사는 자신이 상가에 대하여 보험증권을 발급하지 않았으므로, 상가는 자신과 보험계약을 체결하지 않았으며 보험청약서를 작성하는 보험가입의 의사표시에 불과한 것으로, 이러한 행동만으로 보험계약이 성립되었다고 말 할 수는 없기에 상가는 보험회사에 대한 손해보상의 권리가 없다고 주장하였다. ; 또한 상가는 보험료를 납입하여야 하는 법률적 의무를 이행하지 않았으며, 보험자가 발행한 보험료영수증은 보험료를 영수하는 하나의 방법이다. 보험계약자가 보험료지급을 거절한 후 어떤 기회를 이용하여 부당한 방식으로 이익을 얻는 것을 계획했기에 그 행위는 사적자치와 신의성실의 보험원칙을 위반한 것이다.

강음법원은 사건을 심리한 후 다음과 같이 판시하였다. 즉, 상가와 보험회사는 협상을 거친 후 보험회사의 도움을 받아서 보험청약서를 작성하였고, 그 보험청약서에는 보험목적, 보험금액, 보험료, 보험자의 책임기간 등에 관해서 명확한 약정을 하였다. 보험회사는 보험청약서를 접수한 후 상가에 보험료 영수증을 발급했고, 그 영수증에 기재된 보험증권번호와 보험료금액은 보험증권과 일치한다. 비록 보험회사가 상가에게 보험증권을 발급하지는 않았지만, 위에 열거한 증거는 쌍방의 행위가 진실한 의사의 표현이라는 것을 증명할 수 있어, 상가와 보험회사 사이의 보험계약은 성립되었을 뿐만 아니라 이미 효과를 발생했다고 보아야 한다. 상가가 보험료를 지불하지 않은 상황에서 보험회사는 보험료 영수증을 발급하고 지불기한은 정하지 않았으므로 보험회사는 상가의 보험료지급 연장에 동의했다고 보아야한다. 보험계약이 효력을 발생하였다면, 계약당사자 쌍방은 각자의 의무를 이행해야 되는데 상가는 마땅히 약정에 의해 보험료를 납입하고 규정된 기한을 넘겨서 지불한 것의 위약책임을 져야하고 보험회사는 보험보상의 책임을 져야 한다. 보험회사가 주장하는 이유는 인정될 수 없다.

이로서 법원은 보험회사에 대하여 상가에게 보험금 89만4천 위안을 지불하는 한편, 상가는 보험회사에 대해 보험료 8,750위안과 지연이자를 지불하여야 한다고 판시하였다.[4)]

2. 쟁점사항

본 사례와 관련된 쟁점사항은 모두 세 가지이다. 첫째는 보험자가 보험계약자에게 보험증권을 발급하지 않은 상황 하에서 보험계약이 성립되느냐 하는 것이고, 둘째는 이 경우 보험계약이 효력을 발생하느냐고, 셋째는 보험계약자가 보험료를 납부기한에 따라 납입하지 않는 경우 보험계약의 무효를 초래할 수 있는가이다.

3. 법률규정

1) **≪보험법≫제13조** 보험계약자가 보험가입의 청약을 하고 보험자가 이에 대하여 동의승낙을 하면 계약내용에 대한 협의가 이루어진 것으로 보험계약은 성립된다. 보험자는 지체없이 보험증권을 발행하거나 기타 보험가입의 증거서류를 발급하여야 하고, 보험증권 혹은 기타 보험증거서류에는 당사자 쌍방이 약정한 계약의 내용을 기재하여야

4) 周玉华, ≪最新保险法法理精义与实例解析≫, 法律出版社. 2003. 68-70页.

한다. 보험계약자와 보험자가 협의한 경우에는 전항의 방법이외에 기타 서면 형식으로 보험계약을 체결 할 수도 있다.

2) **≪중화인민공화국민법통칙≫(이하 ≪민법통칙≫)제55조** 민사법률행위는 마땅히 아래의 조건을 구비해야 한다. ① 행위자는 상응한 민사행위능력을 구비해야 한다. ② 의사표현은 진실해야 한다. ③ 법률 혹은 사회공공이익을 위반해서는 안 된다.

3) **≪계약법≫제9조** 당사자는 계약을 체결할 때 민사권리능력과 민사행위능력을 구비해야 한다.

4. 학리분석

위 사안을 분석하고 처리하기 위해서는 우선적으로 보험계약이 성립하였는가의 여부를 판단하여야 한다. 보험계약의 성립이란 계약 당사자가 보험계약의 주요조항에 관하여 의견의 일치에 이르는 것을 말한다. ≪보험법≫에 따르면 보험자가 아직 보험계약자에게 보험증권을 교부하지 않았다고 해도 이는 보험계약의 성립에는 영향이 없다. 보험계약은 당사자 일방이 보험가입의 의사를 밝히고(청약), 상대방이 이에 승낙을 함으로써 성립하기 때문이다. 일반적으로 보험회사가 보험계약자에게 청약서를 제공하는 것은 청약의 유인이고, 보험계약자가 청약서의 기재사항을 기재하는 것은 청약이며, 이에 대한 보험자의 동의가 승낙으로 된다. 이 사안에서 보험계약자가 청약서에 보험목적, 보험금액과 보험료 등의 내용을 기재하여, 이미 확정된 상황이며, 보험자가 발급한 보험료영수증 역시 이 사실을 증명하고 있으므로, 보험계약자의 청약서 작성행위와 보험자의 보험료영수증 발행행위는 보험계약의 성립을 증명하기에 족하다. 따라서 심리법원은 보험계약이 성립하였다는 주장은 정확한 것으로 판시하였다.

다음으로 보험계약이 효력을 발생하였는가에 대한 문제이다. 소위 보험계약의 효력발생은 보험약관이 당사자 쌍방에 대해 법률상의 구속력을 발생시켜, 당사자가 계약을 준수하고, 계약상의 모든 의무를 전면적으로 이행할 것을 요구하는 것을 의미한다. 이 사안에서 보험자가 보험계약자에게 보험증권을 발행하지 않았다고 해서 보험계약의 효력에 영향을 미치지는 않는다. 이것은 보험증권의 법적 성격에 의해서 결정된다. ≪보험법≫에 따르면 보험증권은 보험계약의 내용을 기재한 증거증권이기 때문이다. 이론상으로도 보험증권은 보험계약자체가 아니며, 보험계약의 성립여부를 판단하는 지표도 아니라는 것이 통설이다. 보험증권의 법률적 성격은 첫째는 보험계약의 성립을 증명하는 것이고, 둘째는 구두 혹은 서면형식으로 체결된 보험계약의 내용을 확인하는 것이고, 셋째는 당사자가 가지는 보험권리와 의무의 근거가 되는 것이며, 넷째는 특정된 상황 하에서 유가증권으로서의 속성을 갖고 있다고 정의할 수 있다. 따라서 보험증권이 발행되었는가의 여부는 보험계약의 효력에 영향을 미치지 못한다. 심리법원이 충분한 증거에 의하여 보험계약이 성립하고, 또 효력이 발생하였다는 전제하에, 보험자가 보험증권이 발급되지 않았으므로 보험계약이 효력을 발생하지 않았다는 항변을 받아들이지 않은 것은 정확한 것이다.

이 사건에서 쟁점이 된 또 다른 문제는 보험계약자가 보험료의 납입을 지체하였다는 사실에 기초하여 보험자는 보험계약이 무효라는 주장을 할 수 있는가에 관한 것이다. ≪보험법≫제14조는 보험계약 성립 후 보험계약자는 약정한 보험료를 납부하여야 하고, 보험자는 약정한 시간에 보상책임을 부담하게 된다고 규정하고 있다. 재산보험에서 약정보험료의 납부를 보험계약의 효력요건으로 정하는 외에 보험료의 납입지체는 재산보험계약의 효력에 영향을 미치지 아니한다. 이 사안에서 상가가 부보한 위험은 재산보험기본위험으로서 ≪재산보험기본

보험약관≫제20조에 의하면 보험계약자는 보험계약의 효력발생 전에 약정한 보험료를 납입하여야 함을 규정하고 있다. 동 약관 제25조에서 보험계약자가가 전항의 의무를 위반한 경우에 보험자는 보험보상을 거절하거나, 혹은 보험계약의 해제통지서 송달이후 15일 경과 시 보험계약이 종료하는 것으로 규정하고 있다. 이상의 규정에 의할 때, 보험계약자인 상가가 보험자로부터 보험료영수증을 발급받은 후 보험자에게 8,750원의 보험료를 납부하지 않았다면 보험계약은 효력을 발생한다고 할 수 있는가? 이에 대하여 법원은 보험료의 납입지체는 보험계약의 효력에 영향을 미치지 않는다고 보았다. 비록 보험약관의 규정에 보험계약자는 보험계약의 효력 발생 전에 보험료를 납부하여야 한다고 규정하고 있다 할지라도, 그리고 보험계약자인 상가가 보험료를 납부하지 않았다는 사정에도 보험자가 보험료영수증을 발급하였다는 것은 보험자가 상가의 보험료 납입지연에 대하여 동의한 것으로 보아야 한다. 따라서 이 계약의 당사자 간에 이미 보험료에 대하여 의사의 일치가 있었다면, 실제로 보험료의 지급이 없었다 할지라도 보험계약의 효력에 영향을 미치지 않는다.

5. 연습문제

1998년 7월 9일 모 화공공장의 공장장과 모 재산보험사 영업사원은 직접상담을 통해 재산보험계약을 체결하였다. 공장장은 그날 오후 청약서에 보험기간을 1998년 7월 9일 12시부터 1999년 7월 8일 12시까지로 기재하고 화공공장의 인감을 압날하였다. 9일 오후 5시 홍수로 제방이 무너져 공장의 작업장이 침수되어 250여원의 경제적 손실을 입게 되었다. 10일 보험회사는 공장에 보험증권을 발행하였는데, 이 증권에는 보험기간이 1998년 7월 10일 0시부터 1999년 7월 9일 24시까지로 기재되어 있었다. 보험증권에는 보험목적, 보험금액, 보험료, 보험자의 책임범위 등 기타의 사항이 기재되어 있었다. 화공공장은 8월 18일 보험료를 납부하였다. 8월 20일 화공공장이 보험회사에 대하여 보험금지급청구를 하였으나, 보험자는 이 건 침수손해가 보험자의 책임기간 이전에 발생한 것이란 이유로 사고조사와 손해액의 산정 및 보험금지급을 모두 거절하였다. 화공공장은 보험회사가 사전에 약정한 보험기간을 제멋대로 수정하였음을 이유로 보험회사의 지급책임을 명하는 판결을 구하는 소송을 제기하였다.[5)]

[문] 1. 재산보험계약은 효력이 있는가?

2. 화공공장의 소송은 받아들여질 것인가?

제 5 절 보험계약자의 고지의무

고지의무란 보험계약의 체결 시에 보험계약자가 보험자에 대하여 중요한 사실에 관하여 진실하게 설명하여야 할 의무를 말한다. 고지의무는 보험계약의 성립 전에 보험계약자가 부담하여야 하는 법률상의 특수한 의무로서 보험계약자의 고지의무 또는 계약 전 고지의무라고도 부른다. 고지의무의 입법상의 근거로는 보험계약의 기술성으로 인하여 특별하게 요구되는 것이라는 점을 들고 있다. 즉, 보험자가 인수하고자 하는 위험은 불확정한 상태의 위험으로 오직 보험계약자만이 이 위험에 관한 중요한 사실을 알고 있기 때문에, 보험계약자가 사실대로 알려주어야만 비로소 보험자는 보험목적물의 위험발생정도를 정확하게 평가할 수 있고, 합리적인 보험료를 계산할 수 있게 된다는 점

5) 史学瀛, 郭宏彬：≪保险法前沿问题案例研究≫, 中国经济出版社, 2001, 19-20页.

때문이다. 보험계약자의 고지의무는 보험계약의 체결 전에 보험목적물이나 피보험자의 상황에 대한 보험자의 질문에 대하여 사실대로 알려주어야 한다는 형태로 규정되어 있다. 고지의무는 보험계약자의 법정의무이고, 보험계약자가 이를 위반할 경우 보험자는 보험계약을 해제할 권리가 있다.

보험계약자의 고지의무는 보험계약 체결 시에 이행되어야 하며, 보험자가 질문한 사항에 대하여 진실하게 알려주어야 한다. 즉 보험계약자는 보험계약 성립 시까지 보험자의 질문에 대하여 사실을 고지하여야 하고, 사실을 은닉하거나 과실로 부실기재를 한 경우 혹은 고의로 부실의 설명을 하는 것은 모두 고지의무 위반을 구성한다. 고지의 이행방식은 구두, 서면, 혹은 기타 보험자가 명확히 인식할 수 있는 형식이면 무방하다. 그리고 보험계약자의 고지의무는 보험계약의 체결 시에 이행하면 되고, 보험계약이 성립 후, 보험계약의 부활시, 보험계약의 변경 시에는 보험계약에서 따로 정하는 외에는 별도의 고지의무를 부담하지 않는다.

보험계약자가 보험계약체결 시 고지의무를 위반한 경우의 법률적 효력은 보험계약자의 은닉, 누락, 부실설명이 보험자 보험계약의 승낙여부나 보험료의 결정에 영향을 미친 경우라면 보험사고의 발생여부를 불문하고 보험자는 보험계약을 해제할 수 있다. 다시 말해 보험계약자가 고의로 진실을 은닉하거나 진실한 고지를 하지 않거나 혹은 과실로 부실의 고지를 하여 보험자의 보험계약의 인수여부 또는 보험료의 결정에 영향을 준 경우라면 보험자는 보험계약해제권을 가지게 된다는 것이다. 보험계약자가 고의로 고지의무를 위반한 경우에는 보험자는 보험계약 해약 전에 발생한 사고에 대해 배상 혹은 보험금 지급책임을 지지 않을 뿐만 아니라 보험료를 환불하지도 않는다. 보험계약자가 과실로 고지의무를 위반한 경우에는 보험사고의 발생에 중대한 영향을 준 경우 보험자는 보험계약의 해제 전에 발생한 사고에 대하여 배상책임이나 보험금지급책임을 면하지만 보험료는 반환하여야 한다.

한편, 보험계약이 성립한 후에는 보험계약자와 피보험자 또는 보험수익자는 다음과 같은 통지의무를 이행하여야 한다. 첫째, 보험사고가 발생한 경우 지체없이 통지할 의무가 있다. 둘째, 자료를 제공할 의무가 있다. 즉 보험사고가 발생한 후 보험계약에 따른 보상이나 보험금을 지급할 때 보험계약자, 피보험자 혹은 보험수익자는 마땅히 보험자에게 보험사고의 성질, 원인, 손실정도를 확인 할 수 있는 관련된 자료를 제공해야 한다. 하지만 자료를 제공하는 의무는 보험계약자, 피보험자 혹은 보험수익자가 제공할 수 있는 자료에 한해서이다. 셋째는 위험정도의 증가에 대한 고지 의무이다. 즉 보험계약의 유효 기간 내에 보험목적의 위험정도가 증가한 것에 대해 피보험자는 계약에 의해 마땅히 보험자에게 제때에 알려야 하고 보험자는 보험금을 증가하거나 계약을 해약할 권리가 있다. 피보험 인이 전항에 규정한 고지 의무를 이행하지 않아서 보험목적의 위험정도의 증가에 의해 발생한 보험사고는 보험자가 배상책임을 지지 않는다. 이상의 통지의무는 협정후의 통지 의무에 속하고 보험계약자, 피보험자 혹은 보험수익자가 협정 후 통지의무를 이행하지 않을 경우 협정시의 고지 의무를 위반해서 나타나는 법률적 효과는 부여하지 않는다.

1. 사건의 개요

청웡풍은 1996년 8월 20일 모 생명보험회사와 '홍복양로보험'에 의외상해보험을 추가한 계약을 체결했는데 보험금액은 50만 위안과 100만 위안이고 그의 자녀 청쑤쑹을 보험수익자로 지정하고 최초보험료를 연납으로 지불했다. 8월 23일 청웡풍은 미성년자녀 2명과 함께 일

주일동안의 일본단체여행에 참가하여 일본에 여행하러 갔다. 8월 25일 오후 7시경 숙박한 일본 동경구 동경여관 6층 673실에서 청웡풍은 속이 메스껍다고 말하면서 창문 쪽으로 윗몸을 내밀다가 조심하지 않아 창가로부터 13.1미터 떨어진 베란다에 떨어져 현장에서 사망하였고, 동경 경찰은 검시서와 검증서를 발급했다. 보험수익자 청쑤쑹이 보험회사에 보험금지급청구를 하였으나, 생명보험회사는 청웡풍이 1994년에 '초조심'으로 그해 10월 8일에 모 병원에서 치료를 받았음에도 불구하고, 보험청약서상 "피보험자 고지사항"중 "당신이 지금 앓고 있거나 혹은 예전에 앓았거나 혹은 치료를 받았거나 혹은 다음과 같은 자각증상 : 신경 혹은 정신적 비정상이 있는가"라는 질문에 관하여 "아니라"고 대답했다는 등의 이유를 들어, 보험계약자가 진실하게 고지하지 않은 사실이 있으므로 보험계약을 해제하기로 결정하고 보험금을 지불하지 않았다. 청쑤쑹은 법원에 소송을 제기했다.

법원은 심리 후에 다음과 같이 판시하였다. : 즉, 보험계약자가 고지의무를 이행하지 않은 것은 당연히 보험계약에 해약 되는 것은 아니고 보험계약자가 진실하지 못하게 설명한 것이 다음의 요건에 부합하여야만 보험자가 보험계약을 해제 할 수 있다. (1) 중요한 사항에 대해여 불실하게 고지해야 한다. (2) 부실한 고지가 보험계약자의 주관적인 고의 혹은 과실에 의한 것이어야 한다. (3) 객관상 존재하는 사실 혹은 보험자가 알거나 마땅히 알아야할 사실이 아니어야 한다. 본 사례 중 청웡풍이 보험청약서의 질문 사항중의 "당신이 지금 갖고 있는지 혹은 예전에 있었거나 혹은 치료를 받았거나 혹은 자기느낌으로 이하의 증상 : 신경 혹은 정신 비정상"의 문제와 "과거 10년 내에 당신이 질병을 갖고 있거나 혹은 어떤 병원에서 치료를 받은 적이 있는가?"에 관한 질문에서 모두 "아니"라고 대답을 했다. 이 질문은 피보험자의 건강상태에 관한 질문으로서 중요한 사항이라고 보아야 한다. 청웡풍이 비록 예전의 1994년 8월에 모 병원에 초조심정신병을 치료 받은 적은 있지만 1996년 8월 20일에 생명보험에 가입을 하면서 시간은 이미 일 년하고 10개월이 흘렀고 보험가입서 중에서 건강 상황에 대한 사항의 문제에 아니라고 대답한 것은 청웡풍이 부실하게 고지했다거나 고의 혹은 과실로 병을 숨긴 것이라고 판정하기는 어렵다. 또한 이 사안에서 보험계약자의 보험가입 금액이 150만 위안에 달하고 생명보험 회사가 청웡풍이 건강상태에 대한 대답에 대하여 아무런 조사도 하지 않고 바로 보험가입에 대해 보험을 승낙했을 뿐만 아니라, 피고는 본 사례 소송 중 조사를 거쳐 피보험자가 1994년 10월 기간에 모 병원의 질병 치료했다는 것은 생명보험회사가 만약 보험계약자가 보험을 가입할 때 조사를 했다면 마땅히 알 수 있었을 사실이다. 따라서 생명보험회사는 보험계약자가 보험 가입할 때 조사를 통하여 알 수 있었던 사실에 대하여 더 조사하지 않았음은 분명하고, 이렇게 보험계약자의 보험가입을 받아들인 것은 보험자의 확연한 과실이므로, 보험계약자의 부실고지를 이유로 보험금지급책임을 미루어서는 안 된다. 이 사안에서 청웡풍이 비록 고지를 부실하게 했지만, 보험회사가 충분히 알 수 있었던 사실에 대한 조사 없이 과실로 보험청약을 받아들였으므로 보험사고가 발생 후 당연히 이것을 증거로 보험금지급을 거절해서는 안 된다. 법원은 생명보험회사가 청웡풍에게 보험금 150만원을 지불해야 된다고 판결했다.[6)]

2. 쟁점사항

본 사례 중 먼저 보험계약자가 건강상태에 관한 질문에 대하여 응답한 것이 부실고지에 해당하는가에 관하여 먼저 분석하여야 한다. 보험

6) 周玉华, 앞의 책, 123-129页.

계약자의 행위가 부실고지에 속한다는 것을 확정한 후에, 그러한 부실고지가 보험자가 보험계약을 해제할 수 있는 권리의 전제가 되고 있는지를 분석하여야 한다. ≪보험법≫에 의하면, 보험계약자가 중요한 사항에 대하여 고의로 부실고지를 하거나, 과실로 고지의무를 이행하지 않은 경우 보험자는 보험계약을 해제할 권리를 갖게 된다. 따라서 보험계약자가 부실 고지한 사항이 중요한 사항에 속하는지가 본 사례의 쟁점사항 중의 하나이다.

보험계약의 체결할 때의 중요사실의 진실성에 대해서 보험계약자의 고지만이 유일한 근거가 될 수 있는가? 보험자가 보험계약을 체결할 때 관련 사항에 대해 조사할 의무는 없는가? ≪보험법≫은 이에 관한 규정을 두고 있지 않지만, 본 사례의 주심판사는 보험자가 보험계약자가 보험에 가입할 때 마땅히 조사를 해야 하고 당연히 피보험자의 병에 관하여 알아야 하는데 조사를 하지도 않고 보험을 승낙했으므로 확연이 과실이 있었던 것으로 볼 수 있고, 이는 보험계약자가 고지의무를 이행하지 않으면 당연히 보험을 해제할 수 있다는 관점은 아니다. 이 관점은 본 사례 중 토론해야할 중점이다.

3. 법률규정

1) **≪보험법≫제17조** 보험계약을 체결할 때 보험자는 보험계약자에게 보험계약의 약관의 내용에 대해 설명을 해야 하고 또한 보험가입 목적 혹은 피보험자의 관련된 상황에 대해 질문한 경우, 보험계약자는 마땅히 진실하게 고지해야 한다.

보험계약자가 고의로 사실을 속이거나 고지의 의무를 이행하지 않거나 혹은 과실로 진실하게 고지해야할 의무를 이행하지 않아, 보험자가 보험계약의 승낙여부 혹은 보험료의 결정에 영향을 주는 경우 보험자는 보험계약을 해제할 권리가 있다.

보험계약자가 진실한 고지의무를 이행하지 않으면 보험자는 보험계약의 해제 전에 발생한 보험사고에 대해 보상 혹은 보험금 지급 책임이 없으며 보험료를 환급하지 않는다.

보험계약자가 과실로 고지의무를 위반한 경우, 보험사고의 발생에 상당한 영향을 미친 경우 보험자는 보험계약의 해제 전 보험사고에 대해 배상 혹은 보험금 지급 책임을 지지 않지만 보험료를 환불할 수 있다.

보험사고는 보험계약의 약정한 보험자의 책임 범위내의 사고를 말한다.

2) **≪보험법≫제22조** 보험계약자, 피보험자 혹은 보험수익자는 사고 발생을 안 때에는 지체없이 보험자에게 통지하여야 한다.

3) **≪보험법≫제23조** 보험사고 발생 후 보험계약의 요구에 따라 보험자는 배상 혹은 보험금을 지급할 때 보험자, 피보험자 혹은 보험수익자는 마땅히 보험자에게 제공할 수 있는 자료를 제공해야 하고 또한 보험사고의 성질, 원인, 손실정도 등 관련된 증명과 자료를 제공해야 한다.

4) **≪보험법≫제37조** 계약의 유효기간 내에 보험목적의 위험정도가 증가한 경우, 피보험자는 보험계약에서 정한 바에 따라 지체없이 보험자에게 통지하여야 하며, 보험자는 보험료의 증액청구를 하거나 보험계약을 해제할 수 있다. 피보험자가 전항에서 규정한 통지의무를 이행하지 않은 경우, 위험의 증가로 인하여 발생한 보험사고에 대하여 보험자는 보상책임이 없다.

5) **중국보감회 ≪인신보험 보험계약자의 정확한 고지의무이행과 관련한 사항에 관한 공고≫**(보감공고 제55호, 2003년 9월 1일 반포)

보험계약자의 합법적인 권익보호증대를 위하여 인신보험 보험계약

자에게 정확한 고지의무를 이행하도록 유도하기 위하여 관련사항을 다음과 같이 공고한다. :

① 고지의무는 보험계약자의 의무이자 동시에 보험계약자가 스스로 합법적인 권익을 유지하기 위한 전제이자 기초가 된다. 보험계약자는 ≪보험법≫의 규정과 보험계약에서 정하는 바에 따라 고지의무를 이행하여야 한다.

② 보험청약서, 건강진단서, 중요사항고지서, 상품설명서 등은 보험계약의 중요부분을 구성하므로 보험계약자는 보험청약 시 이들 관련 서류의 내용을 자세하게 읽어보아야 한다. 보험계약자가는 보험회사에 대하여 고지사항을 보험청약서 및 관련 증명서에 기재된 범위 내에서 서면으로 고지의무를 이행하여야 한다.

③ 보험계약자의 서명으로 법률효력이 발생하므로, 보험판매원이 보험계약자를 대신하여 보험청약서 기타 서류에 기재한 경우에는 보험계약자는 서명하기 전에 반드시 보험판매인이 대신 기재한 사항이 사실로 기재되었는지의 여부를 확인하여야 한다.

④ 보험계약자가 판매원이 설명한 사실과 보험청약서상이 내용이 다른 것을 발견한 때에는 보험회사에 대하여 상세한 자문을 구하여 확인한 후 보험청약서에 서명하여야 한다.

⑤ 보험계약자가 사망보험금을 지급하는 인신보험상품을 구매하고자 하는 경우에는 이 보험의 존재와 보험금액에 대하여 반드시 피보험자의 서면동의를 받아야 한다.

4. 학리분석

보험계약 체결 시 보험계약자의 고지의무를 요구하는 것은 보험계약이 최대선의계약의 성질을 가진다는 점 때문이다. 보험계약 중 보험계약자, 피보험자는 보험계약을 통해 보험목적에 존재하는 손실위험을 보험자에게 전가하게 되는데, 보험목적은 통상 보험계약자의 관리 중에 있고, 인신보험의 경우 보험목적은 피보험자 자신이다. 보험자는 보험계약자의 고지를 통하지 않고는 보험목적에 존재하는 위험사정에 대하여 보험계약 체결 전에 이해하기가 어려우며, 보험목적에 존재하는 위험상황에 따라 보험승낙을 결정할 것인지의 여부 또는 어떤 조건으로 보험료를 부가하는 것이 적절한 것인가에 대한 정보를 얻을 수 있는 방법이 없다. 따라서 보험계약자의 고지의무는 최대선의원칙을 실현하기 위한 수단이 되는 것이다.

그러나 보험자의 입장에서 보면 보험계약자의 고지의무위반이 당연히 보험계약을 해제하는 요건으로 볼 수 없다. 보험자가 보험계약해제권을 남용하여 보험계약자와 피보험자의 권리를 침해하는 것을 방지하기 위하여, 보험법이론상 보험계약자가 다음과 같은 상황에 부합하는 고지의무 위반이 있는 경우에만 보험자는 보험계약해제권을 취득하게 된다. (1) 중요사항에 대한 부실고지가 있을 것 (2) 부실고지가 보험계약자의 고의 또는 과실로 인한 것일 것 (3) 거래계의 알려진 사실 혹은 보험자가 알았거나 알 수 있었던 사실이 아닐 것.

여기서 중요한 사항이란 무엇인가? 각국의 입법례는 크게 두 가지 유형이 있다. 하나는 추정유형으로 보험자가 서면으로 자문한 사항은 중요한 사항으로 추정하는 것인데, 독일의 보험계약법이 대표적이다. 다른 하나는 법정유형으로, 법률의 규정으로 어떤 사항이 중요한 사항임을 확정하는 방법이다. 중국보험법의 규정에 따르면 보험자의 보험을 승낙할 것인가 혹은 보험료율을 높일 것인가의 결정에 충분히 영향을 미치는 사항을 중요하다고 속하고 그 범위는 마땅히 보험자의 서면질문에 한해야 한다. 하지만 추정으로 하던지 법정으로 하던지 중요사항이라고 판단하는 근거는 보험법의 이론에 근거하여 모두 다 아는 사실 혹은 보험자가 알거나 마땅히 알아야 할 사실에 속할 경우 보험자는 계약해제권을 사용할 수 없다.

보험계약은 보험계약자와 보험자 쌍방이 협상이 일치하여 달성하는 것으로서 법률이 규정하기를 보험계약자는 마땅히 정직하게 고지의무를 다해야 하지만, 보험계약자가 고지한 중요한 사항 중 보험자가 인수할 위험과 관련하여 매우 중요한 의미가 있는 사항에 대해서는 보험자도 마땅히 선량한 관리자로서의 주의의무를 다하여 조사할 의무가 있다. 피보험자에 대하여 건강검진을 진행하고 이미 존재하는 알 수 있는 사실에 대해 조사를 진행하는 것 등이 이에 속한다. 본 사례 중 보험계약자의 보험가입금액은 150만 위안의 거액으로서, 보험자로서는 보험계약을 체결 시 마땅히 보험계약자의 고지내용에 대해 적당한 조사와 사실부합 여부를 확인하였어야 한다. 따라서 정상적인 조사 하에서 마땅히 알 수 있었던 사항에 대해서는 보험자가 이미 알고 있었던 것으로 보아, 보험자가 알았거나 알 수 있었던 사실에 혹은 마땅히 알아야할 사실에 대해서 보험자는 보험계약자와 피보험자가 정직하게 고지를 하지 않았다고 해서 보험계약을 해지 할 수 없다. 심사 법원은 청웡풍이 비록 정직하게 고지하지 않았지만 보험회사의 과실로 알지도 못하면서 보험가입을 허락했으므로 보험사고가 발생 후 당연히 그것을 근거로 보험금지불을 거부해서는 안 되므로 보험회사가 보험책임을 부담해야 한다고 판결했다. 이 판단은 보험계약을 체결할 때 보험자의 조사의무를 확립한 판결로서 매우 의미 있는 시도였다.

5. 연습문제

1997년 1월 31일 개인회사 사장 정모는 모 보험회사에 장수보험금 10만 위안에 가입하고 부가보험으로 의외상해보험금 10만 위안을 가입했는데, 건강 검진 결과 정모는 고혈압, 좌심실 비대 때문에 보험회사는 표준이하로 판단하고 부가보험료를 납부하는 조건으로 보험계약을 승낙했다. 1998년 2월 정모는 고혈압, 관상동맥경화증과 심장쇠약 3도로 입원하여 치료받게 되었고 또한 당뇨병이 발견되었다. 입원 병력 기재사항에는 고혈압은 7년이 되었고 심장병과 당뇨병은 없었던 것으로 되어있었다. 같은 해 3월 1일 정모의 아내는 정모를 위해여 6만 위안의 건강보험을 가입했고 또한 그 입원 상황을 고지하고, 보험회사는 표준이하로 판단하여 보험료를 더 내고 다시 한 번 보험을 승낙했다. 6월 22일 정모는 협력 병원에서 진찰결과 약물로 인한 기관의 다발성 손상, 약물성 심근경색, 고혈압 3급, 관상동맥경화증, 당뇨병 등이 있는 것으로 진단받았다. 8월 17일 정모는 약물성 다기관 손상을 입었고 온몸이 허약해져 사망하였다. 뒤이어 정모의 아내는 보험회사에 사망보험금의 지급을 청구하였다.

보험회사는 조사결과 보험 가입 시 정모는 피부건선에 걸릴지 2년이 되었는데 보험계약자가 보험 가입 시 정직하게 고지를 하지 않았다는 이유로 보험보상을 거절했다. 정모의 아내는 보험청약서 중 심장병, 고혈압 등의 질병과 병력에 대하여 질문하였으나, 피부질환 및 병력에 대한 질문은 없었고 피보험자가 보험회사에서 지정한 병원에서 건강검진을 받았으므로, 이러한 피부병은 당시의 건강검진으로 조사가 가능한 질병이었고, 또한 검진보고서에서 피부병이 있다는 것도 확인되었기에 보험계약자는 고지의무가 없다고 주장했다. 인민법원에 보험금의 지급을 청구하는 소송을 제기하였다.

[문] 1. 보험계약자가 피부병 및 병력에 대해 고지의무가 있는가? 그 이유는?

2. 보험회사가 피보험자에게 건강검진을 받도록 하였다면, 보험계약자의 고지의무는 면제되는가?

3. 보험회사는 보험금을 지급할 책임이 있는가?

제 6 절 보험계약의 형식

보험계약의 형식은 보험계약 내용에 대한 기재로서 보험당사자 쌍방이 보험계약에 대하여 일치된 의사의 외적 표현형식이다. 보험계약의 성립은 당사자 일방의 청약에 대하여 상대방이 승낙을 함으로써 이루어진다. 하지만 보험계약의 형식에 관하여 이론상 요식계약과 불요식계약의 두 가지 형태가 있다.

요식계약설은 다음과 같다. 보험계약은 요식계약으로서 응당 서면형식으로 성립된다고 한다. ≪보험법≫제13조에 의하면, 보험계약의 성립은 보험자가 마땅히 즉시 보험계약자에게 보험증권 혹은 기타 보험증서를 발급해야 하며 보험증권 혹은 기타 보험증서에 쌍방이 약정한 계약내용을 기재해야 한다. 보험계약자와 피보험자의 협의가 있는 경우, 보험계약은 기타의 서면 형식으로 체결할 수 있다.

불요식계약설은 다음과 같이 설명한다. 보험계약은 부채계약의 하나로서 당사자의 의사표시의 일치를 계약 성립의 조건으로 한다. 즉 일방의 청약에 대하여 상대방이 승낙을 하고, 이 경우 청약과 승낙은 특정된 방식으로 이루어질 필요가 없이 계약이 성립된다. 따라서 보험계약의 당사자가 보험조건(보험목적, 승낙위험과 보험 비율 등)에 대하여 의사의 일치가 이루어졌다면 보험계약은 성립된다. 보험증권의 작성과 교부는 이러한 보험계약의 내용을 기재하는 것으로, 보험계약의 성립을 증명하는 증거서면이다. 보험계약의 성립은 보험증서의 교부를 효력발생의 조건으로 하고 있지 않다. 불요식계약설이 통설이다.

실무상, 보험계약 체결에 있어 사용하는 서면형식은 이미 정형화 되어있으며, 보통 보험계약의 주요 정형적 서류는 보험청약서, 보험증권, 보험증서와 임시보험증권 등이 있고, 이러한 서류는 보험자가 미리 고정된 문서로 인쇄해 놓고 있어서, 보험계약자는 보험계약을 체결할 때 단순히 빈칸을 채워 넣기만 할뿐 거의 선택의 여지가 없다. 그러나 보험계약에 사용되는 서류들이 정형화되어 있다고 할지라도 이것은 보험계약의 성립에 영향을 미치지는 않고, 보험계약자의 청약에 대하여 보험자가 승낙한 날로부터 효력을 발생한다. 보험증서의 종류는 다음과 같다.

1) 보험청약서 : 소위 보험가입서는 또는 보험청약서라고 한다. 이것은 보험자가 작성하였다가 보험계약자가 보험청약 시 사용하게 되는 정형화된 문서이다. 서면청약형식의 보험청약서로서 (1) 보험계약자, 피보험자 및 보험수익자의 이름과 주소, (2) 보험목적의 명칭과 소재지, (3) 보험가액과 보험금액, (4) 보험위험종류와 보험료율, (5) 보험기간과 보험계약일, 그리고 서명이 기재된다. 보험청약서는 보험자의 날인과 승낙을 거치게 되면 보험계약은 바로 성립되므로, 청약서는 보험계약의 중요 구성부분이다.

2) 보험증권 : 소위 보험증권은 간단하게 증권이라고도 하는데, 보험계약이 성립된 후 보험자가 보험계약자에게 발급하는 정식적인 증거서면이다. 보험증권은 보험계약의 기재형식중의 하나로서 아래의 내용을 기재해야 한다. (1) 보험계약 당사자(보험계약자, 보험자, 피보험자 및 보험수익자 포함)의 이름과 주소 (2) 보험목적, 보험가액과 보험금액 (3) 위험의 종류, 담보위험과 면책사유 (4) 보험료율과 지급방식 (5) 보험기간, 보험계약체결일과 서명. 법률적으로 볼 때, 보험증권은 보험계약 그 자체는 아니다. 왜냐하면 보험증권이 보험계약의 전부를 대표할 수 없고, 단지 보험계약성립의 서면증거일 뿐이기 때문이다. 따라서 보험증권의 발행은 보험계약의 성립요건을 구성하지 못한다. 보험계약

자와 보험자 사이의 의사표시의 일치만으로 보험계약은 바로 성립되고 만약 보험사고가 보험증권의 발행이전에 일어난 경우, 당사자 간에 보험자가 보험증권을 발행할 것을 보험계약의 효력요건으로 따로 정한 경우를 제외하고는 보험자는 마땅히 보험계약의 약정에 따라 보상책임을 부담하여야 한다.

보험증권의 작성과 교부는 보험자의 법정 의무로서 보험자는 마땅히 약정한 사항 및 임시보험증권에 기재된 내용을 보험증권에 기재해야 한다. 보험증권이 일단 보험계약자에게 교부되기만 하면, 사기 등 기타 위법형태가 존재하거나 당사자 사이에 다른 약정이 없는 한 보험계약의 내용은 보험증권상의 기재사항을 기준으로 한다.

3) 임시보험증권 : 보험자가 위험을 인수할 것을 승낙하였으나, 정식 보험증권을 발행하기 전에 보험계약자에게 임시로 발행하는 보험계약의 증거서류이다. 임시보험증권의 기재사항은 보험증권보다 간단하지만, 보험자가 정식으로 보험증권을 발행하기 전까지 임시보험증권은 보험증권과 동일한 효력이 있다. 임시보험증권의 효력은 보험자가 정식보험증권을 발행한 경우, 임시보험증권에서 정한 기한이 도래한 경우 그 효력을 상실한다.

임시보험증권은 주로 다음과 같은 세 가지 상황에서 유용하게 사용된다. (1) 보험대리인이 보험업무를 취득한 후에 보험자가 그 대리인에게 보험증권을 발급하기 전에 보험계약자에게 임시보험증권을 발급하는 경우, (2) 보험자의 분지점이 비준을 받아야 하는 업무에 있어서 보험청약을 접수하였으나, 아직 비준을 받지 않은 경우 보험계약자에 대해 임시보험증권을 발급하는 경우, (3) 보험자와 보험계약자가 보험계약의 기본사항에 대하여는 협의가 이루어졌으나, 개별적인 사항이나 조건에 대하여 진일보된 협의가 필요할 때 보험계약자에게 임시보험증권을 발급하는 경우가 일반적이다.

4) 보험증서 : 보험증서는 보험증권을 보다 간단하게 작성한 것을 말한다. 보험자가 보험계약자에게 보험증서를 발행하는 것은 보험증권 발급의 절차를 보다 간단하게 하기 위한 것으로서, 보험증권과 보험증서는 동일한 법률적 효력을 가진다. 보험증서의 기재 내용은 당사자가 약정한 일련의 기본 내용으로서 보험증서에 기재되지 않은 내용은 동일한 종류의 보험증권에 기재된 내용을 기준으로 하여야 하며, 보험증서의 기재사항과 보험증권의 기재사항이 서로 모순될 때에는 보험증서의 기재사항을 기준으로 삼아야 한다.

5) 기타 서면형식의 보험계약 : 중국≪보험법≫은 위에서 언급한 정형적 서면이외에 당사자가 스스로 합당하다고 생각하는 서면에 따라 보험계약을 체결할 수 있도록 규정하고 있다.

1. 사건의 개요

1995년 12월 모 연구소와 모 보험회사는 ≪협의서≫를 체결했다. 협의서의 내용은 모 연구소는 10년간 연속하여 모 보험회사에 행복장수보험과 양로보험을 가입하며, 첫 번째 해에는 보험료 400만 위안을 지불하고 이후에는 매년 보험료 200만 위안을 지불하는데 그 중의 일부분은 행복장수위험에 가입하는 것에 쓰고 다른 부분은 양로 보험을 가입하는 데 사용한다. 그리고 이 행복장수보험(보험기간은 3년)의 기간이 만료되어 다시 보험을 연장할 경우에는 보험회사는 새로운 보험증권과 보험료영수증을 발급해야 하고, 보험금액은 당해 가입 보험금액을 기준으로(증권 발행당시 연구소 재직 직원수를 기준으로 계산)한다는 것이었다. 연구소는 양로 기금의 형식으로 양로보험에 가입하고 만약 1996년부터 2004년 사이에 연구소가 어느 해에 추가보험료를 정지하면 보험회사는 당시의 유효기간내의 보험증권에 근거하여 보험책임을 이행해야 할 뿐만 아니라 행복장수보험에서 생기는 이자는 양로보험의 보험료로 납입해야하고 기타사항은 1995년의 장수보험 A조항과 양로보험약관에 따라 집행하기로 약정하였다. 협약체결 후 연구소는 1995년 12월 22일에 보험회사에게 400만 위안의 보험료를 지불하였고, 같은 날 보험회사는 연구소에게 단체생명보험증권을 발행하였는데 하나는 장수건강보험증권으로서 보험기간은 3년(1995년 12월 22일 12시부터 1998년 12월 22일 12시까지)이고, 다른 하나는 양로보험증권으로서 보험기한은 1995년 12월 22일 12시부터였다.

1996년 12월 21일 연구소는 약정에 따라 보험회사에게 200만 위안의 보험료를 지급하였고, 보험회사는 다시 연구소에 장수건강보험증권(보험기간 1996년 12월 22일 12시부터 1999년 12월 22일 12시까지)과 양로보험증권(1996년 12월 22일 12시부터)을 발행했다. 1997년 12월 연구소는 다시 약정에 따라 보험료를 납입할 때, 보험회사는 중국인민은행에서 공포한 "1997년 12월 1일 이후 새로 발급한 보험증권의 보험료는 연 복리 4%-6%를 초과하여서는 안된다."라는 문건규정에 따라, 행복장수보험을 정지하고 약정한 보험료를 수령하지 않고 보험계약을 승낙하지 않았다. 그리하여 서로 분쟁이 발생하였다.

연구소는 다음과 같은 사유로 인민법원에 소송을 제기하였다. : 보험회사는 협의서의 계속적 이행을 거절하면서 일방적으로 협의서의 효력을 정지시켜 연구소의 권리를 침해하였으므로, 보험회사로 하여금 당시의 협약내용을 계속하여 이행하도록 할 것과 이 사건 소송비용의 부담을 청구하는 소송을 제기하였다. 이에 대하여 보험회사는 다음과 같이 반박하였다. 즉 협의서는 쌍방이 체결한 보험계약의 의향서로서 정식적인 보험계약이 아닐 뿐만 아니라 보험계약에 필요한 조항을 갖추지 않고 있다. 협의서 이행은 반드시 쌍방이 다시 보험계약을 체결하기 위해 보험청약서를 작성하고 보험증권을 발행하여야 되는 것이다. 1995년, 1996년 이미 효력을 발생한 보험계약에 대해서 우리 회사는 이행을 거절하지 않았다. 협의서에 근거하여 1997년 이후의 보험가입약정에 관하여서는 국가가 새로운 정책을 실시했기에 계속해서 이행할 수 없으므로 보험회사는 과실이 없다면서 원고의 소송청구를 반박하였다.

제1심법원은 심사를 거친 후 보험자가 보험증권 혹은 기타 보험증서를 발급하기 전에 당사자 쌍방이 이미 보험계약의 내용에 대해 협의를 달성하면 보험계약은 바로 성립됨을 인정하였다. 보험증권 혹은 기타보험증서는 단지 이미 성립된 보험계약의 내용을 서면으로 기재하는 것일 뿐이고, 보험자가 보험증권이나 기타 보험증서를 발행하는 행위는 보험계약상 의무의 이행에 속한다. 연구소와 보험회사가 체결한 행복장수보험과 양로보험 가입에의 내용을 담은 협의서 및 기타 부가서는 보험계약의 주요조항에 대한 약정이 있었고, 쌍방의 진실한 의사표시가 있었으며, 그 내용 또한 합법적이므로 당연히 유효한 계약이다. 따라서 협의서가 보험계약의 증거가 아니라는 보험회사의 주장은 타당하지 않은 것으로 법원이 지지하지 않는다. 중국인민은행이 반포한 관련문건은 단지 반포 이후에 체결된 계약에 대하여만 효력이 있는 것으로, 연구소와 보험회사가 협의서에 근거하여 이미 체결한 보험계약에는 그 효력이 없다고 볼 것이다. 당사자 쌍방은 엄격히 계약을 이행하여야 하고 보험회사는 불가항력을 이유로 이 계약을 해지한다는 이유는 충분하지 않기에 법원은 받아들일 수 없다. 연구소와 보험회사간에 체결된 보험계약은 유효한 계약으로서 보험회사는 마땅히 계속해서 이행하여야 한다. 보험회사가 1심의 판결에 불복하고 항소하였으나, 2심법원은 중국인민은행의 관련규정은 이 협의서에 대해서는 구속력이 없고, 협의서는 보험계약이라는 이유를 들어 1심 판결을 유지하였다.[7)]

2. 쟁점사항

이 사안의 분석을 위하여는 우선 보험계약이 요식계약인지 아니면 불요식계약인지에 대한 이론에서부터 출발하여야 한다. 이 사안 법원의 판결은 보험계약이 불요식의 낙성계약에 속하는 것을 정립한 기초 판결이다. 다음으로 계약당사자 쌍방이 체결한 협의서가 보험계약에 속하는 것인가에 대한 분석이 있어야 한다. 이 협의서중의 내용이 보험조건의 약정과 관련 있는 것이라면, 예컨대 담보위험의 종류, 보험금액, 보험료 등 보험계약의 주요내용에 관한 것이라면 이 협의서는 당연히 보험계약으로 인정하여야 하며, 보험증권이나 기타 보험증서의 발행여부는 논할 필요가 없다. 다음으로, 중국인민은행의 관련문건에서 정하고 있는 규정이 불가항력적인 사유에 속하는 것인가에 대한 분석이 필요하다. 이를 통해 보험회사가 제출한 보험계약해제의 항변이 타당한 것인지를 확정하여야 한다.

3. 법률규정

≪보험법≫제13조 보험계약자가 보험의 청약을 하고 보험자가 이에 동의승낙을 거쳐 계약조항에 대한 협의가 이루어지면 보험계약은 성립한다. 보험자는 지체없이 보험계약자에게 보험증권 혹은 기타 보험증서를 발행하여야 하고 또한 보험증권 혹은 기타 보험증서에는 당사자 쌍방이 약정한 계약내용을 기재해야 한다.

보험계약자와 보험자의 협의가 있는 경우에는 전항에 규정한 것 이외의 기타 서면형식으로 보험계약을 체결할 수 있다.

---

7) 邹辉, ≪保险纠纷案例≫, 经济日报出版社, 2001, 67-70页.

4. 학리분석

≪보험법≫제13조에서 규정한 바에 따르면 보험계약은 불요식의 낙성계약으로서, 보험계약자의 청약과 보험자의 승낙으로 당사자 간에 계약사항에 대한 합의로서 보험계약은 성립하고, 보험자는 지체없이 보험계약자에게 보험계약의 내용을 기재한 보험증권을 발행하여야 한다. 이 규정에 근거하여 보험계약 당사자의 청약과 승낙만으로 보험계약은 이루어지며, 계약당사자 간의 합의사항을 기재한 보험증권의 발행은 보험계약 체결 후 보험자가 부담하여야 하는 법률상의 의무이다. 따라서 보험증권의 발행여부는 보험계약의 성립에 영향을 미치지 않는다.

보험증권은 보험자가 보험계약자 또는 피보험자에게 발행하는 것으로, 당사자의 권리와 의무, 책임의 내용을 기재한 보험가입의 정식증명서이다. 보험증권은 보험자가 작성하고, 실무상 보험자는 통상 인쇄되어 정형화된 문서의 형태로 되어 있는 보험증권에 보험계약체결 후 빈칸을 기재하는 방법을 사용하고 있다. 보험관행과 실무에 의하면, 보험계약은 모두 보험증권 등 정형화된 서면형식으로 작성되고, 특히 생명보험 중에서 장기적으로 유효한 보험계약의 내용을 고정시킴으로써 피보험자의 이익을 보호하기 위하여, 보험회사는 보험약관상 보험증권의 발급을 보험계약의 효력 발생 요건으로 규정하고 있다. 그러나 보험증권의 발행에 관한 ≪보험법≫의 규정에 따라 이 경우에도 보험증권의 법적 성격에는 영향이 없다. 즉 보험증권은 보험계약의 내용을 기재한 것으로 보험계약성립의 증거서면으로서의 성질을 잃지 않는다.

이 사안의 협의서에서 담보위험의 종류, 보험금액, 보험료의 납부 등 보험조건을 약정하였고, 협의서의 체결이 쌍방의 자의적 의사표시로 이루어졌으므로, 이를 보험계약으로 인정하기에 족하다 할 것이어서 이 협의서가 단지 의향에 불과하다는 보험자의 주장은 인정될 수 없다. 이러한 기초에서 보험계약자가 매년 보험료를 납입하고 보험자가 보험료를 받은 후에 보험료 영수증을 발급하고 새로운 보험증권을 발행하는 일련의 행위는 모두 보험계약의 이행행위의 구성부분이다. 따라서 보험계약의 성립여부에 대한 법원의 인정은 정확한 것이다.

보험회사가 중국인민은행이 반포한 관련문건에 기재된 내용, 즉 "1997년 12월 1일후 새로 발행한 보험증권의 보험료는 예상 이율이 연복리 4%-6%를 넘지 않아야 한다."라는 규정에 근거하여 행복장수보험을 정지시킨 것이 본 사례 분쟁이 생긴 원인이다. 보험회사는 이것이 불가항력적인 사유임을 주장하며, 협의서의 약정을 해지시켰다. 필자는 중국인민은행의 이 규정은 단지 행복장수보험의 처리를 정지하는 근거지 강제적으로 이미 유효한 계약을 정지시킬 수 없으므로, 원래의 계약을 계속해서 이행하여야 한다고 생각한다. 따라서 비록 두 개의 판결이 결론에 있어서는 동일하지만, 인민은행의 반포문건이 협의서에 대하여 구속력이 없다고 본 제2심 법원의 판결이유는 타당하지만, 동 문건이 이미 유효한 보험계약에 소급 적용되지 않는다는 판결이유는 타당하지 않은 것으로 보인다.

5. 연습문제

화물선인 "항*해"호는 광주의 황포만에서 미국의 LA항의 원양운송 중, 선장이 선박자료를 열람하는 과정에서 이 선박의 보험이 이틀 전에 만료되어, 현재 무보험상태임을 알게 되었다. 선장은 즉시 위성전화로 선주와 연락하고 선주는 선장에게 모 보험회사(전에 보험계약을 체결하였던 보험회사)와 연락하여 이 선박에 대해 보험계약을 지속할 것을 지시했다. 선장이 전신방식으로 모 보험회사에 종전과 동일한 조건으로 보험계약을 계속할 것을 청약하면서, 고지의무를 이행하고 보험료는 선박이 황포항으로 귀항한 이후에 지불하겠다고 요구하였다. 이에 대해 모 보험회사는 전신방식으로 종전의 보험계약과 동일한 조건으로 보험담보를 계속하며, 보험증권은 선박이 돌아온 후 보험료를 지불할 때 발행하겠다고 회신하였다. 10일후 "항*해"호는 황포만으로 돌아오는 중에 중대한 화재가 발생하여 선장은 선박을 포기하라고 명령하고 선박은 침몰했다. 선주는 보험회사에게 보험금지급 청구를 하였으나, 보험회사는 아직 보험증권이 발행되지 않았고 전신방식은 보험계약의 합법적인 서면계약이 아닐 뿐만 아니라 종전 보험계약에서 약정하기를 보험증권이 발행된 날부터 보험계약이 효력을 발생한다는 규정이 있으므로, 이 보험계약은 아직 성립되지 않았다는 이유를 들어 보험금지급을 거절하였다.

[문] 1. 보험계약은 성립되는가? 그 이유는?
2. 만약 선주가 소송을 제기하면 이 안건은 어떻게 처리되어야 하는가?

제 7 절 보험료의 납부

보험료는 보험자가 보험급부의무를 부담하는 것에 대한 대가이며, 보험계약자가 보험자에게 지불하는 비용이다. 보험계약에서 정한 바에 따라 보험료의 지급은 보험계약자의 중요한 의무 중의 하나이고, 보험료의 납부, 보험료의 증감 및 보험료의 반환 등 세 가지 방면의 내용이 있다.

1) 보험료의 지급 : ≪보험법≫의 규정에 근거하여 보험계약자는 보

험계약에서 정하는 방법에 따라 일정한 기한 내에 보험자에게 보험료를 지급하여야 한다. ≪해상법≫제234조는 해상보험계약의 보험료는 보험계약자가 보험계약을 체결한 후 즉시 지급하여야 하며, 그렇지 않은 경우 보험자는 보험증권의 발행을 거절한다고 규정하고 있다. 생명보험계약의 보험료에 관하여 ≪보험법≫은 보험계약 성립 후 일시에 보험료를 지급할 수도 있고, 약정에 따라 보험료를 분할납부할 수도 있도록 특칙을 두고 있다. 계약규정은 제1회 보험료는 보험계약이 성립된 때, 지급하여야 하며, 정해진 기간에 따라 나머지 보험료를 지불하여야 함을 규정하고 있다. 보험계약에서 보험료의 분할을 약정한 경우, 보험계약자가 최초 보험료를 납부한 경우 계약에서 다른 정함이 있는 경우를 제외하고 보험계약자가 60일 이내에 다음 회차의 보험료 지급을 하지 않은 때에는 보험계약의 효력이 중지되거나, 보험자가 계약이 약정한 조건에 의해서 보험금액을 감액할 수 있다. 보험자는 생명보험료에 대하여 소송으로써 보험계약자로 하여금 지급을 강제할 수 없다.

2) 보험료의 증감 : 보험료의 액수는 보험계약의 중요한 계약조건 중의 하나로, 당사자 간에 약정이 이루어진 후에는 쌍방당사자의 동의를 거치지 않거나 법률의 특별한 규정에 의하지 않고는 그 액수를 증감할 수 없다. 보험료의 증감청구에 관하여 ≪보험법≫은 다음과 같은 규정을 두고 있다. 첫째, 보험기간 내에 보험목적의 위험이 증가하였음을 이유로, 보험자가 보험료증액을 청구한 경우라면, 보험계약자는 당연히 증가된 보험료를 납입하여야 한다. 둘째, 보험계약자, 피보험자가 보험목적의 안전을 위해 최선의 노력을 기울일 책임을 다하지 않으면 보험자는 보험료의 증액을 청구할 권리가 있다. 셋째, 아래의 상황 중에 하나가 발생하면 보험계약에 다른 정함이 있는 경우를 제외하고 보험자는 마땅히 보험료를 감액하고, 일할 계산한 보험료를 환불하여야

한다. (1) 보험료율을 확정할 당시의 상황에 변화가 발생하여 보험목적의 위험정도가 현저히 낮아졌을 때 (2) 보험목적의 보험가액이 현저히 감소됐을 때.

3) 보험료의 환불 : ≪보험법≫에 따르면, 보험료의 환불이 일어나는 주된 경우는 다음과 같다. 첫째, 보험자의 책임이 개시되기 전에 보험계약자가 계약해제를 요구할 경우 보험자는 보험료를 반환하여야 한다. 둘째, 보험자의 책임이 개시된 후 보험계약자가 보험계약의 해제를 요구할 때에는 보험자는 보험책임 시작 일부터 계약이 해지되기 전까지의 기간 동안의 보험료를 제외한 나머지를 반환하여야 한다. 셋째, 보험목적의 위험정도가 현저히 감소하거나 보험가액이 현저히 감소하였을 때에는 보험자는 당연히 보험료를 감액하여야 하고, 일할계산된 보험료를 반환하여야 한다. 넷째, 보험목적에 부분적 손실(분손)이 발생할 때에는 보험계약이 해지되어서는 아니 된다는 약정이 있는 경우를 제외하고, 보험자는 보험계약을 종지할 수 있으며, 보험목적의 손상이 발생되지 않은 부분의 보험료에 대하여는 보험자의 책임이 개시된 날로부터 보험계약이 해지된 때까지의 기간에 해당하는 보험료를 공제한 나머지 보험료를 반환하여야 한다. 다섯째, 생명보험에 있어서 보험계약자 혹은 보험수익자가 고의로 피보험자의 사망, 상해 혹은 질병을 초래한 경우, 보험계약자가 이미 2년 이상 보험료를 납입한 경우에는 보험자는 계약에서 정한 바에 따라 권리가 있는 보험수익자에게 보험증권상의 현금 가치를 반환하고, 보험금지급책임을 부담하지 않는다. 여섯째, 사망을 조건으로 한 보험계약은 성립한 날부터 2년 내에 피보험자가 자살한 경우, 보험자는 보험금 지급 책임을 부담하지 않지만 이미 수령한 보험료는 현존하는 가치의 범위 내에서 반환하여야 한다. 일곱째, 피보험자가 고의범죄로 상해를 입히거나 사망한 경우, 보험자는 보험금 지급 책임을 지지 않지만, 보험계약자가 2년 이상의 보

험료를 납부한 경우에는 현존하는 이익의 범위 내에서 보험료를 반환하여야 한다.

보험계약은 쌍무・유상계약이므로, 보험료의 약정과 그 지급여부는 보험계약의 효력에 직접적인 영향이 있다. 보험료의 납입과 보험계약의 효력에 관한 입법례는 대체로 아래와 같은 두 가지로 나누어 볼 수 있다.

첫째는 법정원칙으로서 당사자 간에 다른 약정이 없는 한, 보험계약자가 보험료를 납입한 후 보험자는 법률에 의한 보상책임을 부담하여야 한다는 것이다. 이 원칙 하에서 보험료의 납입은 보험자의 보상책임발생을 위한 요건이다. 예를 들면, 중국 대만 보험법이 '보험료는 보험계약의 규정에 따라 일시에 납부하거나 분할하여 납부하거나, 마땅히 보험계약의 효력 발생 전에 보험료의 전부 또는 일부를 지급하여야 하고, 보험계약체결 시 보험료를 확정하지 않은 경우 이러한 제한은 없다' 는 규정이 이에 속한다. 또한 중국 대만의 ≪보험업관리방법≫에서는 보다 자세하게 규정하고 있다. 즉, '재물보험에서 보험계약자는 보험자에게 보험증권이나 임시보험증권의 발행을 요구하기 전에 보험료를 납부하여야 하고, 보험사고가 발생한 경우 보험자는 보상책임을 부담하여야 한다. 생명보험자는 보험을 승낙하기 전에 최초보험료에 상당하는 보험료를 수령하여야 한다. 보험자의 보상책임은 보험계약에 대한 보험자의 승낙 시 보험자가 최초보험료 상당액을 수령한 때로부터 개시한다. 생명보험과 상해보험의 보험료가 지정된 기일에 지급되지 않는 경우에는 보험계약에서 다른 정함이 없는 한, 보험료지급의 최고를 받은 날로부터 30일 이내에 보험료의 지급이 없는 경우 보험계약의 효력은 정지된다.'고 규정하고 있다.

둘째는 약정원칙으로서 보험계약자가 보험계약의 약정에 따라 보험료를 지급하고 보험자는 보험계약의 약정에 따라 보험책임을 부담하며, 보험계약에서 보험기간을 정하지 않은 경우 보험계약이 성립되어 효력을 발생하는 때로부터 보험자의 보상책임은 개시된다는 원칙이다. 이 원칙 하에서 보험료의 납입은 보험자가 보험책임을 부담함에 있어 아무런 영향을 미치지 않는다. 중국≪보험법≫제14조에서 '보험계약이 성립하면, 보험계약자는 약정에 따른 보험료를 납입하고, 보험자는 계약에서 정한 때로부터 보상책임을 부담한다.'는 규정이 그것이다. 동법 제57조에서는 '생명보험중 보험계약이 성립한 후에 보험계약자는 보험자에 대하여 보험료의 전부를 지급하거나 약정에 따라 분할보험료를 지급할 수 있다. 보험료를 분할하여 지급하는 경우 보험계약의 체결 시에 최초보험료를 납부하여야 하고, 나머지 보험료는 정해진 기일에 각 분할보험료를 납부하여야 한다.'고 규정하고 있다. 또한 제58조에서는 보험료를 분할지급하기로 약정한 경우, 다른 약정이 있는 경우를 제외하고, 보험계약자는 보험계약체결 시 최초보험료를 납입하여야 하고, 차회 보험료를 약정한 기일로부터 60일 이내에 지급하지 않는 경우에 보험계약의 효력은 중지되거나 보험계약의 약정에 따라 보험자가 보험금액을 감액할 수 있는 것으로 규정하고 있다.

중국≪보험법≫은 보험계약자가 보험료를 선납한 경우 보험자의 책임문제에 관한 규정을 두고 있지 않다. 따라서 중국에서는 보험계약자가 보험료를 미리 지급한 이후 보험사고가 발생한 경우라도 보험자는 아직 보험계약이 성립되고 효력이 발생한 것이 아니라는 것을 이유로 보상책임이 없다는 주장을 하는 상황이 흔히 발생할 수 있다. 이런 상황은 보험계약자와 피보험자의 권리보장을 보험법의 원칙으로 정하고 있는 보험법에 거리가 있을 뿐만 아니라, 보험자로 하여금 우세한 지위를 이용하여 보험계약의 불성립을 이유로 보험계약자와 피보험자의 정당한 이익을 침해하는 결과를 가져올 수도 있는 것이다.

1. 사건의 개요

1995년 7월 25일 기지(纪迟)와 그의 아내 양설매는 주해시 생명보험회사의 사무원의 설득 하에 보험가입을 동의하고, "종신보험" 청약서를 작성한 후 초회보험료를 납부하였다. 기지의 보험금액은 50만 위안이고 매년 납입할 보험료는 4,934위안이었으며, 양설매의 보험금액은 100만 위안이고 매년 납입할 보험료가 5,957위안으로 두 사람은 매년 보험료로 10,891위안을 지불하여야 했다. 보험회사는 기지의 보험청약서에 동의서명을 하지는 않았지만, 회사의 인감도장을 압날하였다. 그후 기지부부는 항주의 쑈우산으로 출장을 갔고, 8월 6일 야외로 놀이를 나갔다가 폭우를 만나게 되었다. 오후 15시경 기지부부가 탄 자동차와 화물차가 충돌하여 두 사람은 불행하게도 사망하였다. 유가족으로 기지의 모친 천기문과 3살 난 아들 기경이 있다.

8월 15일, 천기문은 남아있는 두 장의 보험료영수증을 가지고 보험회사에 가서 사망보험금 150만 위안의 지급을 청구하였다. 보험회사는 기지부부가 보험약관에서 규정한 건강검진을 받지 않았기 때문에 아직은 보험계약은 성립하지 않았다는 이유로 보험금의 지급을 거절하였다. 그러나 사건의 특수성에 비추어, 보험회사의 규정상 건강검진 없이 가입이 가능한 최고 한도액인 30만 위안을 지급하고 이에 추가로 8만 위안의 위자료를 지급하겠다고 하였다. 당사자 간에 협의가 이루어지지 않아, 천기문은 기경의 법정대리인으로서 1996년 1월 25일 주해시 중급인민법원에 제소하였다.

1996년 3월 14일과 20일 법원은 두 차례에 걸쳐 이 안건을 심리했다. 피고 보험회사의 주장이다. '다음과 같은 이유로 이 사건 보험계약은 아직 성립되지 않았다. ① 보험계약자가 보험청약서를 작성하고 보험료를 지급한 것은 단지 보험계약이 청약일 뿐이고, 보험자가 보험료를 수령하였다고 하여 보험계약이 성립되었다는 표시로 볼 수 없다. ② 중국인민보험회사가 반포한 보험약관에 따르면, 두 사람의 보험계약자가 가입하고자 하는 보험금액은 건강검진을 받아야 하는 것으로, 먼저 건강검진을 받은 후 보험자가 이 보험계약의 인수를 승낙하는 것인데, 보험계약자가 아직 건강검진을 받지 않았기 때문에, 보험자로서는 피보험자의 신체상황에 근거하여 보험금액과 보험료를 확정할 수 있는 방법이 존재하지 않으므로, 보험계약은 그 효력이 발생하지 않았다. ③ 보험증권에 보험자의 도장을 날인한 것은 보험계약의 승낙동의를 나타내는 인장이지만, 보험청약서상에 보험자의 도장이 날인된 것은 보험자의 보험계약에 대한 승낙을 뜻하는 것이 아니기 때문에 보험회사는 보상책임이 없다.'

이에 대하여 원고는 이 사건 보험계약이 이미 성립되었다는 반박을 하였다. 이유는 다음과 같다. ① 보험계약자가 청약서를 작성하고 보험료를 지불한 것은 보험계약의 청약단계가 이미 완료되었고, 보험자가 초회보험료를 수령하고 보험청약서를 접수하였다는 것은 승낙행위의 구체적인 표현이자 증명이라 할 수 있다. ② 건강검진이 이루어지지 않은 과실은 보험회사에게 있다. 보험회사는 보험계약자에게 건강검진을 하라고 통지하지도 않았고 건강검진 전에 일정한 시간 안에 발생 가능한 상황에 대해서 신중한 규정을 하지도 않았다. 건강검진은 보험료 문제에만 영향을 줄뿐이므로, 보험자가 만약 신체의 질병을 이유로 보험계약을 거절하는 것이라면, 이 사건 보험계약자의 사망을 우연한 사고로 인한 것으로 신체의 질병과는 무관하다. ③ 보험청약서에는 "보험계약자와 피보험자가 이 보험청약서와 건강고지서를 작성한 후 우리 회사 사무원에게 초회보험료를 지불하고 임시영수증의 발급을 청구하십시오. 보험계획서, 보험료영수증과 보험증권의 발급에는 1-5 일정도 소요됩니다."라고 기재되어 있다. 사실상 보험계약자가 보험청약서를 작성하고 보험료를 지급한 날로부터 두 사람이 사망한 날 까지는 이미 5일이 경과되었다. 보험청약서상 보험자의 책임기간에 대하여는 공백으로 되어있으며, 보험계약을 거절하는지 완화하는지에 대하여도 명백한 표현은 없지만, 보험회사가 보험청약서상에 회사의 인감을 찍었다는 것은 보험계약의 관행상 이 보험계약에 대하여 묵시적으로 승낙하였다는 표시이다.

주해시 중급 인민법원은 6월 14일, 원고의 청구를 기각하고 보험회사에 대하여 이미 수령한 보험료를 반환할 것과 소송비용은 원고의 부담으로 한다는 취지의 판결을 내렸다. 원고는 판결에 불복하여, 6월 28일에 광동성 고급인민법원에 항소하였다. 7월 2일 보험회사와 천기문은 협상을 하였는데, 보험회사가 인도주의적 측면에서 일시급으로 30만 위안을 지급하였다.[8)]

2. 쟁점사항

이 사건 분석에 앞서, 현재와 같은 ≪보험법≫이 아직 발효되기 전이었다는 점을 주의하여야 한다. 즉 기지부부가 보험청약을 하고 보험사고가 발생할 당시의 법률규정에는 보험계약이 성립되었는가를 판단할 법률규정이 존재하지 않았으나, 천기문에 의하여 소송이 제기되고 심리가 진행되는 동안 보험법이 효력을 발생하게 되었다. 따라서 법률의 적용문제가 먼저 고려되어야 한다. 다음으로 보험회사가 보험계약자로부터 보험료를 받고 임시영수증을 발행한 행위에 대한 분석이 진행되어야 한다. 즉 보험료수령과 임시영수증의 발급이 보험자가 보험계약을 이미 승낙하였다는 증명이 될 수 있는가의 문제이다. 그리고 보험약관상 일정한 액수 이상의 보장금액에 대하여 피보험자의 건강

---

8) 陈旭琴, ≪巨额寿险索赔案引发的思考≫, 载 ≪中国法学≫, 1997, 第2期.

검진을 요구하는 규정이다. 보험회사가 보험계약자에게 건강검진에 대하여 설명하지도 않았고, 요구하지도 않아, 피보험자가 건강검진을 받지 않은 경우 보험계약이 성립되지 않았다고 볼 사실상의 근거가 될 수 있는가? 마지막으로 보험회사가 보험청약서상 동의승낙의 의견을 기재하지 않고 단순히 회사의 인감을 날인한 경우에 이를 보험회사의 승낙이 있었다고 볼 수 있을 것인가? 하는 점이 이 사건의 핵심적인 쟁점사항이다.

3. 법률규정

1) **≪보험법≫제14조** 보험계약 성립 후 보험계약자는 약정한 보험료를 지급하고 보험자는 약정한 때로부터 보험책임을 부담한다.

2) **≪보험법≫제37조** 계약의 유효 기간 내에 보험목적의 위험정도가 현저하게 증가한 때에는, 피보험자는 약정에 따라 지체없이 보험자에게 알려야 하고, 보험자는 보험료의 증액을 청구하거나 보험계약을 해제할 수 있다.

3) **≪보험법≫제38조** 다음의 하나에 해당할 경우, 다른 약정이 있는 경우를 제외하고, 보험자는 보험료를 감액하고 일할계산한 보험료를 반환하여야 한다. ① 보험료율을 확정할 당시의 상황이 변하여 보험목적에 대한 위험정도가 현저하게 감소한 경우 ② 보험목적의 보험가액이 현저히 감소하였을 경우

4) **≪보험법≫제57조** 보험계약이 성립한 후에 보험계약자는 보험자에 대하여 보험료의 전부를 지급하거나 약정에 따라 분할하여 보험료를 지급할 수 있다. 보험료를 분할하여 지급하는 경우 보험계약의 체결 시에 최초보험료를 납부하여야 하고, 나머지 보험료는 정해진 기일에 각 분할보험료를 납부하여야 한다.

5) **≪보험법≫제58조** 보험료를 분할지급하기로 약정한 경우, 다른 약정이 있는 경우를 제외하고, 보험계약자는 보험계약체결 시 최초보험료를 납입하여야 하고, 차회 보험료를 약정한 기일로부터 60일 이내에 지급하지 않는 경우에 보험계약의 효력은 중지되거나 보험계약의 약정에 따라 보험자가 보험금액을 감액할 수 있다.

6) **≪보험법≫제60조** 보험자는 생명보험의 보험료를 소송의 방법으로 지급을 강제할 수 없다.

7) **≪중화인민공화국해상법≫(이하 해상법) 제234조** 계약에 다른 약정이 있는 경우를 제외하고, 피보험자는 보험계약 성립 후 지체없이 보험료를 납입하여야 한다. 피보험자가 보험료를 납입하기 전에는 보험자는 보험증권의 발급을 거절할 수 있다.

4. 학리분석

보험료의 지급은 보험계약자가 보험계약상 이행하여야 하는 주요의무로서 보험계약을 유상계약이라고도 한다. 부채계약으로서의 보험계약은 당사자가 보험조건에 합의함으로써 성립되고, 보험계약자는 보험료 지급의무를 부담하고 보험자는 보험사고 발생 시 보상책임을 부담하게 된다. 따라서 특별한 약정이 있는 경우를 제외하고는 보험계약자의 보험료지급이 보험계약의 효력발생 요건이 되지는 않는다. 보험계약자가 보험지급의무를 이행하지 않을 경우, 보험자는 채권자가 되어 소송의 방식으로 보험료의 지급을 청구할 수 있다(생명보험료는 지급지체시는 제외). 따라서 재산보험의 보험자는 다른 약정이 없는 한, 보험계약자의 보험료미지급을 이유로 보상책임을 거절할 수 없다. 생명보험의 보험료 납입지체가 있는 경우 보험법에서는 보험자가 소송의 방법으로 청구할 수 없도록 하고 있지만, 보험자에게 보험계약의 효력을 중지하거나 보험계약을 해제할 수 있는 권리를 부여함으로써 보험자의 보상책임거절의 문제는 발생하지 않는다.

그러나 보험계약자가 미리 보험료를 납부하고, 보험계약이 성립되기 전에 발생한 보험사고에 대해 보험자는 보상책임이 있는가라는 문제에 대해 중국 학자들 간 논쟁이 있다. 보험실무상 보험계약자가 청약과 함께 보험료를 납부하는 것은 흔히 있는 일로서, 일반적으로 보험계약자가 보험청약서를 작성한 후 보험자에게 청약서와 함께 보험료를 지불하고 있다. 특히 생명보험실무에서는 보험자가 고객의 유실을 막기 위해 보험계약자가 보험청약서를 작성할 때 일정한 액수의 보험료를 지불할 것을 요구하고 보험료 영수증을 발급하고 있다. 보험계약의 성립 전에 보험계약자가 미리 지불한 보험료를 '예납보험료'라고 부른다.

보험사가 예납보험료를 지불한 후부터 보험계약이 성립되기까지 보험자가 피보험자에게 임시로 위험에 대한 보장을 할 것인가에 대해 두 가지 다른 입법례가 존재한다. 하나는 보험료영수증에 다른 설명이 있는 경우를 제외하고, 보험자는 피보험자에게 보험계약에서 한정한 임시보장을 하여야 한다는 것이다. 중국 대만의 ≪보험업관리 방법≫의 규정이 이러한 입법례이다. 즉, '재물보험의 보험계약자가 보험자가 보험증권을 발행하기 전에 보험료를 납부하고 보험자가 보상하기로 약정한 보험사고가 발생한 경우 보험자는 보험금지급책임이 있다. 생명보험자는 보험계약의 승낙 전에 초회보험료에 상당하는 금액을 영수하여야 한다. 보험자의 보상책임은 보험자가 승낙한 경우 초회보험료를 수령한 때로 소급하여 개시된다.'는 규정이다. 다른 하나는 보험료영수증에서 피보험자에게 임시보장을 행한다는 규정이 있는 경우를 제외하고, 보험자의 보상책임을 보험계약이 성립하고 효력을 발생한 때로부터 개시된다는 입법례이다. 중국≪보험법≫제14조에서 '보험계약성립 후 보험계약자는 약정에 따라 보험료를 지급하고, 보험자는 약정한 시간부터 보상책임을 부담한다.'라는 규정이 이에 해당한다.

이외에, 보험관례상 보험계약자가 예납보험료를 납부한 경우 보험자가 임시보장책임을 부담하는 가에 관하여는 다음과 같은 원칙으로 처리하기도 한다. 첫째는 임시보장의 책임이 전혀 없는 경우이다. 보험자가 보험료영수증을 발급할 때 영수증상에 '이 보험계약은 초회 보험료를 납부하고 보험증권이 피보험자가 생존하고 건강한 동안에 도달하여 보험계약자가 수령한 때로부터 효력이 있습니다.'라는 명시적 문구가 기재되어 있다. 둘째는 임시보장책임을 인정하는 경우이다. 보험자가 발급한 보험료영수증에 책임을 면제한다는 설명이 없거나 혹은 조건적으로 피보험자에게 임시 보험보장을 한다는 조건이 있으면 보험자는 임시보장책임을 부담하여야 한다.

위에서 살펴본 바에 따르면, 중국보험법의 규정에 근거하여 볼 때, 이 사건에서 보험계약자가 청약서와 초회보험료를 지급하고 보험자가 임시영수증을 발급하였다는 사실만으로는 기지부부와 보험회사 간에 보험계약이 성립되었다거나 보험자가 피보험자에 대한 보상책임을 부담한다거나 보험자가 임시보장의무가 있다고 말할 수는 없다.

결국 이 사건의 쟁점사항은 보험계약의 성립여부를 인정할 것인가에 있다. 법원은 심리중 아래의 사실을 알아냈다. : ① 보험청약서상 "보험계약자와 피보험자가 이 보험청약서와 건강고지서를 작성한 후 우리 회사 사무원에게 초회 보험료를 지불하고 임시영수증을 요구하십시오, 보험계획서, 보험료영수증과 보험증권은 1-5일 정도 이후에 보내드립니다."라는 문구가 명확하게 존재한다. 보험계약자가 청약서와 보험료를 지급한 후 보험사고가 발생한 날까지는 이미 5일이 경과되었다. ② 보험청약서상의 핵심사항이 공란으로 되어있고, 보험계약의 거절 혹은 연기에 대한 서명이 없으며, 보험계약을 승낙한다는 서명도 없지만, 보험자는 이미 보험청약서의 확인란에 보험회사의 인감을 날인하였다. ③ 중국인민보험회사가 발표한 보험약관에 따르면, 이들 두 명의 보험계약자의 보험금액은 건강검진을 받아야 하는 정도에 이르며, 먼저 건강검진을 받은 후 다시 보험승낙을 해야 하지만 보험회사가 보험계약자에게 건강검진을 해야 한다는 것을 통지하지 않아서 보험계약자는 건강검진을 하지 않았다. ④ 보험회사의 보상여부 결정에서 비록 보험회사는 보험계약이 성립을 인정하지는 않지만, 보험계약자가 건강검진 없이 가입할 수 있는 최고한도의 보험금액을 인정하여 총 30만 위안을 지급하기로 결정하였다.

법원이 조사한 사실에 의하면, 보험약관 중 보험계약의 성립에 관한 명문규정이 없다는 전제하에 보험자가 청약서상 보험회사의 인감을 날인하였다는 사실에서 보험계약자가 청약서를 작성한 것은 명확한 청약이고, 보험사가 이 청약서에 회사의 도장을 찍은 것은 승낙이라고 보면 보험계약은 성립된다. 왜냐하면 보험청약서의 내용은 보험계약의 주요조항을 모두 구비하고 있고, 보험계약자가 보험청약서에 서명한 후 비록 보험자가 구체적인 의견을 기재하지는 않았다 할지라도 보험회사의 인감을 날인하였다는 것은 보통 서면에 날인하는 방식으로 계약이 체결되는 관례에 따르면 보험계약의 승낙으로 볼 수 있기 때문이다. 다른 한편, 신체검사가 필요한 계약에서 신체검사가 없었지만 보험자가 날인한 것은 자신의 권리를 포기한 것이고 또한 보험계약자가 신체검사를 받지 못한 이유가 보험회사의 설명이 없었기 때문이며, 이는 보험자의 과실이다. 따라서 보험회사는 보험계약자가 신체검사를 받지 않았음을 이유로 보상책임을 면한다고 주장하는 것은 옳지 않다. 그러므로 주해시 중급인민법원의 판결은 보험관례와 계약관행에 어긋난 것으로 타당성이 결여되었다. 소송당사자가 다시 협상하여 보험회사가 30만 위안을 보상하기로 한 것도 역시 주해시 중급인민법원의 판결이 공정성을 상실하였다는 것을 보여준다.

5. 연습문제

1999년 5월 26일 화얼푸회사와 화타씨청즈회사는 차량보험계약에 가입하였다. 차량번호 경E/71628인 아우디자동차를 부보하였고, 담보위험의 종류는 차량손실위험, 제3자에 대한 배상책임위험, 차량의 도난위험 등으로, 그 중 도난보험의 보험금액은 45만 위안이었다. 보험료는 12,598위안이며 보험기간은 1999년 5월 27일 0시부터 2000년 5월 26일 0시까지이다. 같은 날 보험회사는 화얼푸회사에게 보험증권을 발급했다. 보험증권에는 보험약관이 첨부되었는데, 이 약관 제5조는 (검은색 글씨로 인쇄되었음) "보험사고가 발생하기 전에 보험계약자가 약정한 보험료를 지급하지 않은 경우에는 차량손실이나 제3자에 대한 배상책임으로 인한 손해에 대하여 보험자는 보상책임이 없습니다."라고 규정하고 있다. 그리고 제21조에서 "피보험자는 보험계약이 성립될 때 보험료를 납부하여야 한다." 제27조에서 "피보험자가 제21조의 규정을 위반한 경우에 보험자는 보상책임을 거절하거나 서면통지를 한 때로부터 보험계약을 해제할 수 있다." 계약이 성립된 후 화얼푸회사는 약정한 보험료를 지불하지 않았다. 1999년 6월 21일 오전 8시에 화얼푸회사는 보험차량이 도난당한 것을 발견하고 오전 9시에 모 파출소에 신고하고 또한 그날 오전에 보험회사에 보험료 12,598위안을 납부하였고, 보험회사는 보험료 영수증을 발급했는데 영수증에 기재한 시간은 1999년 5월 26일이었다. 당일 오후에 보험회사에 손실이 보고되었다. 6월 23일 보험회사의 사무원이 사고를 조사할 때 화얼푸회사의 법정 대표인 송모모가 보험사고 발생 후 보험료가 납부되었음을 인정하였다. 화얼푸회사는 보험회사에 45만 위안의 보험금을 청구하였다.

[문] 1. 보험계약자가 사고발생 후 보험금을 낸 것은 보험계약의 효력에 영향을 주는가?

2. 보험회사가 배상책임을 부담하여야 하는가?

3. 보험약관중의 면책사항은 유효한가?

제 8 절 보험자의 설명의무

보험자의 설명의무는 보험계약 체결 시 보험자가 보험계약조항의 내용을 보험계약자에게 설명, 제시, 해석할 의무를 말한다. 대다수 국가의 보험법상에서는 보험자가 보험계약조항의 내용을 제시하고 해석하고 설명하는데 대한 명확한 규정이 없지만 계약법상의 당사자의 합의의 원칙, 신의성실의 원칙 및 부합계약에 대한 규제의 원칙으로 보험자의 설명의무를 유추할 수 있다. 영미법상의 허위진술, 착오 및 사기와 관련한 규정은 보험자의 보험계약 체결 시 보험약관에 대한 설명의무와 동일하게 적용되며,[9] 판례상 보험자의 설명의무의 존재에 대한 확인이 있었고, 법률상으로 보험자에게 설명의무를 부여하였다. 중국보험법은 입법으로 보험자의 설명의무제도를 도입하였는데, 이는 보험자가 보험계약을 체결할 때 보험계약의 일반조항에 관하여 보험계약자에게 제시하고 설명하여야 할 의무를 부과하였을 뿐만 아니라, 보험자의 면책조항에 관하여는 보험계약자에게 명확하게 설명하여 줄 보다 엄격한 의무를 부여하였다. 만약 보험자가 이 명확한 설명의무를 위반한 경우에는 당해 면책조항은 계약상의 효력이 없는 것으로 규정하였다.

---

9) 覃有土主编 : ≪保险法概论≫, 北京大学出版社 2001年版, 第156-157页.

보험자의 설명의무와 보험계약자의 고지의무는 모두 계약 성립 전 당사자에게 부여된 법률적 의무로서 계약 전 의무라고도 한다. 법률상에 보험자의 설명의무를 규정한 이론적 근거는 다음과 같다. : 우선 보험계약은 최대선의계약으로, 보험계약의 성립은 당사자 쌍방의 상호신뢰에 기초하여 이루어지는 것이다. 보험계약 체결의 목적은 보험계약자가 약정의 방식으로 보험자에게 보험목적에 존재하는 위험을 전가하는 것이라는 점에서 법률상 보험계약자의 고지의무를 규정하였다. 그러나 보험료의 지급이란 조건하에서 보험자는 보험계약자에게 어떤 정도의 보장이 이루어지는가에 대한 정보를 제공하여야 한다. 상호신뢰의 관점에서 법률상 당연히 보험자는 보험약관에 대한 설명의무를 부담하여야 하는 것이다. 다음으로 보험계약이 전문성과 보험약관이 보험자에 의해 제작된 정형적인 계약조건이란 점 때문이다. 보험계약자는 일반인의 수준으로 보험계약을 알고 있어서 보험의 전문지식에 대하여 완전히 이해하기는 불가능하다. 게다가, 보험계약 체결 시 대부분은 보험자가 정형화된 보험계약내용을 제공하고 보험계약자는 선택만 하면 바로 보험계약이 성립되므로, 보험계약자가 계약 체결 중에 계약내용에 대한 완전한 이해와 인식을 할 수 있는 방법이 없다. 따라서 보험자의 설명의무규정은 부합계약에 대한 규제와 보험계약자에 대한 특별한 보호라는 각도에서 출발한 것이다.

≪보험법≫이 규정하고 있는 보험자의 약관설명의무는 다음과 같은 몇 가지 측면으로 이해할 수 있다. (1) 설명의 주체 : 보험자와 보험자의 대리인이 설명의무의 주체이다. (2) 설명의 범위 : 보험계약에 관련된 모든 약관조항은 설명의무의 범위에 포함되지만, 보험계약약관 이외의 사항은 제외된다. (3) 설명의 방식 : 법률상 규정은 없지만 보험자는 구두, 서면 혹은 기타방식으로 보험계약자에게 설명을 할 수 있다. 하지만 주의할 점은 법원은 소송에서 보험자가 설명의무를 이행하

였으므로 보험자의 면책을 주장할 경우 입증책임을 지우고 있다는 점이다. 따라서 서면방식으로 설명을 하는 것 외에 보험자가 구두 혹은 기타 방식으로 설명의무를 이행할 경우에는 필요한 방식으로 증거를 확보하고 있어야 한다. (4) 설명의 정도 : 보험자는 보험계약의 약관조항에 대하여 일반적인 정도로 설명하면 족하지만, 보험자의 책임을 면하는 조항에 대해서는 명확한 설명을 해야 한다. 보험자의 설명이 보험계약자가 약관조항에 대한 완전한 이해를 하도록 하였는가에 대하여 보험법은 규정을 두고 있지 않다. 그러나 통상조항일 경우에는 일반적인 정상인이 이해할 수 있는 정도여야 하고 면책조항일 경우에는 설명이 더욱 명확하고 구체적이어서 보험계약자가 면책조항이 가지는 특별한 의미를 이해할 수 있을 정도여야 한다. 보험 실무 중에서 어떤 사람은 보험계약자에게 일정한 보험약관을 제공하면 바로 설명의무를 이행하였다고 생각하는데, 이것은 정확하지 않다고 생각한다. 보험법은 보험자에게 보험약관의 내용에 대한 설명을 요구하고 있고, 설명이라는 것은 보험자가 보험계약자에게 보험약관을 제공한 후 그 내용을 열람할 수 있도록 지도해주고, 보험계약의 내용에 대해 진일보하게 설명하고 특히 면책조항에 대해서는 보험계약자에게 구체적으로 설명을 하여야함을 의미한다. 소송과정에서 보험계약자에게 일정한 약관조항이 기재된 서면을 제공한 것이 보험자의 설명의무 이행에 속하는지는 법관이 일반적인 보험계약자의 인지수준을 고려하여 확정한다. (5) 설명의 효과 : 보험자가 보험약관의 일반조항에 대하여 설명의무를 위반한 경우의 효력에 대하여 보험법은 규정하고 있지 않지만, 보험계약해석의 일반적인 원칙에 따라 보험계약자에게 유리하게 해석하여야 할 것이다. 그리고 보험자의 면책조항에 대한 명확한 설명의무를 위반한 경우에는 보험자가 이 조항을 보험계약의 내용으로 효력을 가지지 않음을 규정하고 있다.

1. 사건의 개요

1995년 10월 7일 룽다회사와 대련경제기술개발구보험회사는 자동차 보험계약을 체결했다. 계약의 내용은 보험목적 벤츠 S320형 자동차, 담보위험의 종류는 차량손실위험, 제3자배상책임위험, 도난위험, 그리고 유리위험이다. 차량손실위험의 보험금액은 120만 위안이고 보험기간은 1995년 10월 18일부터 1996년 10월 17일까지이고 보험료는 42,200위안이다. 보험증권 뒷면에 보험약관의 내용이 인쇄되어 있었는데, 담보책임조항으로는 화재, 폭발 등 원인으로 차량에 손실이 발생할 경우 보험자는 배상책임을 부담하고, 책임제외조항으로는 자연발화, 마모손실, 침식, 고장, 타이어 폭발, 사람의 직접적인 주유, 불에 그을린 손실 등에 대해서는 보험자가 배상책임을 지지 않는다는 규정이 있었다. 보험회사는 보험증권과 보험료 영수증을 발급하고 룽다회사는 보험료를 지불했다.

1996년 1월 7일 0시 58분 대련경제개발구역의 보세장치장 북측에서 보험차량에 화재가 발생했다. 운전사는 가까운 소방서에 신고했다. 소방차가 도착한 후 화재진압을 시도하였지만, 큰 바람 때문에 불은 더 맹렬해졌고 자동차는 완전히 타버렸다. 당일 오전에 소방서 엔지니어 두 사람이 3시간 동안 화재현장을 조사한 후 다음과 같이 결론을 내렸다. "현장에는 인위적인 파괴 흔적이 없어, 외부에서 온 불씨, 흡연, 방화, 자연발화 등으로 화재가 발생하였다는 점은 배제했다. 화재가 발생한 부위는 자동차의 뒷부분에서 일어났으며, 뒷부분이 앞부분보다 더 심하게 탔고 뒤 부위에 있는 기름박스의 폭발 방지 덮개가 열린 흔적이 있다. 이상을 분석하며 보면, 화재의 직접적인 원인은 기름박스의 폭발 방지 덮개가 이탈하면서 기름이 기름상자에 들어가고 불씨를 만

나면서 화재가 일어났다."고 결론지었다. 1월 16일 소방서가 쌍방에게 발급한 화재원인 인정서에서 화재원인의 인정과 검사결론이 동등하다고 했다. 룽다회사가 보험회사에게 보상을 요구한 뒤, 7월 29일 보험회사는 서면으로 룽다회사에게 보상을 거절한다고 통지하였고, 룽다회사는 개발구 인민법원에 소송을 제기했다.

법원은 심리 중에서 명확히 조사하기를 (1) 소방서의 화재원인 인정서가 배제한 "자연연소"는 공안부 소방서가 편집해서 써낸 ≪소방수첩≫의 기재를 근거한 것으로, 이 수첩에 의하면 모든 외부의 불이 작용하지 않고 물질 자체의 화학변화 혹은 외부의 온도와 습도의 영향으로 발열하고 열이 어느 연소 점에 도달하면 자연연소 하는 것이 자연연소라고 했다. (2) 중국인민은행은 1996년 6월 15일에 발표한 (1995) 144호 서류에 규정하기를 자연연소는 보험차량의 자체의 전로, 선로, 급유계통 및 화물 등 원인으로 자연적으로 불이 일어나서 보험차량의 손실을 조성하는 것을 말한다. 하지만 보험회사가 룽다회사에게 상술한 문건을 설명하지 않아서 룽다회사는 소송 전에 이런 문건이 있는 걸 몰랐다. (3) 보험차량은 화재 때문에 모두 손상됐다. (4) 소방서의 조사결론과 화재인정서는 모두 "자연연소배제"등등이 있다.

법원은 원고와 피고 간에 체결된 보험계약은 합법적으로 유효한 것이라 판시하였다. 원고는 약정한 보험료를 납부하고, 만약 보험차량에 약정한 보험사고로 인한 재산손실이 초래된 경우 보험자의 면책사유에 해당하는 경우를 제외하고, 보험자는 당연히 약정한 바에 따라 보험금지급책임을 부담하여야 한다. 그렇지 않으면 계약위반으로 채무불이행책임을 부담하여야 한다. 본 사례에서 보험증권에 비록 책임제외조항이 첨부되어 있지만, 피고가 원고에 대하여 이러한 면책조항을 명확하게 설명하지 않았으므로 면책조항은 효력이 없는 것이어서, 피고는 이 조항의 존재를 이유로 보험보상을 거절할 수 없다. 따라서 원고에 대하여 120만 위안의 보험금을 지불하여야 한다. 피고는 보험증권의 뒷면에 면책조항이 인쇄되어 있고, 중국인민은행이 이미 "자연연소"란 외부의 불씨로 야기된 연소가 아닌 것이라고 규정하고 있으며, 본 사건의 화재는 이미 자연연소로 인한 것이라 결론 났기 때문에 보험자의 면책조항은 유효하다고 항변하였다. 현행 중국보험법은 보험계약을 체결할 때 보험자가 면책사유에 관하여 보험계약자에게 명확하게 설명하도록 요구하고, 명확한 설명이 없었던 경우 그 면책조항은 효력이 없는 것으로 규정하고 있다. 소위 "명확한 설명"에 대한 해석은 "분명하고도 확고하여 명백한 해석"으로 이해되어야 한다. 본 사례와 관련하여 "자연연소"라는 단어의 의미에 대한 전문가들의 이해도 똑같지 않아, 피고는 마땅히 보험법의 규정에 근거하여 명확히 설명하였어야 한다. 하지만 피고는 중국인민은행의 해석을 원고에게 설명하지 않았음에도 불구하고 그 해석내용에 근거하여 배상을 거절하는 것은 공평과 신의성실의 원칙에 위배된다 할 것이다. 따라서 피고의 항변을 법원은 지지하지 않았다. 법원은 피고 보험회사가 원고 룽다회사에게 보험금 120만 위안을 지불하도록 판결했다. 피고 보험회사는 1심의 판결에 불복하여, 1심중의 항변을 이유로 대련시 중급인민법원에 항소하였다.

2심 법원은 다음과 같이 인정하였다. : 현재 보험차량의 화재원인이 자연연소에 속한다고 완전히 설명 할 수 있는 증거는 없다. 소방서와 보험자가 자연연소에 대하여 이해하는 것도 그 기준이 서로 다르며, 보험계약자는 이에 대해 더욱 잘 알지도 못한다. 면책조항이 예전보다 증가한 상황 하에서 보험증권의 뒷면에 인쇄되어 있다는 사실이외에 보험회사가 보험계약자에게 진일보한 해석과 설명을 충분히 하였다는 증면도 없다. : 1995년 ≪보험법≫제16조, 제17조의 규정에 의하여 보험회사는 면책조항에 대해 기타 조항보다 더 심도 있게 설명할 의무가 있으나, 보험회사가 이러한 법정 의무를 이행하지 않았다. 그러므로 보험회사가 "자연연소"로 인한 면책사유를 룽다회사에 대해 명확하게 설명하지 않았기 때문에, 그 면책조항은 효력이 없다. 보험회사가 항소한 증거는 부족하고 이유도 불충분하여 원심판결은 정확하다고 판단되어 이를 지지한다고 판시하였다.[10]

2. 쟁점사항

본 사건의 쟁점사항은 보험법상 보험자의 설명의무규정의 적용을 어떻게 이해할 것인가? 특히 보험법상 보험자의 면책조항에 대한 명확한 설명의무 중에서 "명확한 설명"의 의미를 어떻게 이해할 것인가에 관한 문제이다. 그 다음으로 주의해야 할 것은 중국인민은행이 문건의 형식으로 반포한 보험약관에 대한 해석으로서 그 효력을 어떻게 인정하여야 할 것인가 하는 문제이다.

3. 법률규정

1) **≪보험법≫제17조 제1항** 보험계약을 체결할 때 보험자는 마땅히 보험계약자에게 보험계약의 조항내용을 설명하고, 보험목적 또는 피보험자에 관한 사항에 대하여 질문한 경우 보험계약자는 진실하게 고지하여야 한다.

2) **≪보험법≫제18조** 보험계약 중 보험자의 면책사유에 해당하는 조항에 관하여는 보험자가 보험계약을 체결할 때 보험계약자에게 명확하게 설명하여야 하고 명확히 설명을 하지 않으면 그 조항은 법적효력이 없다.

10) 周玉华, 앞의 책, 151-155면.

3) **중국보감회 ≪생명보험상품의 광고와 관련한 문제에 관한 통지≫**(보감발[1999]5호 1999년 3월 30일 선포)

중국생명보험회사, 중국태평양보험회사, 중국평안보험주식회사. 신화생명보험주식회사, 태강생명보험주식회사, 신강병단보험회사, 미국우방보험유한회사 상해지사, 미국우방보험유한회사 광주지사, 중홍생명보험유한회사, 태평양안태생명보험유한회사, 안련대중생명보험유한회사 :

최근 중국 생명보험시장의 신속한 발전에 따라, 생명보험과 관련된 소송도 점차 증가하고 있다. 그중에서도 보험회사의 생명보험상품에 대한 광고로 착오에 빠져 보험청약을 하는 사례와 관련한 것이 특히 많다. 다수 보험계약자의 합법적인 권리를 보호하고 보험회사의 사회적 이미지를 유지하기 위하여 이와 관련한 문제에 대하여 다음과 같은 사항을 통지한다.

(1) 각 생명보험사업을 영위하는 보험회사의 영업사원 및 대리인은 생명보험상품에 대하여 정확하게 광고하여야 하고, 보험계약의 이익을 과장하거나 허위과장하여서는 안되며, 이차반환성 보험의 경우 불확정한 이익을 예측하여서는 안 되며, 이차반환수익을 예측해서도 안 된다. 장기생명보험에 있어서는 그 보장기능을 광고하여야 하며, 예정이율과 은행의 저축이율을 직접적으로 비교해서는 안 된다.

(2) 생명보험계약 체결 시, 보험계약의 면책사유와 보험료 환급처리 등 비교적 분쟁이 많은 사항에 대해서는 보험계약자에게 정확하게 설명하여야 하고, 반환될 보험료액 또는 그 계산방법은 보험증권이나 보험약관에 명시적으로 열거하여야 하며, 보험계약자나 피보험자의 서면인증도 받아야 한다.

(3) 보험회사의 생명보험상품의 광고자료와 보험설계서 등은 본사에서 동일한 내용과 양식을 인쇄하여 사용하도록 하고, 지점이나 보험

자의 대리인이 임의대로 변경하거나 다시 인쇄 제작해서는 안 된다.

4. 학리분석

보험자의 설명의무는 보험자의 법정 의무로서, 보험자가 보험약관의 모든 조항을 설명할 의무와 특히 보험자의 면책사유에 대하여 명확하게 설명할 의무를 포함한다. ≪현대중국어사전≫의 해석에 따르면 "명백한 해석"으로 설명된다. 즉 "명확"은 "정확하고 확고부동하다." 라고 해석한다.

보통보험약관조항에 대한 보험자의 설명의무 중에서, ≪보험법≫제17조의 규정에 따르면, 보험자의 설명정도는 일반적 정상인이 보험계약의 모든 내용을 이해할 수 있는 정도여야 한다. 보험자가 이러한 약관실명의무를 위반한 경우에는 보험계약의 해석원칙에 따라 보험계약자에게 유리하게 해석을 한다. 보험 실무 중에서 보통 보험자는 보험계약자에게 보험약관을 제공하는 것을 설명의무의 이행으로 보고 있다.

≪보험법≫제18조에서 규정하고 있는 보험자의 면책사유와 관련한 보험자의 명확한 설명의무의 정도는 일반적인 설명의무의 정도보다 높아야 하는데, 보험자가 면책조항에 대하여 보험계약자가 정확하고도 확실하게 설명하여 면책조항에 대한 완전한 이해를 가져올 수 있을 정도에 이르러야 한다. 면책사유에 대한 보험자의 명확한 설명의무가 이행되지 않은 경우 그 면책조항은 효력이 없다.

이 사건 중 비록 전문가가 "자연연소"에 대해 중대한 인식차이가 있지만, 보험자가 "자연연소"에 대해 보험계약자에게 설명을 하지 않고 보험증권을 제공한 것만으로 면책조항이 효력이 있다고 하는 것은 보험자가 스스로 소송에서 패소하는 결과를 가져왔다. 가사 보험자가 구두로 명확한 설명을 하였다고 한다면, 보험계약자가 인정한 경우를 제외하고 보험회사가 그에 대한 증명책임을 부담한다.

보험업관리규정에 의하면, 보험약관은 보험감독기관으로부터 인가를 받은 이후에만 보험영업을 위하여 사용할 수 있고, 보험계약자와 보험계약을 체결할 때 정형적 계약조건으로 사용할 수 있다. 보험계약자와 보험계약 체결 시, 보험계약자에게 제공하며 보험계약이 성립된 후 보험계약의 내용으로 될 수 있다. 계약당사자가 합의에 이르지 않은 경우에는 보험약관은 효력이 없다. 따라서 당시의 보험업관리기구로서의 중국인민은행이 선포한 보험약관의 해석에 관한 문건은 단지 이미 반포된 보험약관에 대한 보충, 수정과 해석으로서 역할을 하며, 그 목적은 보험약관의 내용에 대한 통일적인 해석을 제시함에 있고, 보험회사가 보험약관을 관리하는 근거로서 보험업무 내부적으로 적용되는 규정이다. 보험회사의 보험업무는 당연히 이 문건에 따라 집행하여야 하지만, 보편적인 법률효력이 있는 행정규칙은 아니다. 따라서 중국인민은행이 선포한 보험약관의 해석은 보험약관을 수정한 새로운 보험약관이어서 보험자는 당연히 보험계약 체결 시 보험계약자에게 약관의 제공과 함께 명확한 설명을 하였어야 한다.

본 사건에 대한 1심법원과 2심법원의 판결은 타당한 것이다.

5. 연습문제

1996년 2월 14일 판씬회사는 모 재산보험회사 보타지사에 수도 파이프 파열로 인한 손해보험이 부가된 기업재산기본보험을 가입했다. 보험회사는 판씬회사에게 보험증권을 발급하였으며, 현존 화물과 고정자산을 보험의 목적으로 하고, 보험료율 0.2%로 계산한 보험료, 보험기간은 1996년 2월 15일부터 1997년 2월 14일까지로 하였다. 1997년 1월 29일 보험계약자는 보험계약을 계속하였고, 보험자는 판씬회사에게 보험증권을 발급했다. 이 보험증권에는 담보위험의 종류를 기업재산기본보험과 수도관 폭발 위험을 추가하는 것으로 하고, 보험목적, 보험금액, 보험료는 이전의 보험증권과 동일하게 기재되었다. 1997년 6월 10일 지하저수조가 진흙으로 막히면서 판씬회사의 지하실 창고가 침수되어 화물에 손실이 발생하였다. 사고 발생 후 판씬회사는 보험회사에게 현장을 조사하고 보험보상을 청구하였으나, 보험회사는 이 사건 침수는 보험에서 담보하기로 한 수도관 파열로 인한 위험의 범위에 속하지 않는다는 이유로 보상을 거절하였다. 판씬회사는 보험회사와 새로운 보험계약을 계속하여 체결하였는데, 보험회사가 마음대로 변경한 부가위험의 종류를 보험계약자에게 설명하지 않았다는 것을 이유로 인민법원에 소송을 제기하고 보험회사가 손실을 보상하도록 판결할 것을 청구했다.

법원은 조사결과 다음과 같은 사실을 명백히 하였다. : (1) 원래의 수도관폭발사고보험에서 보장하는 위험에는 수도관의 파열 및 부가설비의 사고 발생으로 보험재산이 침수되어 발생한 손실을 포함하는 것이며, 이 사건의 부가보험인 수도관파열보험은 수도관 파열로 인해 보험재산이 물에 잠겨서 손실을 입은 경우에 보상할 것을 정한 것이다. (2) 보험회사는 1997년 1월 29일 보험증권을 발급할 때 수도관파열약관을 보험증권에 첨부하지 않아서, 보험계약자는 보험사고가 발생하기 전까지는 종전이 보험계약과 연장한 보험계약의 내용이 일치하는 줄 알고 있었다. (3) 수도관 파열보험은 수도관폭발사고보험의 기초위에 보험책임과 명칭을 변경한 것으로, 면책사유도 변경되었다. (4) 조사결과 판씬회사의 실제 경제 손실은 374,411위안이었다.

[문] 1. 보험회사가 보험계약을 계속하는 경우에 설명의무가 있는가?

2. 수도과파열보험은 효력이 있는가?

3. 보험회사는 배상책임을 부담하여야 하는가?

제 9 절 보험계약의 기본조항과 특별조항

보험약관이란 법률의 규정과 당사자의 약정에 따라, 그 보험계약의 내용으로 기재된 사항을 말한다. 이에는 보통약관과 특별약관의 형태가 있다.

보통보험약관은 보험법이 보험계약으로서 응당 구비하여야 할 계약조항에 관한 것을 말한다. ≪보험법≫제19조의 규정에 의하면 보험계약의 기본조항으로 (1) 보험자의 명칭과 주소, (2) 보험계약자, 피보험자의 명칭과 주소 및 생명보험계약의 보험수익자의 명칭과 주소, (3) 보험목적 (4) 담보책임과 면책사유 (5) 보험기간과 보험자의 책임개시시점 (6) 보험가액 (7) 보험금액 (8) 보험료 및 그 지급방식 (9) 보험금 지급방법 혹은 보상방법 (10) 의무위반책임과 분쟁처리절차 (11) 보험계약의 년, 월, 일이 포함되어야 한다.

특별보험약관은 계약당사자가 보통보험약관의 기재사항이외에 자발적으로 인정한 보험관련 특별한 의무조항을 말한다. ≪보험법≫제19조는 보험계약자와 보험자는 보통보험약관 외에 보험과 관련한 기타 사항에 대하여 약정할 수 있다고 규정하고 있다.

특별약관을 제정할 때 법률의 강행규정에 위반되는 경우를 제외하고는 보험계약과 관련한 일체의 사항에 대하여 과거, 현재, 미래를 불문하고 모두 특별약관에서 규정할 수 있다. 특별약관에는 첫째, 보험계약 성립전의 과거 사항 둘째, 보험계약성립 시의 사항 셋째, 보험계약 성립 이후의 사항 등을 포함한다. 여기서 말하는 특별약관은 보험계약 당사자가 특별히 약정한 보험계약상 권리와 의무 및 보험관련사실의 총체를 말한다.

특별약관도 보통약관과 마찬가지로 보험계약이 효력을 발생하고 나면 당사자에 대하여 법률적 구속력을 가진다. 중국대만의 보험법은 보험계약당사자의 어느 일반이 특별약관에서 정한 사항을 위반한 경우에는 상대방은 보험계약을 해제할 권리를 가진다. 그러나 장래의 사항에 대한 진행을 특별히 약정한 경우에 그 이행기가 도래하기 전에 보험사고가 발생하거나 그 이행이 불가능한 경우 또는 불법적인 것인 경우라면 보험계약은 실효된다고 규정하고 있다.

1. 사건의 개요

1998년 5월 9일 강소성 고춘현(江苏省高淳县)양모와 모보험회사 고춘현지사는 선박보험계약을 체결하였다. 특약으로 보험약관중의 선박침몰과 전복에 대하여 다음가 같은 경우 보험자는 보상책임을 부담하지 않는다고 약정하였다. 즉, 피보험자가가 선박에 화물을 과적하거나 작업규칙을 위반하거나 선원의 자격이 부적절할 경우 및 선박의 불감항으로 인하여 선박이 침몰하거나 전복한 경우에 보험자는 보상책임이 없다. 보험자는 초저보험료율을 표준으로 보험료를 수령한다.

1999년 1월 29일, 피보험선박은 남경의 매자주에서 모래를 운반하던 중 침몰하였고, 양모부부와 선원 1명이 실종되었다. 양모의 가족이 인양회사에 위탁하여, 인양작업에 나섰지만 결과는 전무했다. 이후 양모의 상속인은 남경 장강항의 항해감독청이 발행한 선박침몰증명서를 보험자에게 제출하고 보험금의 지급을 청구하였다. 보험자는 이 보험계약에 특약이 있었다는 이유로 보험계약에서 약정한 보험금액의 지급을 거절하고, 협상을 통한 보상을 하겠다고 동의하였다. 당사자 간 보상금액에 대한 합의가 이루어지지 않아, 1999년 9월 양모의 상속인은 고춘현인민법원에 소송을 제기하였다.

법원은 심리를 거쳐 다음과 같이 판시하였다. : (1) 보험법은 보험계약의 약관조항에 관하여 명시적인 규정을 두고 있고, 보험회사는 전문적인 보험약관을 제정하고 있으며, 보험계약자와 보험자는 이미 약관에 존재하는 보험자의 책임과 면책사유에 관한 특별약정이 불가능하기 때문에, 특별약정을 한 피고보험회사의 보상책임은 현저하게 공평을 잃은 것이다. (2) 피고보험회사는 이 피보험선박이 모래를 과적하여 선박이 파손되면서 침몰하였고, 선원의 배치 역시 부적절하여 선박이 불감항상태였음을 주장하였으나, 증거 불충분으로 법원에 의해 채택되지 않았다. (3) 보험자는 사건 접수를 받은 이후 선박에 대하여 아무런 조치를 취하지 않았고, 선박의 인양도 불가능하여 전손으로 추정된다. 이 법원의 판결에 따라 보험자는 사고로 인한 손해배상액 전액에 대한 보상책임이 있어, 원고에게 80만 5천 위안의 보험금을 지급하여야 한다. 피고보험회사는 1심 판결에 불복하여 항소하였다. 2심 법원은 보험자의 증거가 불충분하여 항소이유가 성립되지 않는다는 것을 들어 원심판결이 사실 확인이 명확하며 실무처리상 정확하였다는 취지로 판시하고 보험회사의 항소를 기각하였다.[11)]

2. 쟁점사항

이 사건의 분석을 위해서는 두 가지 기본문제에 대한 이해가 전제되어야 한다. 하나는 보험회사와 보험계약자가 기존의 공개된 보험약관 이외에 합의에 도달한 경우 그 합의의 지위를 어떻게 인정할 것인가 하는 것이고, 다른 하나는 보험계약자와 보험자가 작성한 특별약관의 효력문제로서, 특별약관이 보험회사가 이미 사용하고 있는 보험약관을 변경할 수 있는가의 문제이다. 특별약관은 어떤 상황에서 무효로 인정

11) 史学瀛, 郭宏彬, 앞의 책, 56-57면.

되어 계약당사자를 구속하지 않는가?

3. 법률규정

1) **≪보험법≫제19조** 보험계약은 다음의 내용을 포함하여야 한다.

① 보험자의 명칭과 주소,

② 보험계약자, 피보험자의 명칭과 주소 및 생명보험계약의 보험수익자의 명칭과 주소,

③ 보험목적

④ 담보책임과 면책사유

⑤ 보험기간과 보험자의 책임개시 시점

⑥ 보험가액

⑦ 보험금액

⑧ 보험료 및 그 지급방식

⑨ 보험금지급방법 혹은 보상방법

⑩ 의무위반책임과 분쟁처리절차

⑪ 보험계약의 년, 월, 일

2) **≪보험법≫제20조** 보험계약자와 보험자는 전 조에서 규정한 보험계약사항이외에 보험계약과 관련된 기타 사항에 대하여 약정할 수 있다.

4. 학리분석

중국보험법의 규정에 따르면, 보험계약의 기본사항과 특별약정사항은 모두 보험계약의 내용에 속한다. 법률과 사회공공의 이익에 위반하지 않는 한, 보험계약이 성립되고 난 후에 이들 기본사항과 특별약정

사항은 동일한 법률적 효력을 가진다. 보험계약 실무상 보험회사는 모두 보험계약의 기본사항을 보통약관으로 제정하고 보험감독기관의 인가를 거쳐 사용하고 있다. 보험감독기관의 인가를 거친 보험약관에기초하여 보험계약을 체결할 때 보험계약자와 보험자는 보험약관에 기재된 내용을 변경할 수 있는가? 이것이 이 사건을 분석함에 있어 중심적인 쟁점이다.

주심판사의 이해에서 보면, 그도 역시 이점에 대하여 동일한 관점을 가지고 있는 것 같다. 즉 보험자가 작성하여 보험감독기관의 인가를 얻어 시행하고 있는 보험약관은 보험회사에 대하여 구속력을 가지므로 보험회사는 오직 보험약관에 기초하여서만 보험계약자와 보험계약을 체결할 수 있다. 보험법에서 보험계약의 기본사항에 대해 명확하게 규정하고 있다는 전제하에서, 보험회사가 제정하고 인가를 거쳐 시행되는 보험약관은 당사자가 보험계약 체결 시 수정, 변경 혹은 보충하는 것이 허용되지 않는다. 그렇다면 보험약관 중 보험자의 책임범위와 면책사유에 관한 규정은 당사자에 의한 변경이 더욱 불가능할 것이다. 그렇지 않으면 인가약관의 의의가 상실되어, 공평의 원칙에서 만들어진 보험약관이 당사자의 변경으로 공평성을 상실할 수 있다.

이는 잘못된 관점이다. 보험업이란 특수한 업무에 있어서, 보험약관은 오직 보험자가 작성한 정형화된 보험계약이 내용이기 때문이다. 일반적 상황에서, 보험자는 보험계약자가 보험계약의 청약 시 보험약관의 내용을 수정하는 것을 허용하지 않으며, 보험계약자가 청약 시 할 수 있는 것은 보험계약을 청약할 것인가의 여부에 대해서만 선택의 여지가 있을 뿐이다. 그러나 보험약관은 보험자에 구속력을 가진다. 보험회사는 위험의 전가를 담당하는 영리기업이고, 보험계약을 체결하여 피보험자가 보험사고로 입게 된 손해를 전보할 책임을 부담하기 때문에 보험회사는 손실보상책임을 이행한 이후에도 이익을 보장할 수 있는 방법에 대한 연구를 진행한다. 따라서 각 보험회사의 본사는 이러한 연구의 결과를 보험약관의 형식으로 제정하여, 하위조직에서 사용하도록 하고 있다. 보험감독기관 역시 보험약관의 내용이 법률의 규정에 위반하는지의 여부, 공평의 원칙에 위배되는지의 여부와 공공이익에 반하는가에 대한 심사를 진행할 뿐이고, 심사를 통과한 후에는 보험회사가 이를 시행할 수 있도록 허가한다. 보험업이 발전함에 따라 보험관리감독기관도 이미 보험약관에 대하여 개혁장치를 마련하고 있다. 따라서 보험약관은 보험자가 작성한 정형적인 계약조건으로 원래는 법률적 효력이 없는 것이다. 보험자가 동의를 거쳐 보험계약 시에 보험약관의 규정에 대해 특별약정의 방식으로 변경할 수 있는 것은 계약당사자의 일치된 합의이므로 법원이 간섭할 수 있는 권리가 없다. 이 사건 법원의 판결은 상식에 대한 착오로 잘못된 판결을 내렸다.

보험자와 보험계약자는 보험계약을 체결함에 있어서 정형적인 보험약관을 수정하거나 변경할 수 있으며, 보험약관이외의 기타 조건을 약정할 수 있고, 이러한 약정은 모두 보험계약의 내용을 구성한다. 그러나 보험계약의 내용은 당사자가 약정함으로써 당연히 효력이 있는 것은 아니고 계약법과 보험법의 구속을 받게 된다. 보험약관에 따라 보험계약이 체결된 경우 법에 따라 보험계약의 내용의 효력을 인정하는 것은 피보험자의 권리보호를 위하여 매우 중요한 조치이다. 따라서 당사자가 약정한 특별약정조항에 대하여 공평의 원칙을 적용하여 그 효력을 판단하는 것이 가능하다.

보험계약이 공평의 원칙에 반하는가의 여부는 보험계약당사자 간에 존재하는 이익의 불균형이 객관적으로 존재하는가의 여부로서 판단하여야 하고, 일방이 그 우월적 지위를 이용하거나 상대방의 무경험, 경솔을 이용하거나 고의로 상대방에게 불평등한 계약을 체결한 경우이다.

5. 연습문제

1999년 9월 28일, 모해운회사는 모보험회사에 선박보험을 가입하면서 보험회사가 제공하는 청약서상의 항해구역란에 '아태지역'이라고 기재하였다. 보험회사는 이 보험청약을 승낙하고 보험증권을 발행하였는데 이 증권상에는 항해구역이 '동아시아 및 동남아시아'라고 기재되어 있었다. (청약서상 인쇄 : 이 청약서는 보험계약자가 사실대로 작성하고 서명한 때로부터 보험회사에 대해 선박보험을 청약한 것으로 이 청약서는 선박보험증권의 구성부분이 됨) 해운회사는 이의를 제기하지 않고 약정한 보험료를 납부하였다. 2000년 9월 5일 남태평양 马绍尔群岛 马朱罗港에서 좌초되었다가 예인선에 의해 구조되었다. 해운회사는 보험회사에 대하여 135만 위안의 손해액을 전보할 것을 청구하였으나, 보험회사는 항해구역을 이탈하였으며 보험자에게 고지하지 않았다는 이유로 보험금지급을 거절하였다. 해운회사는 소송을 제기하였다.

심리과정에서 보험자가 보상책임이 있는가의 여부와 관련하여 항해구역에 논의가 집중되었다. 해운회사는 보험청약서상에는 항해구역이 아태지역으로 기재되어 있으며, 이 청약서상 인쇄되어 있는 문구에도 보험계약자가 청약서를 사실대로 작성하고 날인한 후 보험자에게 청약을 한 경우, 청약서상의 기재사항은 보험계약의 내용이 된다고 규정하고 있다고 주장하였다. 청약서는 보험약관이다. 보험증권상의 항해구역은 보험자가 임의로 변경한 것이다. 약정에 대해 분쟁이 있는 경우에는 보험법규정의 해석원칙에 따라 피보험자와 보험수익자에게 유리하도록 해석하여야 한다.

반면에 보험회사는 해운회사가 작성하여 제출한 청약서는 보험계약이 청약이고 보험회사가 항해구역에 대하여 수정을 한 것은 새로운 청약으로서, 해운회사가 이의를 제기하지 않고 보험료를 납입한 것은 승낙에 해당한다. 따라서 보험증권상의 항해구역규정이 계약의 내용이고, 청약서상의 항해구역은 계약내용이 아니다.

[문] 1. 보험청약서상의 항해구역 '아태지역'은 보험계약의 내용을 구성하는가?

2. 보험회사의 주장은 성립되는가? 그 이유는?

3. 이 사건은 어떻게 처리되어야 하는가?

제 10 절 담보위험과 부담보위험

위험이란 인간이 우려하고 불안해하는 것으로 자연계와 사회생활 중에 객관적으로 존재하면서 재산상 손실을 가져오거나 인간의 생명이나 안전에 영향을 미치게 되는 잠재된 손실의 가능성을 말한다. 보험자가 인수하는 위험은 모든 위험이 아니고 일정한 조건을 갖춘 위험이며, 이를 감보위험이라 한다. 담보위험의 구성요소는 위험요소, 보험사고와 손실이다. 즉 담보위험은 다음의 요건을 갖추어야 한다. (1) 담보위험은 불확정한 위험이어야 한다. 즉 위험의 존재와 발생이 불확정인 것으로 그러한 위험이 발생할 것인지 혹은 언제 발생할 것인지, 그리고 어느 정도로 발생할 것인지가 불확정한 것을 포함한다. (2) 담보위험은 손실의 기회가 있는 위험이어야 한다. 위험의 손실가능성이란 위험의 존재와 발생으로 재산손실이나 사망 혹은 상해의 가능성이 있는 위험이어야 한다는 의미이다. 담보위험 중에서 위험의 손실가능성이란 손실이 발생할 것인지와 손실의 결과와 정도가 불확실함을 의미한다. (3) 담보위험은 순수위험이다. 순수위험이란 손실의 가능성만 있을 뿐이고 이익을 얻을 가능성은 없는 위험을 말한다.

담보위험은 다음과 같다. : 재산위험이란 재산의 훼손이나 소멸, 재산상의 이익에 대하여 가치의 감소를 가져올 수 있는 위험이다. 인신위험이란 사람의 생로병사와 상해 및 장해 등 원인으로 조성되는 소실위험을 말한다.

재산보험의 담보위험은 당사자가 약정으로 보험자가 보험금지급책임을 부담하게 되는 보험목적에 손해를 야기한 각종의 사건이나 사고를 말한다. 통상 보험위험이라고도 한다. 재산보험은 불확정한 위험이 존재한다는 전제하에서 다시 위험의 종류와 범위는 보험자의 담보책임의 대소를 결정하고 보험계약자가 지급할 보험료의 액수에 직접적인 영향을 미친다. 따라서 재산보험계약을 체결함에 있어 당사자는 반드시 위험의 종류와 범위 및 보험자의 책임범위에 대하여 약정하여야 한다. 재산보험의 담보위험은 다음의 요건을 갖추어야만 한다. 첫째, 담보위험은 합법적인 것으로 사회공공의 질서에 반하지 않고 선량한 풍속에 위반되지 않아야 한다. 일체의 불가항력적인 사건 예컨대, 홍수, 지진, 폭풍우, 번개 및 산사태 등과 같은 자연재해는 물론 화재, 폭발, 붕괴, 침몰 등의 우연한 사건을 포함한다. 약정에 따라 파업, 군사행동, 전쟁 등 인위적인 위험도 포함된다. 둘째, 담보위험은 다음에 열거한 위험에 속하여서는 안 된다. (1) 보험계약을 체결하기 전에 피보험자가 이미 알고 있었던 보험목적에 손해를 주는 위험사고 (2) 보험계약자, 피보험자 또는 보험수익자가 고의로 야기한 보험목적에 손해를 주는 위험사고 (3) 보험계약자가 고지의무를 위반하여 보험목적에 손해를 주는 위험사고 (4) 피보험자가 손해방지의무를 위반하여 보험목적의 전부 또는 일부에 손해를 준 위험사고.

생명보험계약의 담보위험은 당사자의 약정으로 보험자가 보험금지급의무를 부담하게 되는 피보험자의 인신에 손해를 가져오는 사고 혹은 약정한 급부의 조건을 말한다. 생명보험계약에서 담보위험의 차이는 보험계약의 종류를 결정한다. 인보험의 담보위험의 범위는 다음과 같다. : 첫째, 사망. 사람의 생명의 정지로서 자연사망과 선고사망을 포함한다. 보험자가 보험금지급책임을 부담하는 사유중의 하나이다. 자살에 대하여 보험자의 보상책임은 발생하지 않지만, 보험법은 계약체결 후 2년이 경과한 이후 피보험자가 자살한 경우 보험자가 보상책임을 부담한다고 규정하고 있다. 자살에 관하여 보험약관에서 보험자의 책임에 관하여 규정을 둔 경우에는 그에 따른다. 둘째, 상해. 이는 사람의 신체, 조직, 기능에 손상을 입어 일부 혹은 전부가 고유의 기능을 상실하는 것을 말한다. 보험자가 보상책임을 부담하게 되는 또 하나의 위험이다. 피보험자가 스스로 자해를 하여 입은 상해에 관하여는 보상책임이 없다. 셋째, 질병과 분만. 질병이란 사람이 육체적 또는 정신적으로 겪는 고통과 불건강을 말한다. 분만은 여성이 출산하는 것으로 유산도 포함한다. 보험자는 약정에 따른 보상책임을 부담한다. 넷째, 기타 담보위험. 보험자와 보험계약자가 보험계약 체결 시 약정을 통하여 보험자가 보상책임을 부담하기로 한 위험사고를 말한다. 일정한 조건이 성취될 경우 보험자의 보상책임이 발생하도록 하는 것이 가능하다. 예컨대, 보험계약자의 보험기간 만료 시까지의 생존을 보험금지급책임의 전제조건으로 하는 경우이다.

부담보위험이란 보험자가 보험금지급책임을 부담하지 않는 위험이나 사고를 말한다. 담보제외위험이라도 한다. 부담보위험에 속하는 위험이나 사고는 다음과 같다. : 첫째, 보험계약에서 당사자가 보험자의 보상책임을 부담하지 않기로 약정한 각종의 재해사고, 둘째, 법률로서 보험자의 보상책임이 없음을 규정한 각종의 위험. 셋째, 보험계약이나 기타 책임 중에서도 아무런 약정이 없는 재해사고.

재산보험상 법정 부담보위험은 다음과 같다. (1) 보험계약 성립 전에 피보험자가 알고 있었던 것으로 이미 발생하여 보험목적에 손해를 준 위험사고, (2) 보험계약자, 피보험자 또는 보험수익자가 고의로 야기한 보험목적에 손해를 주는 위험사고 (3) 보험계약자가 고지의무를 위반하여 보험목적에 손해를 주는 위험사고 (4) 피보험자가 손해방지의무를 위반하여 보험목적의 전부 또는 일부에 손해를 준 위험사고.

인보험상의 법정 부담보위험은 다음과 같다. : (1) 피보험자의 고의적인 위법범죄행위로 조성된 상해 또는 사망, (2) 피보험자의 고의자살, 자손, 자상 등. 보험계약에서 따로 정한 경우는 제외, (3) 보험계약자 혹은 보험수익자가 고의로 초래한 보험사고로 피보험자가 사망하거나 상해를 입은 경우.

1. 사건의 개요

곽모는 1999년 6월 8일 심경경색 때문에 하얼비의과대학 부속 제1병원에 입원하여 치료받았다. 입원 시 곽모는 모 보험회사에 입원환자 의료책임과 상해보험을 가입하였다. 이 보험약관에는 환자가 보험기간 중에 상해사고 혹은 의료사고로 인하여 사망한 경우 보험금 1만 위안을 지급한다는 약정이 있었다. 2000년 6월 곽모는 병세가 호전되어 퇴원준비를 하고 있던 중, 불을 끄는 사소한 문제로 같은 병실 환자 와 말다툼이 발생했고, 화가 난 곽모는 심근경색이 일어나 돌연 사망하고 말았다. 사후처리를 완료한 후 곽모의 자녀가 보험회사에 보험금지급을 청구하였다. 보험회사는 곽모의 사망은 상해사망이 아니어서 보험자의 담보책임범위에 속하지 않는다는 이유로 보험금지급을 거절하였다. 곽모의 자녀가 당지 법원에 소송을 제기하였다.

원고는 다음과 같은 주장을 하였다. 피보험자는 화가 나서 심근경색이 재발하여 사망하였고, 화가 난 것은 사망의 직접적인 원인이며, 이런 원인은 외래의 우연한 것으로 피보험자가 예견한 것이 아니므로 우연한 사고에 속하는 것이므로, 보험회사가 보상책임을 부담하도록 판결해달라는 것이었다. 보험회사는 다음과 같이 반박하였다. 보험약관에 규정된 우연한 사고는 반드시 돌발성, 외래성, 우연성으로 인하여 발생한 보험사고를 말하며, 상해사고는 반드시 상해를 직접적인 원인으로 발생하여야 하고, 질병, 허약 또는 다른 원인과는 무관한 것이다. 피보험자의 사망에 있어서 화가 난 것은 사망의 유인이기는 하지만 결정적 원인은 아니며, 피보험자의 직접적인 사망원인은 심근경색이다. 따라서 피보험자의 사망은 이 건 보험계약의 우연한 사고에 속하지 않아 보험자는 보상책임이 없다고 주장하였다. 1심 법원에서 심리 중에 이 사건은 언론의 상당한 관심을 받았고, 보험회사는 회사의 신뢰와 명예를 보호하기 위하여 원고와 비공식적으로 합의하여, 소송이 취하되었다.[12)]

2. 쟁점사항

이 사건의 기본적인 문제는 보험계약에서 보험자의 담보위험의 범위를 어떻게 한정하여야 하는가이다. 본안의 해결과 분석을 위해서는 당사자 간에 열띤 논쟁이 있었던 부분이었던 것으로 곽모의 사망사고가 보험자의 담보책임의 범위에 포함되는가? 다시 말해 의외상해보험[13)]에서 '의외상해'란 무엇인가에 대한 해결이 이루어져야 한다. 심근경색은 상해라고 볼 수 있는가? 단 상해여부를 한정하더라도 이 사건의 문제해결에 이른다는 의미는 아니다. 곽모의 사망은 분노와 심근경

12) 邹辉编者：≪保险纠纷案例≫, 经济日报出版社, 2001, 171-172页.
13) 우리 상법은 단순히 상해보험이라 하며, '상해'는 급격하고도 우연한 외래의 사고라고 해석하고 있어, 결과적으로는 중국법상 '의외상해'는 우리 법상의 '상해'와 동일한 개념으로 의외성을 보다 강조한 것이 불과하다(번역자주).

색이란 두 가지 원인이 동시에 존재하여 발생한 것이므로, 결국 해결하여야 할 것은 상해의 원인과 사고결과 사이에 인과관계를 인정할 것인가라는 문제이다.

3. 법률규정

1) **≪보험법≫제23조** 보험사고 발생 후 보험계약에 따라 보험자에게 보상청구 혹은 보험금지급청구를 하는 경우에 보험계약자, 피보험자 또는 보험수익자는 보험자에 대해 보험사고의 성질, 원인, 손실의 정도와 관련된 증거자료를 제공하여야 한다. 보험자는 보험계약의 약정에 따라, 증거자료가 불충분하다고 인정되는 경우에는 보험계약자, 피보험자와 보험수익자에 대해 관련 증거자료를 보충할 것을 통지하여야 한다.

2) **중국보감회 ≪자동차보험약관 제4조 제3항의 해석에 관한 회신≫**(2001년 9월 18일 반포)

중국인민보험회사 : 귀사가 요청한 자동차보험약관 제4조 제3항에 관한 명확한 해석문제에 관하여 검토한 결과 다음과 같이 회신한다. : 피보험자동차를 운행하던 중 발생한 사고로, 차안에 탑승하고 있던 자가 차 밖으로 튕겨나가 바닥에 떨어진 후 뒤따르던 차량에 치어 사망한 상황에서 이는 탑승자책임보험의 담보책임범위에 속한다.

3) **중국보감회 ≪자동차책임보험약관과 관련한 문제에 대한 회신≫**(2001년 9월 10일 반포)

중경시 동양현 인민법원 : 귀 법원에서 요청한 자동차책임보험약관과 관련한 문제해결을 위한 자문에 대하여 검토한 결과 다음과 같이 회신한다. :

(1) 의외사고란 외래에서 명확하게 우연하고도 돌발적으로 발생한

사고를 말한다.

(2) 운전자가 자동차를 운전할 때는 안전운전주의의무를 준수하여야 하며, 승객과 화물을 그 목적지까지 안전하게 도착하게 할 의무를 이행하여야 한다. 운전자가 이러한 안전운전주의의무를 위반하여 도로상황이 좋지 않음에도 불구하고 과속하여 차량전복을 초래하여 승객을 사상케 하고, 재산상 손실을 입힌 것은 위에서 말한 의외사고의 네 가지 요건을 충족한다. 따라서 피보험자가 법률에 따라 부담한 경제적 배상책임은 자동차책임보험의 담보책임에 속하는 것이다.

4) **중국보감회 ≪보험약관중 위법범죄행위를 제외책임으로 규정한 의미에 관한 회신≫**(1999년 9월 6일 반포)

중국평안보험주식회사 : 귀사가 요청한 보험약관 중 위법범죄행위와 관련된 행위는 담보책임에서 제외한다는 의미에 관하여 검토한 결과, 다음과 같이 회신한다. :

(1) 계약법상 사적자치의 원칙에 따라 보험약관중의 약정과 법률, 법규중의 수권성 규범 혹은 임의규범은 비록 동일하지 않거나 중첩되는 경우에도 상호 저촉되지 않는 약정은 유효하여, 보험계약당사자에 대해 구속력이 있다.

(2) 각각의 위험종류별 약관에서, 재산보험과 생명보험약관에는 위법범죄행위를 부담보책임으로 한다는 것에 상당한 차이가 있다. 따라서 위법행위, 위법범죄행위, 범죄행위 혹은 고의범죄행위는 부담보책임으로 한다는 의미이고 구체적인 상황에 따라 구체적인 분석을 통해 각 약관의 구체적인 내용을 밝혀야 할 것이지 일괄적으로 논할 수 있는 것이 아니다.

(3) 보험약관 중에 일반위법행위를 부담보책임으로 할 경우에는 열거방식에 따라야만 한다. 예컨대, 음주운전, 무면허운전 등 ; 만약에 위법범죄행위적 표현으로 서술한 경우에는 고의범죄행위도 함께 지칭하

는 것으로 해석하여야 한다.

(4) 범죄행위에 대해서는 당사자가 아직 생존하는 경우 법원의 판결에 따라 범죄구성여부를 판단하여야 하고, 당사자가 이미 사망한 경우에는 판결을 진행할 수 없어 사실상의 증명에 따라 범죄여부를 이해하여야 한다.

(5) 위법범죄행위에 대해서, 범죄행위 혹은 고의범죄행위가 부담보책임 혹은 책임면제를 구성하는 경우에는 보험계약에서 다른 정함이 있는 경우를 제외하고 피보험자가 실행한 범죄행위와 보험사고의 발생 사이에 인과관계가 있어야 하는 것으로 이해되어야 한다.

4. 학리분석

담보위험의 발생은 보험자가 보상책임을 부담하게 되는 전제조건이다. 보험계약에서 보험계약자가 보험자에게 보험료를 지급하는 직접적인 이유는 장래에 보험목적 또는 피보험자 본인에게 발생할 손실위험을 보험계약을 통하여 보험자에게 전가하여, 보험회사가 손실위험을 부담하도록 하기위해서이다. 보험회사가 부담할 담보책임의 범위는 계약당사자가 보험계약 체결 시에 약정으로 담보위험과 부담보위험을 확정하게 된다. 보험계약에서 약정한 담보위험의 조건에 부합하는 보험사고가 발생한 경우 보험자는 비로소 보상책임 혹은 보험금지급 책임을 부담하게 된다.

이 사안에서 당사자쌍방의 분쟁의 핵심이 되었던 것은 신체에 상해를 가져온 객관적 사건의 외래성과 우연성에 관한 것이었다. 통일적인 견해는 없다. 보험실무에서는 일반적으로 다음과 같은 조건을 갖춘 경우 의외상해사고로 판정하고 있다. (1) 외래에서 날아온 유해물 혹은 유해사고인지의 여부 (2) 침해를 당한 것이 피보험자의 신체인가의 여부 (3) 객관적으로 상해의 결과가 발생하였는지의 여부 (4) 상해의 원인이 피보험자가 예측할 수 있었는가의 여부 (5) 상해가 피보험자의 고의로 초래되었는가? 혹은 주의해태로 발생하였는가의 여부 (6) 피보험자가 상해의 결과를 예견하기는 하였지만, 기술적으로 이를 회피할 수 있는 방법이 있었는가의 여부 (7) 피보험자가 법률의 규정 또는 직무상 책임규정에 따라 상해를 피할 수 없었는가의 여부.[14)]

따라서 이 사안에서, 곽모가 같은 병실의 다른 환자와 말다툼을 하던 도중 화가 치민 것이 사망의 원인이 되었다면 당연히 의외상해사고이지만, 곽모가 심근경색발작으로 사망하였다면 이것은 의외상해사고가 아니다. 그렇다면 본 사건의 결과는 어떻게 될 것인가? 위에서 살펴본 두 가지 원인이 동시에 사망의 원인으로 존재하는 상황에서 하나는 담보책임에 속하고 다른 하나는 담보책임에서 제외되는 것이어서 결론을 내리기가 쉽시 않다.

결국 곽모의 사망에 대하여 어떤 원인이 직접적인 것이었나를 판단하여야 한다. 이것은 보험자가 보상책임을 부담하는 또 하나의 전제조건이 된다. 이는 손해의 원인과 손해결과 사이에 직접적인 관계가 존재하는가의 여부를 표준으로 판단하여야 한다.

각국의 보험법은 모두 보험계약에서 부보위험의 발생과 보험목적에 대한 손해 사이에 직접적인 근인관계가 있을 때에만 보험자가 손실에 대한 보상책임을 부담한다는 규정을 두고 있다. 소위 근인관계란 결과를 직접적으로 발생시킨 원인을 말한다. 여기서 주의할 것은 근인관계가 시간적으로 가장 가까운 손실의 원인을 의미하는 것이 아니라, 가장 지배적이거나 유효한 효과를 가져온 원인을 말한다는 것이다. 영미법상 이러한 원칙을 근인주의라 부른다.

근인관계 중에서 직접적인 결과를 가져온 원인을 직접원인으로 부

---

14) 周玉华, ≪保险合同与保险索赔理赔≫, 人民法院出版社, 2001年版, 866页.

르고, 보험사고의 발생이 손실결과의 직접원인으로 인한 경우에만 보험자는 보상책임을 부담한다. 비록 직접원인과 결과에 본질적으로 필연적인 관계가 있더라도, 실무상으로는 다양한 표현방법이 사용되고 있다.

(1) 단일원인은 보험목적에 손실을 발생시킨 원인이 유일하게 1개만 존재하는 경우를 말한다. 단일원인하에서는 이 원인이 보험사고에 속할 경우에만 보험자는 보상책임을 부담한다.

(2) 다중원인은 보험목적에 손실을 발생시킨 원인이 다수로 존재하는 경우를 말한다. 다종원인하에서는 지속적으로 결정적 작용 혹은 지배적인 작용을 한 원인이 직접원인이 된다. 직접원인이 보험사고에 해당하면 보험자는 보상책임을 부담하여야 한다.

다시 사안으로 돌아와서, 같은 병실의 환자와 언쟁도중 화가 치민 것과 심근경색발작이란 2개의 원인이 공존하고 있는 경우, 근인관계에 따라 분석하여 보면, 곽모의 사망을 가져온 직접적인 원인은 심근경색발작이고, 언쟁은 심근경색을 유발한 원인일 뿐 곽모의 사망의 직접원인은 아니다.

그러므로 보험회사의 주장이 합리적이다. 그러나 보험회사가 이 사건이 사회에 미치는 영향을 고려하여 비공식적으로 피보험자의 가족과의 분쟁을 해결한 것은 보험회사의 신용과 명예를 지킨 것뿐 아니라 분쟁해결방식의 하나를 보여준 것이기도 하다.

5. 연습문제

임모는 1999년 6월 10일 모보험회사에 중요질병종신보험에 가입하였다. 보험금액은 6만 위안, 담보위험은 신체상해, 신체중대장해와 질병 시 보험금 18만 위안 지급. 보험계약체결 후로부터 180일이 경과한 이후에 발생한 최초의 중대질병에 대하여는 보험금 12만 위안을 지급한다는 내용이다. 동년 6월 28일 과 7월 8일. 임모는 또 다시 보험회사에 6개의 보험을 가입하였고, 보험료 100위안의 중보길상카보험, 의외상해보험금액이 30만 위안에 달했다. 1999년 7월 9일 피보험자인 임모는 추락사하자, 수익자는 보험자에게 의외사고보험금 48만 위안의 지급을 청구하였다. 보험회사는 조사를 거쳐 다음의 사실을 확인했다. (1) 망자는 생전에 자신이 33세에 큰 어려움을 겪는다는 미신을 가지고, 보험상품을 대거 구매하였다는 영업원의 말에 의할 때, 망자가 자살하였을 것이란 의심이 있음. (2) 현장조사결과 임모는 모 아파트 50동 40호 제4층에 거주하고 있었다. 실내 남향베란다는 잠겨져 있고, 알루미늄으로 된 창문은 열려있고, 유리에는 닦은 흔적이 있으며, 베란다 위에 의자가 하나 있었으며, 의자 옆에는 오수가 반쯤 담긴 그릇이 있었다. 사밍위치는 1층 남향베란다 1미터 되는 곳이다. 경찰의 조사결과 실족사로 결론이 났다.

[문] 1. 임모의 사망은 의외사망으로 볼 수 있는가?

2. 임모의 자살가능성에 대한 증명책임은 누구에게 있는가?

3. 보험회사는 사고보험금을 지급하여야 하는가?

제 11 절 보험계약의 변경

보험계약의 변경이란 보험기간 중에 일정한 법정사실로 인하여 당사자 간 합의를 통하여 보험계약의 주체와 내용에 변동을 가져오는 법률행위를 말한다. 즉 보험계약의 변경은 주체에 관하여도 내용에 관하여도 가능하다.

보험계약의 주체 변경은 보험계약의 피보험이익이 양도, 상속, 보험계약당사자의 혼동 등의 원인으로 발생한다. 보험실무상 법률규정은 보험회사에 높은 지급준비금의 적립을 요구하고 있고 보험회사는 풍부한 위험관리경험을 보유하고 있어, 보험회사의 경영은 비교적 안정적이다. 따라서 보험계약주체의 변경은 주로 보험계약자, 피보험자 또는 보험수익자에 대하여 일어나게 된다.

재산보험에 있어서 보험계약주체의 변경은 보험목적물의 소유권이나 기타의 권리관계가 변경되어 일어나는 것이 보통이다. 보험계약은 당사자 간의 신뢰가 바탕이 되는 계약이므로 보험목적물의 양도가 있는 경우 보험계약의 주체가 당연히 변경되는 원인이 되지는 않는다. 보험목적물의 소유권이 제3자에게 양도되면 즉시 보험계약자 혹은 피보험자에게는 피보험이익이 없어지게 되어, 보험계약은 효력을 상실한다. 중국≪보험법≫제34조는 보험목적이 양도된 경우 보험자에게 통지하여야 하고, 보험자의 승낙을 얻은 경우 법률의 규정에 따라 보험계약은 변경된다. 그러나 화물운송보험계약과 다른 약정이 있는 보험계약은 그러하지 아니하다고 규정하고 있다.

화물운송보험은 보험의 목적이 운송중인 화물로서 보험자의 동의주의를 강제하게 되면, 재산거래의 정상적 진행을 방해할 수 있다. 따라서 ≪보험법≫제35조에서 화물운송보험에서 보험계약과 보험목적물의 소유권은 동시에 양도되므로 보험자의 동의를 요하지 않는다고 명시적으로 규정하였다. ≪해상법≫제229조는 더욱 명확하게 규정하고 있는데, '해상화물운송보험계약은 피보험자가 배서 혹은 다른 방식으로 양도할 수 있고, 계약의 권리와 의무는 이전된다. 계약양도 시 미지급된 보험료에 대하여는 피보험자와 계약양수인이 연대책임을 진다.'

인보험계약의 경우 보험의 목적은 사람의 생명, 건강으로서 양도성이 없지만, 인보험계약의 피보험이익은 자유로이 양도할 수 있으며 보험자의 동의를 요하지 않는다. 그러나 인보험계약의 피보험이익의 양도로 피보험자가 도덕적 위험에 직면할 가능성이 높아지기 때문에, ≪보험법≫제56조 제2항에서 사망을 보험금지급의 조건으로 하는 보험계약은 보험증권상 보험자의 동의를 얻지 않으면, 양도나 압류를 할 수 없다는 규정을 두고 있다. 인보험계약의 수익자변경에 관하여는 ≪보험법≫제63조에서 피보험자나 보험수익자는 보험수익자를 변경할 수 있고, 보험자에게 서면으로 통지하여야 한다. 보험자는 통지를 받은 후 보험증권상 승인하여야 한다. 보험계약자가 수익자를 변경하는 경우 반드시 피보험자의 동의를 얻어야 한다고 규정하고 있다.

보험계약은 당사자가의 합의로 성립되는 계약으로 계약의 유효기간 중에 당사자가 합의한 경우에는 보험계약의 관련 내용을 변경할 수 있다. 재산보험에서 보험계약의 변경은 ① 보험목적의 종류 변경, 수량의 증감, 존치장소의 변경, ② 담보위험의 변경, 즉 담보위험의 종류, 위험의 정도, 보험자의 책임범위 조정 등, ③ 보험료와 보험기간에 대한 조정 등으로 나타난다. 인보험에서는 주소와 성명의 변경, 보험계약자와 수익자의 변경, 주민등록번호의 변경, 보험약관대출, 보험료 변경, 보험금지급방식의 변경 등이 있다.

보험계약의 내용변경의 구체적인 유형은 다음과 같다. 첫째, ④ 보험목적에 대한 변경으로, 보험계약 당사자가 합의를 통하여 보험목적 조항을 조정하는 것이다. 둘째, 보험금액의 변경이다. 보험계약당사자가 보험기간 중 보험금액에 대한 조정을 하는 것으로 보험가액이 현저하게 감소한 경우 보험금액은 응당 상당한 정도로 감액하여야 하고, 보험금액이 보험가액보다 현저하게 낮은 경우에는 보험가액의 범위 내에서 보험금액을 상향조정할 수 있다. 셋째, 보험료의 변경이다. 보험료는 보험자가 위험을 부담하는 대가로 지급되는 것이므로, 보험금액에 따라 영향을 받는다.

보험계약의 변경은 다음과 같은 방식에 따른다. 첫째, 보험계약자가 보험자와 보험계약의 주체나 내용의 변경에 관하여 합의하고 보험자의 심의를 거쳐 변경이 가능하다. 둘째, 보험자는 변경사항에 대하여 보험증권상 혹은 기타 보험증서상 서명하거나 비준서를 첨부하여야 한다. 보험계약자와 보험자는 별도의 다른 서면합의를 통하여 보험계약을 변경할 수도 있다.

1. 사건의 개요

1998년 11월 7일 왕동진에 거주하는 황동량은 모재산보험회사에 차량보험을 계약했다. 보험회사는 그에게 보험증권을 발급하였다. 보험증권상 보험목적은 10t 트럭 1대, 담보위험의 종류별 보험금액은 차량위험(10만 위안), 제3자책임위험(5만 위안), 운전자상해위험으로 하며, 보험기간은 1998년 11월 8일부터 1999년 11월 7일까지로 기재되어 있었다. 황동량 보험료를 지불했다. 1999년 1월 11일 황모는 교통사고로 사망하였다. 보험회사는 황동량의 유일한 상속인인 이모(황동량의 부인)에게 생명보험금을 지급하고, 제3자배상책임보험금 22,250위안과 차량보험금 11,200위안도 함께 지급하였으나, 아직 보험계약을 해제하지는 않았다.

사고처리를 완료한 후 피보험차량은 이모가 계속 사용하면서, 기사를 고용하여 운수업을 영위하였다. 1999년 4월 1일 보험차량은 다시 교통사고를 야기하여, 현장조사와 평가결과 차량수리비 15,000위안, 제3자배상책임손해 22,500위안의 손해가 발생하였다. 이모는 보험회사에 대하여 총 37,500위안의 보험금을 지급하여 줄 것을 청구하였다. 보험회사에서는 피보험자 사망 후에 상속받은 이모가 보험계약변경에 관한 절차를 이행하지 않았다는 이유로 보상을 거절하였고, 이모가 법원에 소송을 제기했다.

법원은 심사중 두 개의 다른 의견이 존재하였다. 하나는 보험자의 보상책임을 인정하지 않은 것이다. 즉 차량의 보험계약자는 황동량이고, 보험증권상의 피보험자 역시 황동량이다. 보험계약의 일방당사자가 사망한 경우 보험계약은 자동으로 종료된다. 차량의 등기소유자인 황동량이 불행하게 사망한 후 보험차량의 소유권은 이미 상속을 통해 이모에게 이전되었다. 보험법에 의하면, 보험목적의 양도 시 보험자에게 통지하여 보험자가 승낙한 경우에 보험계약의 변경이 가능하다. 이모는 법정승계에 의하여 차량에 대한 소유권을 취득한 후 보험계약의 변경에 필요한 절차를 보험회사에 신청하지 않았다. 따라서 이모가 법률에 따른 변경절차를 이행하지 않았기 때문에, 보험계약의 변경이 발생한 때로부터 보험계약은 효력을 상실하게 되고, 이 사건 보험사고는 보험계약이 실효되고 난 이후에 발생한 것으로 보험회사는 보상책임이 있다. 다른 하나는 비록 보험자량의 등기소유자이며 보험계약의 피보험자인 황동량이 교통사고로 사망하였지만, 이 사건의 보험차량은 황동량과 그의 처 이모의 공동소유에 차량보험계약의 피보험자는 여전히 존재하고 있어 보험계약의 효력은 유지된다. 보험법 규정에 따라, 보험목적이 양도되면 보험자에게 통지하여 보험자의 동의를 얻은 경우에만 보험계약의 변경이 이루어진다. 이 사건에서 황동량의 사망은 법정승계를 가져왔고, 이모가 승계한 것은 공유하고 있는 재산보험차량중 황동량의 지분에 속하는 것으로 이는 보험법에서 규정하고 있는 보험목적의 양도라 볼 수는 없다. 따라서 이모가 황동량의 사망이후 보험계약의 변경을 위한 법정절차의 진행을 보험자에게 신청하지 않아 보험자는 보상책임이 없다는 보험자의 주장은 근거가 없는 것으로 지지할 수 없다. 보험회사는 당연히 보상책임을 부담하여야 한다는 견해이다.

1심 법원은 첫 번째 견해를 지지하여 이모의 청구를 기각하였다. 이모는 항소하지 않았다.

2. 쟁점사항

이 사건을 해결하기 위해 다음의 문제를 주의하여야 한다. 하나는 보험계약자 또는 피보험자가 사망한 경우 보험계약은 자동적으로 실효되는가? 그 상속인은 보험계약상의 피보험이익을 상속하지는 않는가? 하는 것이고, 또 다른 하나는 보험목적을 공동소유하고 있을 경우 그 중 1인의 사망으로 인한 지분의 상속이 보험법상의 보험목적의 양도에 속하는가? 마지막으로 상속이 일어난 경우 ≪보험법≫제34조에서 규정하고 있는 보험자에 대한 통지와 보험자의 승낙이 있어야 보험계약이 변경되는가?

3. 법률규정

1) **≪보험법≫제21조** 보험계약 유효기간 내에 보험계약자와 보험자는 합의를 통하여 보험계약의 내용을 변경할 수 있다. 변경보험계약은 보험자가 원래의 보험증권이나 기타 보험증서상 서명하거나 비준서를 첨부하여야 하며, 보험계약자와 보험자 계약변경의 서면합의를 하여야 한다.

2) **≪보험법≫제34조** 보험목적이 양도된 경우 보험자에게 통지하여야 하고, 보험자의 승낙을 얻은 경우 법률의 규정에 따라 보험계약은 변경된다. 그러나 화물운송보험계약과 다른 약정이 있는 보험계약은 그러하지 아니하다.

3) **≪보험법≫제63조** 피보험자나 보험수익자는 보험수익자를 변경할 수 있고, 보험자에게 서면으로 통지하여야 한다. 보험자는 통지를

받은 후 보험증권상 승인하여야 한다. 보험계약자가 수익자를 변경하는 경우 반드시 피보험자의 동의를 얻어야 한다.

4. 학리분석

이 사례는 상속으로 보험계약의 주체가 변경된 경우에 해당한다. 상속법상 상속인이 상속받는 재산은 피상속인이 사망할 당시 합법적으로 소유하고 있는 개인재산으로, 수입, 주택, 저축과 생활용품, 수목, 축산 및 가축, 문물, 도서자료를 포함한다. 또한 개인이 소유하고 있는 원자재, 저작권, 독점권중 재산권, 유가증권 및 채권 등은 법률의 규정에 의해 상속이 인정된다. 그러나 보험계약의 보험계약자 혹은 피보험자가 사망한 경우에 보험계약의 상속문제가 발생하는가? 중국보험법은 이에 관하여 명문규정이 없다.

보험법이론상 보험계약자 또는 피보험자가 사망 후 보험계약상의 이익이 상속인에게 상속되는 것을 허용하여야 한다. 그러나 인보험계약에서 피보험자의 사망은 보험사고의 발생이므로 인보험계약의 승계라는 문제는 일어나지 않는다. 오직 재산보험계약에서만 보험계약자나 피보험자가 사망한 경우 보험계약승계의 문제가 발생한다.

재산보험계약을 체결하는 목적은 보험계약을 통하여 보험목적(재산 혹은 재산상의 이익)에 보험보장을 만들어 만약 보험목적이 보험기간 중에 보험사고로 인한 재산상 손실이 발생할 경우 보험자가 약정한 보상책임을 부담하도록 함에 있다. 따라서 보험계약자 또는 피보험자가 사망함으로써 보험계약은 종료한다고 하면 보험자가 보험료를 수령한 후 보험계약자 또는 피보험자가 사망하게 되면 보험목적에 대해 손실보상책임을 부담하지 않는 경우가 발생할 수 있는데, 이는 보험계약의 권리와 의무의 상호일치라는 원칙에 어긋나며, 상속인의 이익을 침해하는 결과를 가져올 수 있다. 따라서 보험법리상 보험계약자 또는 피보험자가 사망한 경우에 재산보험계약은 상속인에게 당연히 승계되며, 보험계약 종료의 문제는 발생하지 않는다고 인정된다.

이 사건에서 피보험자 황동량은 교통사고로 사망하였으므로, 그가 보험회사와 체결한 보험계약은 당연히 그 법정상속인인 아내 이모가 승계하여 차량보험계약이 효력은 계속 유지된다. 따라서 법원이 제시한 보험계약종료의 판결이유는 근본적으로 이론적 근거나 법률적 근거가 없는 것이다.

더 나아가 살필 것은, 재산보험계약이 상속으로 인해 변경된 경우, 상속인은 보험계약상의 권리를 승계하는 것인가 아니면 보험목적에 대한 상속으로 인한 보험계약을 승계하는 것인가의 문제이다. 이를 분석하는 이유는 상속인이 보험계약상의 권리를 승계한다고 하면 이것은 보험계약의 주체의 변경이 되기 때문이다. 그러나 만약에 이를 보험목적에 대한 상속으로 인한 보험계약의 승계라고 본다면, 이는 보험목적의 상속 즉 보험목적물에 대한 소유권이전의 문제가 되어본 사건의 보험차량은 당연히 명의변경절차를 진행하여야 하고, 보험법상의 '보험목적의 양도는 보험자에게 통지하고 보험자의 동의를 거쳐 보험계약을 변경한다는' 규정의 적용을 받게 되는 것이다. 이에 대하여 필자는 재산보험계약의 승계는 이른바 포괄적 승계로서 보험계약상의 권리와 의무를 모두 승계하는 것으로, 상속인이 보험계약의 보험계약자 혹은 피보험자의 지위를 상속한 후에 보험목적, 보험금액, 보상책임 및 위험증가통지의무 등 모든 보험계약상의 권리의무를 포괄적으로 수령한다는 의미로 이해하여야 한다고 생각한다. 그리고 보험목적에 대한 상속은 재산상속이고 재산상속으로 인한 보험계약의 승계는 불가능하다. 따라서 보험목적의 상속에 대해 보험계약의 승계라는 관점은 근본적으로 발을 붙일 수 없는 것이다.

이 사건 중급법원은 이모가 보험차량을 상속한 후, 보험회사에 대하여 변경절차를 신청하지 않아 이미 보험법의 규정을 위반하였고, 이때로부터 보험계약은 실효되었다는 이유로 이모의 청구를 기각하였다. 이 판결은 완전 잘못된 것이라 생각한다. 재산보험계약의 승계는 포괄적 승계에 속하는 것이며, 보험법에서 규정하고 있는 '양도'는 합의양도이며 포괄승계가 아니므로 ≪보험법≫제34조의 규정은 이 사건에는 그 적용이 없기 때문이다. 따라서 본 사건은 앞서 살펴 본 두 번째 견해에 따라 찬결되었어야 한다. 즉 피보험자인 황동량의 사망 후 그의 아내 이모가 보험차량을 상속받아 보험계약은 유효하게 존속한다는 것이다. 보험회사는 당연히 보험계약에서 약정한 금액의 범위 내에서 보상책임을 부담하여야 하며, 첫 번째 사고로 이미 손실보상을 한 금액을 공제하고 제2차 사고에 대한 손실보상을 진행하여야 한다. 제2차 손실의 액수가 제1차 보상후의 차량손실보험과 제3자책임보험의 보험금액의 잔존금액을 초과하지 않으므로 보험회사는 당연히 이모에게 손실액 전부를 보상하였어야 한다.

5. 연습문제

1999년 9월 우선생은 부강자동차 1대를 구매하고, 구매가액인 18만 위안에 대하여 보험회사와, 차량손실보험, 제3자배상책임보험, 기사책임보험에 가입하였다. 보험기간은 1999년 9월 9일에서 2000년 9월 8일까지였다. 보험회사는 자동차량보험약관이 첨부된 보험증권을 교부하고, 보험료 수령 후 보험료영수증을 발급하였다. 이 약관에는 "보험계약기간 내에 보험차량의 양도, 증여가 있을 경우, 피보험자는 지체없이 보험자에게 통지하고 보험자의 동의를 거쳐 보험증권에 변경비준을 한 경우에만 효력이 있다. 그렇지 않으면 보험차량이 양도, 증여된 때로부터 보험자의 보상책임은 소멸한다."는 규정이 있었다.

2000년 5월 8일 우선생과 동선생은 차량 매매계약을 체결하고, 동선생은 우선생에 대한 처리를 모 회사에 위탁한 후, 즉시 보험차량의 명위변경절차를 진행했다. 같은 날 우선생은 차량을 인도하여 동선생이 사용하도록 하였다. 3일이 지난 오후에 동선생은 교통사고를 내어, 자동차의 손실과 인명손해를 내었다. 교통경찰은 동선생이 전부 책임을 부담하여야 한다고 결정하였다. 보험회사는 조사중 차량양도합의서를 발견하였고, 우선생이 보험회사에 통지를 하지 않았다는 이유로 오선생의 보상청구를 기각하였다. 우선생이 보험자에 대한 소송을 제기하였다.

[**문**] 1. 차량 소유권을 이전 했는지?
2. 차량의 환매 합의는 효력이 있는가?
3. 보험자의 보상거절이 성립되는가?

제12절 보험계약의 중지와 부활

보험계약의 중지란 인보험계약의 유효기간 중에 일정한 법정사항이 발생하여 보험계약의 효력이 잠정적으로 정지되는 것을 말한다. 보험계약이 중지되면 이 기간 내에 보험자는 보상책임을 부담하지 않는다. 보험계약의 중지는 보험계약의 완전한 소멸을 의미하는 것은 아니므로, 일정한 절차를 거쳐 그 효력을 부활시킬 수 있다. ≪보험법≫제58조는 인보험계약에서 보험계약자가 최초보험료를 납부한 후 약정한 계속보험료를 납부하지 않는 경우에는 계약에서 다른 약정이 없는 한, 60일 이내에 당해 보험료를 납부하지 않으면 보험계약의 효력은 중지된다고 규정하고 있다.

인보험계약의 유예기간은 인보험계약에서 보험료를 분할납부하는 경우에, 최초보험료를 납부한 후 계속보험료를 다음 보험료납부일까지 납부하지 않는 경우 일정한 유예기간을 주어 보험계약자가 이 기간 동안 보험료를 납부할 수 있도록 하는 기간이다. 유예기간동안은 보험계약이 유효하여 이 기간 중에 보험사고가 발생하면 보험자는 보상책임을 부담하여야 한다. 이 경우 지급보험금에서 미납보험료를 공제한 후 지급한다. 유예기간은 약정기간과 법정기간으로 나눌 수 있다. 약정기간은 계약당사자가 보험계약 체결 시 합의로 정하는 것이고, 법정기간은 보험료를 납부한 때로부터 60일로 법률의 규정에 의하여 정해진 것이다. 유예기간 동안에 보험계약자의 보험료 납부가 없으면 보험자는 보험계약을 중지하거나 혹은 보험자가 약정에 따라 보험금을 감액할 수 있다. 중국대만지구 보험법은 법정유예기간의 시작일을 보험계약자가 보험자의 최고 통지를 받은 날로부터 30일이라고 규정하고 있다.

보험계약의 부활은 보험계약의 회복이라고도 하는데, 이미 중지된 보험계약의 효력이 요건이 부합하는 경우 일정한 절차를 거쳐 회복하는 것을 말한다. 보험계약이 중지된 경우 보험계약자는 보험자와 합의하고 보험료를 납부한 후 보험계약의 효력을 부활시킬 수 있다. 그렇지 않으면 보험자는 보험계약을 해제할 수 있다. 보험계약 제58조에서, 인보험계약의 부활은 다음의 요건을 갖추어야 한다고 규정하고 있다. (1) 보험계약이 중지된 후 2년 이내에 보험계약을 부활시킬 수 있다. ≪보험법≫제59조는 보험계약이 중지된 날로부터 2년 이내에 부활의 청구가 없는 경우 보험자는 보험계약을 해제할 수 있다고 규정한다. 이것은 보험계약중지 후 2년 이내에는 보험자가 보험계약을 해제할 수 없고 보험계약자의 청구가 있는 경우 보험계약의 부활을 위한 조건을 합의하여야 한다는 의미이다. 그러나 2년 이내에 서로 합의가 이루어지지 않은 경우 보험자는 보험계약을 해제할 수 있다. (2) 피보험자는 보험자의 승낙 요건에 부합하여야 한다. 보험법은 인보험의 경우에만 보험계약의 부활을 인정하고 있다. 중지기간 중 피보험자는 당연히 보험자가 부보 가능한 적격체일 것을 요하며, 인보험계약의 전제조건을 구비하여야 함은 물론이다. (3) 보험자과 보험계약자가 보험계약의 부활에 합의하여야 한다. 보험계약자가 미납보험료를 납부한 경우에 보험계약의 효력은 부활한다. 보험계약의 부활은 보험계약자가 부활의 청구를 하고, 보험자의 동의를 거쳐 서면합의가 이루어지고, 보험계약자가 보험자에게 중지이전의 미납보험료를 납부하여야 보험계약은 부활될 수 있다.

대만보험법에서는 보험계약의 효력이 중지된 보험계약은 일정한 절차에 따라 모두 부활할 수 있는 것으로 하고 있다. (1) 효력이 중지된 보험계약의 부활 청구가 있는 경우 보험자는 10일 이내에 거절을 통지하지 않으면 부활을 승낙한 것으로 본다. 다만 인보험의 경우에는 피보험자가 부보적격체여야 하므로 이 규정의 적용을 받지 않는다. (2) 인보험계약이 계속보험료의 미납으로 중지된 경우 보험료와 기타 비용을 청산한 후 다음 날 오전 0시부터 보험계약 부활의 효력이 발생한다. (3) 피보험자가 자살한 경우에도 보험금을 지급한다는 약관규정이 있는 경우에 그 약관은 당연히 계약 성립 후 2년이 경과하여야 효력이 있다. 보험계약의 효력이 정지된 계약을 부활한 경우에 2년의 기산일은 부활의 날로부터 계산한다. 이러한 보험계약의 부활에 관한 규정이 보험계약자의 이익보호에 보다 유리하다.

1. 사건의 개요

1994년 1월 14일, 왕서명은 소재지 보험회사에 20년 기간의 간이인보험을 20개 가입하였다. 보험금액은 4,040위안, 보험료는 매월 10위안이었고, 자기의 아들 왕전을 수익자로 지정하였다. 1996년 5월부터 왕서명은 보험료 납부를 정지하였다. 최초보험료를 받은 날로부터 1년 반 정도의 시간이 지난 1997년 6월 왕전은 그간의 미납보험료를 모두 납부하였고 보험자는 보험료영수증을 발급하였다. 이후 왕전은 계속보험료를 납부하였다. 1998년 3월 19일 왕서명은 병으로 사망하였다. 장례후 왕전은 보험증권과 관련 서류를 가지고 와서 보험자에게 보험금의 지급을 청구하였다.

보험회사는 사정절차 중 1996년 5월 왕서명이 보험료의 지급을 정지하여 보험보장을 받지 못하는 기간 동안에 건강이 좋지 않아 병원에서 진찰한 결과 간경화 등의 질병을 확진 받은 사실을 알게 되었다. 그 후 여러 병원에서 치료를 받았으며, 이 기간 동안 왕서명은 줄곧 가사상태였다. 보험회사는 1996년 5월 왕서명이 보험료를 납부하지 않은 때로부터 보험계약은 중지되었고, 왕전이 부활신청을 할 당시 왕서명의 건강상태는 보험청약의 부보적격체가 아니었으므로 이 사건 보험계약의 부활은 무효라고 주장하였다. 보험회사는 증거서면을 첨부한 서면으로 보험보상의 거절통지를 하였다. 왕전은 보험회사 소재지 법원에 소송을 제기하였다.

보험은 심리를 거쳐, 쌍방이 계약한 인보험간이계약이 유효한 계약으로 보험자는 인보험금 지급하여야 한다고 판시하며, 보험회사에게 왕전에 대해 보험금 4,040위안을 지급하도록 하였으며, 소송비용 300위안을 부담하도록 판시하였다.[15)]

2. 쟁점사항

이 사건의 개요는 비교적 간단하지만, 다음의 몇 가지 문제에 대한

15) 周玉华, ≪最新保险法法理精义与实例解析≫, 法律出版社, 2003, 366면.

분석이 필요하다. 첫째, 보험계약의 효력이 중지되었는가? 둘째, 보험법상의 보험계약의 부활요건과 부활절차규정이 강행규정인가? 셋째, 부활청구 시 보험계약자는 고지의무를 이행하여야 하는가? 넷째, 보험회사가 미납보험료를 수령한 행위를 어떻게 이해하여야 하는가? 이러한 문제해결이 이루어져야 본 사안에 대한 결론이 명백해진다.

3. 법률규정

1) **≪보험법≫제58조** 보험계약자 최초보험료를 납부한 후, 계속보험료를 납부기일로부터 60일 이내에 지급하지 않은 경우 계약에 다른 약정이 없으면 보험계약의 효력은 정지되거나 혹은 보험자는 약정에 따라 보험금액을 감액할 수 있다.

2) **≪보험법≫제59조** 전조의 정지된 보험계약은 보험자와 보험계약자의 합의를 거쳐 보험계약자가 미납보험료를 납부한 후 보험계약을 부활시킬 수 있다. 그러나 효력이 중지된 날로부터 2년 내에 쌍방이 합의에 이러지 못한 경우 보험자는 보험계약을 해제할 수 있다.

보험자가 전항에 따라 보험계약을 해제할 경우, 보험계약자가 이미 2년 이상의 보험료를 납부한 경우 보험자는 약정에 따라 보험증권상의 현금가치를 반환하여야 한다. 보험계약자가 보험료를 2년 이하의 기간 동안 납부한 경우에는 기타 수속비를 공제한 보험료를 반환하여야 한다.

4. 학리분석

보험계약의 중지와 부활은 인보험계약에 적용된다. 인보험계약은 비교적 장기계약이며, 피보험자의 인생과정에 수반되어 보험보장을 하는 것이기 때문이다. 인보험계약의 보험료납부방식도 보험계약자의 경제적 능력이 비교적 강하여 일시납으로 할 수 있는 경우를 제외하고는 대부분의 보험계약자가 분합납입방식을 채택하여 위험의 분산과 경제적 부담을 감소시키고 있다. 분할납입의 경우 보험계약자가 바쁘거나 기타 다른 원인으로 적기에 계속보험료를 납부하지 못하는 상황이 발생할 수 있는데, 이 경우 보험계약을 해제할 수 있게 하는 것은 보험계약자의 이익에 대한 중대한 침해라 할 수 있다. 따라서 보험법상 보험계약의 중지와 부활에 대한 규정을 두어 보험계약자의 이익을 보호하고자 하는 것이다.

인보험실무상 보험법이 보험계약부활의 실체적인 요건을 규정하고 있지 않지만, 보험계약자의 부보요건에 대하여 보험계약자와 합의를 통해 보험계약을 부활해주고 있다. 따라서 보험계약의 부활청구시 피보험자의 건강상태는 보험자가 보험계약을 승낙할 요건을 갖출 것이 요구된다. 이 사안에서 왕서명은 이 조건을 갖추지 못하였음이 명백하다. 인보험계약의 부활 중 보험계약자는 보험법이 규정에 따라 고지의무를 부담한다. 보험자가 질문하지 않은 것은 보험자가 정보취득에 대한 권리를 포기한 것으로 보아야 한다. 보험법에 따라 보험계약의 부활은 당사자 간의 부활에 대한 합의와 미납보험료의 지급이 있어야 한다. 왕전은 보험자와의 사이에 비록 서면에 기한 부활청구를 하지는 않았지만, 보험자는 미납보험료를 수령하였고 이것은 보험자가 보험계약의 부활을 확인하는 행위로 보아야 한다. 따라서 이 사건에 대하여 보험계약의 부활을 인정하고 보험자가 미납보험료를 받은 날로부터 보험계약의 효력은 이미 부활되었다고 보아 보험자의 책임을 인정한 판례의 태도는 타당한 것이다.

5. 연습문제

사마선생은 1996년 5월 10일 모보험회사와 보험금액 5만 위안의 인보험계약을 체결하고, 보험료납부방법을 연납으로 정하였다. 납부일은 매년 5월 10일이다. 1997년과 1998년 사마선생은 정해진 기일에 보험료를 납부하였다. 1999년 8월 2일 사마선생이 적시에 보험료를 납부하지 않아 보험계약이 정지되자, 사마선생은 보험회사에 대하여 부활의 신청을 하였고 보험회사는 당일로 승낙하였다.

2000년 9월 6일, 사마선생은 교통사고로 사망하였고, 장례 후 그의 아내 장모가 보험증권상의 보험수익자로서 보험회사에 대하여 보험금의 지급청구를 하였다. 보험회사는 사마선생이 보험법에서 규정하고 있는 60일의 유예기간 내에 보험료의 지급을 하지 않았다는 이유로 보상을 거절하였다. 장모는 현지 법원에 소송을 제기하였다.

법원 심리 중에, 장모는 보험계약의 원래 보험료 납부기일이 5월 10일 이지만, 1999년 8월 2일 보험회사가 보험계약의 부활에 동의하여, 보험계약의 효력이 새로 부활될 당시 보험자는 사마선생이 납부한 보험료를 수령하였다. 따라서 보험료 납부일은 쌍방의 부활에 대한 합의로 변경되었으므로, 차년도 보험료의 납부기일은 부활보험료를 받은 날의 다음 해 해당일이다. 60일 간의 유예기간은 2000년 9월 6일 사마선생이 사망할 당시 여전히 이 기간 내에 있어 보험자는 보상책임을 부담하여야 한다고 주장하였다.

보험회사는 보험계약상의 보험료 납부일은 매년 5월 10일이므로, 2000년 9월 6일 사마선생이 사망할 당시에는 유예기간 60일이 이미 경과하여 보험계약이 정지된 상태로 보험자는 보상책임이 없다고 주장하였다. 또한 보험계약의 부활은 계약의 효력을 부활시키는 것으로 종전 계약의 계속이지 새로운 보험계약의 체결이 아니다. 따라서 보험계약에서 정한 보험료의 납부일에 대한 변경은 없었다.

[문] 1. 보험료 납부일은 언제를 기준으로 하여야 하는가?

2. 부활은 원 계약의 회복인가 혹은 새로운 계약의 체결인가?

3. 이 사건에서 유예기간은 어떻게 계산하여야 하는가?

4. 보험회사는 보상책임을 부담하여야 하는가?

제 13 절 보험계약의 해제

소위 보험계약의 해제란 보험계약당사자가 보험계약 체결 후 일정한 사유로 인하여 해제권을 행사하고 보험계약의 효력을 소멸시키는 법률행위이다. 보험계약이 성립하면 법률효력이 발생하기 때문에 당사자는 임의로 보험계약을 해제할 수 없다. 보험법의 규정에 따르면, 보험계약의 해제는 법률규정 혹은 약정사유가 있는 경우에만 보험계약당사자가 보험계약의 해제권을 향유할 수 있다. 보험계약자의 해제와 보험자의 해제에 동일하다.

보험계약자와 보험자가 보험계약을 해제할 수 있는 권리를 해약권이라고 한다. 해약권은 형성권으로 권리자가 해약권을 행사한 경우 보험계약은 바로 해제되며, 상대방의 동의는 필요하지 않다. 해약권은 법률에서 규정한 사유가 발생한 경우의 법정해약권과 보험계약에서 약정한 사유가 존재하는 경우에 행사하는 약정해약권이 있다.

보험계약은 보험자가 보험목적에 대한 보험보장을 제공함에 있기 때문에, 보험계약자는 언제라도 보험계약을 해제할 수 있지만, 보험자는 법률규정이나 당사자 간의 약정에 의하지 않고는 보험계약을 해제할 수 없다. 그러나 화물운송보험과 운송요구항해보험계약상 보험자의 책임이 개시된 후에는 보험계약자나 보험자 모두 보험계약을 해제할 수 없다. 따라서 법률의 규정이나 약정에 따라 해약권을 가지는 보험계약당사자는 해약권을 행사하여 보험계약을 해제할 수 있다. 보험계약해제는 소급효를 가져 보험계약이 체결된 때부터 계약의 효력을 잃게 된다.

보험자의 해약권행사가 보험자의 이익을 보호하기 위한 것이었다 하더라도 보험자는 계약에서 정한 위험을 보장하여야 하고, 위험이 발생한 경우 보상책임을 부담하여야 한다. 보험자가 자신의 이익을 위해 보험계약해제권을 행사하면 피보험자의 이익은 보장받을 수 없게 된다. 따라서 보험법은 보험자가 원칙적으로 보험계약을 해제할 수 없도록 하고, 법률의 규정이나 약정한 사유가 발생한 경우에만 보험계약을 해제할 수 있도록 하고 있다.

보험자의 법정해약권 행사사유는 다음과 같다. (1) 보험계약자가 고지의무를 위반한 경우. 보험계약자가 고의로 사실을 은닉하거나 고지의무를 불이행한 경우 혹은 과실로 부실고지를 하여 보험자의 보험계약인수여부 혹은 보험료율의 결정에 영향을 미친 경우 보험자는 보험계약을 해제할 수 있다. (2) 보험계약자와 피보험자가 보험손해방지의무를 이행하지 않은 경우. 재산보험에서 보험계약자, 피보험자가 약정한 보험목적의 안전을 위해 노력할 책임을 이행하지 않으면 보험자는 보험계약을 해제할 수 있다. (3) 보험목적에 위험이 현저히 증가한 경우. 보험기간 내에 보험목적의 위험이 현저히 증가한 경우 피보험자가 보험자에게 이미 통지한 경우 보험자는 보험료의 증액을 청구하거나 혹은 보험계약을 해제할 수 있다. 피보험자가 통지하지 않은 경우 보험목적의 위험이 현저하게 증가하여 보험사고가 발생한 경우 보험자는 보상책임이 없다. (4) 보험사기와 고의사고. 보험기간 중에 다음과 같은 사유가 발생하면 보험자는 보험계약을 해제할 수 있고, 보험료를 반환할 필요가 없다. : 피보험자가 보험수익자가 보험사고의 발생을 가장하여 보험자에게 보험금의 지급청구를 하는 경우 ; 보험계약자, 피보험자 또는 보험수익자가 고의로 보험사고를 야기한 경우. (5) 인보험계약에서 보험계약이 부활되지 않은 경우. 계속보험료의 미지급으로 보험계약의 효력이 정지된 경우, 2년 이내에 보험자와 보험계약의 부활에 대한 합의가 이루어지지 않은 경우 보험자는 보험계약을 해제할 수 있다. (6) 연령초과제한에서 연령을 잘못 알린 경우. 보험계약자가 보험자에게 피보험자의 연령을 잘못 알린 경우, 실제 나이가 보험계약에서 정한 연령제한에 부합하지 않는 경우, 보험자는 보험계약을 해제하고 절차비용을 공제한 후 보험료를 반환하여야 한다. 보험계약을 체결한 후 2년이 지난 경우에는 그러하지 아니하다.

보험계약에서 정한 해약사유는 당사자가 보험계약을 체결할 때 정할 수 있다. 예컨대 보험자는 보험사고가 발생하여 보상책임을 이행한 경우, 미경과 기간에 대한 보험료를 반환하고 보험계약을 해제할 수 있다는 규정 등이다.

보험자의 해약권은 법정사유나 약정사유가 발생한 경우에 행사할 수 있지만, 다음의 두 가지 경우에는 보험계약을 해제할 수 없다. 하나는 법률에서 보험계약의 해제를 금지하는 경우로, 당사자가 누구이건 법정이나 약정사유가 발생한 경우에도 보험계약을 해제할 수 없다. 다른 하나는 일방 당사자가 상대방에 대한 통지의무를 위반한 경우 불가항력으로 인한 경우를 제외하고 고의여부를 불문하고 계약해제의 원인을 얻게 된다. 통지할 사항은 법정이거나 약정사항이거나 불문하고 통지의무의 대상이 되는 사항에 속하는 모든 것이다. 그러나 상대방이 알고 있는 사항, 통상의 주의로 알 수 있는 사항 혹은 통지할 필요가 없는 사항에 대해서는 그러하지 아니하다.

1. 사건의 개요

1998년 10월 11일, 모기업은 보험회사에 500만 위안의 도난위험이 부가된 기업재산보험 가입을 청약하고 보험회사가 승낙하였다. 보험계약의 내용은 다음과 같다. "보험목적 : 고정자산과 유동자산, 보험금액 : 500만 위안, 보험기간 : 1998년 10원 14일부터 1999년 10월 13일까지, 보험료 14,000위안, 3번 분납. 최초보험료 5,000위안은 1998년 11월 30일 전까지 납부하고, 1999년 1월 30일 전에 다시 5,000위안을 납부하고, 1999년 4월 30일 전에 나머지를 모두 납부한다. 납부방법은 은행위탁의 방법으로 한다." 보험계약 성립 후 보험회사는 약정에 따라 은행에 보험료의 출금을 의뢰하였으나, 계좌에 잔액이 없음을 알게 되었다. 그후 보험회사는 직원을 보내어 여러 차례 보험료의 납부를 최고하였으나, 이 기업은 각종 이유를 들어 지체하고 있었다. 1998년 11월 7일 이 공장창고의 전선고장으로 인한 화재가 발생하여 창고에 보관중이던 화물과 창고가 연소하여 총 100만 위안의 손실이 발생하였다. 화재당일, 이 기업은 보험회사에 보험료 전부를 납부하고, 보험자에게 보상을 청구하였다. 보험회사는 약정한 보험료의 지급이 없었다는 이유로 보상을 거절하였다. 기업이 불복하여 소송을 제기하였다.

법원심리에서 모기업은 자기와 보험회사가 체결한 재산보험계약은 유효하고 보험사고가 보험기간 중에 발생하였으므로 보험자는 당연히 보상책임을 부담하여야 한다고 주장하였다. 화재로 인한 손실액 전부의 지급을 청구하였다. 보험회사는 반박하였다. 모기업은 약정한 보험료를 지급하지 않아 보험회사는 보험계약을 해제하여 보험금지급책임이 없다고 항변하였다. 법원은 쌍방이 체결한 보험계약은 이미 효력을 발생하였고, 비록 ≪재산보험약관≫에서 보험계약자는 보험계약이 체결되기 전에 약정한 보험료를 납부하여야 하다고 규정하고 있지만, 양자간의 보험료납부방법에 관하여는 이미 보험약관의 규정을 변경하였다. 보험회사는 일방의 보험계약을 해제할 수 없다. 따라서 보험회사는 모기업의 화재손실 전부를 보상하여야 한다고 판시하였다.

2. 쟁점사항

이 사건과 관련한 주된 쟁점은 첫째, 보험계약자가 보험료를 아직 납부하지 않고 있는 경우 보험계약은 성립되는가? 둘째, 보험자는 일방적으로 보험계약을 해제할 수 있는가? 셋째, 보험자는 보험사고발생 후 보험계약을 해제할 수 있는가? 넷째, 보험회사는 보험계약을 해제하고 그 사실을 피보험자에게 통지하여야 하는가?에 관하 것이다.

3. 법률규정

1) **≪보험법≫제15조** 본법에서 규정하거나 보험계약에서 따로 정한 경우를 제외하고 보험계약이 성립한 후 보험계약자는 보험계약을 해제할 수 있다.

2) **≪보험법≫제16조** 본법에서 규정하거나 보험계약에서 따로 정한 경우를 제외하고 보험계약이 성립한 후 보험는 보험계약을 해제할 수 없다.

3) **≪보험법≫제17조 제2항** 보험계약자가 고의로 사실을 은닉하거나 고지의무를 불이행한 경우 혹은 과실로 부실고지를 하여 보험자의 보험계약인수여부 혹은 보험료율의 결정에 영향을 미친 경우 보험자는 보험계약을 해제할 수 있다.

4) **≪보험법≫제28조** 피보험자 혹은 보험수익자가 보험사고가 발생하지 않았음에도 불구하고, 보험사고가 발생한 것으로 가장하여 보

험자에게 보험금의 지급청구를 한 경우에 보험자는 보험계약을 해제할 수 있고, 보험료를 반환하지 않아도 된다. 보험계약자, 피보험자 혹은 보험수익자가 고의로 보험사고를 야기한 경우 보험자는 보험계약을 해제하고 보험사고에 대한 보상책임을 부담하지 않으며, ≪보험법≫제65조 제1항에 규정한 경우를 제외하고 보험료는 반환하지 않는다.

5) **≪보험법≫제35조** 운송보험계약과 선박항해보험계약은 보험자의 책임이 개시된 이후에는 계약당사자는 보험계약을 해제할 수 없다.

6) **≪보험법≫제36조 제3항** 피보험자가 보험목적의 안전에 대하여 보험에서 정한 약정에 따른 책임을 이행하지 않는 경우, 보험자는 보험료의 증액을 청구하거나 보험계약을 해제할 수 있다.

7) **≪보험법≫제37조** 보험기간 내에 보험목적의 위험이 현저히 증가한 경우 피보험자가 보험자에게 이미 통지한 경우 보험자는 보험료의 증액을 청구하거나 혹은 보험계약을 해제할 수 있다. 피보험자가 통지하지 않은 경우 보험목적의 위험이 현저하게 증가하여 보험사고가 발생한 경우 보험자는 보상책임이 없다.

8) **≪보험법≫제39조** 보험책임이 개시되기 전에 보험계약자가 해제를 요구한 경우, 보험자는 수속비용을 제외한 나머지를 반환하여야 한다. 책임이 개시된 이후에는 보험자는 책임이 개시된 날부터 해제된 날까지의 기간에 해당하는 보험료를 수령할 수 있으며, 잉여부분이 있으면 반환한다.

9) **≪보험법≫제54조** 보험계약자가 진술한 피보험자의 연령이 진실하지 않은 경우, 그 실제연령이 보험계약에서 약정하고 있는 연령제한에 불합치하는 경우 보험자는 보험계약을 해제할 수 있다. 수속비를 공제하고 보험료는 반환한다. 그러나 보험계약을 체결한 날로부터 2년이 경과한 경우에는 그러하지 아니하다.

10) **≪보험법≫제59조** 전조의 정지된 보험계약은 보험자와 보험계

약자의 합의를 거쳐 보험계약자가 미납보험료를 납부한 후 보험계약을 부활시킬 수 있다. 그러나 효력이 중지된 날로부터 2년 내에 쌍방이 합의에 이러지 못한 경우 보험자는 보험계약을 해제할 수 있다.

11) **≪보험법≫제65조** 보험계약자 또는 보험수익자가 고의로 피보험자의 사망이란 상해, 질병을 초래한 경우, 보험자는 보상책임을 부담하지 않는다. 그러나 보험계약자가 이미 2년 이상 보험료를 납부한 경우에는 약정에 따른 보험계약상의 이익을 누리는 보험수익자에 대하여 현존하는 범위에서 이익을 반환하여야 한다.

12) **≪보험법≫제69조** 보험계약자가 보험계약을 해제한 경우 보험료 납부기간이 2년을 경과한 경우에는 해제의 통지를 받은 날로부터 30일 이내에 보험증권상의 현존이익을 반환하여야 한다. 2년이 되지 않는 경우에는 계약에서 정한 바에 따라 수속비를 공제한 보험료를 반환하여야 한다.

13) **중국보감회, ≪직원보험계약의 강제해약 문제에 관한 서한≫**(보감수[1999]29호, 1999년 12월 21일)

중국평안보험주식회사 : 심천평안생명보험회사가 1990년 9월 30일 직원들에게 편지를 보내어 이전에 회사가 높은 이율을 부담하기로 하였던 양로보험계약의 해제를 요구하였다는 내용의 고발 편지를 접수하였다. 중국보험법에 따르면 보험계약이 성립한 후 보험법이나 약정에서 다른 정함이 있는 경우를 제외하고 보험자는 보험계약을 해제할 수 없다. 평안보험회사의 직원 및 그 친족이 피보험자의 지위로 평안보험화사와 보험계약을 체결한 경우에도 이 규정은 적용된다. 따라서 귀사는 보험법의 관련 규정과 약관에 따라 승낙한 보험증권을 처리하여야 한다.

4. 학리분석

보험계약의 해제란 보험계약당사자가 보험계약 성립 후에 일정한 사유로 인하여 해약권을 행사하고 그때로부터 보험계약의 효력을 소멸시키는 법률행위를 말한다. 보험계약성립 후 법률효력이 발생하므로 당사자는 임의로 보험계약을 해제할 수 없다. 보험법의 규정에 따라 보험계약의 해제는 법률규정 혹은 약정사유가 있는 경우 보험계약당사자가 그 해제권을 사용하여 보험계약을 해제할 수 있다.

이 사건에서 보험회사는 모기업이 약정한 보험료 납부의무를 이행하지 않아 보험계약을 해제할 권리가 있다고 주장한다. 이러한 주장은 받아들일 수 없다. 법원의 판결이유와 결론은 모두 정당하다. 그 이유는 다음과 같다. : 첫째, 모기업과 보험회사가 체결한 보험계약은 쌍방의 자유의사로 체결되었고 보험계약은 성립 시부터 효력을 가진다. 재산보험약관에서 비록 보험계약자는 보험계약의 성립 전에 약정한 보험료를 지급하여야 한다고 규정하고 있지만, 이 사건 보험계약의 보험료지급방법은 당사자 간의 약정으로 이미 변경되었다. 보험계약은 유효하다. 둘째, 보험자의 해약권은 법률에서 규정한 사유가 약정한 사유가 있는 경우 행사할 수 있다. 보험법은 법률이나 약정에 다른 규정이 없는 한 보험계약이 성립되고 나면 보험자는 임의로 보험계약을 해제할 수 없도록 규정하고 있기 때문이다. 따라서 보험계약에서 보험계약자가 약정한 보험료의 적기 납부가 없으면 보험계약을 해제할 수 있다는 조건이 없는 경우 보험자는 이를 이유로 보험계약을 해제할 수 없다. 재산보험약관상의 보험료지급방법은 이 사건의 당사자에 의하여 이미 변경되었으므로, 이 조항은 적용되지 않는다. 보험자는 보험계약자가 약정한 보험료를 지급하지 않았다는 이유로 보험계약을 해제할 수 없다. 그러나 인보험계약의 보험료와 보험계약의 해제에 관하여는 보험법의 특별규정의 적용을 받아야 한다.

보험자가 보험사고가 발생한 후에 보험계약을 해제할 수 있는가에 관한 문제는 보험법의 규정에 의하면, 법정 혹은 약정사유가 발생한 경우에만 보험사고발생전후를 불문하고 보험자는 계약해제권을 가진다. 보험회사가 보험계약을 해제하는 경우 반드시 피보험자에게 통지하여야 하는가의 문제는 보험법상 명문규정이 없다. ≪계약법≫제96조이 규정에 따르면, "계약해제를 주장하는 경우 상대방에게 통지하여야 하고, 상대방이 이 통지를 받은 날로부터 계약은 해제된다." 따라서 보험자가 보험계약을 해제하는 경우에도 피보험자에게 통지하여야 한다고 본다. 그러나 보험계약의 해제는 소급력이 있어, ≪계약법≫제96조의 '통지하여야 한다.'라는 규정은 그 적용이 있지만, '통지받은 날로부터 계약해제의 효력이 발생한다.'라는 것은 적용되지 않는다는 점을 주의하여야 한다. 보험계약이 해제는 통지 후 처음부터 보험계약의 효력을 소멸시킨다.

5. 연습문제

모 단체가 1998년 4월 전직원을 각자의 가족을 보험수익자로 하여 3년 정기 인보험계약에 부보해주었다. 보험약관 중에 피보험자에게 보험책임범위 내의 사고가 발생한 경우, 보험계약자는 즉시 보험회사에 통지한다는 규정이 있었다. 1999년 10월 이 단체의 직원 1명이 백혈병으로 치료하던 중 사망하였으나, 보험회사에 통지하지 않았고, 가족들도 보험금의 지급을 청구하지 않았다. 그후 여러 가지 원인으로 이 단체는 보험회사에 단체 해약을 통해 반환보험료를 수령하였다. 2000년 6월 사망한 직원의 가족이 보험회사에 대해 사망보험금의 지급을 청구하였다. 이 직원은 보험계약이 유효한 기간 내 질병으로 사망하여, 보험회사는 당연히 보상책임을 부담하여야 한다는 것이었다. 그러나 보험회사는 보험계약이 이미 해제되었고, 보험계약자가 해약환급금을 수령하였으므로, 당사자 간에는 현재 어떠한 권리의무관계도 존재하지 않기 때문에 보상책임이 없다고 주장하였다. 유족들은 보험회사에 대하여 소송을 제기하였다.

[문] 1. 보험계약은 해제되었는가?

2. 보험회사는 보험금지급책임이 있는가? 그 이유는?

3. 계약법상 계약해제는 손실배상책임을 면제하지 않는다는 규정은 이 사건에 적용되는가? 그 이유는?

제 14 절 보험계약의 무효

소위 보험계약의 무효란 보험계약 성립 후 법정 혹은 약정 원인으로 보험계약의 전부 혹은 일부가 계약 성립 시부터 법률효력이 발생하지 않는 것을 말한다. 무효는 보험계약 전부를 무효로 하는 경우와 부분무효의 두 가지로 나눌 수 있다. 전부 무효는 보험계약의 내용 전부가 처음부터 법적 효력이 발생하지 않는 것이고, 일부 무효는 계약의 일부조항이 법적 효력을 가지고 있지 않고 계약의 기타 부분은 계속 유효한 것이다.

비록 계약법상 계약무효의 원인을 규정하고 있지만, 보험법은 보험계약의 무효원인에 관하여 특별규정을 두고 있어, 계약법상의 무효원인과 보험법상의 무효원인 규정은 모두 보험계약의 무효원인이 될 수 있다. 하지만 계약법의 무효원인 규정과 보험법상의 무효원인 규정이 충돌하는 경우에는 계약법의 무효원인은 보험계약에 적용되지 못한다. 보험계약의 무효의 원인은 다음과 같다.

첫째, 보험계약 성립 시, 보험목적이 이미 사고로 멸실된 경우, 당사자가 쌍방이 알지 못했던 경우를 제외하고는 보험계약은 무효이다.

둘째, 보험계약자가 보험계약 체결 시, 보험목적에 대하여 피보험이익을 가지고 있지 않다면 보험계약은 무효하다.

셋째, 보험계약 중에서 보험계약자와 보험자는 보험가액과 보험금액을 약정할 수 있지만, 보험금액은 보험가액을 초과해서는 안되므로 보험가액을 초과한 부분은 무효하다. 하지만 중국 대만 보험법은 보험금액이 보험목적의 가액을 초과하는 보험계약도 당사자에게 사기가 없었다면, 정액보험을 제외하고 그 보험계약은 보험목적의 가액의 범위 내에서 유효하다고 규정하고 있다.

넷째, 사망을 보험금지급의 조건으로 하는 인보험계약에 있어, 피보험자의 서면동의로서 보험금액에 대한 동의를 받지 않는 경우 보험계약은 무효이다.

다섯째, 보험청약자는 행위무능력자를 사망보험계약의 피보험자로 가입하여서는 안되며, 보험자도 승낙할 수 없다. 그렇지 않으면 보험계약은 무효이다.

여섯째, 보험계약당사자는 보험계약에서 무효의 원인을 약정할 수 있고, 계약기간 중 약정한 무효원인이 발생한 경우 보험계약은 무효이다. 하지만 당사자가 보험계약의 무효원인을 약정할 때 강행법규와 국가이익, 사회공동이익과 선량한 풍속에 위배되어서는 안된다.

일곱째, 중복보험에 있어서 다른 약정이 있는 경우를 제외하고, 보험계약자는 다른 보험자의 명칭 및 보험금액을 각 보험자에게 알려야 하며, 만약 고의로 알리지 않거나 혹은 부당한 이익을 목적으로 중복보험에 가입한 경우에는 그 보험계약은 무효이다. 중국보험법은 이에 대한 규정을 두고 있지 않지만 중복보험의 보험금액의 총액이 보험가액을 초과하는 경우, 각 보험자의 보상금액의 총액은 보험가액을 초과하지 못한다고 규정하고 있다. 초과부분은 무효이다.

간혹 보험회사는 주체로서의 적합성을 갖추지 못할 경우 보험계약을 무효로 보는 견해가 있다. 이에 대하여 필자는 동의할 수 없다. 보험계약자가 보험자에게 보험가입을 할 때 보험자의 신용과 명예에 의거하고 보험계약이 성립한 후에는 피보험자의 이익은 보험자가 제공하는 보험 보장에 밀접한 연관이 있다. 만약 보험자가 그 자격이 부적합하다는 이유로 보험계약의 무효를 주장한다면 보험계약자 혹은 피보험자의 이익은 침해되지만 보험자의 이익에는 손해가 없다. 따라서 보험계약중 보험자부적격이 있는 경우에는 보험감독 관리기관이 적절한 조치를 취하여야 하며, 보험계약을 무효로 해서는 안된다.

보험계약 무효의 법률효과. 중국≪보험법≫은 이에 대하여 명문규정이 없어, 일반 계약법상의 규정을 참조하여야만 한다. 계약법에 의하면, 무효인 계약은 처음부터 법률효력이 발생하지 않는다. 계약의 부분무효는 기타 부분의 효력에 영향을 주지 않아, 기타 부분은 계속해서 유효하다. 계약의 무효는 계약중 독립적으로 존재하는 관련된 분쟁해결 방법의 조항의 효력에는 영향을 주지 않는다. 무효계약의 당사자의 책임은 다음과 같이 해결한다. : 첫째, 계약이 무효로 된 후에 이 계약으로 얻은 재산은 반환하여야 하고, 반환이 불가능하거나 반환할 필요가 없는 경우에는 할인하여 보상한다. 둘째, 과실이 있는 당사자는 상대방이 입은 손실을 배상하여야 하고 쌍방에게 모두 과실이 있으면 각자 상응한 책임을 져야 한다. 셋째, 당사자가 악의로 통모하여 국가, 단체 혹은 제3자의 이익에 손해를 주었으면 그것으로 얻은 재산은 국가소유, 단체 혹은 제3자에게 반환하여야 한다.

1. 사건의 개요

1998년 5월 모 도서판매회사는 대입시험에 필요한 책과 CD를 판매하기 위하여 대입시험용 책과 CD를 세트로 구매하면 보험금액이 10만 위안에 해당하는 상해보험에 무료로 가입하여주는 홍보방법을 사용하였다. 모 도서판매회사는 모 중학교에 판매한 후 대입시험 자료와 CD를 구입한 학생에게 보험을 증정했다. 보험가입 절차를 진행함에 있어, 모 도서판매회사의 직원은 자신이 직접 보험청약서의 기재사항을 기재하였고, 도서구입자를 피보험자로 하였으며, 보험료를 일시에 지불하고 보험회사는 보험인수를 승낙하고 보험증권을 발급했다. 보험증권은 모 도서 판매회사의 직원이 각 소비자에게 나눠주었다. 보험증권상 보험종류는 상해보험이고 보험금액은 10만 위안, 보험기간은 1998년 5월 20일부터 1999년 5월 19일까지, 보험금지급은 사망의 경우 보험금액을 지급하고, 상해 및 장해의 경우에는 보험회사에서 정한 급별 보험금을 지급한다고 규정되어 있었다.

1998년 12월 25일 모 중학교는 교외로 단체참관학습을 하였는데 학교로 돌아오던 중 교통사고가 발생하여, 탑승 중이던 선생님과 학생 10명이 사망하고, 12명이 다치는 사고가 났다. 사망한 학생 중 8명과 부상을 입은 5명의 학생이 무료보험계약에 가입되어 있었다. 사고발생 후 보험증권을 가지고 사망한 학생의 수익자와 다친 학생(피보험자)은 보험회사에 보험금지급청구를 하였다.

보험회사는 조사를 통해 보험증권상 보험계약자는 모 도서판매회사이며, 보험청약서상 "피보험자는 보험계약자가 사망을 원인으로 보험금을 지급하는 조건의 보험가입에 동의하는가?"라는 항목에 피보험자가 서명하지 않았으며, 보험증권상의 '피보험자 서명'란에만 서명이 존재하는 것을 발견하였다. 보험회사는 이 보험계약은 사망을 이유로 보험금을 지불하는 인보험이기 때문에 피보험자의 서면동의를 거치지 않은 보험계약은 무효라 주장하였다. 보험회사는 보험보상을 거절하는 통지서를 보내고 당사자에게 알렸다. 다수의 보험수익자와 피보험자는 모두 보험회사의 보상거절 결정에 불복하여 당지의 인민법원에 고소를 제기했다.

법원은 심리를 거쳐 보험계약이 체결 시 보험계약자가 보험계약중 포함된 사망을 보험금지급의 조건으로 하는 보험계약에서 피보험자의 서면동의를 거치지 않았기에 보험계약은 무효하다고 판정하고 원고의 고소를 기각했다.

2. 쟁점사항

본안은 ≪보험법≫의 “보험계약자가 계약체결 시 사망을 보험금지급의 조건으로 한 보험계약에서, 피보험자의 서면동의와 보험금액에 대한 인가를 받지 않은 경우 보험계약은 무효이다”라는 규정을 전제로 하고 있다. 보다 구체적으로는 다음과 같은 문제를 중점적으로 분석하여야 한다. 첫째, 피보험자가 보험증권상의 “피보험자”란에 서명한 것이 서면동의로 볼 수 있는가하는 것이다. 둘째, 서면동의를 거치지 않아 보험계약이 무효로 되는 것은 보험계약의 전부 무효인가 아니면 단지 사망 보험부분의 조항만이 무효인가는 것이다.

3. 법률규정

1) **≪보험법≫제12조** 보험계약자는 보험목적에 대하여 피보험이익을 가지고 있어야 한다. 보험계약자가 보험목적에 피보험이익을 갖고 있지 않으면 보험계약은 무효이다.

2) **≪보험법≫제18조** 보험계약중 보험자의 면책사유와 관련한 규정은 보험계약체결 시 보험자가 보험계약자에게 명확하게 설명하여야 하며, 명확하게 설명하지 않으면 그 조항은 효력을 발생하지 않는다.

3) **≪보험법≫제40조** 보험목적의 보험가액은 보험계약자와 보험자가 약정한 후 계약상 기재할 수도 있고, 보험사고 발생시 보험목적의 실제가치에 따라 확정할 수도 있다. 보험금액은 보험가액을 초과해서는 안되고 보험가액을 초과하면 초과한 부분은 무효이다.

4) **≪보험법≫제41조** 중복보험의 보험계약자는 마땅히 중복보험과 관련된 상황을 각 보험자에게 알려주어야 한다. 중복보험의 보험금액의 총액이 보험가액을 초과하거나 각 보험자의 보상금액의 총액이 보험가액을 초과해서는 안된다.

5) **≪보험법≫제55조** 보험계약자는 행위무능력자의 사망을 보험사고로하는 인보험을 청약하여서는 안되며, 보험자도 승낙해서는 안된다.

부모가 미성년자녀를 위해 가입한 인보험은 전항의 제한을 받지 않지만 사망시 지급하는 보험금액은 보험감독관리 기구 규정의 한도액을 넘어서는 안된다.

6) **≪보험법≫제56조** 보험계약자가 사망을 보험사고로 하는 인보험계약에 가입하는 경우, 피보험자의 서면동의와 보험금액의 인가를 얻지 않으면 보험계약은 무효이다.

7) **중국보감회 ≪보험법 조항의 의미에 관한 회신≫**(1999년 8월 18일 발표)

중국생명보험회사 : 귀사가 질문한 보험법 조항의 의미에 관하여 검토한 결과 다음과 같이 회답합니다.

≪보험법≫제55조에서 "사망을 보험사고로 하는 인보험계약은 피보험자의 서면동의와 보험금액의 인가를 얻지 않으면 무효이다."라고 규

정하고 있다. 이 규정의 입법정신에 근거하여 우리는 단순히 사망을 보험금지급의 조건으로 하는 보험계약은 만약 피보험자의 서면동의와 보험금액에 대한 인가를 거치지 않으면 이 보험계약은 무효라고 생각한다. 예컨대, 사망, 질병, 상해 및 의료비용 등을 포함하고 있는 종합인보험계약에서, 만약 피보험자의 서면동의와 보험금액에 대한 인가를 거치지 않았다면, 이 계약은 사망급부 부분이 무효이다.

4. 학리분석

보험계약의 무효란 보험계약이 성립후 법정 혹은 약정의 원인으로 보험계약의 전부 혹은 일부가 계약성립 당시부터 법적 효력이 발생하지 않는 것을 말한다. 무효는 전부무효와 일부무효로 구분할 수 있으며, 전부무효는 보험계약의 전부내용이 처음부터 법적 효력이 발생하지 않는 것이고 일부무효는 계약의 일부조항이 법적 효력을 가지지 않고 계약의 기타 부분은 계속 유효한 것이다.

본 사건중 다만 피보험자가 보험청약서상 "피보험자는 보험계약자가 사망을 원인으로 지불하는 조건의 보험에 동의하는가?"라는 질문란에 서명하지 않은 사실은 ≪보험법≫제56조 규정의 서면동의원칙에 위배되어 이 보험계약은 무효라는 결론에 이를 수 있다. 하지만 보험증권상 보험계약자가 모 도서판매회사라고 기재되어 있고, 보험자가 인수한 위험은 의외의 상해로 인한 사망과 장해하고 기재한 점, 또한 보험금액은 10만 위안이라고 기재되어 있다. 피보험자는 이러한 보험증권상의 "피보험자서명"란에 서명을 하였다면, 사망을 보험사고 하는 보험계약에 동의한 것으로 이해할 수는 없는가? ≪보험법≫제56조의 규정 중에서 비록 사망으로 보험금을 지급하는 조건의 보험계약을 체결할 때 마땅히 피보험자의 서면동의 및 보험금액의 인정을 받아야 보험계약이 유효한 것으로 규정하고 있지만, 피보험자의 서면동의를 어떤 형식으로 받아야 하는가에 대하여는 명확하게 규정하지 않았을 뿐만아니라 피보험자가 마땅히 보험증권 이외의 서면방식으로 동의 표시를 해야 하는지도 규정하지 않았다고 생각한다. 따라서 피보험자가 보험증권에 서명한 것은 피보험자가 인보험계약의 가입에 대한 동의이고 동시에 사망을 보험사고로 하는 인보험계약의 체결 및 보험금액에 대한 동의라고 보아야 한다. 비록 피보험자가 보험처약서 상 "피보험자는 보험계약자가 사망을 원인으로 지불하는 조건의 보험가입에 동의하는가?"라는 질문란에 서명하지 않은 것은 사실이지만 피보험자가 보험증권상 "피보험자서명"란에 서명을 하였으며, 보험증권이 보험계약자와 보험자가 보험계약의 내용에 관한 최후의 기재이므로 피보험자가 보험증권상에 서명한 것은 이미 보험청약서상의 흠결을 보충한 것으로 보아야 한다. 따라서 법원의 판결은 잘못된 것이다.

본 사례에서 주의하여야 할 또 다른 문제는 ≪보험법≫제56조에 따라 만약 피보험자가 서면동의와 보험금액의 인정을 하지 않았다면 보험계약은 무효라는 점이다. 이 경우 보험계약은 전부무효인가 아니면 사망보험금 지급부분만 무효인가? 보험업이 인보험업무를 경영하는 과정에서 보험자는 보험의 위험종류를 보험약관에 설정한다. 인보험의 위험종류는 사망보험, 생존보험, 상해보험과 의료보험 등으로 나눌 수 있다. 보험계약자가 많은 종류의 위험에 대비하여 보험보장의 수요를 설계하는데, 보험자는 보험계약자의 편리를 위하여 여러 가지 종류의 보장 가능한 위험을 한 개의 보험약관 중에 포함시켜서 생사 두 가지 위험, 사망과 상해위험 등 종합적인 보험약관을 만들어 사용하고 있다. 그래서 하나의 종합보험계약에는 각종의 다른 종류의 위험이 보험계약의 지급조건으로 독립적으로 규정되어 있다. 그리하여 비록 그 중의 하나의 위험에 대한 약정이 무효인 경우에 기타 위험종류의 존재와 효력에는 영향을 주지 않는다고 생각한다. 즉, ≪보험법≫제56조의 규정에서 사망으로 보험금을 지급하는 조건은 피보험자의 서면동의와 보험금액의 인정을 거치지 않았다면, 사망으로 지급하는 조건의 사망보험계약만 무효하고 기타 위험종류의 계약 조항의 효력은 영향을 받지 않는다. 따라서 무료가입해 준 보험계약에서 사망을 보험사고로 하고 있는 부분에 대하여만, 피보험자의 서면동의를 거치지 않고 보험금액을 확정하여 무효로 될 뿐이고, 보험계약중의 기타 상해 보험부분은 마땅히 계속해서 유효한 것으로 해석되어야 한다. 앞에서 살펴본 중국보감회의 ≪회신≫에서도 ≪보험법≫의 규정에 의하면 보험계약자가 사망에 보험금을 지급하기로 한 인보험계약은 피보험자의 서면동의와 보험금액에 대한 인가를 거치지 않으면 보험계약은 무효라고 규정하고 있다. 이 규정의 입법정신에 따라 단순히 사망을 보험사고로 하는 인보험계약은 피보험자의 서면동의를 거치지 않으면 무효이지만, 사망, 질병, 상해 및 의료비용 등 종합보험으로서의 성격이 있는 인보험계약은 사망보험금의 지급에 관한 부분만 무효라고 답변하고 있다. 따라서 본 사안에서 법원이 보험계약이 무효라는 이유로 상해를 입은 피보험자의 기소를 기각한 것은 근본적으로 잘못된 것이다.

5. 연습문제

1999년 8월 6일 마모는 자기를 위하여 모 생명보험회사에 보험금액 8만 위안인 영복생명보험에 가입하고 보험료를 지불했다. 보험증권상 보험수익자는 그 남편 이모이고 보험기간은 1999년 8월 7일 0시부터, 보험금 지급은 피보험자 사망 시 보험금액 전부를 지급하고, 피보험자가 생존해서 50살이 될 때 보험회사는 일시에 보험금액을 전부 지급한다고 기재되었다. 8월 8일 보험수익자 이모는 보험회사에 신고를 했는데 마모가 수영을 하다가 8월 7일에 불행히도 물에 빠져서 사망했다고 말하면서 보험금을 지급할 것을 신청했다. 보험회사는 조사 도중 이모와 마모는 결혼 후 감정이 좋지 않고 결혼 후에 자녀를 낳지 않았으며 마모는 수영을 할 줄 모르며, 게다가 8월 7일에는 폭우가 내렸다는 것을 발견했다. 마모가 다른 사인으로 사망하였을 것이란 의심이 있었지만 증거가 없었다. 보험증권을 확인하는 과정에서, 보험회사는 피보험자 마모의 보험증권상의 서명과 보험청약서상의 서명이 같지 않음을 발견했다. 감정을 거쳐 보험청약서상의 서명은 마모의 것이지만, 보험증권상의 서명은 이모가 대신한 것임을 알았다. 보험회사는 이것을 근거로 보험금지급을 거절했다. 이모는 불복하고 당지의 법원에 고소를 제기했다.

[문] 1. 보험계약은 유효한가?

2. 보험회사는 보상책임을 져야 하는가?

제 15 절 보험계약의 종지

소위 보험계약의 종지란 유효기간 내에 일정한 사유의 발생으로 보험계약의 효력이 종지시점부터 소멸하는 것을 말한다.[16] 보험계약의 해제와 비교하면 보험계약의 종지는 단지 보험계약의 효력이 계속되지 못하게 하고, 종지 전 계약에 의하여 이미 발생한 법률행위에 대하여는 영향을 미치지 않으며, 이전으로 소급하지도 않는다. 그러나 보험계약의 해제는 계약이 성립한 때로부터 그 효력을 상실한다. 보험계약의 중지와 비교해보면, 보험계약의 종지는 보험계약이 종료된 후 그

16) 역자 주 : 중국법상 보험계약의 종지는 우리법상 보험계약의 해지와 동일한 효력이 있다.

효력을 완전히 잃고 회복 할 수 없지만 보험계약의 중지는 일정한 법정사유를 구비할 때 보험계약의 효력을 회복 할 수 있다.

1. 사건의 개요

1997년 10월 20일 모 염색공장은 그 최근 12개월의 유동 자산 장부 평균 잔여액이 2000만 위안으로 모 보험회사에 기업재산종합보험을 가입했다. 모 보험회사는 인수를 승낙했다. 보험계약 중 "이 계약은 사전에 종지할 수 없다"라는 특별한 약정이 없었다.

1998년 6월 당지에 초대형 수재가 발생하여 염색공장에서 생산한 수출용 기저귀가 침수되어 손실이 모두 200만 위안이 되었다. 염색공장에서 보험회사에 보험사고신고를 하자, 보험회사는 바로 사람을 보내어 현장 감정을 하게 했다. 염색공장이 일정한 손해방지조치를 취하면서 오염손해가 크지 않은 기저귀를 말려 잔존물의 가치가 10만 위안이라고 예상하였다. 보험회사는 보험계약에서 정한 보험금산정방법에 따라 보험금액(2,000만 위안)의 범위 내에서 '보험금 = 손실금액 - 잔존물의 가치'로 계산하고 염색공장에 대하여 190만 위안을 보상하기로 결정하고 은행을 통하여 보상금을 염색공장 계좌로 입금했다. 염색공장은 보상금을 받은 후 보험회사의 보상금액이 부족하며 마땅히 200만 위안을 지급하여야 한다고 했다. 몇 번의 협상이 성립되지 않으면서 쌍방의 관계는 악화되었다. 보험회사는 염색공장에게 기업재산보험계약을 종지하는 통지서를 보냈다. 보름정도 경과한 후 보험회사는 은행을 통하여 염색공장이 손실을 받지 않은 1,810만 위안에 상당하는 재산에 대한 보험료에서 계약 성립부터 계약 중지시까지의 경과 보험료를 공제한 나머지 보험료를 환불해주었다.

염색공장은 보험회사가 일방적으로 보험계약을 종지한 행위는 무효라고 했다. 왜냐하면 ≪보험법≫은 법률이 따로 규정하거나 혹은 보험계약에 다른 약정이 있는 경우를 제외하고 보험자는 보험계약을 해제할 수 없다고 규정하고 있기 때문이다. 염색공장은 보험회사가 일방적으로 보험계약을 해제한 것은 무효라는 이유로 당지 법원에 고소를 제기하여 보험계약이 계속해서 유효하고 또한 나머지 10만 위안의 보상금의 지급을 명하는 판결을 요구했다.

법원은 심리를 거쳐 쌍방이 체결한 보험계약은 유효한 계약이며, 보험사고가 발생한 후 보험회사는 쌍방이 체결한 기업재산보험약관의 규정에 근거하여 계산한 방법과 보상은 정확한 것이라고 했다. 보험회사는 법으로 정한 보험계약 종지 사유가 발생한 후 법정기간 내에 ≪보험법≫의 규정에 근거하여 미리 쌍방이 체결한 기업재산보험계약을 종지한 행위는 합법적인 것이다. 염색공장이 ≪보험법≫상 "법률에 따로 규정이 있거나 보험계약에 다른 약정이 있는 경우를 제외하고 보험자는 보험계약을 해제할 수 없다."는 규정에 근거하여 보험회사가 일방적으로 보험계약을 종지하는 것은 무효라는 염색공장의 주장에 대하여, 보험회사가 법에 의하여 보험계약을 종지한 것이지 보험계약을 해제한 것이 아니라는 이유로 주장을 받아들이지 않았다. 종국적으로 염색공장의 고소와 요구를 기각하여 보험회사가 승소하였다.

2. 쟁점사항

본 사건의 해결을 위해서 첫째, 보험계약 종지의 법정 요건에 대한 분석을 하여 보험회사가 보험계약을 종지한 행위가 법률규정에 부합되는지를 판단해야 하고, 둘째, 보험계약의 종지와 보험계약의 해제의 특성을 정확하게 구분하여야 한다.

3. 법률규정

1) **≪보험법≫제43조** 보험목적에 분손이 발생한 경우, 보험자가 보험금을 지급한 날로부터 30일 이내에 보험계약자는 계약을 종지할 수 있다. 보험계약을 종지할 수 없다는 약정이 있는 경우를 제외하고는 보험자도 보험계약을 종지할 수 있다. 보험자가 계약을 종지할 경우에는 15일 전에 보험계약자에게 통지하여야 하며, 손해가 발생하지 않은 부분에 대한 보험료는 보험자의 책임이 개시된 때로부터 보험계약을 종지한 때까지의 경과보험료를 공제한 나머지 보험료는 반환하여야 한다.

2) **≪보험법≫제65조** 보험계약자, 보험수익자가 고의로 피보험자를 사망, 상해 혹은 질병에 걸리게 한 경우에는 보험자는 보험금을 지급할 책임을 지지 않는다. 보험계약자가 이미 2년 이상 보험료를 납부하였다면 보험자는 약정에 근거하여 기타 권리를 갖고 있는 보험수익자에게 보험증권상의 현존 가치를 반환하여야 한다.

3) **≪보험법≫제66조 제1항** 사망을 보험사고로 하는 계약에서, 피보험자가 자살한 경우 본조의 제2항에 규정한 경우를 제외하고 보험자는 보험금을 지급할 책임을 지지 않지만 보험계약자가 이미 지불한 보험료는 보험증권상의 현존 가치를 반환하여야 한다.

4) **≪보험법≫제67조** 피보험자가 고의범죄로 그 자신이 상해를 입거나 사망한 경우, 보험자는 보험금을 지급할 책임을 지지 않는다. 보험계약자가 이미 2년 이상 보험금을 지불했으면 보험자는 마땅히 보험증권상의 현존 가치를 반환하여야 한다.

4. 학리분석

본 사건의 문제는 보험자가 일방적으로 보험계약을 종지한 행위가 유효한가 하는 것이다. 보험계약의 종지는 유효기간 내에 보험계약이 일정한 사유의 발생으로 계약 효력이 정지되면서 소멸하는 것이다. ≪보험법≫의 규정에 따른 보험계약 종지의 원인은 다음과 같다.

첫째, 보험계약의 기간이 만료되어서 종지되는 것이다. 보험계약은 기간의 제한이 있는 계약으로 이 기한은 당사자가 보험보장을 받는 유효기간이다. 보험계약의 기간이 만료되면 기한 내에 보험사고가 발생하였는가를 불문하고 보험계약의 효력은 바로 소멸된다.

둘째, 보험계약상의 의무를 다 이행하여 종지되는 것이다. 보험계약의 유효기간 내 보험사고가 발생하고 보험자가 보험계약에서 정한 전보의무를 이행하면 보험계약의 효력은 소멸된다. 예컨대, 인보험계약에서 피보험자가 사망하여 보험자가 보험금액을 지급한 경우에는 그가 부담하기로 하였던 보험책임도 바로 종료된다. 재산보험계약을 예로 들면 보험목적에 전손이 발생하고 보험자가 손해액 전부를 보상하면 보험계약의 효력은 역시 바로 소멸된다.

셋째, 보험목적의 멸실이다. 재산보험에서 보험목적의 멸실은 보험사고 이외의 원인으로 인한 것으로 보험계약자의 피보험이익이 존재하지 않으므로 보험계약이 바로 종지하는 것이다.

넷째, 피보험자의 사망이다. 인보험계약에서 피보험자가 사망한 원인이 보험자의 보상책임 범위 이외의 원인으로 인한 것일 때 보험계약은 자연적으로 종지된다. 하지만 재산보험에서 피보험자가 사망하더라도 상속인이 존재하는 경우 등에는 보험계약이 종지되는 상황은 발생하지 않는다.

다섯째, 보험자가 보험계약을 종지하는 것이다. ≪보험법≫제45조는 보험목적에 분손이 발생하여 보험자가 손해를 보상한 날로부터 30일 내에 보험계약자는 계약을 종지 할 수 있다. 계약에서 계약을 중지할 수 없다는 약정이 있는 경우를 제외하고는 보험자도 계약을 종지할 수 있다. 보험자가 계약을 종지하는 경우에는 15일 전에 보험계약자에게 알려주어야 한다.

여섯째, 보험자의 파산이다. 보험자가 파산하면 보험계약은 파산 선고일로부터 종지된다. 하지만 ≪보험법≫은 생명보험업무를 경영하는 보험회사가 법에 따라 철회하거나 파산 선고를 받은 경우에는 보유하고 있던 생명보험계약 및 준비금을 반드시 기타 생명보험업무를 경영하는 보험회사에게 양도하여야 한다. 기타 보험회사와 양도 협정이 이루어지지 않을 때에는 보험감독관리기구가 지정한 생명보험업무를 경영하는 보험회사가 접수한다. 따라서 생명보험을 경영하는 보험회사가 파산할 경우에도 관련된 생명보험계약은 결코 종지되지 않는다.

일곱째, 보험계약 중 약정한 기타 보험계약의 사유가 나타나면 보험계약을 종지한다.

이외에도 ≪보험법≫은 법정사유로 인해 보험자가 보험책임을 감당하지 못할 상황이 발생하면 비록 법률이 보험계약의 종지를 규정하지 않았지만, 그 효과의 측면에서 볼때, 보험자로 하여금 이미 발생한 사고에 대해서 보험책임을 감당하지 않게 하는 것과 동시에 보험자가 미래에 발생할 보험사고에 대해 보험책임을 지지 않게 한다고 규정하고 있다. 따라서 필자는 이것도 보험계약 종지의 범위에 포함하여야 한다고 생각한다. 예컨대, ≪보험법≫제67조에서 '피보험자가 고의로 범죄를 저질러 그 자신이 상해를 입거나 사망을 일으킨 경우에 보험자가 보험금을 지급할 책임을 지지 않는다. 보험계약자가 이미 2년 이상 보험금을 지불했으면 보험자는 마땅히 보험증권상의 현존 가치를 반환하여야 한다.'라는 규정이다.

앞에서 말한 이유에 근거하여 이 사건 중 보험회사는 법정한 보험계약 종지 사유가 발생한 후에 법정기간 내에 ≪보험법≫의 규정에 따라 쌍방이 체결한 기업재산보험계약을 종지한 행위는 합법적인 것이다.

염색공장이 제기한 ≪보험법≫의 규정 "법률이 따로 규정하거나 혹은 보험계약이 다른 약정이 있는 것 외에 보험자는 보험계약을 해제하여서는 안 된다."에 의하여 보험회사가 일방적으로 보험계약을 해제한 것은 무효라는 주장은 성립될 수 없다. 왜냐하면 보험회사는 법에 의해 보험계약을 종지한 것이지 보험계약을 해제한 것이 아니기 때문이다. 따라서 법원의 판결은 정확한 것이다.

5. 연습문제

부선생은 모 보험회사에서 일을 하는데 1996년 5월 자신을 위하여 보험금액이 100만 위안인 양로 보험에 가입하고 매년 보험료를 7,000 위안 납부하고 보험약관상 피보험자가 55살 될 때 양로보험금 100만 위안을 일시에 수령할 수 있다고 규정하였다. 부선생은 매년 제때에 보험료를 납부했다. 1999년 5월 부선생이 보험료를 납부할 때 보험회사의 내부 통지를 받았는데, 모든 보험회사 내부 직원이 이 양로보험에 가입하면 보험회사는 더 이상의 보험료를 받지 않고 보험계약은 종지되므로 보험직원은 마땅히 환불절차를 진행하여야 한다는 내용이었다. 부선생은 보험회사가 계속해서 보험계약을 담보할 것을 요구하며, 보험계약 종지에 동의하지 않았다.

[문] 1. 보험회사는 내부 직원이라는 이유로 보험계약을 중지할 수 있는가?

2. 만약 보험회사가 보험료 수령을 계속 거절하면 부선생은 어떻게 처리해야 보험계약의 효력을 유지할 수 있는가?

제16절 기권과 실권 규정

보험계약이 성립된 후 보험자가 담보책임을 회피하기 위하여 종종 법정 혹은 약정 사유로 보험계약자와 피보험자에 대하여 항변권을 행사한다. 예컨대, 보험자가 보험계약자 혹은 피보험자가 고지의무를 이행하지 않아서 보증(warranty) 혹은 보험증권상의 조건을 위배했다는 이유로 보험계약의 해제 혹은 보험책임의 부담을 거절하는 경우이다. 이것은 보험자가 담보를 승낙한 위험을 확정하고 조정하는 기본방법 중의 하나이다. 하지만 보험자의 항변권이 아무런 제한 없이 행하여진다면, 보험계약자와 피보험자의 이익에 불이익한 결과가 발생할 수 있다. 이에 대하여 대만의 보험학자들은 만약 보험자가 조건의 위반사실을 명확하고 알았음에도 불구하고 구도 혹은 행위로서 보험계약자가 보험계약이 계속 유효한 것으로 믿게 하고, 보험사고가 발생한 후에 보험계약의 효력을 부인하는 것을 허용한다면, 보험계약자에게 공평하지 않다고 지적한다.[17] 따라서 각국의 ≪보험법≫은 보험자가 항변권을 포기(기권)하거나 혹은 항변권을 상실하게 되는(실권) 상황, 즉 보험계약자와 피보험자에 대하여 항변을 행사함으로써 얻게 되는 승소권을 잃게 되는 상황에 대한 규정을 두고 있다.

보험자의 항변권 남용을 막기 위한 제도, 즉 기권과 실권규정은 영미법상 판례의 방식으로 확립된 후, 세계 각국 보험입법에 채용되었고, 이것으로 보험자와 대비하면 비교적 약세에 처한 보험계약자와 피보험자의 이익을 보호할 수 있게 되었다. 중국≪보험법≫은 기권과 실권 규칙에 대하여 명확한 규정을 두고 있지 않아 입법상의 흠결이라 볼 수 있다.

---

17) 施文森著：≪保险法论≫, 台湾三民书局 1985, 255页.

소위 기권이라고 하는 것은 자기가 누릴 수 있을 것으로 이미 알고 있는 권리를 의식적으로 포기하는 것이다. 보험계약상 보험자의 기권은 보험자가 명시적 혹은 묵시적 방법으로 고의로 계약의 해제권을 포기하거나 보험금 지급책임을 거절할 권리를 포기하는 것이다. 기권의 법률효과는 보험자가 권리를 포기한 것으로, 보험사고가 발생한 후 피보험자에 대하여 보험계약의 해제를 주장하거나 보험보상책임을 부담함을 거절할 수 없다는 것이다.

보험자의 기권은 아래와 같은 조건을 구비해야 한다. 첫째, 포기할 수 있는 권리여야 한다. 보험계약에 기초하여 발생한 보험자의 보장에 관한 것과 보험자의 권익에 속하는 것은 모두 포기할 수 있는 권리이다. 하지만 (1) 사회공공이익을 보장하기 위하여 인정되는 권리, (2) 법률로 포기가 금지된 권리, (3) 변경이 불가능한 기존사실의 경우는 포기할 수 없다. 둘째, 보험자가 기권의 의사표시를 하였어야 한다. 보험자의 기권의 의사표시는 명시일 수도 있고 묵시일 수도 있다. 묵시기권은 보험자의 행위에 근거하여 기권으로 추측할 수 있는 것이어야 한다. 즉 보험자가 보험계약의 효력을 계속하는 것과 같은 행동을 하였다면, 그 행위는 기권이 될 수 있다. 셋째, 보험자가 그 권리의 존재에 대하여 알고 있어야 한다. 보험자의 기권의 권리는 마땅히 보험자가 기권의 의사 표시를 할 때 보험자가 그 권리의 존재를 이미 알고 있는 권리여야 한다. 예컨대, 보험자가 조건 위반의 상황을 알고 있을 때 기권도 가능하다.

기권의 규칙을 적용할 수 없는 상황은 다음과 같다. 첫째 기권을 의도하는 것이다. 보험자가 알지 못하는 권리 혹은 아직 성립되지 않은 권리의 경우 비록 보험자가 기권의 의사표시가 있지만 단지 미래의 권리 포기를 시도하는 것으로 인정할 수 있지 기권이 될 수는 없다. 둘째, 담보위험범위 이외의 포기이다. 기권의 규칙은 단지 보험자가 인수를 승낙한 위험에만 적용된다. 보험을 승낙하지 않은 위험이나 담보제외된 위험에 관해서는 그것은 원래부터 보험자의 책임 범위에 속하지 않기 때문에 포기의 문제가 존재하지 않는다. 셋째, 보험계약에서 약정한 기권불가약관이다. 만약 보험증권에 "서면동의가 있는 경우를 제외하고 어떤 기권행위도 무효이다."라는 약정이 있으면, 이것으로 기권 규칙의 적용에 대항할 수 있지만 국제보험관행상 보험계약자 혹은 피보험자가 보험자가 사실상 기권을 하였다는 것으로 비기권조항의 적용에 대항할 수 있다.

소위 실권이란 금반언의 원칙이라고도 한다. 이것은 보험자가 어떤 사실에 대하여 보험계약자 혹은 피보험자에게 착오를 야기하도록 진술하여, 보험계약자나 혹은 피보험자에게 그 진술을 합리적으로 신뢰한 경우, 보험자가 이러한 진술과 다른 행위를 함으로써 보험계약자 혹은 피보험자의 이익에 손해를 끼치게 될 경우에는 보험자가 그 진술에 제약을 받아, 이를 번복할 수 있는 권리를 상실하는 것을 말한다.[18]

보험자의 실권의 조건은 다음과 같다. 첫째, 보험자가 중요한 사실에 대해 한 착오적인 진술이 있어야 한다. 보험자가 보험계약 체결과 관련된 중요한 사실에 대하여 기망 혹은 오인할 행위를 하는 것이 착오적인 진술이 될 수 있다. 둘째, 보험계약자 혹은 피보험자가 보험자의 진술을 합리적으로 신뢰하고, 그 합리적인 신뢰가 보험계약자 혹은 피보험자의 선의로부터 생성된 것이어야 한다. 셋째, 만약 이 진술이 법률적 효력이 없으면 보험계약자 혹은 피보험자의 이익에 손해가 발생하여야 한다. 넷째, 실권은 구두 증거에 원칙에는 적용되지 않는 규칙이다.

실권규칙은 불법행위에서 성립된 규칙으로서, 보험자가 보험조건 혹은 기타 항변사유가 있는 것을 분명히 알면서도 의사표시를 허위적

18) 陈欣著 : ≪保险法≫, 北京大学出版社, 2000, 89页.

으로 하여 보험계약자 혹은 피보험자로 하여금 보험계약이 유효하다고 믿게 하여 보험계약자 혹은 피보험자가 보험계약에 하자가 존재한다는 사실을 몰랐던 경우 실권규칙을 적용할 수 있다. 보험자는 보험조건에 위배되거나 기타 항변사유가 있다고 보험계약의 해제 혹은 무효를 주장할 수 없다.

1. 사건의 개요

모 건축회사는 1998년 3월에 채무 추심하는 과정에서 채무자가 변제의 방식으로 일본 완제품의 봉고차 1대를 55만 위안으로 계산하여 건축회사에 매도하였다. 그런데 이 차량은 밀수 차량으로 세관의 벌금을 해결하지 않은 상황에서 외지에서 발급한 차량구매 수표를 이용하여 모시 차량관리사무소에 차량 등기수속을 마쳤다. 차량은 정상적으로 운행할 수 있다. 1998년 6월 5일 건축회사는 모 보험회사에 차량보험에 가입했는데 보험 가입할 때 건축회사 사장 왕모는 보험회사 사무원에게 차량이 밀수한 차량이라고 설명을 했고 사무원이 보험회사 사장의 동의를 받은 후 보험가입을 승낙하였다. 보험회사는 건축회사에게 차량손실 보험증권을 발급했는데 보험증권에서 약정하기를 보험목적은 차번호가 ****인 봉고차 1대이고 위험종류는 차량의 손실위험, 제3자 배상책임위험, 유리위험, 절도위험과 무면책보험 등이고 차량손실위험의 보험금액은 40만 위안, 보험기간은 1998년 6월 5일 12시부터 1999년 6월 4일 12시까지, 보험료는 모두 합쳐서 19,875위안이었다. 건축회사는 약정에 의하여 보험료를 지불하고 보험회사는 보험료 영수증을 발급하였다.

1999년 2월 25일 차량에 교통사고가 발생하였고, 운전자는 교통경찰에 신고한 후 보험회사에도 신고했다. 모시 교통경찰은 사고를 처리하면서 봉고차 운전사에게 모든 책임이 있다고 인정하고 다친 사람의 의료비 3,200위안을 배상하고 차량손실에 대하여도 책임을 부담하여야 한다고 했다. 자동차정비공장은 수리 후 수리비가 모두 32,122위안이라고 했다. 보험회사도 현장 감정을 진행했다. 건축회사는 보험회사에게 배상을 제기하고 보험회사는 보험금을 35,322위안을 지급했다.

1999년 5월 28일 보험이 거의 만기가 될 때, 건축회사는 보험회사에게 보험계약의 연장을 요청하고, 보험회사는 차량에 대해 점검한 후 계속해서 보장할 것을 동의하고 그날에 건축회사에게 보험증권을 발급했다. 보험증권중의 보험목적, 보험종류, 보험금액, 보험료는 예전의 보험증권과 동일하고 보장기간은 1999년 5월 28일 24시부터 2000년 5월 27일 24시까지이다. 건축회사는 당일에 보험료 전부를 지불하고 보험회사는 보험료 영수증을 발급했다.

2000년 3월 12일 저녁 봉고차 기사가 회사의 임원들이 파티에 참석하는 것을 데려다주고 손님을 집까지 데려다주니 이미 23시 15분이였다. 시간이 너무 늦고 차량은 회사 창고까지 갖다놓는 관행이 없었으므로 그 봉고차를 기사가 거주하는 전원구역 북측 15호 계단아래 우측에다 주차해 두었다. 3월 13일 새벽 6시 8분에 기사가 계단으로 내려가서 세차하려고 할 때 봉고차가 도난당한 것을 발견하고 바로 당지의 파출소와 모 보험회사에 신고를 했다. 보험회사는 사람을 보내어 현장을 감정했다. 보험증권의 약정에 의하면 차량이 절도된 후 신고한 때로부터 경찰이 6개월 내에 차량을 찾지 못하면 보험회사가 손실을 보상하기로 되어 있다. 2000년 10월 15일 경찰들이 도난차량을 찾지 못하자 건축회사는 보험회사에 대하여 보험금 지급을 청구하였으나, 보험회사는 12월 5일 도난차량이 위법차량이라는 이유로 보상을 거절하는 통지서를 건축회사에 보냈다. 건축회사는 2002년 4월 7일에 법원에 고소를 제기했다.

법원은 심리를 거쳐 다음의 사실을 확정하였다. (1) 원고 측은 2부의 차량보험증권을 가지고 있는데, 보험증권중의 보험목적, 보험위험종류, 보험금액, 보험료 등 조항의 내용은 동일하며, 보험기간은 서로 연결되어 있다. 원고와 피고는 이 사실을 모두 인정했다. (2) 보험증권의 뒷면의 약관 제21조는 피보험자가 보험 차량의 상황에 대하여 솔직하게 설명을 해야 된다고 규정했다. 제29조는 보험차량은 반드시 교통관리 부서가 발급한 차량운행증과 등록번호가 있고 점검을 거쳐 합격을 하여야 하며, 그렇지 않으면 보험증권은 무효라고 규정하고 있다. (3) 보험차량은 확실히 밀수 차량이고 원고가 채권회수의 방법으로 외지에서 구매를 한 것이고 차량구매 영수증은 원 채무자가 당지의 자동차 판매회사로부터 아는 사람을 통하여 얻어서 원고에게 발급해 줘 차량등록을 하게 하였다. (4) 보험회사가 봉고차에 대한 차량보험을 인수할 당시 이미 사무원 유모는 증언하기를, 건축회사는 1998년 6월 5일 최초로 보험 가입할 때 사무원에게 보험에 가입할 차량이 밀수차량이고, 대물변제의 형식으로 받아 온 것이지만 이미 차량등록절차를 마쳤다고 사실대로 고지하였음을 알 수 있다. 사무원은 보험회사 사장의 동의를 받은 후에 보험 승낙하는 수속을 처리했다. (5) 1999년 2월 25일 차량에 사고가 발생했을 때 보험회사는 제3자에게 책임위험과 차량손실위험의 보험금 35,322위안을 지급하였다. 토론과 연구 중에서 본 사건에 대하여 두 가지 의견이 있었다.

첫 번째 의견은 보험가입차량은 비록 밀수 차량이지만 보험계약자가 이미 차량이 밀수차량이라는 것, 대물변제로 받은 것이라는 사실을 보험자에게 진실하게 고지하였고 보험회사는 보험 승낙할 때 차량이 밀수 차량이라는 것을 알면서도 보험승낙 할 것을 결정하고 보험증권을 발급했고 원고가 낸 보험료를 받았다. 따라서 원고 보험계약자와 보험자는 협의에 의하여 보험계약을 체결한 것이다. 그러나 이 계약은 법률의 규정을 위반한 것으로 무효이다. 따라서 원고 측의 고소를 기각하고 밀수차량을 세관에서 조사하게 해야 한다는 것이다. 이유는 첫째, ≪보험법≫제12조의 규정에 근거하여 보험계약자는 보험목적에 대하여 피보험이익을 가져야 한다. 피보험이익은 보험계약자가 보험목적에 대하여 법률상으로 인정되는 이익이어야 한다. 보험계약자가 보험목적에 피보험이익을 갖고 있지 않으면 보험계약은 무효이다. 본 사건중 원고가 보험에 가입한 차량은 밀수 차량이므로, 원고는 이 밀수차량에 대하여 가지는 피보험이익은 불법적인 것으로 법률상에서 승인한 이익을 갖고 있지 않기에 이 보험계약은 무효라는 것이다. 다음으로 ≪보험법≫제4조는 보험영업에 종사하고자 하는 자는 반드시 법률, 행정법규를 준수하여야 하고 사회공익을 존중하고 사적자치의 원칙을 따라야 한다고 규정하고 있다. 본 사건중 원고와 피고간 보험계약의 보험목적은 밀수차량이어서, 쌍방이 설립한 보험계약은 법률규정을 위반한 것으로 무효계약에 속한다고 보아야 한다. 1987년 ≪관세법≫제49조 제2항에 따라 원고가 밀수차량을 구매한 행위는 국가가 내해, 영해운송, 수입, 판매에서 수출입을 금지하는 물품 혹은 수출입을 제한하는 물품에 속하는 것으로 그 금액이 비교적 크고 합법적인 증명이 없는 행위이다. 원고의 행위는 이미 밀수 행위에 속한다. 법원은 마땅히 밀수차량을 세관에서 처리하도록 넘겨주어야 한다는 것을 이유로 들었다.

두 번째 의견은 보험가입차량은 비록 밀수차량이지만 보험계약자가 보험청약을 할 당시 이미 이 차량이 밀수차량이고 대물변제로 취득한 것이라는 사정을 보험자에게 진실하게 고지하였다. 보험회사는 보험계약의 인수를 승낙할 때 차량이 밀수차량인 것을 알면서도 승낙하고 보험증권의 발급 및 보험료를 수령하였다. 또한 보험계약의 연장청약에 대하여도 이를 동일한 보장으로 인수하였다. 따라서 보험계약은 원고와 피고가 쌍방이 사적자치에 터잡은 협의로 체결된 것 유효한 계약이므로 보험자는 마땅히 보상책임을 져야 한다. 그 이유는, 첫째, 원고가 보험에 가입한 차량은 밀수차량이지만 원고가 대물변제로 취득한 것이고 원 채무자가 차량을 교부할 때 원고에게 차량구매영수증을 교부하였고, 차량 관리부분이 차량 등록 절차를 진행하여 차량운행증과 차량번호를 발급했다. 따라서 원고가 이 봉고차를 얻은 행위는 관세법상 국가가 수출입을 금지하는 물품을 내해, 해사운송의 방법으로 수입, 판매한 행위에 속하지 않으므로, 밀수행위라 볼 수 없다는 것이다. 다음으로 피고가 발급한 보험증권의 뒷면의 ≪보험약관≫제19조는 보험차량은 반드시 교통관리 부문이 발급한 차량운행증과 차량번호가 있고 점검을 거쳐 합격을 해야지 그렇지 않으면 보험증권은 무효다고 규정하였다. 이 사건 중 보험차량은 교통관리부분이 발급한 차량운행증과 차량번호가 있다. 따라서 보험목적은 보험약관의 규정에 부합된다. 보험조항의 규정에 근거하여 보험계약을 무효로 할 근거가 없다. 또한 보험가입차량은 밀수 차량에 속하여 원고가 보험가입차량에 대한 피보험이익이 위법하여 피보험이익을 갖고 있지 않다. 따라서 보험계약은 무효하다. 하지만 원고 보험계약자가 보험청약을 할 당시 이미 솔직하게 보험가입차량에 대한 상황을 보험자에게 고지했다. 원고는 이미 ≪보험법≫의 규정과 보험약관의 규정에 따른 고지의무를 이행하였다. 피고 보험회사는 이미 보험차량이 밀수차량이라는 사실을 알고 있는 상황 하에서 보험을 승낙하고 보험증권을 발급하고 또한 원고가 지불한 보험료를 받고 보험료 영수증을 발급했다. 이로부터 알 수 있는 것은 피고 보험회사에게 보험계약 체결에 대한 과실이 존재한다는 것이다. 즉 보험자는 피보험이익이 불법이라는 것을 알면서도 보험승낙을 한 것이다. 계약법의 규정에 따라, 과실이 있는 당사자는 상대방이 그로 인하여 받은 손해를 배상하여야 하기 때문에, 보험회사는 당연히 원고의 차량손실을 보상해야 한다는 의견을 제시하였다.

1심 법원은 두 번째 의견을 받아들여, 보험회사가 건축회사에게 차량손실 35만 위안을 보상해야 한다고 했다. 보험회사는 불복하고 항소하였는데 2심 법원은 원심이 인정한 사실이 명확하고 법률을 정확하게 적용했다고 하여 1심 판결을 유지했다.

2. 쟁점사항

이 사건 중 법원이 인정한 사실은 목적물이 위법한 물건으로 보험계약자는 이 목적물에 대하여 피보험이익을 갖고 있지 않으며, 보험계약은 무효라는 결론을 얻을 수 있다. 법원은 무효계약의 과실원칙에 근거하여 보험회사가 보상책임을 부담하여야 한다고 인정한 것도 역시 법에 근거한 것이다. 하지만 보험법 이론상 보험법상의 기권원칙이 이 사건의 분석과정에서 발견할 수 있는데 기권원칙은 본 사건의 심리 중 더욱 명확하게 판단하고 보험계약 당사자 쌍방의 책임을 확정할 수 있다. 기권원칙의 적용과 관련하여, 본 사건의 사실을 다시 분석해보면 이 원칙이 보험법상 매우 중요한 의미가 있다는 것을 발견할 수 있다.

3. 법률규정

중국의 ≪보험법≫은 기권과 실권의 원칙에 대하여 규정하고 있지 않다.

4. 학리분석

보험법이론상의 기권원칙은 각국의 보험입법에서 매우 중요한 내용이다. 보험에서 보험자의 기권은 보험자가 명시하거나 묵시하는 방식으로 의도적으로 계약을 해제하거나 보험책임을 거절할 수 있는 권리를 포기하는 것이다. 기권의 법률효과는 보험자가 권리를 포기함으로써 보험사고가 발생한 후 피보험자에 대하여 보험계약을 해제할 것을 주장하거나 보험책임을 거절 할 수가 없다는 것이다.

보험관례상 보험자가 기권하기 위하여는, 첫째로 그 권리가 포기할 수 있는 권리여야 하는데, 보험계약에 기초하여 발생된 보험자의 보장에 관한 것과 보험자의 권익에 속하는 것은 모두 포기할 수 있는 권리이다. 둘째로 보험자가 기권의 의사표시를 하여야 한다. 보험자의 기권의 의사표시는 명시적으로 할 수도 있고 묵시적으로 할 수도 있다. 묵시에 의한 기권은 보험자의 행위에 근거하여 추측할 수 있는 것이어야 한다. 즉 보험자가 보험계약의 효력이 계속되는 것과 같은 행동을 하였다면 그 행위는 기권이 될 수 있다. 셋째로 보험자가 그 권리의 존재를 알고 있어야 한다. 보험자가 기권의 의사표시를 할 경우 보험자가 그 권리를 이미 알고 있는 상태에서 기권을 하여야 한다는 것이다. 예컨대, 보험자가 계약 위반의 상황을 알고 있을 때 기권이 될 수 있다.

하지만 본 사건의 각도에서 관찰해보면 보험차량은 밀수차량에 속하기에 위법 목적물이 되어 보험계약을 무효로 만드는데 이 경우에도 보험자는 권리를 포기할 수 있는가? 이에 대하여 보험자의 기권원칙 중 (1) 사회공공이익을 보장하기 위하여 설립된 권리 (2) 법률로 포기가 금지된 권리 (3) 변경이 불가능한 기존의 사실에 대하여 보험자는 기권이 불가능하다고 한다. 계약법의 규정에 따라 당사자가 무효계약을 청구하면 법원과 중재기관은 이를 인정하여야만 한다. 따라서 보험자가 갖고 있는 무효계약의 청구권은 포기할 수 있는 권리에 속한다.

본 사건에서 보험자는 보험계약의 무효사유가 존재하는 것을 분명히 알고 있으면서도 최초 보험청약을 승낙하고 보험책임을 부담하였을 뿐만 아니라 보험계약자가 보험계약의 갱신을 청구한 경우에도 이를 승낙했다. 이처럼 보험자가 보험계약에 무효사유가 존재한다는 것을 알고 있으면서도 보험계약자와 보험계약을 체결했다는 것은 보험계약이 무효라는 항변권을 포기하였다고 볼 수 있다. 따라서 보험자가 이미 포기한 항변권으로 법원에 계약의 무효를 요구할 수 없다 할 것이고, 결국 보험자는 약정에 따라 피보험자에게 보험금을 지불해야 한다.

이 사건 중의 심리결과를 분석해보면 법원의 판결은 결론에 있어서는 정확한 것이지만 무효계약중의 과실책임원칙에 따라 보험회사가 보험금 지급책임을 부담하여야 한다고 인정했는데 그것은 법률에 근거하여 번거롭고 판결인정 이유가 복잡하다. 예컨대, 기타 비슷한 사건의 처리할 때 보험계약자 혹은 피보험자의 정당한 이익을 정확하고 전면적으로 보호하기 어렵다. 따라서 중국 보험입법 상에서 기권원칙을 명문화하여 유사한 안건의 처리에 명확한 근거를 제공하여야 할 것이다.

5. 연습문제

2001년 7월 모 보험회사 업무원은 제갈선생에게 모 보험회사가 새로 개발한 주택 화재보험을 추천하고 제갈선생에게 주택화재보험의 홍보자료를 1부 제공하였다. 홍보자료에서 명확하게 규정하기를 모든 보험계약자가 합법적으로 소유한 주택은 모두 이 보험에 가입할 수 있다고 했다. 제갈선생은 임차한 농장에 1,890평방미터의 직원 기숙사용 단층주택과 450평방미터의 별장을 건축하고, 화재보험가입에 동의하였다. 7월 21일 모 보험회사는 제갈선생과 주택화재보험계약을 체결했는데 보험계약에서 보험목적은 1890평방미터의 단층주택과 450평방미터의 별장, 보험금액은 450만 위안, 보험자가 인수한 위험은 화재사고이고 방화와 폭발로 인한 화재에 대하여 보험자는 보상책임을 부담하지 않으며, 보험료율은 보험금액의 0.12%, 보험기간은 2001년 7월 22일 0시부터 2002년 7월 22일 0시까지로 약정하였다. 제갈선생은 보험료를 납입하였고, 보험회사는 보험증권과 보험료 영수증을 발급했다. 보험증권의 뒷면에는 보험약관이 첨부되어 있었다.

농장의 휴가기간인 2002년 1월 6일 오후 3시 15분 농장직원이 전기기구를 사용하다가 화재가 일어났다. 그때는 겨울이고 또한 그때 7급 이상의 북풍이 불어서 현장에 있던 3명의 직원이 전력으로 화재 진압에 노력하였지만, 대기하고 있던 소방차가 도착했을 때 불은 이미 너무 많이 번져나가 통제 할 수 없을 정도였다. 화재를 진압한 이후 단층주택은 1,269평방미터가 화재로 피해를 입었으며, 별장은 전소하였다. 제갈선생은 당일에 모 보험회사에 신고하고 보험회사는 다음날 현장에 와서 감정을 했다. 후에 제갈선생은 보험회사에 보험금지급을 청구하면서, 주택등기문서를 보험회사에 제출하였다. 보험회사는 보험증권 뒷면에 첨부된 보험약관에서 "보험에 가입하는 주책은 보험계약자의 합법적인 소유여야 하고 토지사용권이 있어야 한다."라는 규정에 근거하여 일정한 조사를 진행하였고, 제갈선생의 농장은 토지를 임차한 것이라는 이유로 보험금 지급을 거절하였다. 제갈선생은 법원에 제소하였다.

[문] 보험회사가 보험보상을 거절하는 이유가 받아들여질 것인가? 그 이유는?

제 17 절 보험법상의 손실원인과 증명책임

보험금지급여부의 산정과정에서 보험사고의 발생이 보험목적의 손실에 대한 직접적 원인인가 아닌가 하는 것은 보험자가 보험책임을 부담하여야 하는가를 결정하는 전제 조건이다. 보험계약에서 담보위험의 발생과 보험목적의 손실사이에 직접적인 근인관계가 있어야만 보험자는 손실에 대한 보상책임을 부담한다. 소위 근인관계는 결과를 직접적으로 발생시킨 원인을 말한다. 여기서 주의하여야 할 것은 근인이라 함은 시간상 손실의 원인에 가장 가까운 원인을 말하는 것이 아니고, 효과에 있어서 가장 지배적이거나 유효한 원인을 말한다는 점이다. 영미법에서 이를 근인주의의 원칙이라 한다.

보험법이론상 보통 결과를 직접적으로 초래한 원인을 직접 원인이라고 하는데, 보험사고의 발생이 이 직접 원인에 의하여 발생한 경우에 근인관계를 구성하게 되고, 보험자는 보험금 지급책임을 부담한다. 비록 직접원인과 결과는 본질적으로 필연적인 상관이 있지만 보험실무상 여러 가지 표현형식이 존재한다. (1) 단일원인, 이것은 보험목적의 손실원인을 만든 것이 유일하다는 것이다. 단일원인 하에서 원인이 보험사고에 속하기만 하면 보험자는 바로 보상책임을 부담하여야 한다. (2) 다수의 원인, 이것은 보험목적의 손실이 여러 가지 원인에 의해 일어난 경우이다. 여러 가지 원인 하에서 지속적으로 결정적 작용을 하거나 지배적인 작용을 한 원인이 직접 원인이 된다. 직접 원인이 보험사고에 속하면 보험자는 보상책임을 져야 한다.

보험법상 증명책임이란 보험소송에서 일방이 소송주장과 소송사실의 진실성을 증명할 의무를 부담하게 되는 것을 말한다. 보험소송에서의 증명책임은 권리를 주장하는 자가 증명책임을 부담한다는 원칙을 준수한다.

그러나 보험소송의 특성에 기초하여, 증명책임을 다음과 같이 구체적으로 분배하여야 한다. 첫째 피보험자 혹은 보험수익자는 발생한 손실 혹은 손해가 보험사고로 인한 것이라는 사실과 손실의 정도와 금액에 대한 증명책임을 부담한다. 둘째, 손실이 보험사고 이외의 원인으로 발생하였다고 주장하는 경우 보험자가 이에 대한 증명책임을 부담한다. 셋째, 보험계약에서 담보제외위험에 대하여 약정이 있어, 보험자가 보상을 거절할 경우에는 보험자가 이 제외위험에 속하는 사실을 증명하여야 한다. 넷째, 피보험자와 보험수익자에게 사기가 있었다는 증명은 보험자가 하여야 한다.

1. 사건의 개요

임모는 1989년, 대만의 모 보험회사에 보험금액 100만 대만화폐(이하 '위안'으로 통일함)의 종신생명보험에 가입했는데, 150만 위안의 상해보험과 50만 위안의 종합상해보험을 부가로 가입하였다. 보험수익자로 그 남동생을 지정하였다. 상해보험과 종합상해약관은 모두 피보험자가 고의로 자살해서 사망하거나 다치거나 혹은 상해를 입은 경우 보험회사는 보험금을 지급할 책임을 지지 않는다는 규정이 있었다.

1997년 4월 28일 오전 9시경 피보험자 임모의 거주지에 화재가 발생하였고, 임모는 전신 나체로 착상 앞에 앉은 채 불에 심하게 타서 사망하였다. 5월 10일 보험수익자는 보험회사에 300만 위안의 사망보험금의 지급을 청구하였다. 보험회사는 조사결과 피보험자 임모가 자살한 것으로 생명보험금 100만 위안만 지급하기로 결정하고, 상해보험금 200만 위안의 지급을 거절했다. 보험수익자는 불복하면서 대만의 모 지방법원에 제소했다.

법원은 심리 중 원・피고 쌍방의 쟁점 초점은 임모가 자살한 것인지의 여부에 있다고 보았다. 원고는 자신은 이미 보험회사에서 요구한 대에 따라 검찰이 발급한 시체검안서와 경찰이 발급한 화재사고 감정보고서 등 보상청구에 모든 서류를 보험자에게 제공하여 피보험자의 사망과 화재 발생 사실 등에 대한 증명을 하였다고 주장하였다. 피보험자 임모가 자살한 것인가에 대하여는 보험회사가 마땅히 증거를 제출하여야 한다. 피고 보험회사는 원고가 피보험자의 사망과 화재가 일어난 사실을 증명해야 할 뿐만 아니라 또 피보험자 사망의 구체적인 원인도 제공해야하기에 원고의 증거는 피보험자의 사망원인이 자살이 아니라는 것을 증명할 수 없다고 주장했다.

법원은 본 사건중 원고가 "손해가 발생한 사실"과 "손해가 보험기간 내에 모종의 불확정한 원인에 의해 발생한 것"이라는 두 가지 사실을 증명하였다면 증명책임을 이미 다한 것이라고 보았다. "손해가 발생한 것의 구체적인 원인"은 마땅히 보험회사가 증거를 제시하여 증명해야 한다. 보험회사는 피보험자가 자살하였다는 증명을 제시한 후, 법원은 피보험자가 고의로 휘발유를 이용하여 화재를 일으켰음을 인정하고 보험수익자의 청구를 기각했다.

2. 쟁점사항

본 사건은 비록 중국 대만지구에서 발생한 것이어서 중국≪보험법≫과 민사소송법이 적용되지는 않지만 이 사건 중 중국 대만지구 법원의 증명책임의 분배에 관한 의견은 우리들이 보험소송의 증거를 제시할 책임 문제를 연구하고 공부함에 있어 참고할만한 가치가 있는 중요한 것이다. 본 사건의 분석과 처리에 있어서는 보험소송의 증명책임의 분배를 중심으로 토론을 진행해야 한다.

3. 법률규정

1) **≪보험법≫제23조** 보험사고가 발생한 후 보험계약에 따라 보험자에게 보험금지급을 청구할 경우에 보험계약자, 피보험자 혹은 보험

수익자는 보험자에게 보험사고의 성질, 원인, 손실정도 등의 증거를 제시할 자료를 제출하여야 한다.

보험자는 보험계약의 약정에 따라, 관련 증명과 자료가 불완전하다고 생각되는 경우에는 보험계약자, 피보험자 혹은 보험수익자에게 관련된 증명과 자료를 보충 제공할 것을 통지해야 한다.

2) **≪보험법≫제48조** 보험자가 제3자에게 대위권을 행사할 경우, 피보험자는 보험자에게 필요한 서류와 알고 있는 관련된 상황을 제공하여야 한다.

3) **≪중화인민공화국민사소송법≫(이하 ≪민사소송법≫)제64조** 자신이 제출한 주장에 대한 증명책임은 당사자 자신에게 있다.

당사자 및 그 소송대리인이 객관적인 원인으로 스스로 증거를 수집하지 못하거나 인민법원이 안건 심리를 위하여 필요하다고 생각되는 증거는 인민법원이 마땅히 조사하여 수집해야 한다.

4) **최고인민법원 ≪중화인민공화국민사소송법의 적용에 관한 약간의 문제에 관한 의견≫제74조** 소송 중에서 당사자는 자신이 제기한 주장에 대하여 증거를 제공할 책임이 있다. 하지만 아래의 불법행위소송에서 원고가 제출한 불법행위사실에 대하여 피고가 부정하는 경우에는 피고가 입증책임을 부담한다.

(1) 제품제조방법 발명의 특허로 인한 특허 침해 소송;

(2) 고도로 위험 작업으로 인한 인신 상해 소송;

(3) 환경오염으로 인한 손해배상소송;

(4) 건축물 혹은 기타 시설 및 건축물상의 장치 물건, 매달아 놓은 물건이 넘어지거나 빠지거나 떨어지거나 하여 사람에게 손해를 입게 한 침해 소송;

(5) 동물의 양육으로 인해 사람에게 손해를 입힌 침해 소송;

(6) 관련 법률이 피고가 증명책임이 있음을 규정한 때;

5) **최고인민법원 ≪민사소송증거에 관한 약간의 규정≫(이하 '민사소송증거규정'이라고 함)제1조** 원고는 인민법원에 기소하거나 혹은 피고에게 맞고소를 제기할 때 기소조건에 부합되는 상응한 증거자료를 첨부해야 한다.

6) **≪민사소송증거규정≫ 제2조** 당사자는 자기가 제출한 소송 요구에 근거한 사실 혹은 상대방의 소송 요구를 반박할 증거 사실에 대하여 증거와 증명을 할 책임이 있다.

당사자가 사실주장을 증명할 증거가 없거나 증거가 부족할 때 증거를 제시할 책임을 갖고 있는 당사자가 불리한 결과를 부담하여야 한다.

7) **≪민사소송증거규정≫ 제5조** 계약분쟁사건에서 계약 관계가 성립되었고 또한 효과가 발생한다고 주장하는 일방 당사자는 계약의 체결과 효과 발생 사실에 대하여 증명책임을 부담한다. 계약관계가 변경, 해제, 철회되었다고 주장하는 일방 당사자는 계약관계가 변동된 사실에 대하여 증거를 제시할 책임이 있다.

계약이 분쟁을 발생시키는가의 여부에 대하여는 의무를 이행해야 할 당사자가 증거를 제공할 책임을 부담한다.

8) **≪민사소송증거규정≫ 제7조** 법률에 구체적인 규정이 없으면, 본 규정 및 기타 사법 해석으로 증명책임을 부담할 수 없는 경우에 인민법원은 공평의 원칙과 신의성실의 원칙에 근거하여 당사자가 증거를 제시 할 수 있는 능력 등 요소를 종합하여 증명책임의 부담을 확정한다.

4. 학리분석

보험사고가 발생한 후 피보험자 혹은 보험수익자가 보험회사에 대하여 보험금지급청구를 할 경우, 중국보험법의 규정에 따라, 보험계약자, 피보험자 혹은 보험수익자는 보험자에게 보험사고의 성질, 원인, 손실정도 등 관련사실을 확인할 수 있는 증거와 자료를 제공하여야 한다. 보험자는 보험계약의 약정에 따라 관련 증명과 자료가 불완전하다고 생각되는 경우에 보험계약자, 피보험자 혹은 보험수익자에게 이에 대한 보충을 통지하여야 한다. 중국≪보험법≫은 또한 보험자가 제3자에게 대위권을 행사할 경우에 피보험자는 보험자에게 필요한 서류와 알고 있는 관련된 상황을 알려주어야 한다고 규정하고 있다. 이들 규정은 피보험자 혹은 보험수익자의 증명책임에 대한 것이다. 비록 보험분쟁소송상의 증명책임원칙에 속하지는 않지만, 보험자가 보상청구를 접수한 때로부터 보험금지급을 하기 전까지 법률은 피보험자 혹은 보험수익자가 증거를 제시할 의무를 부담하는 것으로 규정하였다. 그것은 보험소송상 증명책임의 분배에도 중요한 영향이 있다.

중국에서 보험금청구소송상의 증명책임은 ≪민사소송법≫과 최고인민법원의 ≪민사소송증거규정≫의 관련 규정으로 분배하여야 한다. 따라서 보험금청구소송상의 증명책임은 다음과 같은 원칙에 따라 구분한다. 첫째, 권리를 주장하는 자가 증명책임을 부담한다는 원칙에 따라, 피보험자 혹은 보험수익자가 보험배상청구소송을 제기할 때에는 소송주장과 소송사실에 대한 증명책임을 부담하여야 한다. 그가 제공하는 증거는 피보험자 혹은 보험수익자가 보험사고의 성질, 원인, 손실정도 등을 확인 할 수 있는 증명과 자료에 한하며, 그 증거가 위험사고가 발생하였다는 사실과 보험사고가 보험기간 안에 발생하는 사실, 손해의 정도를 증명하면 피보험자 혹은 보험수익자가 증거를 제시할 책임은 완성되는 것이다. 보험자는 이 주장을 반박할 증거를 제공해야 한다. 예컨대, 보험자가 발생한 사고가 보험사고에 속하지 않고 보호자의 면책범위에 속한다는 것을 증명하려면 보험자는 마땅히 증거와 증명을 제공해야 한다. 둘째, 최고인민법원 ≪민사소송증거규정≫제5조

제1항은 계약분쟁사건에서 계약 관계가 성립되었고 또한 효과가 발생한다고 주장하는 일방 당사자는 계약의 체결과 효과 발생 사실에 대하여 증명책임을 부담한다. 계약관계가 변경, 해제, 철회되었다고 주장하는 일방 당사자는 계약관계가 변동된 사실에 대하여 증거를 제시할 책임이 있다고 규정하였다. 따라서 보험계약의 분쟁 중 보험계약 관계가 성립되고 유효하다고 주장하는 일방 당사자가 보험계약의 체결과 효력발생사실에 대하여 증거를 제공할 책임을 져야 한다. 보험계약 관계의 변경, 해제, 중지, 철회를 주장하는 일방 당사자가 보험계약 관계 변동의 사실에 대하여 증거를 제공할 책임을 져야 한다. 셋째, 최고인민법원 ≪민사소송증거규정≫제5조 제2항은 계약이 이행되었는가에 대한 분쟁이 발생한 경우에는 의무를 이행하여야 하는 당사자가 증거를 제공할 책임을 져야 한다고 규정하였다. 보험분쟁을 해결하는 과정에서 보험자가 보험책임을 이행하지 않는다고 주장하기 때문에, 보험자가 이행 의무가 있는 당사자로서 증거를 제시할 책임을 감당해야 한다.

이로부터 중국 대륙의 계약분쟁 해결에 관한 증명책임의 범위와 중국 대만지구의 증명책임의 범위는 동일한 것임을 알 수 있다.

5. 연습문제

1997년 3월 11일 모 기업은 기업재산기본보험에 가입하고, 공장, 설비와 창고재고를 보험의 목적으로 포함하였다. 보험금액은 700만 위안, 보험기간은 1997년 3월 12일부터 1998년 3월 12일까지로 하였다. 보험약관 제4조에는 다음과 같은 원인(즉 화재, 벼락, 촉발, 비행물체 및 기타 공중 비행물의 추락)으로 보험목적에 손실이 발생하면 보험자는 본 약관에 따라 보상한다는 규정이 있었다.

1997년 9월 25일 저녁 10시경 이 기업의 창고가 갑자기 폭우로 무너지면서 재고 물품 약 26만 위안이 비에 침수되어 손해를 입었다. 이 기업은 보험회사에 창고 손실 85만 위안과 재고 물품손실 26만 위안에 대한 보상을 신청했다.

사고 발생 후 보험회사는 보험사고의 발생에 대하여 조사와 기술 감정을 한 결과 사고원인을 다음과 같이 확정했다 : (1) 사고 발생 40일 전 운송 노동자 허모가 네발 경운기로 물건을 운송할 때 이 창고내의 기둥에 잘못 충돌하였고, 사후 간단한 수리를 했지만 기둥의 힘을 받치는 힘은 약해졌다. (2) 사고발생전날 이 기업은 174세트의 대형 타이어를 구매해 들이면서 전부 손상 받은 기둥이 지탱하는 위쪽 마루판에 적재함으로써 중량이 집중되어 기둥이 무게를 이겨내지 못하여 창고가 무너지게 되었다. 보험회사는 이 사고로 인한 손실은 보험자가 담보를 승낙한 위험범위에 속하지 않기 때문에 보험회사는 보상책임을 지지 않는다고 주장했다.

모 기업은 이에 불복하고 당지 인민법원에 제소했다. 제소이유는 중국인민은행의 기업재산기본보험약관에 대한 해석에서, 비행물체 및 기타 공중비행물의 추락에는 건축물의 무너짐, 떨어짐, 기움 등으로 보험목적에 손실이 발생한 경우에는 공중 비행물체의 책임과 똑같이 책임을 져야 한다는 것이 기초하였다. 만약 제3자의 책임과 관련된다면 보험자는 먼저 보상하고 후에 조사해야 한다. 하지만 건축물 자체의 손실은 보험목적에 속하는 것인지의 여부를 불문하고 모두 배상책임이 없다. 그러나 보험회사는 보험계약자에게 이 약관조항의 내용을 명확하게 설명하지 않았기에 보험회사는 청구금액 전부에 대하여 보상책임을 져야 한다.

[문] 1. 보험회사가 보상을 거절한 이유는 성립되는가?

2. 모 기업의 고소 이유는 성립되는가?

3. 이 사건이 어떻게 처리되어야 한다고 생각하는가?

제 18 절 보험계약의 해석

보험계약의 해석이란 보험계약의 내용에 관하여 당사자 간에 분쟁이 발생할 경우, 법원 혹은 중재기관이 법정 원칙에 근거하여 보험계약의 관련 조항의 내용과 함의에 대하여 자세하게 설명해주는 것이다. 보험계약의 해석은 모든 보험계약에 대하여 해석을 하는 것이 아니라 보험계약의 내용을 확정하기 위한 것이다. 당사자가 체결한 보험계약에 분쟁이 발생하지 않으면 마땅히 계약 자체에 사용한 문자로서 보험계약의 내용을 확인해야하며, 해석에 도움을 구하거나 해석을 통하여 계약의 내용을 확대하거나 축소하여서는 안 된다. 보험계약의 언어 문자에 다르게 해석되거나 계약조항에 누락이 있거나 할 때에만 법률규정에 의하여 법원 혹은 중재기관이 보험계약의 내용에 대하여 정확하고 합리적인 해석을 하게 된다.

중국≪보험법≫은 보험계약의 내용에 관하여 보험자와 보험계약자, 피보험자 혹은 보험수익자 간에 논쟁이 발생할 때 인민법원 혹은 중재기관은 피보험자와 보험수익자에게 유리하게 해석하여야 한다고 규정한다. 보험계약의 해석권한은 인민법원과 중재기관이 행사하여야 한다.

보험계약당사자는 보험자와 보험계약자, 피보험자, 보험수익자 사이에 보험계약내용에 대하여 분쟁이 있는 경우 ≪보험법≫과 ≪계약법≫의 규정에 근거하여 아래의 원칙에 따라 해석을 해야 한다.

1) 불이익해석의 원칙 : 이는 보험계약 당사자가 보험계약의 조항내용에 논쟁이 발생할 때 보험계약의 조항과 문자의 함의 내용에 대하여 보험자에게 불리한 해석을 해야 한다는 것이다. 왜냐하면 첫째, 보험계약은 이미 정형화된 부합계약으로, 그 내용은 보험자가 사전에 작성한

것이고 보험계약자는 보험청약 시 보험자가 이미 만들어놓은 약관에 청약 혹은 거절의 선택 밖에는 할 수 없고, 아주 최소한의 부분에 대하여만 보험계약자, 피보험자의 의사를 반영할 수 있을 뿐이다. 둘째, 보험산업의 발전으로 보험계약의 정형화는 보험계약에 사용하는 용어를 전문화하였고, 보험계약자는 보험지식에 대하여 이해가 부족하여 객관적으로 보험자가 유리한 지위에 처하게 된다. 따라서 피보험자와 보험수익자의 기본적 이익을 보호하기 위하여 각국은 입법을 통하여 모두 불이익해석의 원칙을 확립했다. 보험계약에 논쟁이 발생한 조항 내용에 대하여 보험자에게 불이익하게 해석하는 것은 다시 말하면 보험계약자, 피보험자 혹은 보험수익자에게 유리한 해석을 해야 한다는 것이다. 하지만 불이익해석 원칙의 적용범위도 한계가 있는데, 계약의 문자와 함의에 다른 의견이 있거나 의미가 정확하지 않을 때 계약의 정확한 내용을 확정하기 위해 사용하여야 한다는 것이다.

2) 문의 해석의 원칙 : 이는 계약 조항의 내용에 사용한 문자와 표현방식에 근거하여 보험계약의 내용을 상세하게 설명해야 한다는 것이다. 문의해석을 할 때 우선 보험계약 조항에 사용한 단어에 대해 상세하게 설명을 하고, 해석은 보험계약 조항에 사용한 단어의 문자적 의미의 가능범위 내에서 해야 한다. 문의해석을 할 때 우선 보험계약이 사용한 단어의 함의에 대해 해석을 해야 하고 전문용어에 속하는 것은 모든 조항의 내용을 확정하기 위하여 정확한 해석을 해야 한다. 정형보험계약 중 보험약관의 조문은 통일적으로 인쇄된 것이고 보험계약자별로 다른 요구를 만족시키기 위하여 보험증권상에 주해를 다는 형식으로 계약조항을 추가하거나 혹은 계약조항을 변경 할 수 있다. 주해는 손으로 쓰는 방법, 타이핑과 인쇄 등 방식으로 진행 할 수 있고, 보험증권의 본문에 작성하거나 보험증권에 첨부하는 문서로 할 수도 있다. 주해의 내용이 서로 다를 경우의 효력에 관하여 보험관행에 근

거하여 보험계약 조항 전후의 모순이 있는 경우에는 뒤에 부기한 주해가 인쇄의 주해보다 우선하고, 첨부한 주해는 본문의 주해보다 우선한다. 문의 해석을 할 때에는 효력 우선의 원칙에 따라 해석하여야 한다.

3) 의도해석의 원칙 : 이는 보험계약조항의 의미가 불확실하고 사용한 용어가 혼란하여 다른 해석이 생길 때 당사자가 보험계약을 체결할 당시의 의도가 무엇이었는가에 따라 보험계약 조항을 해석하여야 한다는 원칙이다. 의도해석을 진행할 때는 보험계약의 문자, 계약 체결 시의 배경 등 객관적인 정황에 대한 분석을 거쳐, 당사자가 계약을 체결한 목적을 신중히 발견하고 보험계약의 내용에 대해 정확한 해석을 해야 한다. 보험계약에 대하여 의도해석을 할 때 일정한 범위 내에서만 적용해야 한다. 만약 보험계약의 단어가 정확하면 문의해석을 할 수밖에 없으며, 의도해석을 핑계로 임의로 추측하여 당사자의 최초의 희망을 왜곡되게 해석해서는 안 된다.

4) 보충해석의 원칙 : 이는 보험약관의 흠결에 대하여 일정한 규범적 원칙에 근거하여 보충적으로 해석한다는 원칙이다. 보험계약의 보충설명은 주로 계약조항에 흠결이 있거나 혹은 불완전한 상황 하에서 부족한 내용을 보충하고 그 내용을 보다 정확하고 완전하게 하기 위하여 인정된다. 보충해석을 할 경우에는 반드시 일정한 규범적 원칙에 근거하여야 하며, 아무런 근거 없이 해석해서는 안 된다. 보험관례에 따라 보충해석시 근거로 사용하는 규범적 원칙은 첫째, 법률이 규정한 강제성과 임의성 규범, 둘째, 법률의 규정이 없는 경우 통상적인 상업관행, 국제관습 및 형평의 원칙을 말한다.

1. 사건의 개요

1999년 3월 10일 최모는 모 생명보험회사의 대리인을 통하여 모 생명보험회사에 보험금액 2만 위안의 강태생명보험에 가입했다. 법정 상속인을 보험수익자로 정하고, 보험료는 연납으로 분할납부하기로 하고, 최초 보험료를 납입하였다. 같은 해 9월 최모는 몸이 안 좋아서 병원에 가서 검사한 결과 간암이라는 확진을 받았다. 최모는 이 검사결과를 모 생명보험 대리인에게 통지하고 대리인은 전화로 보험회사에 통지를 하였으나, 보험회사는 보상청구를 처리하지 않았다. 최모도 보험회사에 서면으로 보상신청을 하지는 않았다. 2000년 3월 10일 보험회사는 최모가 지급한 두 번째 보험료를 받았다. 2000년 4월 18일 최모는 간암으로 사망하였다. 보험수익자는 보험회사에 사망 보험금 4만 위안을 지불할 것을 신청했다.

강태생명보험약관 제2조 제1항은 피보험자가 보험증권이 효력을 발생한 후 1년 이내에 악성종양이 발생하면 보험자는 보험금액의 10%를 중대질병보험금으로 지급하고, 보험료를 환불한 다음 보험계약은 종료된다고 규정하고 있다. 제2조 제2항은 피보험자가 보험증권이 효력이 발생하고 1년이 경과한 이후에 사망하면 중대질병보험금을 지급받지 않은 사람에게는 보험자는 보험금액의 2배를 사망보험금으로 지급한다고 규정하였다. 제1항의 규정에 근거하여 최모는 보험증권이 효력을 발생한 후 6개월 때 간암으로 진단을 받았으므로, 보험회사는 보험수익자에게 중대질병보험금을 지급하고 보험료 환급금을 합하여 모두 5,088위안을 지급할 것을 결정했다. 보험수익자는 불복하면서 당지 법원에 고소를 제기했다.

보험수익자의 고소이유는 보험약관 제2조 제2항의 규정에 의하면 피보험자가 보험증권이 효과가 발생하고 1년 후에 사망하면 중대질병보험금을 받지 않은 사람은 보험금액의 2배를 사망보험금으로 지불한다고 했기 때문이다. 최모는 보험증권이 효과가 발생한 날로부터 1년이 경과하여 병으로 사망하였으며, 중대질병보험금을 받지 않았으며,

최모가 병을 앓을 때 이미 보험회사에 통지했고 보험회사가 보상절차를 진행하지 않고 계속해서 제2차 보험료를 받았다. 따라서 보험회사는 마땅히 사망보험금 4만 위안을 지불해야 한다고 주장하였다.

법원은 심리를 거쳐 보험약관 제2조 제2항의 내용에 근거하여 이 조항은 이미 여러 가지 원인으로 보험증권이 효과가 발생 후 1년 내에 악성종양에 걸렸으나, 중대질병보험금을 받지 않은 상황을 충분히 고려했다. 원고의 해석은 이 조항의 통상적인 해석에 부합된다. 또한 원고가 보험증권이 효과가 발생 후 1년 내에 악성 종양에 걸렸다는 사실을 이미 보험회사의 대리인에게 통지를 하였고 피보험자가 중대질병보험금을 받지 못한 것은 보험회사가 보상청구를 해결하지 않았기 때문으로, 이에 대한 잘못은 보험회사에 있다고 했다. 따라서 보험회사는 원고에게 사망보험금 4만 위안을 지불해야 한다고 판결했다.

2. 쟁점사항

본 사건에 대하여 분석을 할 때 마땅히 아래의 문제에 중점을 두어야 한다. 첫째는 보험약관의 이해에 논쟁이 존재하는가? 둘째는 보험약관 제2조 제1항과 제2항은 어떻게 적용되는가? 셋째는 피보험자가 병원에서 간암이라는 진단을 받은 후 보험회사 대리인에게 알렸고 대리인은 또 보험회사에 알렸는데 보험회사가 보상청구를 해결하지 않고 두 번째 보험료를 받은 보험회사의 행위는 보험회사의 기권에 해당하는가?

3. 법률규정

1) **≪보험법≫제31조** 보험계약의 조항에 과하여 보험자와 보험계

약자, 피보험자 혹은 보험수익자사이에 논쟁이 발생할 때 인민법원 혹은 중재기구는 마땅히 피보험자와 보험수익자에 유리한 해석을 해야 한다.

2) **《계약법》제41조** 정형조항의 이해에 논쟁이 발생할 때에는 통상적인 이해로 해석을 해야 한다. 정형조항에 두 가지 이상의 해석이 가능할 때는 마땅히 정형조항을 제공한 당사자에게 불리하게 해석하여야 한다. 정형조항과 비정형조항이 불일치할 때에는 비정형조항을 우선 적용해야 한다.

3) **《계약법》제125조** 당사자가 계약조항의 이해에 논쟁이 발생할 때 계약에 사용한 단어, 계약에 관련된 조항, 계약의 목적, 거래습관 및 신의성실의 원칙 등을 고려하여 당해 약관조항의 진실한 의사를 확정해야 한다.

계약 본문이 두 개 이상의 문자로 체결하고 약정하여 동등한 효력을 갖고 있을 때 각 문에 사용한 단어에 대해서는 동일한 의미로 추정한다. 각 문에 사용한 단어가 불일치하면 계약의 목적에 따라 해석을 해야 한다.

4) **중국보감회 《자동차량보험약관 중 "자연연소"의 해석에 관한 회신》**(2005년 6월 5일 반포)

강서성 길안시 중급인민법원 : 귀원에서 질의한 《차량보험약관 중 "자연연소"의 정의의 의미에 관한 질문》을 잘 받았음. 보감회는 1999년과 2000년 두 차례에 걸쳐 《자동차량보험약관》및 《자동차량보험약관해석》을 수정했다. 질의서가 보험계약 체결 시간을 명확히 하지 않았기에 2000년 버전의 회신을 아래와 같이 한다.

첫째 《자동차량보험약관 해석》에서 자연연소에 관한 정의는 "외부의 불씨가 없고 보험차량도 부딪치거나 전복된 상황이 없는 조건하에서 보험차량 자체에 기름이 새거나 전기, 배선, 유류 공급 장치, 차에

실은 화물 등 자연발생적인 원인으로 화재를 일으킨 것이다."라고 정의하고 있다. 따라서 자연연소는 단순하게 기름공급 장치에 고장이 발생하여 일어난 연소가 아니다.

둘째 발동기 배기관과 배기가스 파이프를 이은 곳에서 기름이 새고 차량의 고압기름 파이프가 파열하면서 기름이 새어나와 화재를 일으키는 것은 "기름을 공급하는 장치의 고장으로 불이 일어난 것"에 속한다.

셋째, 자연연소의 정의 중 "등"자는 앞의 문장의 "보험차량 자체에 기름이 새거나 전기, 배선, 유류 공급 장치, 차에 실은 화물" 네 가지 상황 외에 다른 내용이 없다.

5) **중국보감회 ≪자동차량보험약관 해석의 해석에 관한 질의≫** (2001년 9월 18일 반포)

북경보감협회 : 귀 협회에서 질의한 ≪중국 평안보험주식회사 북경지점이 요구한 차량보험약관의 해석에 관한 질의≫에 대하여 검토한 결과 다음과 같이 회답한다.

≪자동차량보험약관 해석≫(1996년 버전)은 중국인민은행이 제정하고 발표한 것이다. 제20조는 "피보험자가 보험차량을 수리하거나 교통사고처리로 사건이 끝난 때로부터 3개월 이내에 본 약관에서 규정한 각종 필요한 증서를 제공하지 않으면 스스로 권리를 포기한 것으로 한다."고 규정하고 있다. 이는 보험회사가 손해보상 과정 중 피보험자가 필요한 증명과 자료를 제출하여야 하는 기간에 대한 약정이다. 단지 이런 의무약정으로부터 보아도 이 조항은 1995년 10월 1일 ≪중화인민공화국계약법≫이 실시된 이후 정형조항에 대한 새로운 규정이다. 제40조 "정형조항을 제공하는 일방이 자신의 책임을 면제하거나 상대방의 책임을 가중함으로써 상대방의 주요한 권리를 제한하는 경우 이러한 조항이 무효하다." 새로운 법률의 요구에 적응하기 위하여 중국보감회는 2000년 ≪자동차량보험약관 해석≫을 개정할 때 최대선의와 공

평의 원칙에 근거하여 종전 약관 (1996년 버전) 제20조를 삭제하였다.

6) **중국보감회 ≪자동차량보험약관 해석≫제4조 제3항의 해석에 관한 회답≫**

중국인민보험회사 : 귀사가 제출한 ≪자동차량 보험약관 해석 제4조 제3항 해석을 진일보 명확하게 하기 위하여 관련된 문제의 청시≫에 대하여 검토한 결과 다음과 같이 회답한다.

보험차량이 운행 중 의외의 사고가 발생하면 차안의 승객이 차 밖으로 튕겨져 나가거나 땅에 떨어진 후 탑승하고 있었던 차량에 치여 사망에 이르는 상황에서, 탑승자책임보험의 책임범위에 속한다.

7) **중국보감회 ≪보험계약 분쟁문제의 해결에 관한 의견≫**

각 기관, 각 보감회, 구성조직 : 일상의 감독관리업무 중 보감회 및 파견기구는 보험계약분쟁을 다루는 사법재판기구에 종종 사람을 파견하여, 보험분쟁에 대한 구체적인 문제에 대한 자문과 청문을 행하며, 보험감독부분의 규범성 문건의 효력 및 기타 관련소송 사무에 부딪친다. 보험감독기구 기능을 더욱 명확히 하고 감독기구의 업무효율을 높이기 위하여 이러한 문제와 관련된 의견을 내놓았다.

첫째, 피보험자와 보험회사 사이의 보험계약 분쟁에 대하여 보감회 및 그 파견기구는 재정 책임을 지지 않으며 이것으로 인해 일어나 소송사건에 대하여 보감회는 보험회사의 적극성과 피보험자의 협의 해결을 독촉할 수 있다. 보험계약으로 일어난 소송, 중재 등 사법재판의 과정에 대하여 보감회는 기구를 파견하여 개입하지 않는다.

둘째, 보험계약 당사자의 구체적인 보험계약 분쟁의 문의 혹은 청시에 대하여 보감회 및 기타 파견 기구는 정식적인 답변을 하지 않으며 법원, 검찰서, 중재기구 등 사법기관의 사법 협조 요청 혹은 자문에 대해서는 보감회가 기구를 파견하여 합작을 한다.

셋째, 보감회가 제정한 기본 보험조항과 보험료율에 대하여 보험계약 당사자 혹은 법원 중재기구 등이 자문을 요청할 때 보감회는 관련된 업무부문이 해석과 답변을 해야 하고 보험회사가 제정하여 사용하는 보험약관 및 보험료율에 관해서는 보감회 및 그 파견기구는 해석책임을 지지 않는다.

넷째, 보감회 및 그 파견기구가 규칙을 제정하거나 기타 규범성문건을 제정할 때 피보험자와 보험회사 사이의 민사법률 관계구성에 대해 부당한 간섭을 하는 것을 피해야 하고 보험약관과 보험료율을 제정, 심사하고 준비할 때 마땅히 피보험자의 이익을 보호하는 것에서 출발해야 하고 공평과 신의성실의 원칙에 따라 감독을 행하여야 한다.

4. 학리분석

계약법상에서 계약 당사자 간에 계약약관의 내용에 대하여 분쟁이 발생할 때 이것을 계약의 문의 분쟁이라고 한다. 보험계약의 해석은 모든 보험약관에 대하여 해석을 하여 보험계약의 내용을 확정하는 것은 아니다. 당사자가 체결한 보험계약의 내용에 대하여 논쟁이 발생하지 않으면 마땅히 계약 자체에 사용한 문자(용어)로서 보험계약의 내용을 확인하여야 하며, 해석에 도움을 구하거나 해석을 통하여 계약의 내용을 확대 혹은 축소하여서는 안 된다. 보험계약에 사용한 문자와 용어에 대하여 다른 해석이 존재하거나 계약조항의 흠결이 있는 경우에만 법률규정에 따라서 법원 혹은 중재기관이 보험약관의 내용에 대하여 정확하고 합리적인 해석을 한다.

이 사건 중 강태생명보험의 보험약관 제2조 제1항은 피보험자가 보험증권이 효력을 발생한 후 1년 이내에 악성종양이 발견되면 보험자는 보험금액의 10%를 중대질병보험금으로 지급한 후 보험료를 환급하고 보험계약을 종료한다고 규정하고 있다. 한편 제2조 제2항에서는 피보험자가 보험증권이 효력을 발생한 날로부터 1년 경과 후에 사망하고 중대질병보험금을 수령하지 않은 사람에게는 보험자가 보험금액의 2배를 사망보험금으로 지급한다고 규정하였다. 최모의 보험금 지급청구에 대하여 보험자는 제1항에 근거하여 처리해야 한다고 주장하고, 보험수익자는 제2항으로 처리해야 한다고 생각한다. 이것은 분명히 보험약관의 문리 이해상의 분쟁이다. 따라서 법원은 본 사건에 대해 해석규칙을 적용하여 처리한 것은 정확한 것이다.

보험계약조항의 내용에 관한 법률적용 문제이다. 보험계약의 조항에 대해 보험자와 보험계약자, 피보험자 혹은 수혜자와 논쟁이 발생할 때 ≪보험법≫의 규정에 근거하여 인민법원 혹은 중재기관이 마땅히 피보험자와 보험수익자에게 유리한 해석을 해야 한다. 다음으로 ≪보험법≫에서 규정한 부합계약 해석원칙과 보통계약 해석 원칙도 인민법원 혹은 중재기구가 보험계약의 문의 분쟁처리의 법률적 근거가 될 수 있다.

이 사건 중 보험회사는 보험약관 제2조 제1항은 피보험자가 보험증권이 효과가 발생한 후 1년 이내에 약성종양이 발생하면 보험자는 보험금액의 10%를 중대질병 보험금으로 지급하고 보험료를 환불해주고 보험계약은 종료된다고 생각했다. 피보험자 최모는 보험증권이 효과가 발생한 후의 6개월째에 간암에 걸렸기에 마땅히 제1항에 따라 처리해야 된다고 했다. 비록 피보험자가 중대질병보험금을 받지 못했지만 보험사고가 이미 발생한데 기초하여 보험계약은 바로 종지되고 보험자는 사망보험금의 보험책임은 마땅히 종지 되여야 한다고 주장했다. 이에 대하여 필자는 이 주장은 성립되지 않는다고 본다. 비록 보험사고가 중대질병보험책임의 범위에 속하지만 보험계약의 종지는 보험사고가 발생하였다는 사실만으로 자동적으로 종지되지는 않는다. 이 사건 중 보험자는 중대질병보험금을 지급하지 않고 보험료를 환불하지도 않았기 때문에 보험계약의 종지조건을 충족시키지 못하였고, 결과적으로 보험계약은 종지되지 않았다.

보험수익자는 보험약관 제2조 제2항의 피보험자가 보험증권이 효과가 발생한 1년 후에 사망하면 중대질병보험금을 받지 않은 사람에게 보험자는 두 배의 보험금액을 사망보험금으로 지불한다는 규정에 따라야 된다고 생각했다. 최모는 보험증권의 효과가 발생하고 1년이 경과한 이후에 질병으로 사망하였고, 중대질병보험금을 받지 않았기에 보험금액의 2배에 해당하는 사망보험금을 받아야 한다고 주장했다. 이 주장에 대하여 법원은 심리를 거쳐 보험약관 제2조 제2항의 내용에 근거하여 이미 여러 가지 원인으로 보험증권이 효과가 발생 후 1년 내에 악성종양에 걸렸지만 중대질병보험금을 받지 못하는 상황을 충분하게 고려했다. 법원은 이 조항에 대한 원고의 해석은 통상적인 해석에 부합한다고 판시하였다. 이 사건 중 보험약관 제2조 제1항과 제2항의 규정에 대해 분석해보면, 제2항의 규정은 제1항의 규정을 적용함으로 인하여 발생하는 특별상황에 대해 완전히 배제하지 않았기 때문에 피보험자가 중대질병보험금을 수령하지 않았다는 사실과 보험계약이 아직 종료되지 않았다는 두 가지 조건을 동시에 구비하였다는 점에 기초하여 제2항에 따라 최모의 사망보험금 문제를 처리한 법원의 판결은 정확한 것이었다고 생각한다.

여기서 마땅히 지적해야 할 것은 보험회사의 주장에 근거하여, 이 보험약관조항은 다음과 같이 개정하여야 한다. 즉, 제1항에서 피보험자가 보험증권이 효력을 발생한 날로부터 1년 이내에 악성종양이 발생하면 보험자는 보험금액의 10%를 중대질병보험금으로 지급하고, 보험료를 환불한 후 보험계약은 종지된다. 그리고 제2항에서 "'전항의 규정 이외에' 피보험자가 보험증권이 효력을 발생한 날로부터 1년이 경과한 이후에 사망한 경우 중대질병보험금을 받지 않은 사람에게 보험자는 보험금액의 2배에 해당하는 사망보험금을 지급한다."고 규정한다면 다른 의미의 발생가능성은 없어진다는 점이다.

피보험자가 병원에서 간암이라는 진단을 받은 후 보험회사 대리인에게 통지하였고, 대리인은 또 보험회사에 알렸음에도 불구하고 보험회사가 보상절차를 진행하지 않은 채 제2회 보험료를 수령한 것은 보험회사의 기권에 해당한다고 볼 수 있는가? 필자는 보험회사가 보험사고가 이미 발생한 것을 알면서도 적극적으로 보상청구를 해결하고 보험료를 환불해주어서 보험계약을 종료시키지 않고 제2회 보험료를 받은 것은 피보험자로 하여금 보험회사가 계속해서 보험계약을 이행할 것임을 완전히 믿게 하였다. 따라서 보험회사의 상술한 행위는 이미 기권으로 보아야 하며, 결국 보험회사는 이에 따라 사망보험금의 지급책임을 부담하여야만 하는 것이다.

5. 연습문제

조여사는 1995년 6월 23일 모 보험회사와 "종합개인상해보험계약"을 체결했는데 그 중에는 "입원일당 현금 및 수술비보장 부가 특약"이 포함되어 있었다. 이 계약은 보험증권의 효력 발생, 종지, 보상금의 계산과 지급, 손해보상사항, 보장하지 않는 범위 등에 대해 명확한 약정을 하고 보험기간을 1년으로 약정했다. 특약조항은 임신, 유산 혹은 분만 등을 원인으로 일어난 질병은 보험자의 담보범위에 속하지 않는다고 기재되어 있었다. 조여사는 보험료 102위안을 납부했다. 1996년 6월 24일 조여사는 계속해서 1년을 기간으로 보험계약을 갱신가입하고 보험료 102위안을 냈다. 같은 해 11월 4일 조여사는 갑자기 복통이 심해서 동료에 의해 시립병원에 후송되었다. 병원의 진단은 "자궁외 임신으로 심한 출혈을 일으켰다."고 하고 수술치료를 실시했다. 21일 조여사는 병이 나아서 퇴원하고 의료비로 5,502위안을 지불하였다. 그 후 조여사는 "입원일당 현금 및 수술비보장 부가 특약"에 근거하여 보험회사에게 의료비 1,716위안의 지급을 청구했다. 보험회사는 조여사가 입원한 것이 자궁외임신으로 인한 것이며, 임신은 보험의 담보범위에 속하지 않는다는 이유로 보상을 거절하는 통지서를 보냈다. 조여사는 보험약관 중 자궁외임신이 보상을 면제하는 사유라는 규정이 없으며 자궁외임신은 임신에 속하지 않으므로 인민법원에 고소를 제기했다.

[문] 1. 자궁외 임신은 임신에 속하는가?

2. 보험회사가 보험책임을 부담해야 하는가? 그 이유는?

제 19 절 보험금의 보상과 지급

보험자가 보험계약에서 약정한 보험사고에 대한 위험담보책임(즉 손실보상책임)과 보험계약에서 약정한 지급조건이 성립될 때 부담해야 할 보험금지급책임을 포괄하여 보험자의 보험책임이라고 한다.

1) 보험책임의 한계 : 보험자가 부담하는 보험책임은 법정한도와 약정한도에 따른 최고금액을 한도로 한다.

(1) 보험가액 : 이는 보험목적의 가치에 대한 경제적 평가액을 말한다. 손실보상을 특징으로 하는 재산보험에서 보험자의 보험책임은 보험목적의 가치를 최고한도액으로 하고 이를 초과한 부분은 무효이다. 보험계약에서 보험가액을 확정한 보험을 기평가보험(가액확정보험)이라고 하는데, 보험가액은 계약에서 약정한 것을 원칙으로 한다. 보험계약 체결 시 보험가액에 대한 약정이 없는 경우를 미평가보험(가액불확정보험)이라고 하고 보험목적의 보험가액은 보험사고가 발생할 때와 곳의 보험목적의 실제 가치로 확정한다.

(2) 보험금액 : 이는 보험계약에서 보험자가 인수하기로 약정한 금액을 말한다. 보험금액은 보험자가 보험금을 지불하는 최고한도액이다. 보험계약에서 약정한 보험금액과 보험가액이 일치하는가를 기준으로 보험계약을 전부보험, 일부보험과 초과액보험으로 나눈다. 하지만 중국≪보험법≫은 초과액보험을 금지하고 보험금액이 보험가액을 초과하면 초과한 부분은 무효로 하고 있다. 보험계약에서 약정한 보험금액이 없으면 보험자는 보험가액의 범위 내에서 보험금을 지급한다. 인보험에서 피보험자의 생명에 대한 가치를 확정할 수 없기 때문에 인보험계약은 모두 보험금액을 약정하고, 보험자가 지불할 보험금의 최고한도로 정하고 있다.

(3) 면책금액 : 이는 보험계약에서 보험자가 담보손실에 대하여 보험금을 지급하지 않기로 약정한 일정한 금액을 말한다. 피보험자와 보험자가 담보위험에 대한 손실을 분담하도록 함에 목적이 있다.

2) 보험책임상의 손실보상범위 : 보험자가 보험금을 지급하는 것은 법률의 규정이나 계약에서 약정한 보상책임 혹은 지급책임에만 한정한다. 실손보상적 성격을 갖고 있는 보험계약에 있어서 보상금액은 보험목적에 실제 발생한 손실의 전보를 한도로 하여야 하며, 그렇지 않으면 피보험자가 부당하게 이익을 얻게 되어 보험자의 이익에 손해가 발생할 수 있다. 중국≪보험법≫은 보험자가 부담하는 손실보상의 범위에 대하여 명확한 규정을 두고 있다.

첫째, 보험목적이 입은 실제 손실. 보험자는 보험목적이 받은 손실에 대하여 보상책임은 부담하여야 하며, 보험목적에 발생한 실제 손실액을 보험금액을 초과하지 않는 범위 내에서 지급하여야 하고, 손실을 입지 않는 부분에 대하여는 보상하지 않는다.

둘째, 구조비용. 이는 피보험자가 보험목적을 구조하기 위하여 지급한 비용으로, 보험자는 보험사고가 발생한 경우 피보험자가 재산의 구조 혹은 손해증가의 방지를 위하여 필요한 조치를 사용함으로써 발생된 손실액, 보험목적의 구조, 보호, 정리를 위하여 지출한 합리적인 비용을 보상하여야 한다. 중국≪보험법≫은 보험자가 보상하여야 하는 구조비용은 보험목적의 손실보상금액과는 별도로 계산하여야 하며, 보험금액을 초과할 수는 없다고 규정하고 있다. 인보험의 경우 긴급의료비용은 구조비용의 범위에 속하지 않는다.

셋째, 중재·소송비용과 기타 합리적인 비용. 책임보험의 피보험자가 제3자에게 보험사고를 야기하여 중재나 소송을 받았을 때 계약에서 다른 약정이 있는 경우를 제외하고 피보험자가 지출한 중재 혹은 소송비용 및 기타 필요한 합리적인 비용은 중국≪보험법≫에 따라 보험자가 보상하여야 한다. 보험자, 피보험자가 보험사고의 성질, 원인과 보험목적의 손실정도를 조사하기 위하여 지불한 필요하고 합리적인 비용은 보험자가 부담하여야 한다.

3) 보험금의 지급기한 : 이것은 보험자가 보상책임과 보험금지급책임을 이행하여야 하는 기한을 말한다. 보험금의 지급기한은 당사자가 결정할 수도 있고 약정이 없는 경우 법정 기한을 적용한다. 중국≪보험법≫은 법정기한을 아래와 같이 규정하였다. 첫째, 보험자가 피보험자 혹은 보험수익자의 보상 혹은 보험금 지급의 요구를 받은 후 지체없이 지급보험금을 산정하여야 하고 보험책임 범위에 속하는 것에 대해서는 보험자가 피보험자 혹은 보험수익자와 보상 혹은 보험금 지급금액에 관하여 협의한 날로부터 10일 이내에 보험금지급의무를 이행해야 한다. 보험계약에서 보험금액 및 보상 혹은 지급기한에 대하여 약정을 한 경우에는 보험자는 약정에 따라 보상 혹은 지불의무를 이행해야 한다. 보험자가 전술한 규정에 따른 의무를 이행하지 않을 경우 지급해야 할 보험금 외에 피보험자 혹은 보험수익자가 이로 인하여 받은 손실을 보상하여야 한다. 둘째, 보험자가 보상 혹은 보험금 지급의

청구와 관련된 증명, 자료를 받은 날부터 60일 이내에 보상 혹은 보험금 지급의 액수를 확정 할 수 없는 경우에는 이미 알고 있는 증명과 자료로 확정한 최저액수를 우선 지급해야 한다. 최종적으로 보상 혹은 보험금 지급액수가 확정된 경우에는 보험자는 상응한 차액을 지불해야 한다. 보험금지급기한을 위반한 효과로서 보험자는 채무불이행책임을 부담하여야 한다.

4) 보험금지급청구권의 소멸시효 : 이는 피보험자 혹은 보험수익자가 보험자에게 보험금지급청구권을 행사할 수 있는 시효기간을 말한다. 중국≪보험법≫은 비생명보험 즉, 인보험이외의 기타보험에 대하여 보험금청구권은 피보험자와 보험수익자가 보험사고 발생을 안 날로부터 2년 이내에 행사하지 않으면 시효로 소멸한다고 규정하고 있다. 인보험의 피보험자 또는 보험수익자는 보험자에 대하여 보상 혹은 보험금지급청구를 할 수 있는 권리가 보험사고발생을 안 날로부터 5년간 행사하지 않으면 시효로 소멸한다.

5) 보험자의 대위권(상세한 것은 대위권조항을 참조) : 재산보험중 제3자로 인하여 보험목적에 손실을 야기하는 보험사고가 발생한 경우 보험자는 피보험자에 대하여 보험보상을 지급한 날로부터 지급보험금의 범위 내에서 제3자에 대하여 피보험자를 대위하여 손해배상의 청구를 할 권리를 취득한다. 하지만 인보험의 경우 인보험의 피보험자가 제3자의 행위로 인해 사망, 상해 혹은 질병 등 보험사고가 발생한 때에도 보험자는 피보험자 혹은 보험수익자에게 보험금을 지급한 후 제3자에게 대위할 권리가 없다.

1. 사건의 개요

1993년 12월 29일 길림 홍풍회사는 탠진 소재 모회사의 보세 창고에서 2만 달러의 면세로 중고 자동차 한 대를 구매하고 차량등록을 마친 후 바로 평안회사 탠진지점에 차량손실위험보험에 가입했다. 보험회사는 보험승낙을 하고 자동차량보험증권을 발급했다. 보험증권에는 보험차량의 가액 30만 위안에 따라 보험금액을 30만 위안, 보험기간은 1993년 12월 29일부터 1994년 1월 4일까지, 운행구역을 탠진시 탕구구에서 하북성, 요닝성, 길림성까지로 특별 약정이 있었다. 수입차량판매부문의 인정을 거쳐 이 차는 국내 새 차 구매가격은 60만 위안 이상이라고 했다.

1993년 12월 30일 보험차량이 요닝성 딴춘도로 111키로미터 200미터를 지난 지점 빙판 길에서 커브를 돌면서 브레이크로 감속을 하면서 자전거를 피하려고 할 때 차의 속도가 비교적 빠르고 응급조치가 불가능하여 차량이 충돌하면서 길옆의 호수 밑으로 빠져 차량의 부분손실이 일어났다. 차량 검사 후 홍풍회사는 교통경찰서와 보험회사에 신고를 했다. 교통경찰은 기사에게 사고의 책임이 있다고 인정했다. 보험회사 직원이 현장에 도착한 후 차량을 탠진으로 가져가서 수리하기로 결정하고 홍풍회사가 구조비와 견입비 5,152위안을 먼저 지급하였다. 정비공장, 보험회사, 홍풍회사 3자가 협상한 결과 수리비가 22만 5천 위안인데 그 중에서 부속품 18만 위안은 보험회사가 국외로부터 수입하기로 했다. 부속품 제공이 연기되면서 수리기간은 3개월까지 연기되었고 실제 수리비용은 부속품 23만 위안을 포함하여 모두 294,099.89위안이 되었다. 홍풍회사는 보험회사와 협의를 달성하지 못하자 법원에 제소했다. 홍풍회사는 보험차량은 재취득가격으로 보험금액을 정하기에 보험회사는 마땅히 홍풍회사가 이미 지불한 전부의 수리비용과 이미 지불한 경비, 구조비와 차량 렌트비 등을 포함하여 3만 위안을 모두 지불해야 한다고 주장했다. 보험회사는 답변하기를 보험차량의 재취득가치는 대략 60만 위안인데 피보험자는 30만 위안만 부보했기에 이것은 일부 보험에 속한다. ≪자동차량보험약관≫에 의하면 보험가입 시 보험금액이 재취득가격보다 낮은 경우에는 보험금액과 재취득가액의 비율에 따라 보상하게 되어있다. 피보험자가 전부 보상을 요구하는 것은 보험금이 이미 보험금액과 재취득가액과 같기 때문으로, 위험한 상황이 나타난 차량을 회수할 것을 요구하는 것이었다.

허핑구 법원은 심리를 거쳐 쌍방이 체결한 보험계약은 유효하다고 인정했다. 계약에서 정한 보험차량의 재취득가치는 쌍방이 협의로 정한 것이다. 보험차량이 위험한 상황을 벗어난 후 피고는 마땅히 확정된 손실에 대해 보상을 해야 하고 원고가 보험차량이 위험에서 벗어난 후의 구조비와 경비손실에 대하여 부담해야하고 원고가 요구한 기타 손실은 증거가 부족하여 법원이 지지 하지 않는다. 보험회사는 수리비용 284,099.89위안을 부담해야 하고 원고에게 구조비와 경비 5,152위안을 지불해야 한다. 상소인의 기타 요구는 기각했다.

보험회사는 불복하면서 탠진시 중급인민법원에 항소하였는데, 보험차량은 실제 거래가액에 따라 재취득가치를 다시 정하여 실제 재취득가치와 보험금액의 비율로 보상하여야 한다는 것이 항소이유였다.

2심 법원은 심리를 거쳐 1심이 컴퓨터 한 대를 교체하면서 든 수리비 1만 위안을 빠뜨려서 수리비가 모두 294,099.89위안이라고 했다. 수리를 담당한 회사는 수리비가 22.5만 위안으로 협의하고 항소인이 부속품 수입을 지체하고 있어 손실액이 7만 여원 확대되었으므로 이에 대하여는 당연히 항소인이 부담해야 한다. 보험차량의 재취득가치가 60만 위안 이상이고 보험자가 60만 위안이라고 확인을 요청한 것은 인정한다. 보험금액은 30만 위안이고 항소인은 실제 재취득가치와 보험금액의 비율로 수리비를 보상하겠다고 주장하는 것은 ≪자동차량보험약관≫의 규정에 부합되므로 이 또한 인정한다. 보험차량의 재취득가치는 시장참고가격이 없기에 30만 위안으로 약정한 것은 쌍방 당사자의 큰 오해이고 금액이 부족한 부분의 민사행위는 무효하지만 보험계약이 이 부분을 무효하게 만든 주요 책임은 항소인이 보험가입 시 이와 관련된 사항을 피항소인에게 설명하지 않고, 피항소인의 보험청약을 엄격하게 심사하지 않았기 때문이다. 2심 법원은 다음과 같은 조정안을 제시하였다. (1) 차량수리비는 모두 294,099.89위안인데 홍풍회사가 4만 위안을 부담하고 보험회사가 254,099.89위안을 부담한다. (2) 항소인은 피항소인에게 차량 정비 비용을 지불해야 한다. (3) 피항소인 홍풍회사가 지불한 경비와 구조비 5,152위안은 항소인이 지급한다. 이상의 두 가지 항목을 합쳐보면 피항소인은 항소인에게 34,848위안을 지급하여야 하고, 지체이자를 2배로 지급하여야 한다. 조정서가 송달된 후 쌍방당사자는 자동적으로 이행이 종료된다.[19]

2. 쟁점사항

본 사건은 보험자가 보험책임을 부담하는 금액의 산정과 관련하여 발생한 분쟁으로, 해결을 위하여 중점적으로 살펴볼 문제는 보험계약에서 보험가액과 보험금액이 보험사고가 발생한 후의 손실책임을 확정할 때의 어떤 관계가 있는가의 문제이다. 또한 보험가액 약정의 무효 인정 문제와도 연관이 있다.

3. 법률규정

1) **≪보험법≫제40조** 보험목적의 보험가액은 보험계약자와 보험자가 약정하고 계약서에 기재할 수도 있고 보험사고 발생 시의 보험목적

19) 史学瀛, 郭宏彬：≪保险法前沿问题案例研究≫, 中国经济出版社, 2001, 150-153页.

의 실제 가치에 근거하여 확정 할 수도 있다.

보험금액은 보험가액을 초과해서는 안 되고 보험가액을 초과한 부분은 무효하다.

보험금액이 보험가액보다 적은 경우 계약에 다른 약정이 있는 경우를 제외하고 보험자는 보험금액과 보험가액의 비율에 따라 보상책임을 감당한다.

2) **≪보험법≫제41조** 중복보험의 보험계약자는 중복보험에 관련된 정보를 각 보험자에게 알려야 한다.

중복보험의 보험금액이 보험가액을 초과하는 경우 각 보험자의 보상금액의 총액이 보험가액을 초과해서는 안 된다. 계약에 다른 약정이 있는 것 외에 각 보험자는 그 보험금액과 보험금액 총액의 비율에 따라 보상책임을 감당해야 한다.

3) **중국 보감회 ≪태원시 중급인민법원의 ≪보험법률≫문제의 자문에 관한 회신≫**

태원시 중급인민 법원 : 귀 원이 9월 27일에 보낸 보험 법률문제에 관한 내용을 검토하고 다음과 같이 회답한다.

첫째, ≪보험법≫제39조에서 보험목적의 가액은 두 가지 확정방식이 있는데 보험계약자와 보험자가 약정하고 계약서에 기재할 수도 있고 보험사고가 발생할 때의 위험목적의 실제 가치에 의해서 확정 할 수도 있다. 만약 보험계약자와 보험자가 보험계약 중에 보험목적의 보험가액을 약정하고 기재하면 위험이 발생한 경우 보험목적의 보험가액은 계약에서 정한 바에 따른다.

둘째, ≪보험법≫제23조 제4항은 보험금액은 보험자가 보상하거나 보험금지급책임을 부담하는 최고한도액을 말한다. 보험금액의 확정은 보험가액을 기초로 해야 한다. 만약 보험금액이 보험가액을 초과하면 ≪보험법≫제39조 제2항의 규정에 의해 초과된 부분은 무효가 된다.

셋째, 현재 중국의 ≪보험법≫에는 기평가보험에 대하여 명확한 규정이 없다. 기평가보험은 학리상의 개념으로서 보험계약자와 보험자가 보험계약 시 보험목적의 보험가액을 약정하고 이를 증권에 기재하여 보험사고가 발생한 경우 이 보험가액에 따라 확정된 보험금액을 보상하고 보험사고가 발생한 때의 실제가치는 고려하지 않는다는 것이다.

4) **중국보감회 ≪소멸시효기간에 관련된 문제에 대한 회답≫**

중국평안보험주식회사 : 귀 사가 보낸 ≪소멸시효기간에 관련된 문제에 관한 질의≫를 검토한 결과 다음과 같이 회신한다.

첫째, ≪보험법≫제26조 생명보험이외의 기타보험의 피보험자 혹은 보험수익자가 보험자에게 보험금의 지급을 청구할 수 있는 권리는 보험사고가 발생하였음을 안날로부터 2년 이내에 행사하지 않으면 소멸된다. 책임보험에서의 보험사고는 제3자가 피보험자에게 법률적 책임을 부담하는 것이다. 보험사고 발생한 날은 제3자가 피보험자에게 법률적 책임을 부담할 것을 청구한 날을 가리킨다.

둘째, ≪보험법≫시행 전에 작성된 것으로 현재 사용되고 있는 일부 보험약관중 소멸시효 기간에 관한 규정이 현행 ≪보험법≫제26조의 규정과 저촉되는 것이 있다. 이런 조항에 대하여는 명확하게 해결하여야 한다.

셋째, 귀 사가 보험약관을 제정할 경우, 당연히 ≪보험법≫제26조의 규정을 따라야 한다.

4. 학리분석

재산보험에서 보험자의 보험책임은 ≪보험법≫에서 규정한 것과 보험계약에서 정한 범위를 기초로 확정된다. 본 사건과 관련하여서는 보험가액과 보험금액의 관계가 문제되었다.

소위 보험가액은 보험목적의 경제적 가치를 말한다. 손실보상을 특징으로 하는 재산보험에서 보험자의 보험책임은 보험목적의 보험가액을 최고한도액으로 한다. 보험금액이란 보험계약에서 약정한 보험자의 승낙 금액이다. 보험금액은 보험자가 보험금을 지급하는 약정최고한도액이다. 중국≪보험법≫의 규정에 근거하여 보험가액과 보험금액의 관계는 다음과 같다.

우선 보험가액은 보험금액의 확정의 전제이다. 재산보험에서 보험목적의 가액은 보험자가 보험책임을 부담하는 법정최고한도액이다. 따라서 보험계약 중 보험금액의 약정은 보험가액을 초과해서는 안 된다. 보험금액이 보험가액을 초과하면 그 부분은 무효이다. 보험가액의 확정에는 두 가지 방식이 있는데, 하나는 보험계약에서 보험가액을 약정하는 방식이고 다른 하나는 보험계약에서 보험가액의 약정이 없으면 보험목적의 보험가액을 보험사고 발생 시의 보험목적의 실제 가치로서 확정하는 것이다.

다음으로 보험금액과 보험가액이 같을 때 보험자의 보상책임은 보험금액으로 확정한다. 보험계약에서 보험금액을 확정하면 금액확정보험이라고 하고 보험계약에서 보험금액을 약정하지 않았으면 금액불확정보험이라고 하며, 이 경우 보험자의 보상책임은 보험목적의 보험가액으로 확정한다. 보험자는 보험금액의 한도에 따라 보험금을 지급할 책임을 부담한다.

다음으로 보험금액이 보험가액보다 적을 때 보험금액과 보험가액의 비율은 보험자가 보상책임을 부담하는 계산의 근거가 된다. 보험계약에서 약정한 보험금액과 보험가액이 일치하는가의 여부에 따라 보험계약을 전부보험, 일부보험과 초과액보험으로 나눈다. 하지만 중국≪보험법≫은 초과액보험을 금지하고 보험금액이 보험가액을 초과하면 초과한 부분은 무효로 한다. 일부보험의 경우 ≪보험법≫의 규정에 따라 보험자는 보험금액과 보험가액의 비율에 따라 보상책임을 감당해야 한다.

마지막으로 중복보험의 경우 각 보험자는 그 보험금액과 보험금액 총액의 비율에 근거하여 보상책임을 감당해야 한다. 하지만 각 보험자의 지급보험금의 총액이 보험가액을 초과해서는 안된다.

본 사건 중 보험계약은 표면상으로는 등액보험(보험금액=보험가액)에 속하지만 보험차량의 실제 가치가 약정한 보험금액보다 현저하게 높으므로 보험회사는 보험가액이 보험금액보다 클 때 ≪보험법≫상 "보험금액이 보험가액보다 적은 것은 계약에 다른 약정이 있는 것 외에 보험자는 보험금액과 보험가액의 비율에 근거하여 보상책임을 부담한다."는 규정에 근거하여 손실보상액을 계산하려고 한다. 보험회사의 주장은 반드시 보험가액이 보험금액보다 크다는 전제하에서만 성립되지만 문제는 보험계약에서 보험가액을 약정했고 보험가액과 보험금액이 동일하다고 했다는 것이다. 따라서 1심 법원이 보험계약은 유효하며 보험회사는 실제발생한 수리비를 보상해주어야 한다고 했다. 그렇다면 2심 법원의 판결결과는 틀린 것인가? 결론은 아니다. 왜냐하면 2심 법원은 안건사실을 조사할 때 본 사건중의 보험차량의 보험가액은 국내에 같은 차량 가격이 없다는 전제하에서 보험계약자와 보험자가 보험가액을 추측하였기 때문에 보험자가 동일한 종류 차량의 실제 가격 증거를 제공한 후 2심 법원은 계약당사자 쌍방이 보험차량의 보험가액을 약정함에 있어 중요한 착오가 있다는 이유로 법률의 규정에 따라 보험계약에서 정한 보험차량의 보험가액 약정이 무효임을 확인하고 제3자가 산정한 60만 위안을 보험차량의 실제 보험가액으로 하였던 것이다. 따라서 2심 법원의 보험가액의 인정에 관한 판단은 정확한 것이다.

보험가액을 다시 확정한 상황에서 2심 법원은 쌍방 당사자의 이익을 공평하게 하게 위하여 수리비에 대하여 다시 한 번 확인했다. 2심 법원은 한편으로는 차량의 수리비의 형성원인에 근거하여 수리비의 분담을 다시 정하였고, 수리비가 모두 294,099.89위안이라고 했지만 수리회사, 홍풍회사와 보험회사 3자가 협의하여 수리비를 22.5만 위안으로 협상했다. 그 초과된 부분에 관해 2심 법원은 항소인이 부속품의 수입을 지체하여 손실을 7만 위안 정도 더 확대 시켰기 때문에 당연히 항소인이 이를 부담하여야 된다고 판시하였다. 다른 한편으로는 보험금액과 보험가액의 비율에 근거하여 수리비의 분담을 결정하였는데, 수리비를 22.5만 위안으로 확인하고 보험금액과 보험가액의 비율이 30만 위안 : 60만 위안 즉 1 : 2로 항소인과 피항소인이 각각 11.25만 위안을 부담해야 한다고 확인했다.

하지만 보험가액을 30만 위안이라고 정한 약정이 무효로 된 부분에 대하여, 계약법상의 계약무효가 만들어낸 손실은 과실이 있는 쪽이 부담하고 쌍방이 모두 과실이 있으면 과실에 따라 손실을 분담해야 한다는 규정에 따라 책임을 확정했다. 2심 법원이 보험회사가 보험계약자에게 보험가액과 관련된 사항을 설명하지 않고 보험청약서를 엄격하게 심사하지 않았다는 점을 들어 보험회사에게 보험가액의 약정이 무효로 된 주요 책임이 있다고 하여 피보험자가 부담하여야 할 11.25만 위안의 수리비를 2심 법원의 중재를 통해 홍풍회사가 4만 위안을 부담하고 나머지는 보험회사가 감당하기로 했다.

이것으로 알 수 있는바 2심 법원이 진행한 중재는 사건사실에 대해 충분히 인정하고 법률을 정확하게 사용한 전제하에서 당사자 쌍방이 협의에 달성하게 했다. 2심법원의 처리 결과상의 공평은 당사자가 스스로 협의 조정을 이행하였다는 점이다. 또한 지적해야 할 것은 보험금액과 보험가액의 관계는 손실보상보험인 재산보험에만 적용한다는 것이다. 인보험에서는 피보험자의 가치를 확정할 수 없기 때문에 보험가액을 확정할 수 없다. 따라서 보험자의 보험책임범위를 해결하기 위하여 인보험계약은 약정된 보험금액으로 보험자가 지급할 보험금의 최고한도로 확정한다.

5. 연습문제

1999년 10월 21일 장모는 자기를 위하여 보험금액이 3만 위안인 종신양로보험에 가입하면서 상해보험을 추가특약으로 하여 보험료 2,283위안을 지불하고, 보험수익자는 장모의 아들 유모로 했다. 1999년 10월 28일 피보험자 장모는 몸이 불편하여 711병원에 갔다가 위장에 병이 있다는 진단을 받았다. 11월 4일 유안병원으로 옮기어 치료를 받게 되었는데 췌장암 말기라는 진단을 받았다. 수술 치료 후 병세가 호전 되어서 퇴원수속을 했다. 2001년 2월 4일 장모는 병세가 악화되어 다시 711병원에서 치료를 하다가 같은 해 2월 7일 사망하였다. 2001년 4월 보험수익자 유모는 보험회사에게 보험금지급청구서와 함께 관련 증명과 자료를 제출하였다. 보험회사는 심사결과 사망증명서는 장모가 거주하고 있는 향진병원에서 발급한 것으로, 피보험자가 사망한 병원에서 발급한 사망증명이 있어야 한다며 보험금지급을 거절하였다. 2001년 7월 유모는 법원에 고소를 제기하여 보험회사가 보험금을 지불하고 보상을 지체한 것에 따른 책임도 부담해야 한다고 주장했다.

[문] 1. 보험회사는 보험금 지급을 지체한 책임을 부담하여야 하는가?

2. 이 사건은 어떻게 처리되어야 하는가?

제 2 장 재산보험계약

제 1 절 재산보험의 피보험이익

피보험이익이란 보험계약자나 피보험자가 보험목적에 대하여 법적으로 인정되는 이익을 가진다는 것을 의미한다. 구체적으로 말하면, 피보험이익은 보험계약자나 피보험자가 보험목적물에 대하여 향유하는 이익으로서 보험사고가 발생하지 않을 경우 보험계약자 혹은 피보험자가 보험목적물의 안전성 때문에 이익을 향유하는 반면, 보험사고가 생기면, 보험계약자나 피보험자는 보험목적물의 훼손으로 인하여 손해를 당하는 것으로 나타난다. 이러한 보험목적에 대한 손익이 피보험이익이다. 피보험이익은 재산보험의 피보험이익 및 인보험의 피보험이익으로 구분된다.

피보험이익의 원칙은 보험법에서 세 가지 방면에서 효용이 있다. 첫째, 도덕적 위험의 발생을 방지한다. 도덕적 위험이란 보험금을 편취하기 위해 위험(=보험사고)을 인위적으로 발생시키거나 손해를 확대하는 것이다. 피보험이익의 원칙을 확립하는 것은 도덕적 위험의 발생을 방지할 수 있다. 둘째, 도박행위의 존재 가능성을 제거한다. 셋째, 보상책임의 한도를 설정한다. 피보험이익은 보험자가 손실에 대해 보상할 최고한도액인데, 보험계약자가 보상하여야 한다고 주장하는 보상액은 피보험이익의 가치를 초과하면 안 된다.

재산보험의 피보험이익이란 보험계약자나 피보험자가 특정한 부보재산에 대하여 법적으로 가지는 이익이다. 재산보험의 피보험이익은 보험계약을 체결하는 당시에 존재해야 하고, 보험사고 발생으로 손해가 초래되는 경우에도 피보험이익이 존재하여야 한다. 만약, 그렇지 않다면, 보험 계약은 무효가 된다. 피보험이익은 재산보험에서 구체적인 표현형식이 주로 다음과 같다.

1) 현존이익 : 현존이익이란 보험계약자나 피보험자가 부보재산에 대해 향유하는 현존이익을 말한다. 이는 현존 재산의 소유권, 점유사용권, 용익물권 및 담보물권 등으로 인해 존재하는 이익을 포함한다.

2) 기대이익 : 기대이익이란 보험계약자나 피보험자가 재산에 대한 현존의 권리에 근거하여, 장래에 기대하는 이익이다.

3) 책임이익 : 책임이익이란 운송업자나 창고업자가 운송하거나 보관하는 물품에 대한 책임에 근거하여 형성되는 피보험이익이다.

4) 계약이익 : 계약이익이란 유효한 계약 약정에 근거하여 생기는 이익인데, 피보험이익의 한 종류이다.

대만 학자 계유(桂裕)에 의하면, 다음의 경우에 피보험이익이 발생한다. (1) 보험계약자나 피보험자가 특정 재산에 대해 법적인 권리를 가지는 경우 (2) 보험계약자나 피보험자가 특정 재산에 대해 실제적이고 합법적인 이익을 가지는 경우 (3) 보험계약자나 피보험자가 특정 재산에 대해 운송할 의무나 유치할 권리를 가지는 경우 (4) 보험계약자나 피보험자가 특정 재산의 현재의 점유자인 경우 (5) 보험계약자나 피보험자가 특정 재산에 대한 현존의 권리나 이익은 없지만, 법적 관계에 의거하여 특정 재산의 상실에 따라 법적인 권리가 상실되는 경우[20)]

중국≪보험법≫제12조는 보험계약자는 보험목적에 대해 피보험이익을 가져야 한다고 규정하는 반면, 피보험자가 보험목적에 대해 피보

---

20) 桂裕编著 : ≪保险法论≫, 台湾三民书局 1980, 67页.

험이익을 가져야 하는지 여부에 대한 규정이 없다. 이는 보험목적이 보험사고로 인하여 손실이 발생하는 경우에, 보험금지급청구권이 있는 피보험자가 보험목적에 대해 피보험이익이 없음에도 불구하고, 보험자에게 보험금지급을 청구하는 권리를 향유하게 되는 것으로 공평 타당하지 않다.

1. 사건의 개요

1996년 4월 6일에 홍콩 A회사는 모 보험회사에 재산보험청약서를 제출하여 심천에서 설립된 자(子)회사인 Z회사를 위해 재산보험 및 직원 임금과 임대료 간접 손실 보험에 가입했다. 보험금액이 1,404만 홍콩 달러였다. 보험회사는 다음 날 A회사에 보험 증권을 발급했다. 피보험자는 A회사이며, 보험금액, 보험료 등에 대하여 약정하였으며, 보험 기한이 1996년 4월 17일부터 1997년 4월 17일인 것으로 되었다. 1996년 5월 15일 A회사는 보험 회사에 보험료 전액인 219만 홍콩달러를 지급했다.

Z회사는 1989년 11월 13일에 설립된 외자 기업인데, 주식 전부가 홍콩 K회사의 소유로 되어있고, 상공 행정관리 기관에 이미 등록이 되었다. 1995년 5월 1일, K회사는 A회사와 협의를 했고, 소지하는 Z회사의 모든 주식을 A회사에 양도했으며, 중국 내 주주 권리 양도 절차에 대해 A회사가 책임을 진다고 약속했다. A회사는 1995년 11월 11일, 홍콩에서 상업 등록 수속을 했고 이는 성립이 되었다. A회사는 심천의 주관 기관에서 Z회사의 주주 권리 변경 허가와 등록 수속을 하지 않았다. 1995년말, Z회사는 휴업을 하고 몇 명의 직원을 공장을 지키도록 배치했다. 1996년 6월 4일, 심천시 라호(罗湖)구 법원은 유효 판결을 집행했으며, Z회사의 주요 시설을 경매한다고 결정했다.

1996년 6월 5일 새벽, Z회사 1층 공장 건물에서 화재가 발생했다. 소방관들이 현장에 도착했을 때 사람들이 화재를 진화하고 있었다. 소방서는 방화라고 판정을 내렸지만, 방화한 사람은 찾지 못했다. 현장에 있던 16대의 방적기들 중 8대가 화재로 소멸했다. 화재 발생 장소에는 자동 소방시설이 있었다. 화재가 발생한 후, A회사는 보험 회사에 367.5만 홍콩달러의 배상을 요구했다. 1997년 9월 2일, 보험회사는 A회사가 보험에 가입할 때, 고지 의무를 이행하지 않았다는 이유로 보험 계약을 해제하고, A회사에 보상거절 통지서를 발급했다.

A회사는 보험 회사 소재지의 법원에 고소했고, 보험회사가 보상금을 지불해야 한다고 요구했다.

법원은 심리를 통해, 보험 계약의 계약자는 A회사인데, 보험목적의 소유권은 Z회사가 가진다. A회사는 스스로 보험 재산에 대해 피보험이익을 소유했다는 것을 증명하기 위해 K회사와 체결했던 Z회사 주주의 권리를 모두 양도한다는 약정 및 Z회사 이사회 결의서 등을 증거로 제출했다. 그런데 A회사는 외자기업법의 규정에 따라 주주 권리 변경 허가와 등록 수속을 하지 않았다. Z회사의 상공 등록 자료는 보험 계약 분규가 생겼을 때까지 Z회사의 全주주 권리를 K회사가 소유하고 있는 것으로 나타났다. 따라서 법원의 의견에는, A회사와 K회사가 Z회사의 주주권리 양도에 대해 협의했고, K회사가 A회사에게 Z회사에 대한 실제 경영권을 양도하였지만, 법에 따라 주주 변경 허가와 등록 수속을 하지 않았기 때문에, 주식양도 행위는 무효이다. A회사는 Z회사의 재산에 대해 법적으로 인정되는 이익을 소유하지 않는다. ≪보험법≫제12조 (1995년 ≪보험법≫제11조) 제1, 2, 3항의 규정에 근거하여, 보험계약자는 보험목적에 대해 피보험이익을 가져야 한다. 보험계약자가 보험목적에 대해 피보험이익을 소유하지 않았을 경우에는 보험 계약이 무효이다. 피보험이익은 보험계약자가 보험목적에 대해 법적으로 인정되는 이익이다. 보험목적은 보험 대상으로서의 재산과 관련된 이익, 혹은 사람의 생명이나 신체이다. 법원은 다음과 같은 판결을 내렸다. (1) 보험계약은 무효이며, 보험회사는 보험책임이 없다. (2) A회사의 청구를 기각한다. (3) 보험회사는 A회사가 지불한 보험료를 반환하고 그 기간 동안의 이자를 지불한다.[21)]

2. 쟁점사항

이 사건에서는 보험계약자가 보험목적에 대해 피보험이익을 가지는지의 여부를 중점적으로 검토하여야 한다. 보험계약자가 보험목적에 대해 피보험이익을 가지지 않는 것을 증명하기만 하면 보험 계약이 무효화 될 수 있다. 그 다음에, A회사가 주식 양도계약 및 Z회사의 실제 경영권을 취득함에 따라 피보험이익을 취득하는지의 여부에 대해 검토해야 한다. 마지막으로, 만약 A회사가 Z회사의 주식을 합법적으로 취득한다면, A회사가 Z회사의 재산에 대해 피보험이익을 가지는지 여부에 주의해야 한다.

3. 법률규정

≪보험법≫제12조 보험계약자는 보험목적에 대해 피보험이익을 가져야 한다.

보험계약자가 보험목적에 대해 피보험이익을 가지지 않는다면 보험계약은 무효이다.

피보험이익은 보험계약자가 보험목적에 대해 법적으로 인정되는 이익이다.

---

21) 周玉华, ≪最新保险法法理精义与实例解析≫, 法律出版社. 2003. 46-50页.

보험목적은 보험 대상으로서의 재산과 관련된 이익, 혹은 사람의 생명이나 신체이다.

4. 학리분석

피보험이익은 보험계약자가 보험목적에 대해 법적으로 인정되는 이익이다. 재산보험에서 보험목적은 재산과 재산 이익이어서, 재산보험의 피보험이익은 각종 재산 관계의 반영이다.

이 사건에서는 A회사가 Z회사의 재산에 대해 피보험이익을 가지지 않아 보험계약이 무효하다는 법원의 결론은 타당하다. 그런데 계약법의 규정에 근거하여 살펴보면, 법원이 주식 양도 계약이 무효라는 결론에 이른 이유는 타당하지 않은 것 같다. 왜냐하면 A회사와 K회사가 체결했던 A회사에게 Z회사의 모든 주식을 양도한다는 계약은 당사자들의 의사의 합치에 의하여 이미 성립되었기 때문이다. 외자기업법의 관련 규정에 따라, 주식양도를 하려면, 허가와 등록 수속을 밟아야 한다. 그러나 A회사가 이러한 절차를 취하지 않았다고 하여, 주식양도계약이 무효로 되는 것이 아니라 효력의 발생을 정지시켜놓고 있는 계약이다. 따라서 주식양도 계약의 효력이 실제적으로 존재하지 않아서, A회사가 이 계약에 근거하여 취득하는 이익에는 보험에 가입했을 때 보험목적에 대한 피보험이익이 없다고 보는 것이 맞다.

게다가, 재산보험의 피보험이익은 보험계약자 및 특정 재산 사이의 어떤 이익을 포함해야 하느냐의 문제에 주의해야 한다. 일반적으로 말하면, 민법 물권, 채권에 따라 생기는 이익 관계는 피보험이익에 속한다. 그런데, 주주가 지주회사의 재산에 대해, 회사 이사가 회사 재산에 대해 피보험이익을 가지는지에 대한 여부의 문제에 대해서 이론적으로 일치된 결론을 내릴 수 없다. 대만 학자 계유(桂裕)에 의하면, 보험계약자나 피보험자가 특정 재산에 대해 현존의 권리나 이익이 없지만, 법적 관계에 근거하여, 법적으로 인정되는 권리가 재산의 손실에 따라 손실하기 때문에 피보험이익이 이루어진다. 그러므로 만약 회사의 재산이 손실된다면, 회사 주주와 이사의 권리(주로 경제적인 이익)도 실제적으로 손실된다. 필자의 생각에는, 주주가 지주 회사의 재산에 대해, 회사 이사가 회사 재산에 대해 피보험이익을 가진다. 이 사건 중에서, 법원의 판결에 근거하여, 이런 결론을 추정할 수 있다. 즉, 만약 주식 양도 계약이 유효하다면, 보험계약자는 지주 회사의 재산에 대해 피보험이익을 가진다. 따라서 이러한 판결은 더욱 큰 의의를 지니고 있다.

5. 연습문제

피보험자인 동방회사는 소유권이 있는 목재를 어느 목재 가공 공장에 넘겨주었으며, 목재 가공 공장의 주식을 전부 구입했고, 목재 가공 공장의 상공 변경 등록 수속을 했다. 목재 가공 공장은 목재 경비를 지불하지 않았다. 목재를 교부한 후에, 동방회사는 스스로의 명의를 이용하며 보험계약자로서 목재를 위해 모 재산보험회사에 화재 보험을 가입했다. 피보험자는 동방회사였다. 재산보험회사는 보험료를 받은 후에 담보를 정했다. 이 후에 화재 때문에 목재가 모두 훼손됐다. 동방회사는 재산보험 회사에 보상을 요구했는데, 재산보험 회사는 보험계약자가 목재에 대해 피보험이익을 가지지 않는다는 이유로 보상을 거부했다. 동방회사는 인민법원에 재산보험 회사를 고소했고, 보험 보상금을 지불해야 한다고 청구했다.

[문] 1. 목재 가공공장 주주로서의 동방회사는 목재에 대해 피보험이익을 가지는가?

2. 목재 가공공장 채권자로서의 동방회사는 목재에 대해 피보험이익을 가지는가?

제 2 절 부보재산 및 부보불가재산

재산보험에서 보험목적이란 보험계약자와 보험자가 협상을 통해 보험자가 보험보장을 하기로 약정한 확정적인 가치가 있는 재산을 말한다. 재산보험계약의 목적은 당사자들이 약정하고 선택하는 재산인데, 부동산이나 동산이 될 수도 있고, 재산과 상관있는 이익이 될 수도 있다. 하지만, 재산보험계약의 목적으로 구성되는 재산은 전부 유형재와 무체재산이 아니라, 특정한 조건에 부합되어야 하는 재산이다. 보험법에서 이것은 부보재산이라고 부른다. 부보재산의 범위에서만, 당사자는 재산보험계약의 목적을 약정할 수 있다. 재산보험계약의 목적이 되는 것이 금지되는 재산은 부보 불가 재산이라고 부른다.

부보재산이란 보험자가 담보를 동의하는 어떤 종류의 재산과 재산이익이다. 재산보험 계약 당사자는 부보재산의 범위에서만 재산보험계약의 목적을 약정할 수 있다. 부보재산의 범위는 보험계약자나 피보험자에 의해 피보험이익이 있는 재산이나 재산 이익으로 한정된다. 구체적으로 말하면, 부보 재산이 되는 것은 다음의 조건에 부합되어야 한다.

첫째, 부보재산은 화폐가치가 있는 재산이 되어야 한다. 재산보험계약의 기능은 손실을 보충하는 것이고, 보험자의 보험책임은 돈의 방식으로 보험사고 때문에 보험목적이 당하는 손실을 보충하는 것이다. 그래서 보험목적으로서의 부보재산은 화폐로 가치를 측정할 수 있는 재산이나 재산 이익이 되어야 한다.

둘째, 부보재산은 보험계약자나 피보험자에 의해 피보험이익이 있는 재산이 되어야 한다. 재산보험의 계약의 성립과 이행은 보험계약자나 피보험자 및 보험목적 사이에 피보험이익이 존재한다는 전제로 수행된다. 피보험이익 존재 여부는 보험계약 효력의 존재 여부에 직접적으로 연관되는 근본적인 요소이다.

셋째, 부보재산은 보험계약자가 합법적으로 소유하는 재산이나 재산이익이 되어야 한다. 재산보험계약이 보험계약자의 경제 안전을 위해 설립되는 보장이기 때문에, 피보험의 재산이나 재산이익이 보험계약자에 소유된다는 것을 요구한다. 이런 재산이나 재산이익은 다음의 것을 포함한다. (1)보험계약자가 소유하거나 다른 사람과 공유하는 재산; (2)보험계약자가 합법적으로 경영하고 관리하거나 다른 사람을 위해 보관하는 재산; (3)법률에서 보험계약자와 다른 이해관계가 있는 재산이익.

부보재산은 부보재산 및 특약 부보재산 두 가지로 나뉜다. 전자는 보험 계약이나 보험 조항에서 일반적으로 분명하게 열거되는 각종의 재산이나 재산이익이다. 후자는 보험계약자와 보험자가 협의를 통해 특정한 조건을 약정해야 한 후에, 보험자가 비로소 담보하는 어떤 특정한 재산이다.

부보불가재산이란 부보재산의 조건에 부합되지 않고, 보험자가 담보하지 않는 재산이나 재산이익이다. 부보불가재산이 된다는 원인은 주로 이런 재산에 대해 가치를 확정하지 못하거나 손실을 확정하기 불편하다는 것이다. 보험계약에서, 보험 조창은 보통 부보불가재산에 대해 명확하게 약정한다.

1. 사건의 개요

1996년 1월 9일, 베이징 만비(万碧)과학기술발전센터의 매니저 해모는 가격이 57,000위안인 베이징 2020형 짚차를 샀다. 그 날 11일, 어느 보험회사에 자동차 보험에 가입했다. 가입한 보험의 종류는 자동차 손해보험, 제3자 책임보험 및 부가 절도보험 세 가지가 있다. 보험료은 총 2,361위안이 지불됐다. 보험기한은 1996년 1월 12일 24시부터 1997년 1월 11일 24까지였다. 그 날 12일, 해모는 자동차 번호판을 신청하려고 자동차관리소에 가서 자동차 번호판 심사비준표를 받았다. 그 날 15일 아침, 해모는 피보험자동차를 도난당한다는 것을 발견했다.

자동차를 도난당한 후, 해모는 치안기관과 보험회사에 따로 따로 신고했으며, 보험회사에 배상을 요구했다. 보험회사의 의견에는 ≪자동차 보험약관≫제29조의 규정에 따라, '보험차량은 교통관리부문이 심사 발급하는 운항증과 번호판이 있어야 하고 검사를 통해 합격되어야 한다. 그렇지 않으면 보험 증서가 무효화된다.' 그래서 보험회사는 보험 차량이 검사 합격되지 않고 운항증과 번호판이 없다는 이유로 배상을 거부했다.

해모는 배상 거부의 결정에 불복하였고, 베이징시 해정(海淀)구 인민법원에 고소했다. 소송 이유는 보험회사는 보험계약자가 차량 번호판을 받지 않은 것을 확실히 아는 경우, 담보에 동의했고, 보험료를 받았으니 보험계약이 유효해야 하며, 보험회사 배상 거부가 성립되지 못한다는 것이다.

법원은 심사하여, 원고와 피고 양측이 약정했던 보험계약 중에서 '보험 차량은 교통관리부분 심사 발급하는 운항증과 번호판이 있어야 하고 검사 합격이 되어야 한다. 그렇지 않으면 본 보험 증서는 무효화된다.'는 보험 조항이 이미 보험 증서 뒷면에 배치되고 보험계약자에게 명확하게 알려주는데 보험 차량이 검사 합격되지 않고 운항증과 번호판을 받지 않는다고 인정했다. 따라서 법원은 보험 계약이 무효화되고 보험회사가 보험계약자에게 보험료와 이자를 되돌려 주어야 한다고 판결했다. 해모는 제1심의 판결에 불복했고, 베이징시 중급 인민법원에 상소했다. 제2심 법원은 제1심 법원이 인정한 사실이 분명하고 활용한 법률이 정확하다고 생각해서 상소를 기각했고, 제1심의 판결을 지지했다.

2. 쟁점사항

이 사건에 대한 분석과 처리 과정 중, 먼저 보험자의 보험 책임 범위에 대한 약정이 유효 여부를 확인해야 한다. 그 다음에, 보험 계약 중 보험 기한이 약정된다는 전제에, 보험목적의 조건을 보험계약 효력이 발생된다는 조건으로 약정한다는 행위는 약정적인 충돌을 초래하는가? 마지막으로, 보험자가 보험목적이 담보 조건에 부합되지 않는다는 것을 확실히 아는 경우에 담보하는 행위는 보험자가 기권하는 것으로 이루어지는가? 앞의 세 가지 문제를 해결하면 본 사건의 처리 결론을 잘 얻을 수 있다.

3. 법률규정

1) **≪보험법≫제12조** 보험계약자는 보험목적에 대해 피보험이익을 가져야 한다. 보험계약자는 보험목적에 대해 이익을 가지지 않는다면, 보험 계약이 무효화된다. 피보험이익은 보험계약자가 보험목적에 대해 법적으로 가지는 이익이다. 보험목적은 보험 대상으로서의 재산과 상관 이익 혹은 사람의 생명과 신체이다.

2) **≪보험법≫제36조** 피보험자는 소방, 안전, 생산조작, 노동보호 등의 방면에 대한 국가의 규정을 준수하고 보험목적의 안전을 보호해야 한다.

계약의 약정에 따라, 보험자는 보험목적의 안전 상황을 검사할 수 있고, 보험계약자, 피보험자에게 불안전 요소와 숨은 우환을 없앤다는 서면의 제안을 즉시 제출한다.

보험계약자, 피보험자가 약정에 따른 보험목적의 안전을 위한 책임을 이해하지 않는 경우, 보험자는 보험료를 늘리거나 계약을 해제한다고 요구하는 권리가 있다.

보험자는 보험목적의 안전을 보호하기 위해 피보험자의 동의를 받아서 안전 예방 조치를 채택할 수 있다.

3) **≪보험법≫제37조** 계약 유효기간 내에 보험목적의 위험 정도가 증가하다 는 경우 피보험자는 계약 약정에 따라 보험자에게 즉시 통지해야 하고, 보험자는 보험료를 늘리거나 계약을 해제한다고 요구하는 권리가 있다.

피보험자가 규정되는 통지의무를 이행하지 않는 경우 보험목적의 위험 정도가 증가하기 때문에 보험사고가 발생할 때 보험자는 배상 책임을 지지 않는다.

4) **≪보험법≫제38조** 다음의 상황 중의 하나가 있는 경우 계약에 따른 약정이 있는 것 외에, 보험자는 보험료를 인하해야 하고 상응의 보험료를 일률적으로 계산하여 되돌려 주어야 한다.

① 보험료율을 확정하는 근거로서의 상관 상황 변화에 따라 보험목적의 위험 정도도 뚜렷하게 간소화된다.

② 보험목적의 보험 가치가 뚜렷하게 간소화된다.

5) **≪보험법≫제50조** 책임 보험의 피보험자가 제3자에게 손해를 초래한다는 경우에 보험자는 법률의 규정이나 계약의 약정에 근거하여 제3자에게 보험금을 직접으로 배상한다.

책임 보험이란 피보험자가 제3자에게 법적으로 지어야 하는 배상책임을 보험목적으로 하는 보험이다.

4. 학리분석

이 사건 중에서, 베이징시 해정(海淀)구 인민 법원 및 베이징시 중급 인민 법원은 모두 보험조항 중 '보험목적인보험차량이 교통관리부문이 발급하는 운항증과 번호판이 있어야 되고, 검사 합격되어야 한다. 그렇지 않으면 본 보험은 무효화된다.'는 약정에 근거하여 본 사건에 대해 결론적인 의견을 내렸다. 그런데, 그 때 베이징시 인민 정부의 '자가용 차량 강제 보험'에 대한 규정에 따라, 새로운 차를 위해 번호판을 신청하려면 먼저 보험에 가입해야 한다. 그렇지 않으면 신청을 처리하지 않는다. 그러므로 보험계약자가 새로운 차를 산 후에 먼저 보험에 가입해야 하고 그 다음에 교통 관리 부문에서 차량 검사와 번호판 방출 수속을 할 수 있다는 경우가 생긴다. 이런 정책을 가지고, 보험자는 보험 조항의 약정에 따라, 보험계약자 보험에 가입했을 때부터 차량 번호판을 받을 때까지의 기간 내에 발생하는 보험사고에 대해 보험 증서가 무효하다고 주장하는 반면에, 보험사고 없는 보험계약자에 대해 보험계약의 효력을 유치하고 차량보험 기간에 계상한다. 보험회사의 이런 행위는 스스로의 이익을 보호한다는 입장에서 수행되고 보험계약자와 피보험자의 이익을 손해된다는 것과 같다. 제1심 및 제2심 법원이 보험회사의 주장을 지지하는 행위에 대해 토론할 필요가 있다. 필자는 토론하려고 다른 해결방안을 제출한다.

먼저, 이 사건 중에서 보험회사는 보험계약자의 차량 번호판 신청 수속을 하지 않는다는 것을 확실히 아는 경우 보험계약자와 보험계약을 맺었다. 보험계약 중에서 보험기간은 1996년 1월 12일 24시부터 1997년 1월 11일 24시까지 약정됐다. 즉, 보험계약은 맺은 날부터 효력이 발생했고, 유효기간은 1년이 되었다. 보험자의 계약 약정은 그 때 중국인민은행에 비준하는 ≪자동차 보험약관≫의 제29조 '보험차량은 교통관리부분 발급하는 운항증과 번호판이 있어야 되고, 검사 합격되어야 한다. 그렇지 않으면 보험 증서는 무효화된다.'는 규정과 모순이 된다. 이것은 보험 계약이 무효해지는 것이 당연지가 아닌가?

이 문제에 대해, 보험법 이론의 실권 규칙에 따른 인정의 결론은 법원의 판결 결과와 대립된다. 실권 규칙은 월권행위의 기반으로 하는 규칙이다. 보험자는 보험 조건을 위배하거나 다른 항변(抗辯)사유가 존재한다는 것을 확실히 알지만, 허위적인 의견을 나타내고 보험계약자나 피보험자를 보험계약이 유효하다고 믿게 하는데, 보험계약자나 피보험자가 보험계약에 문제가 있는 것을 모르는 경우에 실권 규칙은 적용된다. 보험자는 보험조건을 위배하거나 문제가 있다는 것을 모르는 경우에 실권규칙이 적용된다. 보험자는 보험 조건을 위배하거나 다른 항변(抗辯)사유가 존재한다는 이유를 가지고 보험계약을 해제하거나 보험계약이 무효하다고 주장하면 안 된다. 보험법 이론에서 보험자 실권이 이루어지는 공인된 조건은 다음과 같다. 첫째, 보험자는 한 중요한 사실에 대해 틀린 진술을 한다. 보험자는 보험계약을 맺는 것과 관련되는 중요한 사실에 대해 석이거나 다른 사람을 오해하게 하는 행위가 있으면 틀린 진술로 이루어진다. 둘째, 보험계약자나 피보험자는 그 진술에 합리적으로 기대고, 이 합리적인 의지는 보험계약자나 피보험자의 선의를 기반으로 설립되어진다. 셋째, 그 진술이 법적 효력이 없다면, 보험계약자나 피보험자의 이익은 손해가 이루어질 것이다. 넷째, 실권은 구두 증거 규칙에 적용되지 않는다.

실권 규칙에 따라, 이 사건 중에서 보험회사는 ≪자동차 보험약관≫에 '보험차량은 교통관리부문이 발급하는 운항증과 번호판이 있어야 되고, 검사 합격되어야 한다. 그렇지 않으면 본 보험증서는 무효화된다.'는 규정이 있다는 것을 알고, 보험계약자의 차량이 등록되지 않고 운항증과 번호판을 받지 않는다는 것을 확실히 아는 경우에, 보험계약자랑 보험계약을 맺을 때부터 효력이 발생하는 보험기한 조항을 체결했다. 이 행위는 보험계약자에게의 사기가 된다. 이런 경우에 보험계약이 무효하다고 인정한다면, 보험계약자나 피보험자의 이익은 분명히 손해된다. 그래서 본 사건에서 보험계약은 무효하다고 인정되면 안 되고, 보험회사는 보험 책임을 지어야 한다.

다른 각도에서 분석하면, 보험계약자는 차량을 위해 보험에 가입한다는 행위는 보험의 방식으로 차량의 손실에 대해 보험보장을 설립한다는 것이다. 보험자는 차량에 담보하는 행위는 차량의 손실에 대해 보험 책임을 진다는 것이다. 베이징시 인민정부 '자가용차량 강제보험'의 규정에 근거하여, 새로운 차를 구입한 후에 번호판을 신청하려면 먼저 보험에 가입해야 한다. 그렇지 않으면 처리하지 않는다. 이런 경우에, ≪자동차 보험약관≫ 규정에 따르면, 보험회사가 보험 가입된 차량을 담보로 한 후에, 보험 차량이 번호판을 받지 않기 때문에 보험계약이 무효화돼서 피보험자의 이익이 손해를 당한다는 것은 발생한다. 보험회사도 이런 모순을 의식해서 1998년부터 새로운 방책을 마련하였다. 즉, 보험계약자는 차량 번호판을 받은 후에, 보험 회사에 가서 보험 책임의 시작 시간을 변경할 수 있다. 보험계약자가 차량번호판을 받는 시간은 보험 책임의 시작 시간이 된다.

5. 연습문제

원고 : 당수덕

피고 : 중국인민보험회사 신양지점

원고 고소 : 1993년 8월 17일 피고인과 차량보험계약을 맺었다. 보험목적은 2.8수입 승용차였는데, 보험차량 가격이 30만 위안이었고, 보

험기간은 1년이었다. 1993년 10월 29일 밤 보험차량이 도난당했다. 공안 기관에 신고했지만, 조사결과가 없었다. 3달 후 보험증권을 가지고 피고인에게 보상을 요구했을 때 피고인이 거부하여, 법원에 판결을 신청한다.

피고 변론 : 원고는 그 보험차량에 대해 법적으로 인정된 재산권 자격을 가지지 않았다. 보험 차량은 폐기처분 차량인데, 거래되거나 소유권의 명의가 변경될 수 없었다. 원고는 진실한 상황을 숨기고 위법적으로 보험에 가입했다. 그래서 보험계약은 무효화되었고 보험회사는 보험책임을 지지 않았다.

법원의 심리처리결과 : 원고는 1993년 3월 14일 54000위안으로 신양 도로에서 2.8 수입 자동차 한 대를 샀는데, 중고차 매매시장을 통하지 않았고, 법에 따른 매매가 아니었다. 신양 도로는 1991년 하남성 교통청의 허가를 받았고, 이 차량을 폐기 신고했다. 원고는 차를 산 후에 엔진, 변속기, 차체를 바꿨고, 다시 라커로 페인트칠을 하였다. 엔진을 바꾼다는 행위는 차량관리기관에 등록되지 않았음을 의미한다. 1992년 3월 31일 원고는 피고에게 25만 위안의 보험금액으로 차량보험에 가입했다. 보험기간은 1년이었다. 피고는 수리했다. 1993년 8월 17일 원고는 다시 피고에게 보험금액 30만 위안으로 차량 보험에 가입했고, 보험료 4,400위안을 지불했다. 피고는 수리했다. 1993년10월 29일 밤 보험차량은 어떤 호텔에서 도난을 당했고 원고는 공안기관과 보험회사에 따로 따로 신고했다. 공안 기관의 조사결과는 나오지 않았다.

[문] 1. 폐기처분 차량은 차량 번호판과 운항증이 있는 경우 보험목적이 될 수 있는가?

2. 보험계약자는 중고차 매매 절차에 따르지 않으며 산 중고차에 대해 피보험이익을 가지는가?

3. 본 사건을 어떻게 처리해야 한다고 생각하는가?

제3절 보험목적의 위험의 증가와 피보험자 통지의무

보험목적이란 보험대상으로서의 재산과 상관 이익 혹은 사람의 생명과 신체이다. 보험목적은 재산과 상관이익(재산보험) 및 자연인의 생명(생명보험)을 포함하는데, 이것들은 보험사고의 발생이 손해하는 본체이다. 재산보험계약 중에서 보험목적의 안전 여부는 보험자에게 매우 중요하고, 동시에 보험계약 쌍방 당사자들의 권리와 의무 관계를 결정하기 때문에, 중국≪보험법≫제37조는 '계약유효기간 내에 보험목적의 위험 정도가 증가할 때 피보험자는 계약 약정에 따라 보험자에게 즉시 통지해야 하고 보험자는 보험료를 늘리거나 계약을 해제한다고 요구하는 권리가 있다.'라고 규정한다. 따라서 보험목적의 위험 정도가 증가할 때는 피보험자가 보험자에게 즉시 통지해야 한다. 그렇지 않으면 위험 정도 증가 때문에 발생하는 보험사고에 대해 보험자는 전혀 책임을 지지 않는다.

피보험자가 통지 의무를 이해한다는 전제 조건은 다음과 같다. 첫째, 계약은 유효기간 내에 있다. 둘째, 보험목적의 위험 정도가 증가한다. 첫 번째 조건은 쉽게 확정될 수 있다. 즉, 만약 보험 계약의 쌍방 당사자들이 맺은 계약의 유효기간이 계약의 유효기간을 초과한다면, 보험자의 보험 책임을 면제되어서 피보험자의 통지 의무도 없어진다. 두 번째 조건은 보험목적의 위험 정도가 증가한다는 것이다. 보험목적 위험 정도 증가란 보험 계약의 유효기간 내에 보험목적에는 새롭고 위험 정도가 더 큰 위험이 발생한다는 것이다. 위험 증가는 체약 했을 때의 위험 정도를 심각하게 초과할 정도까지로 보험자에게 보험료를 안 늘리면 담보할 수 없거나 어떤 조건이든지 담보할 수 없도록 해야 한다.

그런데 모든 위험 증가의 경우 보험자에게 통지해야 한다는 말은 아니다. 만약 별로 중요하지 않은 위험 증가를 모두 통지해야 한다면, 의무자에게는 거래 코스트가 확대되고 시간이 걸리고 애쓸 뿐만 아니라 보험자에게도 실제의 이익이 없다. 그래서 위험 증가는 어떤 정도까지 되어야 하고, 보험자의 위험 책임에 실제 영향을 미칠 때에는 의무자가 통지 의무를 가져야 한다. 예를 들어, 어떤 창고를 위해 화재 보험에 가입하는데 보험목적은 창고다. 처음에는 창고에 시멘트와 대리석을 맡겨서 보관하여 두었을 때, 보험비율이 낮다. 그 다음에 피보험자가 창고에 대량의 목재 등 연료를 맡겨서 보관하여 둔다. 그 때 창고가 불난다는 위험 정도는 당연히 높아지는 것에 따라 보험비율도 높아지고 보험계약자 지불해야 하는 보험료도 증가해야 한다. 그래서 피보험자는 보험자에게 보험목적 위험 증가의 사실을 즉시 통지해야 되고, 보험자는 계속 담보 여부를 결정한다.

1. 사건의 개요

어떤 지방의 제혁 공장은 스스로의 고정 재산과 유동재산을 위해 현지의 한 보험회사와 기업재산보험계약을 맺었다. 보험액은 420만 위안이었고, 보험기간은 1년이었다. 즉, 1995년 11월 11일부터 1996년 11월 10일까지. 재산보험계약, 보험 증서와 부착된 재산 명세표에서 보험에 가입되는 유동재산은 완제품, 원재료와 제품을 포함하여 공장의 창고와 작업장에서 보관된다고 기재했다. 보험증서에 부착된 제혁공장의 약도에서 창고와 작업장의 위치도 명시됐다. 1996년 2월 1일 제혁공장은 상해의 어떤 회사와 합성혁을 대리 판매한다는 계약을 맺었다. 제혁공장은 1996년 3월 28만 위안의 합성혁을 두 번씩 보냈고, 상해의 회사는 이 물품들을 소재지의 한 창고에서 맡겨서 보관하여 두었다.

1996년 7월 14일 상해 연속의 고온 때문에 이 합성혁이 자연 발화했고, 물품은 모두 소각되었다. 공안부 소방과학 연구소가 화재에 대해 검정된 결론은 돌연 자연 발화로 인해 발생함으로 나타났다. 화재 후 제혁 공장은 보험회사에 배상을 요구했다. 보험회사는 보험 가입된 보험목적이 이동해서 위험 정도가 증가했는데, 제혁 공장이 통지 의무를 이행하지 않았다는 이유를 가졌으며, 배상을 거부했다. 제혁 공장이 법원에 고소했고, 법원은 제혁 공장이 패소한다고 판결했다.

2. 쟁점사항

재산보험 계약 중 보험자는 계약을 맺었을 때의 위험 상황에 근거하여 담보 여부 및 보험비의 구체적 금액을 결정한다. 그래서 재산보험 계약이 성립된 후 재산 위험 정도의 증가는 보험자의 보험 책임을 필연적으로 가중시키고, 따라서 보험자가 계속 담보 여부 및 보험료의 액수를 늘리기 여부에 대한 결정에 영향을 미친다. 그러므로 중국≪보험법≫제37조는 보험목적의 위험 정도가 증가할 때 피보험자의 통지 의무를 규정한다. 만약 피보험자가 이 의무를 즉시 이행하지 않으면, 보험목적의 위험 정도가 증가하기 때문에 발생하는 위험과 사고가 초래하는 재산 손실에 대해서는 보험자가 손해 배상 책임을 지지 않는다. 이 사건 중에서 법원이 제혁 공장 패소한다는 판결이 정확 여부에 대해 어울리는 법률에 따라 판단해야 한다.

3. 법률규정

1) **≪보험법≫제5조** 보험계약 당사자는 권리를 행사하고 의무를 이행하며 신의성실의 원칙을 지켜야 한다.

2) **≪보험법≫제37조** 계약 유효기간 내 보험목적의 위험 정도가 증가하는 경우 피보험자는 계약 약정에 따라 보험자에게 즉시 통지해야 하고, 보험자는 보험료를 늘리거나 계약을 해제한다고 요구하는 권리가 있다.

피보험자는 규정되는 통지의무를 이행하지 않는 경우 보험목적의 위험 정도 증가 때문에 발생하는 보험사고에 대해 보험자는 배상 책임을 지지 않는다.

4. 학리분석

본 사건에서, 법원의 판결은 정확하다. 재산보험 계약 중 위험 정도의 증가는 보험자에게 중대한 영향을 미친다. 왜냐하면 보험자가 받는 보험료은 보험목적이 특정 상황에서 갖는 위험 정도에 근거하여, 보험 통계학이 제정한 비율표에 따라 결정된다. 만약 보험목적의 위험 정도가 증가한다면, 보험자가 보험료를 계산할 때의 비율을 당연 높아져야 하고, 이에 따라 보험자는 더 높은 보험료를 받아야 한다. 만약 보험목적이 보험 계약의 기한 내 위험 정도는 증가하지만 피보험자는 보험자에게 이런 상황을 통지하지 않는다면, 보험자가 낮은 보험료를 받으며 높은 위험 책임을 진다는 불공평한 현상을 초래한다. 그래서 중국≪보험법≫제37조는 계약 유효기간 내 보험목적의 위험 정도가 증가하는 경우 피보험자는 계약 약정에 따라 보험자에게 즉시 통지해야 하고 보험자는 보험료를 늘리거나 계약을 해제한다고 요구하는 권리가 있다고 규정한다. 피보험자가 통지 의무를 이행한 후 보험자는 두 가지의 방법을 채택할 수 있다. 첫째, 보험료를 늘린다고 요구한다. 둘째, 계약 관계를 중지한다. 전자의 방법에 대해서는 만약 보험계약자나 피보험자가 보험료를 늘린다는 것을 동의하지 않는다면, 보험계약이 스스로 중지된다. 그런데, 피보험자가 '위험증가'를 통지하는 의무를 이행한 후 만약 보험자가 아무 의견도 표현하지 않는다면, 보험자가 묵인함으로 간주된다. 그 후에 보험자가 계약을 해제하거나 보험료를 늘린다고 주장하면 안 된다. 당연 만약 피보험자가 '위험증가'를 통지하는 의무를 이행해야 하지만 안 한다면 사후 보험사고가 발생하고 손실을 초래할 때 보험자는 배상 책임을 지지 않는다.

보통 보험목적의 위험 정도가 증가한다는 원인은 주로 두 가지 이유가 있다. 하나는 보험목적의 용도 변경으로 인해 위험 정도가 증가한다는 것이다. 다른 하나는 보험목적의 용도가 변경되지 않지만, 시설이 노화되거나 안전시설이 철거 되고, 혹은 외부 요소 변화에 따라 위험 정도가 증가한다는 것이다. 예를 들어, 보험목적이 암석 아래에 있는데, 폭우 때문에 암석이 흔들린다는 상황 등이다. 앞의 두 가지의 상황에 피보험자는 보험자에게 보험목적의 위험이 증가된다는 사실을 통지해야 한다. 통지의 방식은 서면 통지를 위주로 하고, 급한 상황의 경우 전보 및 전화나 구두 통지로 해도 된다. 만약 피보험자가 합리적인 시간 내에 보험자에게 보험목적의 위험 정도가 증가한다는 사실을 통지하지 않는다면 중국≪보험법≫제37조 제 2항의 규정에 근거하여, 피보험자가 규정하는 통지의무를 이행하지 않는 경우에 보험목적의 위험 정도도 증가하므로 발생하는 보험사고에 대해 보험자는 배상 책임을 지지 않는다.

이 사건 중 제혁 공장은 제혁을 상해로 보냈고, 매수인 쪽 소재지의 한 창고에서 물건을 맡겨서 보관하여 두었다. 그 때 보험목적의 저장 상태가 변화했다. 7월에 상해 연속 고온 때문에 합성혁은 위험 정도가 증가하고 연속 고온으로 인해 자연 발화하여 소각될 가능성이 생겼다. 그런데 제혁 공장은 보험 회사에 이 상황을 즉시 통지하지 않았다. 그래서 보험 회사는 중국≪보험법≫제37조의 규정에 따라 항변을 했으며, 배상 책임을 지는 것을 거부했다.

5. 연습문제

1999년 5월에 갑(甲)은 스스로의 모든 집을 위해 화재 보험에 가입했고, 보험회사에서 상관 수속을 했다. 보험회사는 갑(甲)의 모든 집을 조사했고 화재보험 비율에 따라 갑(甲)이 지불해야 되는 보험료를 계산했다. 갑(甲)은 보험회사랑 보험 계약을 맺었고 보험 기한이 2년으로 약정되었으며, 보험 회사의 요구에 따라 보험료를 지불했다. 이 후에 갑(甲)의 이웃 을(乙)은 돈을 벌려고 스스로의 집에 꽃불폭죽을 생산하는 작은 작업장으로 개조했다. 갑(甲)은 이런 일을 알았지만, 신경을 안 썼고, 이 상황을 보험회사에게 통지하지 않았다. 2000년 2월 을(乙)은 꽃불폭죽을 만들었을 때 조작 과정 중 실수로 폭죽이 폭발했다. 을(乙)은 당장 사망했고 집도 불이 났다. 그 다음 큰 불이 갑(甲)의 집으로 번졌고, 갑(甲)의 집을 모두 소각했다. 갑(甲)은 사고 발생 후의 다음 날 보험 회사에 배상을 요구했다.

[문] 1. 갑(甲)의 행위는 보험법의 관련 규정에 위반되었는가?
2. 갑(甲)은 보험회사에 배상을 요구할 수 있는가?

제 4 절 재산보험 중 피보험자의 안전방지의무

재산보험계약의 체결은 피보험자에게 중요한 의미가 있다. 피보험자가 재산손실을 당할 때는 보험 계약의 규정에 따라 보험자에게서 보상을 받아 생산·생활의 정상적인 수행을 확보한다. 그런데, 다른 각도에서 살펴보면, 보험자가 피보험자에게 지불하는 보험금은 아주 많은 보험계약자가 지불하는 보험료가 모여서 집중되는 것이다. 그래서 사실상 보험 계약은 피보험자의 손실을 많은 보험계약자들에게 나누어 부담시키는 것이다. 이런 손실은 결국 사회 총체적 재산을 줄이지만 사회의 발전에는 좋지 않는다. 그러므로 재산보험목적의 안전을 지키고 불안전의 위험을 맹아 상태에서 없앤다는 것은 사회 생산과 생활의 정산적인 수행을 확보하기에 매우 중요하다. 중국≪보험법≫제36조 제1항에서는 피보험자의 안정 방비의 의무를 규정한다. 즉, 피보험자는 소방, 안전, 생산조작, 노동보호 등의 방면에서 국가의 규정을 지켜야 되고, 보험목적의 안전을 보호해야 한다. 보험목적의 안전을 보호하는 것은 주요 세 가지의 표준이 있다. 첫째, 소방, 안전, 생산 조작, 노동보호 등의 방면에 대해 국가가 규정하는 표준이다. 둘째, 쌍방 당사자들은 보험계약에서 약정하는 표준이다. 셋째, 보통의 표준이다. 즉, 피보험자는 보험목적의 안전을 보호할 수 있는 일반적인 표준에 따라 보험목적의 안전을 보호해야 한다.

게다가, 중국≪보험법≫제36조 제2항과 제3항은 보험자의 검사, 건의권 및 보험료를 늘린다고 요구하는 권리, 해약권, 안전방비 대책을 채택하는 권리 등을 따로따로 규정한다. 이런 규정들은 제1항의 규정을 이어 성립된다. 실천 중에서 보험자는 보험목적의 안전과 스스로의 경영수익에 대한 생각에서 사고를 미연에 방지하고, 아직 발생하지 않은 보험사고에 보험목적의 안전을 확보하려고 다양한 대책을 채택한다. 예를 들어, 보험목적을 검사하고 피보험자에게 안전 방비의 건의를 제출하는 것이다. 만약 보험계약자, 피보험자가 계약 약정에 따르지 않으며, 보험 재산의 안전에 대해 지녀야 하는 책임을 이행하지 않는다면, 보험사고가 발생하는 가능성은 많이 증가할 것이다. 그 때 보험자는 보험료를 늘리거나 계약해제를 요구할 수 있는 권리가 생긴다. 마지막으로 보험자는 보험목적의 안전을 보호하기 위해 피보험자의 동의를 받고 나서 안전 방비 대책을 채택할 수 있다.

보험법이 규정하는 재해예방과 감손의 내용은 보험자, 피보험자 및 사회에 적극적 의의가 있으며 사회 이익 원칙이 보험 활동 중의 한 표현이다. 보험 중에서, 보험계약자, 피보험자는 모두 위험을 열심히 방비하고, 각종 재해의 발생을 감소시켜야 한다. 보험사고의 손해를 방임하고 고의로 확대시킨다는 경우가 일단 규명된다면, 보험자는 보험금을 배상하는 책임을 더 이상 가지지 않는다.

1. 사건의 개요

어떤 운송회사는 스스로의 자동차 50대를 위해 현지의 한 보험회사와 자동차 보험계약을 맺었다. 보험기간은 1년이었다. 이 보험계약에서 보험자가 보험에 가입된 자동차를 안전검사하는 권리가 있다는 것이 규정되었다. 계약의 효력이 발생한 후 보험회사는 교통관리 부문과 같이 회사의 차량을 안전검사 했는데, 운송회사가 보험회사의 행위에 대해 협조하지 않았다는 태도를 보였다. 보험회사는 검사를 통해 여러 차량의 상황이 좋지 않다고 판단되었고, 차량이 불량상태에서 운행되며, 불안전의 위험이 많다고 판단되어 서면 통지를 보냈으며, 운송회사에 운영기한을 초과했으며 불량 상태로 운행하고 있었던 8대의 트럭을 운항 중지시키고 수리해야 한다고 요구했다. 그런데 운송 회사는 통지를 무시하였다. 1달 뒤, 2대의 트럭이 사고를 냈고, 경제적 손실은 무려 12만 위안이나 되었다. 운송회사는 보험회사에 배상을 요구했다. 보험회사는 조사를 통해 사고를 냈던 2대의 트럭은 서면 통지에서 이미 운행 중지시킬 것과 수리할 필요가 있는 차량이라는 것을 알게 되어 보험금보상을 거부했다. 운송회사는 법원에 고소를 했다. 법원은 운송회사가 차량의 안전상황에 대한 보험회사의 건의를 무시하였기에 발생한 보험사고의 책임을 운송회사가 져야 하고, 보험자가 배상 책임을 지니지 않는다는 것을 인정하여 운송회사의 패소를 판결했다.

2. 쟁점사항

보험목적의 안전을 도모하고 재해 사고의 발생을 방지하여, 보험 재산의 손실을 최대한 감소시킨다는 것은 사회 생산과 생활의 정상적인 수행을 확보하기에 매우 중요한 의의가 있다. 그래서 중국≪보험법≫ 제36조는 피보험자가 보험에 가입되는 재산의 안전 방비 의무를 규정한다. 본 사건에서 법원의 판결이 정확 하느냐의 여부에 대해 ≪보험법≫의 관련 규정에 근거하여 판단되어야 한다.

3. 법률규정

≪보험법≫제36조 피보험자는 소방, 안전, 생산조작, 노동보호 등의 방면에서 국가의 규정을 지켜야 되고, 보험목적의 안전을 보호해야 한다.

계약의 약정에 따라, 보험자는 보험목적의 안전 상황을 검사할 수 있고, 보험계약자, 피보험자에게 불안전의 요소와 숨겨진 위험을 없앤다는 서면으로의 건의를 즉시 제출할 수 있다.

보험계약자, 피보험자가 계약 약정에 따르지 않으며, 보험 재산의 안전에 대해 지녀야 하는 책임을 이행하지 않는다는 경우에, 보험자는 보험료를 늘리거나 계약해제를 요구할 수 있는 권리가 생긴다.

보험자는 보험목적의 안전을 보호하기 위해 피보험자의 동의를 받고 나서 안전 방비 대책을 채택할 수 있다.

4. 학리분석

본 사건에서 법원의 판결은 정확하다. 재산보험계약은 보험목적의 안전을 위하는 것이고, 보험목적은 보통 보험계약자, 피보험자가 실제로 통제하고 지배하는 것이다. 그래서 재산보험 계약이 이행하는 성실신용 원칙에 따라, 피보험자는 보험목적의 안전을 우선적으로 보호해야 한다는 의무가 있다. 중국≪보험법≫제36조의 규정에 근거하여, 피보험자는 소방, 안전, 생산조작, 노동보호 등의 방면에 대한 국가의 상관 규정을 지켜야 하고 보험목적의 안전을 보호해야 한다. 계약의 약정에 따라, 보험자는 보험목적의 안전 상황을 검사할 수 있고, 보험계약자, 피보험자에게 불안전의 요소와 숨겨진 위험을 없앤다는 서면으로의 건의를 즉시 제출할 수 있다. 보험계약자, 피보험자가 계약 약정에 따르지 않으며, 보험 재산의 안전에 대해 지녀야 하는 책임을 이행하지 않는다는 경우에, 보험자는 보험료를 늘리거나 계약해제를 요구할 수 있는 권리가 생긴다. 보험자는 보험목적의 안전을 보호하기 위해 피보험자의 동의를 받고 나서 안전 방비 대책을 채택할 수 있다.

구체적으로 말하면, 보험계약자와 피보험자의 안전방비 의무는 두 가지 방면의 요구를 포함해야 한다. (1) 사고 발생 전, 보험계약자와 피보험자는 소방과 재해 예방에 대한 상관 규정을 지켜야 하고, 보험자와 연관된 부문을 제출하는 재산 안전 상황 개선의 건의를 받아들이고 안전 방비를 착실하게 잘 해야 한다. 보험계약자와 피보험자는 보험 재산에 대해 보험에 가입되지 않은 것처럼 신중하게 관리해야 하고, 보험에 가입된다고 생각해서 소홀히 하면 안 된다. (2) 보험사고 발생 후, 보험계약자와 피보험자는 적극적으로 구제하고 손해를 당한 재산을 정리 수복해야 하며 물질적 손실을 감소시키기 위해 각종 필요한 대책을 마련해야 한다.

본 사건에서, 운송회사와 보험회사가 체결한 자동차 보험계약 중 보험 회사가 보험에 가입되는 자동차를 안전 검사하는 권리가 있다고 규정했다. 그 후, 보험회사는 검사를 통해 여러 차량의 상황이 좋지 않다고 판단되었고, 차량이 불량상태에서 운행되며, 불안전의 위험이 많다고 판단되어 서면 통지를 보냈으며, 운송회사에 운영기한을 초과했으며 불량 상태로 운행하고 있었던 8대의 트럭을 운항 중지시키고 수리해야 한다고 요구했다. 그런데 운송 회사는 통지를 무시하였다. 이 후, 이 8대의 트럭들 중 2대는 운행 과정 중에 발생한 사고에 대해 경제적 손실이 12만 위안이 되었다. 전체적으로 살펴보면, 이 2대의 트럭이 사고를 낸다는 원인은 다양하다 : 운전사의 과실, 상대방운전사의 과실, 사고 발생 현장에서의 자연적 조건 등등이 있다. 그런데, 그 중에 매우 중요한 하나의 사실은 사고 차량이 국가 안전관리 규정에 따르지 않았으며 점검 수리가 되지 않았다는 것이다. 트럭이 불안전 상태로 운행되어 사고의 발생을 초래했다. 이런 각도에서 살펴보면, 운송회사는 중국≪보험법≫제36조 보험목적의 안전 방비 의무에 대한 규정을 위반했다. 따라서 보험사고가 초래한 손실에 대해 운송회사는 스스로 책임을 져야 했고, 보험회사는 배상 책임을 지지 않았다.

5. 연습문제

1996년 1월 12일, 원고와 피고는 자동차 보험계약을 체결했다. 계약은 원고의 덤프트럭 12대가 자동차 손실 보험에 가입됐고, 보험 금액은 48,000위안이었으며, 보험기한은 1996년 1월 12일부터 1997년 1월 12일까지였다고 규정되었다. 이 계약 중 자동차 보험 조항 제16조는 '피보험자가 보험 차량의 정상적 기술 상태를 위해 차량의 보호를 잘 해야 할 것'을 규정했다. 계약을 체결한 후 원고는 피고에게 보험료를 납부했다. 1996년 5월 4일 원고의 운전사가 덤프트럭을 운전하다가 제3자와 교통사고를 냈다. 사고가 발생한 후, 원고는 피고에게 사고 상황을 즉시 통지했고, 1996년 5월 6일 배상신청을 했다. 사고 차량을 경찰소로 압류되었고, 1996년 5월 27일 자동차 검사를 통해 이 덤프트럭의 브레이크와 조명이 불합격 판정을 받았다. 1997년 1월 교통경찰은 원고의 운전사가 브레이크와 조명이 불합격 판정을 판은 덤프트럭으로 운전 했을 때, 반대 방향의 도로에서 침범한 사고가 발생했으니, 사고의 주요책임을 져야 한다고 도로 교통사고 책임 인증서의 형식을 인증했다. 원고와 운전사가 규정된 기한 내에 이 책임 인증서에 대한 이견을 제기하지 않아서 이 인증서는 법적 효력을 발생했다. 원고는 이 사고의 사후 처리를 위해 각종 배상과 경제적 손실비용을 총 66,176위안 지불했다. 1997년 9원, 원고는 피고에게 보험 배상비 487,843.69위안을 지불해야 한다는 신청서를 제출했다. 1998년 2월 피고는 원고에게 운전자가 브레이크와 조명이 불합격 판정을 받은 차량을 운전하여 사고가 났으므로, 피보험자의 의무를 이행하지 않았기에 배상을 거부한다고 통지했다.

[문] 1. 원고와 피고가 체결한 자동차 보험 계약은 효력이 있는가?
2. 원고는 피고에게 보험금을 배상해야 한다고 요구할 수 있는가?

제 5 절 피보험자의 손해방지의무

보험사고 발생 후, 피보험자는 손실을 방지하거나 감소시키기 위해 필요한 대책을 채택해야 할 의무가 있다. 피보험자가 보험목적의 손실을 방지하거나 감소시키기 위해 지불해야 하는 필요하고 합리적인 비용 더하기 보험목적의 손실 배상 금액은 보험 금액의 범위를 초과하지 않는 경우 이 비용을 보험자가 담당한다. 법률적으로 이런 규정을 한다는 원인은 주로 사회 전체적인 유익 각도에서 고려되는 것이다. 왜냐하면 일정한 시기에 사회 재산의 전체적 가치량은 일정하다. 보험목적이 손해를 당한 후 피보험자가 재산 손실을 보완하려고 보험회사에 보험금을 배상한다는 요구를 할 수 있지만, 보험회사가 지불해야 하는 배상금은 보험에 가입된 사회공중에서 수집되는 것이다. 그래서 전체적으로 살펴보면, 사회 재산의 총체적 수량이 감소한다. 보험사고 때문에, 보험목적이 손실을 당하는 것을 피하거나 손실을 최저한도로 감소시키기 위해, 중국≪보험법≫제42조는 자세한 규정을 제시한다. 즉, 보험사고 발생 때 피보험자는 손실을 방지하거나 감소시키기 위해 필요한 대책을 채택하여야 한다. 보험사고 발생 후 피보험자가 보험목적의 손실을 방지하거나 감소시키기 위해 지불하는 필요하고 합리적인 비용은 보험자가 담당한다. 보험자가 담당하는 금액은 보험목적의 손실 보상금액 외에 따로 계산되고 보험금액의 액수를 초과하면 안 된다. 전체적으로 말하면, 피보험자의 감소 의무는 다음의 두 가지 표현 방식이 있다.

첫째, 보험사고 발생하지만 보험목적의 손실을 초래하지 않을 때는, 피보험자가 모든 필요한 대책을 채택하여 보험목적이 손실을 당하는 것을 방지해야 한다.

둘째, 보험사고가 이미 발생하고 보험목적이 손실을 초래할 때는, 피보험자가 모든 필요하고 가능한 대책을 채택하여 손실이 계속 확대되는 것을 피해야 한다.

그런데, 피보험자가 감손 의무를 위반한 여부를 판단할 때, 두 가지 조건을 생각해야 한다. 하나는 피보험자가 보험사고가 발생함을 알아야 한다는 것이다. 다른 하나는 피보험자가 보험목적의 손실을 방지하거나 감소시키기 위해 어떤 대책을 채택할 수 있다는 것이다. 만약 피보험자가 보험사고가 발생함을 모른다거나 몰라야 한다면, 혹은 객관적으로 보험목적의 손실을 방치나 감소 대책을 채택할 수 없다면, 피보험자는 책임을 지지 않고 보험자는 손실에 대해 전부 배상 책임을 지녀야 한다.

1. 사건의 개요

2000년 5월 8일, 어떤 가전제품 공장은 보험회사와 기업 재산보험 계약을 체결했다. 보험 기한은 1년이었고, 2000년 5월 9일 0시부터 2001년 5월 8일 24시까지였다. 가전제품 공장은 보험 가입 증서에서 고정재산보험 금액 500만 위안, 유동재산보험금액 100만 위안이라고 주석했다. 보험회사는 담보에 동의하였고, 보험 가입 증서에 도장을 찍은 후 보험증서를 발급하였다. 2000년 11월 8일 가전제품공장에 화재가 발생하여 가치 100만 위안의 재산을 소각했다. 화재를 진압하고 손실을 감소시키기 위해 가전제품공장은 소화 비용 3만을 제출했다. 사고 발생 후, 가전제품 공장은 보험증서와 다른 영수증을 가졌고 보험회사에 총 손실비용과 소화 비용까지 총 103만 위안을 배상해야 한다고 요구했다. 보험회사는 소화 비용이 보험 계약에 약정된 배상 내용이 아니라는 이유로 3만 위안의 손실 배상을 거부했고, 100만 위안만 배상해야 한다고 주장했다. 가전 제품공장은 법원에 이에 대해 고소했다.

법원은 심사한 후, 가전제품공장과 보험회사가 체결한 보험 계약의 내용이 기업의 재산 손실만 포함하였고, 가전제품공장이 지불한 3만 위안의 소화 비용이 기업재산보험 계약 내용이 아니라고 판단했다. 따라서 보험 회사는 100만 위안의 배상비용만 담당하고, 3만 위안의 소화비용을 가전제품공장은 스스로 담당해야 한다고 판결을 내렸다.

2. 쟁점사항

사회재산의 감소를 최대한도로 피하기 위해, 재산보험 중 피보험자가 보험목적의 손실을 방지하거나 감소시키려고 지불하는 필요하고 합리적인 비용은 보험회사가 담당해야 한다. 그래서 본 사건은 법원 판결의 정확성 여부에 대해 관련된 법률 규정에 따라 판단되어야 한다.

3. 법률규정

1) **≪보험법≫제42조** 보험사고 발생 때 피보험자는 손실을 방지하거나 감소시키기 위해 필요한 대책을 채택하여야 한다. 보험사고 발생 후 피보험자가 보험목적의 손실을 방지하거나 감소시키기 위해 지불하는 필요하고 합리적인 비용은 보험자가 담당한다. 보험자가 담당하는 금액은 보험목적의 손실보상금액 외에 따로 계산되고 보험금액의 액수를 초과하면 안 된다.

2) **≪중화인민공화국배상법≫(이하<배상법>으로 약칭)제240조** 피보험자가 계약에 따라 받을 수 있는 배상의 손실을 방지하거나 감소시키기 위해 지출하는 필요한 합리적인 비용은 보험사고의 성질, 정도를 확인하기 위해 지출하는 검사, 평가의 합리적인 비용은, 보험자의 특별한 통지를 실행하기 위해 지출되는 비용은 보험자가 보험목적 손실 배상 외해 따로 지불해야 한다.

보험자가 규정한 비용을 지불해야 하는 한도는 보험 금액과 비슷한 액수로 제한된다.

보험 금액이 보험 가치보다 낮을 때, 계약의 다른 약정이 있는 경우 외, 보험자는 보험금액과 보험 가치의 비율에 따라 본 조항이 규정하는 비용을 지불해야 한다.

4. 학리분석

본 사건에서 법원의 판결이 틀리고 가전제품공장의 고소 요구를 지지해야 한다. 재산보험 중에서, 보험사고가 발생한 후, 피보험자는 손실을 방지하거나 감소시키기 위해 필요한 대책을 채택해야 한다는 의무가 있다. 만약 피보험자가 손실 발생을 방지할 수 있지만, 필요한 방지 대책을 채택하지 않는다면, 보험자가 재산 손실에 대해 배상 책임을 지지 않는다. 만약 피보험자가 손실의 확대를 방지할 수 있지만, 필요한 방지대책을 채택하지 않는다면 보험자가 확대한 손실을 배상하지 않는다. 법률이 이런 규정을 한다는 원인은 보험계약자나 피보험자가 위험 발생 시 손해를 방지하거나 경감해야 한다는 것을 덧붙여 최대 선의 성실신용 계약인보험 계약의 의미를 충분히 나타내기 위한 것이다.

중국≪보험법≫제42조의 규정에 따라, 보험사고 발생 때 피보험자는 손실을 방지하거나 감소시키기 위해 필요한 대책을 채택하여야 한다. 여기서 주의해야 하는 하나의 문제는 '필요하고 합리적인 비용'이 무엇이냐는 것이다. 먼저, '합리적인 비용'에 대해 쉽게 이해할 수 있다. 이 부분의 비용은 비용의 지출이 정상적 표준에 부합해야 한다는 것이다. 즉, 일반적 상황에 손실을 구하기 위해 비용을 지출한다는 표준에 부합해야 한다. 그 다음, '필요한 비용'은 손실을 구하는 과정 중 지출해야 하는 비용이다. 다시 말하면, 이 부분의 비용을 지출하지 않는다면, 손실을 구하는 효과를 달성하지 못한다. 그런데, 이 말은 필요한 비용을 지출하기만 하면 재해를 방지하거나 경감하는 효과를 꼭 달성할 수 있다는 의미가 아니다. 그래서 일반적으로 살펴보면 이런 구조 행위가 적당하면, 재해를 방지하거나 경감하는 효과가 안 나와도 이런 비용은 '필요한 비용'이라고 인정되어야 하고, 이 비용을 보험자가 배상해야 한다.

≪보험법≫제42조는 보험자가 담당하는 필요한 비용의 액수는 보험목적의 손실보상 금액 이외 따로 계산되어야 하고, 최고 액수가 보험금액의 액수로 제한되어야 한다고 규정된다. 그 규정의 합리 여부에 대해 토의해야 할 것이다. 어떤 의미에서는 그 ≪보험법≫의 규정이 피보험자가 보험사고 발생 후 손해를 최저한도까지 경감하려고 적극적인 대책을 채택한다는 것을 격려하고, 피보험자와 보험자 사이의 이익 균형을 달성하며 사회 전체 이익을 보호한다는 것이다.

이 사건 중, 가전제품 공장은 보험회사와 기업 재산보험 계약을 체결했으며, 고정 재산보험 금액 500만 위안, 유동재산보험 금액 100만 위안이라고 약정했다. 그 후에 가전제품 공장은 화재로 인해 가치 100만 위안인 재산을 소각했다. 소화를 위해 가전제품 공장은 3만 위안을 지출했다. 중국≪보험법≫제42조의 규정에 따라, 가전제품공장은 감손의무를 이행하여 지불되는 3만 위안의 소화비용은 보험목적의 손실을 감소시키기 위한 필요한 비용이었다. 왜냐하면 만약 가전제품공장이 소화 대책을 채택하지 않았다면, 공장의 손실은 100만 위안뿐이 아니었다. 다른 방면에서도 가전제품 공장이 지불한 소화비용은 보험에 가입된 보험 금액을 초과하지 않는다. 따라서 보험 회사는 가전제품 공장에 보험금 103만 위안을 배상해야 한다. 법원의 판결은 틀렸다.

5. 연습문제

2000년 6월 3일, 탄광회사는 보험 회사에 기업재산보험과 부착하는 갱내재산특약 보험에 가입했다. 보험액은 850만 위안이었는데, 갱내 고정 재산 550만 위안을 포함했다. 그 해 10월 15일, 이 탄광 종합기계

화 채탄 막장에서 갑자기 물이 많이 솟아났고, 갱내 재산의 안전을 심각하게 위협했다. 이 탄광은 즉시 인력, 서실을 조직해서 배수했으며 보험회사에 신고했다. 보험회사는 현장에 사람을 배치했고, 보험계약자와 같이 구원하는 제안을 연구했다. 전력적인 구원을 통해 갱내 재산이 손실을 당하지 않았다. 그런데, 갱내 재산을 보호하기 위해 피보험자는 15만 위안의 구조비용을 지출했고, 보험회사에 이 비용을 담당하도록 요구했다. 보험회사는 갱내재산이 기본적으로 손실을 당하지 않아서 보험사고가 이루어지지 않았는데, 구원의 비용을 탄광이 스스로 담당해야 한다고 생각했다. 그래서 보험회사는 보험 책임을 진다는 것을 거부했다.

[문] 1. 보험회사의 항변은 성립될 수 있는가?
2. 보험회사는 탄광의 구원비용을 배상해야 하는가?
3. 보험회사는 탄광에 구원비용을 얼마나 보상해야 하는가?

제 6 절 재산보험계약 중 보험목적의 양도

국내외 보험입법의 규정에 따라, 보험목적의 양도가 발생한다는 원인은 대체적으로 두 가지 종류가 있다. (1) 법률로 규정한다는 원인, 법적인 원인으로 발생하는 양도는 영미법계 나라의 보험법에서 피보험자가 사망과 파산을 의미하고, 대륙법계 나라의 보험법에서는 단지 보험계약자의 파산을 의미하며 피보험자의 사망을 포함하지 않는다. (2) 당사자가 약정하는 원인, 즉, 보험계약자나 피보험자가 제3자와의 약정을 통해 보험목적을 양도한다는 것이다. 이런 양도는 합의 양도라고 부를 수 있다. 앞의 두 가지 양도방식이 일으키는 법률 결과에 대해 영미 법계는 구분하는 규정을 한다. 만약 보험목적이 법적 원인으로 양도된다면 보험 계약은 당연히 양도되고 접수하는 사람에게 계속 효력이 있으므로 상속인과 파산관리자는 보험 계약 당사자가 된다. 만약 합의 원인으로 양도된다면 보험자의 동의를 받는다는 것은 보험계약의 양도 전제가 된다.

법률이 규정을 한다는 원인은 다음과 같다. 법적 양도는 비당사자의 의지가 통제할 수 있는 것이 아니라서 보험목적의 위험이 증가하더라도 보험자가 담당해야 한다. 약정 양도 중에서, 당사자의 협상을 기반으로 한 이상, 양도는 보험자의 동의를 받아야 한다. 그렇지 않으면 보험계약자와 다른 사람이 내통하여 보험자를 사기하고 보험금을 사취한다는 경우 발생하는 가능성이 있으므로 보험자의 이익은 심하게 손상될 것이다. 그래서 보험자의 동의가 없이 보험목적이 양도되고 보험사고가 발생할 때는 보험자가 보험금의 배상 책임을 지지 않는다.

중국≪보험법≫은 영미법계의 방법을 사용하고 있지 않고, 보험목적 양도 원인에 따른 법적 양도 및 약정 양도로 구분하지 않는데, 보험자에게 보험목적의 양도를 통지해야 하고, 보험자가 계속 담보한다고 동의한 후 계약을 법적으로 변경해야 한다고 모호하게 규정한다. 그런데, 물품 운송보험 계약 및 다른 약정이 있는 계약은 제외된다. 그래서 중국≪보험법≫은 단지 물품 운송보험 계약 및 당사자 쌍방에 다른 약정이 있는 계약을 배제한다. 왜냐하면 운송 물품은 유동성이 있어서 발송지에서 목적지까지의 과정 중 물품의 소유권이 몇 번 변경되는데, 만약 매번 피보험자의 변경이 보험자의 동의를 받아야 한다면 상품의 유통에 필연적으로 영향을 주기 때문이다. 그래서 물품 유통을 가속시키고 보험의 효용을 향상시키기 위해 각 국가의 법률은 물품 운송 보험증서나 보험 증명서가 물품의 이동에 따라 배서로 양도되고 보험자의 동의나 주해가 필요하지 않다고 규정한다. 게다가, 만약 보험자와 피보험자는 보험목적의 양도를 보험자에게 통지하지 않는다고 약정한다면, 당사자 의지 자치의 원칙에 따라 이 약정에 근거하여 실행되어야 한다.

1. 사건의 개요

1995년 4월 8일, 한 면심(棉麻)회사는 자동차를 위해 보험회사에서 차량손실 보험, 제3자 책임보험, 절도보험에 가입했고, 보험기한은 1995년 4월 25일부터 1996년 4월 24일까지였다. 면심(棉麻)회사는 즉시 보험료를 납부했다. 1995년 10월 25일 면심(棉麻)회사는 개인 사업자 림모에게 차를 양도했고, 동시에 차량 관리소에서 소유권의 명의를 변경했다. 11월 14일, 운전사 료모는 이 차를 운전했을 때, 다른 차와 충돌을 일으켰다. 자동차 수리 공장은 사고차들을 수리 평정했고, 2차의 수리비는 각각 3.8만 위안과 4.5만 위안이었다. 교통경찰이 제출하는 도로 교통사고 책임 인증서에 따라 료모는 교통사고에 대한 책임을 전부 지게 되었다. 1996년 5월, 면심(棉麻)회사와 림모는 같이 보험회사에 배상을 신청했고, 그 해 6월 10일 보험 회사에 차량 관리소가 발급한 그 차의 소유권 명의 변경 증명을 제출했다. 보험회사는 보험 차량의 소유권 명의가 변경됐지만, 보험 변경 수속을 신청하지 않았다는 이유로 피보험자에게 배상 거부 통지서를 보냈다. 쌍방은 소송했다.

법원은 심사하여 보험계약자와 보험자가 체결한 보험계약이 합법적이고 유효하다고 인정했다. 보험 계약의 유효기간 내 피보험자 면심(棉麻)회사가 차량 관리소에서 소유권 명의 변경 수속을 했고, 보험차를 림모에게 양도했다. 이 사실은 피보험자가 제출하는 차량 소유권명의 변경 수속 증명을 통해 실증됐다. 차량 양도 후에 보험회사에 보험 변경 수속을 신청하지 않아서, 본 사건의 보험 계약이 보험 차량 소유권 명의 변경의 때부터 무효화 되었다. 면심(棉麻)회사가 보험회사에게 손실 배상을 요구하는 법률 근거가 거의 없으므로 법원은 고소 청구를 기각했다.

2. 쟁점사항

중국≪보험법≫의 관련규정에 따라, 보험 계약의 유효기간 내 보험계약자와 보험자가 협상하고 동의한 후 보험계약의 상관내용을 변경할 수 있다. 따라서 보험계약자나 피보험자가 보험목적을 양도하기 전에 보험자에게 통지해야 한다. 보험자가 동의하고 보험 증서나 보험증명서를 변경한 후에 보험목적의 양도는 효력을 발생한다. 그렇지 않으면 보험계약은 보험목적의 소유권이 이동할 때 즉시 중지되고 보험자는 보험책임을 더 이상 지지 않는다. 그래서 본 사건에서 법원의 판결이 정확한가에 대한 여부를 위해 상관 법률의 규정에 근거하여 판단해야 한다.

3. 법률규정

1) **≪보험법≫제12조** 보험계약자는 보험목적에 대해 피보험이익을 가져야 한다. 보험계약자는 보험목적에 대해 피보험이익을 가지지 않는다면 보험 계약은 무효이다. 피보험이익은 보험계약자가 보험목적에 대해 법적으로 인정되는 이익이다. 보험목적은 보험 대상으로서의 재산과 관련된 이익, 혹은 사람의 생명이나 신체이다.

2) **≪보험법≫제21조** 보험 계약의 유효기간 내 보험계약자와 보험자가 협상하고 동의한 후 보험계약의 상관내용을 변경할 수 있다. 보험계약을 변경한다는 경우 보험자는 원 보험증서나 다른 보험증명에 주해하거나 약정서를 덧붙여야 하거나 보험계약자와 보험자가 변경된

다는 서면협의서를 체결해야 한다.

3) **≪보험법≫제34조** 보험자에게 보험목적의 양도를 통지해야 하고, 보험자가 계속 담보한다고 동의한 후 계약을 법적으로 변경해야 한다. 그런데, 물품 운송보험 계약 및 다른 약정이 있는 계약은 제외된다.

4. 학리분석

본 사건에서 법원의 판결이 정확하다. 보험계약은 사행(射幸)계약의 일종이다. 사행계약이란 미래에 발생 가능한 사건이나 다른 확정되지 않은 사실을 일방적인 의무를 이행한다는 조건으로 간주되는 계약이다. 사행 계약의 특성에 따라, 보험계약은 두 가지의 특성을 지닌다. 먼저, 보험자가 보험금보상 의무를 이행하느냐의 여부는 불확인성이 있고, 보험사고 발생 여부에 기댄다. 그 다음, 보험자가 배상하는 보험금은 보험계약자가 지불하는 보험료보다 매우 많고 양자 사이에 등가교환관계가 없다. 따라서 재산보험 계약에서 보험계약자의 채무는 확실하다. 즉, 보험계약자는 규정된 액수에 따라 보험자에게 보험료를 지불해야 한다. 하지만, 보험자가 담당하는 채무는 확실하지 않는다. 즉, 보험자가 손실 배상금을 지불하느냐의 여부는 우연 사고가 발생하느냐에 여부에 따라 다르다. 그래서 보험사고가 발생할 수 있는 우연성은 보험계약 당사자 쌍방, 특히 보험자에게 매우 중요하다. 일반적으로, 재산보험계약 중에서, 다른 피보험자에 따라 보험사고가 발생한다는 확률은 다르다. 그래서 보험목적이 양도될 때, 보험사고가 발생한다는 가능성이 이에 따라 변화되고, 보험자가 배상한다는 가능성에 직접적으로 영향을 준다.

그러므로 보험목적의 위험 정도는 보험목적의 양도에 따라 변화되고, 보험계약을 체결했을 때 보험자 예상하는 위험 부담에 영향을 준다. 그래서 보험계약자나 피보험자는 보험목적을 양도하기 전에 보험자에게 통지해야 하고, 보험자는 양도될 보험목적의 위험을 계속 담보로 하기 위한 여부를 결정한다. 물론, 보험계약자의 통지 의무에는 다른 예외 상황이 존재한다. 즉, 중국≪보험법≫제 34조의 규정에 따라, 물건 운송 보험계약 및 다른 약정이 있는 계약 중, 보험자의 동의가 없이 보험계약자는 보험목적을 양도할 수 있고, 원 보험계약은 접수자와 보험자에게 계속적인 효력을 발생한다.

본 사건에서 면심(棉麻)회사와 보험회사는 자동차손실보험, 제3자 책임보험, 절도 보험 등 재산보험계약을 체결했다. 그 보험 계약은 물건운송보험계약이 아니었고, 면심(棉麻)회사와 보험회사는 보험목적의 양도를 보험자에게 통지하지 않아도 된다고 약정하지 않았다. 그래서 면심(棉麻)회사는 보험목적인 자동차를 양도했을 때, 보험자에게 통지해야 했고, 보험자는 동의했으며 보험증서나 보험증명을 변경한 후에 보험계약은 계속 효력이 있는 것이다. 본 사건에서, 면심(棉麻)회사는 자동차 관리소에서 보험 차량 소유권 명의 변경 수속을 했고, 림모에게 양도한 후에, 보험회사에 보험 변경 수속을 신청하지 않아서 원 보험계약이 보험차량 소유권 명의 변경과 양도된 날부터 무효화 되었다. 면심(棉麻)회사와 림모는 보험회사에 차량의 손실을 배상한다고 요구하는 권리가 없었다.

5. 연습문제

1999년 1월 5일 한 택시 회사가 소유한 승용차를 위해 현지의 보험회사에 자동차보험, 제3자 책임보험, 부착 절도 보험에 가입했다. 피보험자는 그 택시 회사였고, 보험기한은 1999년 1월 6일 0시부터 2000년 1월 5일 24시까지였다. 계약을 맺은 후 택시회사는 보험료를 납부했다.

1999년 5월 2일 택시회사는 승용차 한대를 나모에게 양도했고, 동시에 나모와 택시회사는 나모가 매년 택시 회사에 관리비와 각종 세금을 납부하고, 자동차가 택시회사의 명의로 현지의 보험회사에서 보험에 가입되고, 보험료를 나모가 지불한다고 약정했다. 1999년 10월 10일 나모가 차를 운전하다가 악인들에게 납치를 당했고, 나모의 차는 도난당하였다. 사고 발생 후 택시회사가 보험회사에 보상을 요구했다. 보험회사는 보험목적의 양도를 보험회사에 통지하지 않았고, 변경된 수속을 밟지 않았다는 이유로 배상 요구를 거부했다. 나모는 불복하면서 법원에 고소했다.

[문] 1. 택시회사와 보험회사가 체결한 보험계약은 합법적이고 효력이 있는가?

2. 보험회사는 보상 책임을 부담하여야 하는가?

제 7 절 책임보험

중국≪보험법≫제50조에 규정하고 있는 책임보험은 피보험자가 제3자에 대하여 법률상 배상책임을 부담하는 것을 보험목적으로 하는 보험으로 보험자는 책임보험의 피보험자가 제3자에게 야기한 손실에 대하여 법률 혹은 약정에 따라 제3자에게 직접 보험금을 지급할 수 있다. 중국법상 책임보험의 종류는 다음과 같다.

1) 공중책임보험 : 공중책임보험의 기본책임은 피보험자가 보험기간 중에 보험에서 담보한 업무를 수행하던 중 제3자에게 인신손해나 재산손실을 야기함으로써 부담하게 되는 법률상 배상책임이다. 그 밖에 피보험자가 사고를 야기하여 부담하게 되는 소송비용에 대한 책임을 진다. 보통책임보험, 종합책임보험, 장소책임보험, 승강기책임보험, 수탁

자책임보험 등이 있다.

2) 제조물책임보험 : 제조물책임보험이란 물품의 제조 또는 판매자가 그 생산 또는 판매로 인한 우연한 사고로 제3자의 생명, 신체 또는 재산에 손실을 야기함으로써 부담하게 되는 법률상 배상책임을 보험목적으로 하는 보험을 말한다. 최초의 제조물책임보험은 생산자와 판매자가 부담하게 될 책임위험을 보험자에게 전가하는 것이다. 그 후, 책임보험에 가입하는 보험계약자의 범위가 지속적으로 확대되어, 생산자, 수출상, 수입상, 소매상 및 수리상 등 물품사고로 손해배상책임을 부담하게 되는 모든 사람은 피보험이익이 있는 것으로 되어 이 제조물책임보험에 가입할 수 있게 되었다.

3) 사용자책임보험 : 이 보험에서 주로 담보하는 위험은 사용자가 근로자가 고용기간 중 업무수행 중 발생한 우연한 사고 혹은 국가가 규정하고 있는 직업병이나 업무기인 질병으로 사망, 상해, 장해를 입게 되어 노동법 및 근로계약의 규정에 따라 부담하게 된는 경제적 배상책임이다. 외자기업, 개인기업, 국내주식회사, 국유기업, 공공 기관, 단체기업 및 단체 혹은 개인이 위탁운영하는 각종 기업 등은 모두 고용하고 있는 근로자를 위하여 사용자배상책임보험을 가입할 수 있다.

4) 전문직책임보험 : 각종 전문적인 기술을 가진 자가 업무상 소홀이나 과실로 그 당사자 혹은 타인의 인신에 상해를 입히거나 재산상 손실을 야기하여 부담하게 되는 배상책임을 보험목적으로 하는 보험이다. 전문직책임보험은 의사책임보험, 약사책임보험, 회계사책임보험, 변호사책임보험, 보험대리인과 보험중개인 책임보험 등이 대표적이다.

책임보험에서 보험자가 보험금을 지급하는 방식은 피보험자에게 지급하는 방식과 피보험자에게 통지 후 제3자에게 직접 지급하는 방식이 있다. 첫 번째 방식은 피보험자가 제3자의 손해를 이미 배상하였다는 것이 전제되어야 하며, 두 번째 방식의 경우 제3자에게 보험금을 직접

지급하기 전에 피보험자의 동의를 받아야 한다.

1. 사건의 개요

1999년 12월 15일 아침, 이모가 자신의 승용차로 운행할 당시, 날씨가 춥고 길이 미끄러워, 차선변경으로 추월을 하던 중 맞은편에서 오던 트랙터차량과 마주치게 되었다. 트랙터기사가 급히 우측으로 피하여 승용차에게 양보하였으나 옆으로 뒤집어져 차량이 손상되고, 승객 1명은 중상을 입고, 트랙터 기사 장모는 경상을 입어 1.8만 위안의 손해가 발생하였으나, 이모의 차량은 무사하였다. 이모가 몰던 승용차는 차량보험, 제3자책임보험에 가입되어 있다. 사고처리 후 이모는 보험증권상 제3자책임손실에 대하여 보험금의 지급을 청구하였으나, 보험자가 거절하여 소송을 제기하기에 이른 것이다.

법원은 심리 후에, 장모가 위험을 피하기 위하여 우측으로 핸들을 급히 꺾어 발생한 차량의 전복과 승객의 부상은 이모가 제공한 위험의 원인이 직접적으로 영향을 준 것으로 이모는 배상책임이 있다고 판시하였다. 이모는 제3자배상책임보험의 한도 내에서 보험회사로부터 장모가 사고를 피하려다 야기한 사고의 손해금 1.8만 위안 전부에 대한 지급청구를 할 수 있다.

2. 쟁점사항

중국≪보험법≫제50조에 규정하고 있는 책임보험은 피보험자가 제3자에 대하여 법률상 배상책임을 부담하는 것을 보험목적으로 하는 보험이다. 약정에 따라 피보험자가 제3자에게 법률상 배상책임을 부담하게 될 경우에 보험자가 대신 보상하는 것이다. 이 사건에서 피보험자의 행위는 트랙터 기사 장모가 긴급피난행위를 하지 않으면 안되도록 만들었기 때문에, 차량손상과 승객의 부상 및 장모가 부상한 교통사고이다. 보험회사가 장모 및 승객의 부상에 대하여 보상책임이 있는가의 여부는 당연히 법률상 관련규정에 따라 판단하여야 할 것이다.

3. 법률규정

1) **≪민법통칙≫제129조** 긴급한 위험을 피하기 위하여 발생한 손해에 대하여 위험을 야기한 사람은 민사상 배상책임이 있다. 만약 그 위험이 자연적으로 발생한 것이라면 긴급피난인은 민사책임을 부담하지 않는다. 긴급피난조치가 부당하거나 상당한 정도를 초과하여 불필요한 손해를 야기한 경우에 긴급피난인은 합리적인 민사책임을 부담하여야 한다.

2) **≪보험법≫제50조** 보험자는 책임보험의 피보험자가 제3자에게 조상한 손해에 대하여 법률이나 약정에 따라 직접 제3자에게 보험금을 지급할 수 있다. 책임보험은 피보험자가 제3자에게 법률의 규정에 따라 부담하는 손해배상책임을 보험목적으로 하는 보험이다.

3) **≪보험회사 관리규정≫(중국 보감회령 2004년 제3호) 제47조** 보감회의 심사를 거쳐 재산보험회사는 다음과 같은 업무의 전부 또는 일부를 영위할 수 있다.…

② 책임보험

③ 법정책임보험

4) **중국 보감회 ≪책임보험과 상해보험의 경계에 관한 통지≫**(1999년 12월 15일 발표)

각 보험회사 : 보험영업에 대한 보다 발전적인 규제와 보험시장의 질서유지를 위하여, 현재의 책임보험과 상해보험의 경계에 관한 의문

에 대하여 다음과 같이 통지한다.

① ≪보험법≫제91조의 규정에 따라 책임보험은 재산보험에 속하는 것으로 재산보험회사가 영위한다. 상해보험은 인보험업무에 속하는 것으로 생명보험회사가 영위한다. 피보험자의 불법행위로 조성된 제3자의 인신손해는 법률에 따라 민사상 배상책임을 부담하는 행위를 보험의 목적으로 하는 책임보험에 속한다.

② 책임보험과 상해보험의 경계의 원칙

ㄱ. 책임보험의 보험목적은 피보험자가 법률에 따라 제3자에게 민사배상책임을 부담하는 것이고, 상해보험의 보험목적은 피보험자의 신체와 생명이다.

ㄴ. 책임보험의 피보험자는 자연인이고 법인도 가능하고 민사배상책임을 부담할 수 있는 자이다. 상해보험의 피보험자는 오직 자연인이고 우연히 상해를 입을 수 있는 자이다.

ㄷ. 책임보험은 피보험자가 제3자에 대하여 법률상 민사배상책임을 부담하게 되는 경우에만 보험자는 보험금지급책임을 부담한다. 상해보험은 사고의 원인을 불문하고, 보험책임 범위 내의 사고가 발생하여 피보험자의 사망, 상해, 장해 등을 야기한 경우라면 보험자는 항상 지급책임을 부담한다.

ㄹ. 책임보험은 실손보상이 원칙이 적용된다. 책임보험의 보험금액은 보상한도액이며, 보험사고 발생 후 보험자가 피보험자가 제3자에게 실제로 배상한 민사책임액을 보험금으로 지급하며, 보험자의 보상금액은 보험금액을 한도로 한다. 보험금을 지급한 후 법률의 규정에 따라 대위권을 행사할 수 있다. 상해보험은 정액급부의 원칙이 적용된다. 보상금액은 보험계약에서 규정한 사망, 상해, 장해의 정도를 표준으로 하여 보험금을 지급하며, 보험자는 보험금 지급 후 대위권을 행사할 수 없다.

ㅁ. 책임보험의 보험계약자는 피보험자와 일반적으로 동일인이며, 보험료지급의무자이다. 상해보험의 보험계약자는 자기를 위하여 혹은 피보험이익이 있는 타인을 위하여 보험가입이 가능하며, 보험계약자와 피보험자를 동일인으로 하거나(피보험자가 보험료 납부 의무자) 혹은 다른 사람으로 하여도 무방하다(이 경우 피보험자는 보험료납부 의무자가 아니다).

4. 학리분석

이 사건에서 법원의 결정은 타당했다. 책임보험에서의 '책임'은 다음과 같이 여러 가지 의미로 이해된다. (1) 피보험자가 제3자에게 야기한 인신사상 혹은 재산손실에 대하여 법률에 따라 부담하는 경제적 책임. (2) 피보험자의 근로자 혹은 그가 소유하고 있는 물건에 대한 책임 (3) 피보험자가 제3자에게 야기한 손해가 원인이 되어 중재 혹은 소송이 제기된 경우 피보험자가 지급한 중재 혹은 소송비용 및 기타 필요하고 합리적인 비용. (4) 피보험자가 약정에 따라 부담하는 계약불이행책임.

위의 상황에 대하여 보험자는 모두 보험금지급이란 보상책임을 부담하는가? 이것은 책임보험의 구성요건과 관련하여 논의되어야 한다. 책임보험에서 보험자의 책임은 피보험자가 제3자에게 법률에 따라 부담하는 민사배상책임을 기초로 하고 있어, 결국 민사배상책임이 반드시 요구되는 구성요건이다.

우선, 피보험자가 제3자에 대하여 배상책임을 부담하여야 한다. 즉 피보험자가 제3자로부터 배상청구를 받은 경우 회피할 수 없는 경우여야 한다. 피보험자 자신이 상해를 입은 경우 책임보험의 보험자는 보상책임이 없다.

둘째, 반드시 민사배상책임이어야 한다. 피보험자가 부담하는 책임이 형사책임 혹은 행정책임일 경우 보험자는 보상책임이 없다.

셋째, 반드시 법에 의한 책임이어야 한다. 민사책임은 계약으로 생긴 책임과 법률규정에 의하여 발생한 책임으로 나눌 수 있는데, 책임보험의 보험목적의 범위는 오직 법률의 규정의 의하여 발생하는 책임에 한한다.

앞에서 열거한 세 가지 요건이 모두 충족되는 경우 보험자는 책임보험의 보상책임을 부담하여야 한다. 피보험자가 약정에 의하여 부담하기로 한 계약위반책임은 책임보험의 보험목적이 될 수 없다.

중국 보감회에서 1999년 발표한 ≪책임보험과 상해보험의 경계에 대한 통지≫제2조에서는 다음과 같이 규정하고 있다. ① 책임보험의 보험목적은 피보험자가 법률에 따라 제3자에게 민사배상책임을 부담하는 것이고, 상해보험의 보험목적은 피보험자의 신체와 생명이다. ② 책임보험의 피보험자는 자연인이고 법인도 가능하고 민사배상책임을 부담할 수 있는 자이다. 상해보험의 피보험자는 오직 자연인이고 우연히 상해를 입을 수 있는 자이다. ③ 책임보험은 피보험자가 제3자에 대하여 법률상 민사배상책임을 부담하게 되는 경우에만 보험자는 보험금지급책임을 부담한다. 상해보험은 사고의 원인을 불문하고, 보험책임 범위 내의 사고가 발생하여 피보험자의 사망, 상해, 장해 등을 야기한 경우라면 보험자는 항상 지급책임을 부담한다. ④ 책임보험은 실손보상이 원칙이 적용된다. 책임보험의 보험금액은 보상한도액이며, 보험사고 발생 후 보험자가 피보험자가 제3자에게 실제로 배상한 민사책임액을 보험금으로 지급하며, 보험자의 보상금액은 보험금액을 한도로 한다. 보험금을 지급한 후 법률의 규정에 따라 대위권을 행사할 수 있다. 상해보험은 정액급부의 원칙이 적용된다. 보상금액은 보험계약에서 규정한 사망, 상해, 장해의 정도를 표준으로 하여 보험금을 지급하며, 보험자는 보험금 지급 후 대위권을 행사할 수 없다. ⑤책임보험의 보험계약자는 피보험자와 일반적으로 동일인이며, 동시에 보험료지급 의무자이다.

이상을 토대로 이 사건을 검토하여보면, 이모가 추월하면서 상대방 차선을 넘어 마주오던 트랙터와 부딪칠 위험에 처했다. 이때 트랙터 기사 장모가 승용차를 위하기 위해 오른쪽으로 핸들을 급조작하였고 우측으로 전복되어 차량과 승객 1인이 중상을 입었고 장모는 경상을 입게 된 교통사고이다. 위에서 살핀 바에 의하면, 장모가 피하지 않았다면 두 대의 차량은 정면으로 충돌하였을 것이고, 중대한 손실을 야기하였을 것이다. 장모의 이러한 행위는 긴급피난의 요건을 갖춘 것이다. 긴급피난은 국가, 공공이익, 본인 혹은 타인의 생명, 신체, 재산과 기타 권리에 발생한 위험을 피하기 위하여 부득이 비교적 손실이 적은 합법적 이익을 침해하는 행위를 말한다. 중국 민법통칙 제129조는 긴급피난으로 생긴 손해는 그러한 위험을 발생시키 자가 배상책임을 부담한다고 규정하고 있다. 만약 손해를 야기한 위험을 발생시킨 자가 책임보험에 가입하고 있다면, 보험자는 피해자가 받은 손실의 범위 내에서 보상할 책임을 부담한다. 따라서 이모가 이 사건에서 야기한 손실에 대하여 보험자는 당연히 보상책임이 있다. 먼저 이 배상책임은 이모가 장모와 장모의 트랙터 승객에 대하여 부담하는 손해배상책임이다. 둘째, 이 배상책임은 민사책임에 속한다. 마지막으로 이 배상책임은 이모가 중국 민법통칙의 규정에 따라 배상책임을 부담하여야 한다. 그러므로 이 사건에서 장모와 장모의 승객이 입은 손실에 대한 배상책임은 이모가 부담하여야 하며, 이모는 제3자배상책임보험의 보험금액 범위 내에서 보험회사로부터 장모가 긴급피난행위로 조성한 손실액 1.8만 위안 전액의 지급을 받을 수 있다.

5. 연습문제

1998년 12월 2일 17시 경, 호북성 모 시의 유모(차량손해 및 제3자 책임보험 피보험자)가 2종면허증을 소유하고 소형버스를 운전하던 중 날씨가 춥고 길이 미끄러워, 급회전을 하면서 황모가 운전하던 삼륜차와 스치면서, 삼륜차가 파손되고 2명의 승객과 황모가 부상을 입게 되었다. 교통경찰서에서 이 사건을 조사한 후, 유모가 이 사건에 대한 모든 책임이 있다고 하였으며, 손실액은 6,000위안이었다. 사고처리 후 유모는 제3자책임손실을 보험자에게 신속하게 청구하였으나, 보험회사가 심리 후에 두 차량이 충돌하지 않았다는 점 및 긴급피난이 필요한 정도를 초과하였다는 이유로 보상을 거절하였다. 쌍방에 분쟁이 발생하였다.

[문] 1. 유모의 긴급피난행위가 필요한 정도를 초과하였는가?
2. 유모는 보험회사에 대하여 보험금청구를 할 수 있는가?

제 8 절 보험자의 대위권

보험제도에서 보험자와 보험계약자는 보험계약을 체결함으로써 채권채무관계를 생성하게 되고, 보험자는 피보험자에 대하여 보험사고로 입게 된 경제적 손실을 보상할 책임이 있고, 보험자가 보상하는 사고가 통상적으로 제3자에 의하여 일어날 경우, 제3자는 피보험자에게 법률상 혹은 계약상의 책임을 부담하게 되어, 보험자가 피보험자에게 보험금을 지급한 후에는 제3자 대하여 대위권을 취득한다. 이 권리는 보험법의 기본원칙, 실손보상의 원칙에 의하여 인정된다. 실손보상원칙이란 보험기간 중에 발생한 보험사고로 보험계약자 혹은 피보험자가 손해를 입은 경우 보험자는 책임범위 내에서 보험계약자 혹은 피보험자가 입은 실제 손해에 대하여 보상한다는 원칙이다. 이 원칙은 보험의 경제적 보상 기능과 동시에 보험자가 대위권을 취득하는 합리적인 근거가 된다. 보험계약은 일종의 실손보상계약이므로, 피보험자가 얻은 보상은 피보험이익을 넘어서 획득될 수 없고, 보험목적에 보험사고가 발생하여 손실을 입은 경우, 만약 사고가 제3자의 행위로 발생한 것이라면, 피보험자는 제3자에 대한 손해배상청구가 가능한 동시에 보험자로부터 손해액에 대한 보험금을 수령하게 되면, 피보험자는 손실의 2배에 달하는 보상을 얻을 수 있게 되므로, 제3자에 대한 배상청구권은 보험자에게 전가되어야 하는 것이다.

보험자 대위권은 보험자가 법률의 규정에 의하여 향유하는 권리이므로, 그 성질은 피보험자가 제3자에 대하여 가지는 배상청구권에 속하는 것이다. 피보험자가 제3자에 대하여 가지는 배상청구권이 불법행위 배상청구권이건 채무불이행 배상책임이건 기타의 배상청구권이건 불문하고 모두 채권적 청구권으로서 소송 시 소멸시효의 제한을 받는다. 중국보험법은 보험자 대위권의 소멸시효기간에 대한 명확한 규정을 두고 있지는 않지만, 보험자의 대위권을 피보험자가 제3자에 대하여 가지는 배상청구권에 속한다고 보면 대위권의 시효는 피보험자의 제3자에 대한 배상청구권의 시효규정을 적용받을 수 있을 것이다.

또 하나 주의할 문제는 중국≪보험법≫제45조에서 규정한 대위권은 물건에 대한 대위에는 미치지 않는다는 것이다. ≪보험법≫제44조는 보험자가 보험금액 전부를 지급하였고, 지급보험금액이 보험가액과 동일한 경우 보험목적에 대한 권리는 전부 보험자에게 이전한다. 이 경우 보험자는 보험목적물에 대한 소유권을 취득한다고 규정하고 있기 때문이다. 이 규정 역시 보험자의 대위권에 대한 규정으로 다만 물건에 대한 대위에 불과하고, 제45조는 보험자가 피보험자의 제3자에 대한 채권청구권을 취득한다고 규정하고 있다. 한편 중국 해상법은 해상보험에 관한 장에서 위부제도에 대한 특별규정을 두고 있다. 위부는 해상보험에 특유한 역사적 산물인 법률제도인데, 해상보험의 보상방법의 구체적인 한 방법이다. 즉 보험사고가 발생하여 보험목적에 추정전손이 있는 경우에 피보험자는 이 보험목적에 대한 일체의 권리를 보험자에게 양도한다는 명시적인 표현을 하고 보험자에 대하여 보험금액 전액에 대하여 지급청구권을 행사할 수 있다는 의미이다.

1. 사건의 개요

류모는 각처에서 돈을 빌려 화물차 1대를 구입하여, 운송에 사용하였다. 1996년 4월 11일, 류모는 화물자에 시멘트를 싣고 가던 중 앞서 가던 경찰차를 피하던 중, 적절한 조치를 하지 못하고 빗길에 미끄러지면서, 화물차에 연결되어있던 트레일러가 도로상에 전복되었고, 맞은편에서 운행하던 모 무역회사의 대형 화물차와 충돌하여 이 차의 기사가 부상을 입고 차량과 적재 화물도 크게 부서졌다. 당지 경찰은 현장조사를 통하여 이 사고에 대한 책임이 전적으로 류모에게 있음을 인정하면서, 류모는 모두 2만 4천 위안을 배상하여야 한다고 결정하였다. 그러나 류모는 자동차 보험에 가입하지 않았고 가정도 어려워 배상할 능력이 전혀 없었다. 무역회사는 가해운전자로부터 전혀 배상을 받을 수 없는 상황 하에서, 자신이 당지 보험회사에 가입한 차량보험, 운송인책임보험 및 제3자책임보험에 가입한 보험계약을 기초로 보험자에게 보험금의 지급을 청구하였다. 보험회사는 사고의 경과를 조사한 후 이 사고가 보험사고에 속하므로 무역회사에 대하여 보험금을 지급하였다. 그 후, 보험회사는 무역회사가 류모에 대하여 가지는 배상청구권을 보험자 자신에게 양도할 것을 요구하였고, 무역회사는 이 권리는 자신의 고유의 권리라고 생각하여 보험회사에게 양도하는 것을 동의하지 않자, 보험회사가 소송을 제기하였다. 법원은 심리를 거쳐, 보험회사다 무역회사에 대하여 보험금을 지급한 후에는 가해 제3자에 대한 대위권을 취득하게 된다는 이유로 보험회사는 류모에게 대위권을 행사할 수 있다고 판시하였다.[22)]

2. 쟁점사항

보험자대위권은 보험자가 피보험자의 손해를 보상한 후에 피보험자의 지위를 대신 취득하여 피보험자가 이 손실이 가져 온 각종의 권리를 취득하고, 배상책임을 부담하여야 하는 제3자에게 구상권을 행사하는 것이다. 대위권은 그 성질상 권리의 이전의 일종으로, 피보험자가 재산손실을 이유로 보험자로부터 보상을 받은 후, 자신이 제3자에 대하여 자기고 있는 배상청구권을 보험자에게 이전시키는 것이다. 보험자는 권리를 취득한 후, 자기를 피보험자의 지위에 두고 가해 제3자에 대하여 배상청구를 하게 된다. 중국≪보험법≫제45조 제1항은 제3자가 보험목적에 대하여 손해를 가하여 보험사고를 야기한 경우에 보험자는 피보험자에게 보험금을 지급한 날로부터 지급한 보험금이 범위 내에서 피보험자가 제3자에 대하여 가지는 배상청구권을 대위행사할 수 있다고 규정하고 있다.

이 사건에서 법원의 판결이 정확한 것인가의 여부는 관련 법률 규정에 따라 판단하여야 할 것이다.

---

22) 阙小冬季：≪保险案例精选精评≫,江西高校出版社, 2000, 第85页.

3. 법률규정

1) **≪보험법≫제45조** 제3자가 보험목적에 대하여 손해를 가하여 보험사고를 야기한 경우에 보험자는 피보험자에게 보험금을 지급한 날로부터 지급한 보험금이 범위 내에서 피보험자가 제3자에 대하여 가지는 배상청구권을 대위행사할 수 있다

2) **≪해상법≫제249조** 보험목적에 추정전손이 발생하여, 피보험자가 보험자에게 보험금액의 전부지급을 요청할 경우에는 보험자에 대하여 보험목적을 위부하여야 한다. 보험자는 위부신청을 접수하거나 거절할 수 있으며, 합리적인 기간 내에 위부의 거절여부를 피보험자에게 통지하여야 한다. 위부는 무조건이어야 한다. 보험자가 위부를 접수한 경우에는 이를 철회하지 못한다.

3) **≪해상법≫제250조** 보험자가 위부를 접수한 경우 위부 재산에 대한 피보험자의 모든 권리와 의무는 보험자에게 이전한다.

4) **≪해상법≫제252조** 보험목적에 담보책임 범위 내의 사고가 제3자의 행위로 발생한 경우에 피보험자가 제3자에 대하여 가지는 손해배상청구권은 보험자가 보험금을 지급한 날로부터 보험자에게 이전한다. 피보험자는 보험자에게 필요한 서류와 기타 알고 있는 상황에 대한 정보를 제공함으로써 보험자의 제3자에 대한 구상에 조력하여야 한다.

4. 학리분석

이 사건에서 법원의 판결은 타당하다. 재산보험에서 보험사고가 제3자의 행위로 인하여 발생한 경우, 보험금을 지급한 보험자는 지급한 보험금의 범위 내에서 피보험자가 제3자에 대하여 가지는 손해배상청구권을 취득하게 되는데 이를 보험자의 대위권이라 한다. 보험자의 대

위권 행사요건은 다음과 같다.

첫째, 보험사고의 발생이 반드시 제3자의 행위로 기인하여야 한다. 즉 피보험자가 보험사고에 대하여 제3자에게 손해배상청구권을 가지는 것은 오직 제3자의 행위로 보험사고가 발생하여 제3자가 배상책임을 부담하게 되는 경우에만 인정되는 것으로, 이것이 보험자가 구상권을 행사할 수 있는 전제조건이다. 또한 발생한 보험사고가 보험자의 담보책임범위에 속하는 것이어야 하며, 만약 발생한 사고가 보험사고가 아니라면 보험자와 관계없고 오직 피보험자가 가해자에 대하여 직접 손해배상청구를 하여야 하므로, 보험자 대위권의 문제는 발생하지 않는다.

둘째, 보험자가 보험금을 지급하였어야 한다. 보험자가 피보험자에 대한 보험금을 지급하기 전에는 보험목적의 손상에 대하여 제3자에게 구상권을 행사할 수 없다. 이것은 대위권이 발생하기 위해서는 보험자가 피보험자에게 보험금을 지급하였을 것을 전제로 함을 의미한다. 그렇지 않으면, 피보험자는 손해배상청구권을 보험자에게 양도하지 않아 보험자는 이 권리를 향유할 수 없다. 여기서 고찰할 필요가 있는 하나의 문제는 보험자가 대위권을 취득하기 위해서는 피보험자가 입은 실제 경제적 손실을 모두 보상하였어야 하는가? 라는 점이다. 이 문제 대하여는 보험자가 대위권을 취득하기 위해서는 피보험자의 손실을 전부 보상하여야 한다는 견해와 전부 보상을 할 필요는 없다는 견해의 두 가지가 대립하고 있다. 필자는 두 번째 견해에 찬성한다. 그 이유는 피보험자가 실제 입은 경제적 손실은 보험재산에 대한 직접적인 손실뿐만 아니라 간접손실 및 보험자가 보상할 필요가 없는 보험금액을 초과하는 손실도 있기 때문에, 피보험자가 이러한 간접손실이나 보험금액 초과 손실에 대하여 완전히 보상받지 못하였다는 이유로 제3자에 대한 손해배상청구권을 보험자에게 이전됨을 거절할 수는 없다고 보아야하기 때문이다.

셋째, 피보험자가 보험금을 수령한 경우에 구상권은 보험자에게 자동으로 이전한다. 일반적으로 피보험자가 보험금을 수령한 후 권리양도서를 작성하여 권리의 이전을 증명하고 보험자는 제3자에게 증명한 후 구상권을 행사한다.

이 사건에서 무역회사의 화물차는 류모의 불법행위로 인하여 손상되었기 때문에 무역회사는 류모에 대한 손해배상청구권을 가진다. 그러나 류모의 가계가 곤란하여 배상능력이 없어 무역회사는 자신이 가입한 자동차보험회사에 보상을 청구하였다. 무역회사는 차량보험, 운송인책임보험 및 제3자책임보험에 가입하고 있으며, 이건 사고는 보험사고의 범위에 속하는 것으로 보험회사는 당연히 보상책임이 있다. 또한 보험회사는 무역회사에 대하여 보험금을 지급한 후 류모에 대하여 구상권을 취득한다.

5. 연습문제

독일 MY회사(수출상)와 건고상해회사(수입상)는 CIF조건으로 매매계약을 체결하였다. 화물은 콘테이너로 포장하여 독일에서 상해까지 해상운송한 후 수입상으로 지정된 건고상해회사에 인도한다. 화물은 상해 도착한 후, 수화인은 항만에서 화물을 제공받아 그 소재지의 모 장소에 적재하였다. 상해신흥기술개발구연합발전유한회사(이하 연합회사)가 수화인을 위해 이곳에서 컨테이너를 분리하던 중 화물이 땅에 떨어져 전손이 발생하였다. 화물은 운송 전에 MY회사가 독일의 모 보험회사에 보험가입을 하였고 보험회사는 MY회사에 해상화물운송보험증권을 발급하였다. 증권의 뒷면에는 보험증권의 소지인을 피보험자로 한다. 보험기간은 창고에서 창고까지이며, 도착지의 창고가 기재되지 않은 경우에는 화물의 존재 장소를 말한다고 기재되어 있었다. 사고 발생 후 보험회사는 MY회사에 19만 마르크의 보험금을 지급한 후 권리양도증명서를 발급받아, 연합회사에 대하여 해상화물운송보험계약상의 보험자 대위권을 행사하였다.

[문] 1. MY회사는 보험자에 대하여 보험금을 청구할 수 있는가?
2. 보험회사는 MY공사에 대하여 보험금을 지급한 후 연합회사에 대하여 대위권을 행사할 수 있는가?
3. 건고상해회사는 보험회사에 대하여 보험금을 청구할 수 있는가?

제 9 절 보험자의 대위권 행사 제한

재산보험계약에서 보험자는 피보험자에게 보험금을 지급한 후, 피보험자의 지위를 대신 취득하게 되며 보험사고를 야기한 가해 제3자에 대하여 구상권을 행사할 수 있다. 이러한 권리를 보험자 대위권이라 한다. 보험자의 대위권은 실질상 권리의 양도이며, 피보험자가 보험자로부터 보험금을 지급받은 후 자신의 제3자에 대한 손해배상청구권을 보험자에게 양도하는 것이다. 보험자는 이 권리를 양도받은 후 자신이 피보험자의 지위에서 배상책임있는 제3자에게 구상권을 행사한다.

보험자의 대위권이 제한되는 예외적인 경우가 있다. 피보험자의 가족 또는 가정구성원이 고의로 보험사고를 야기한 경우를 제외하고 보험자는 피보험자의 가족 또는 그 구성원에 대하여 대위권을 행사할 수 없다. 여기서 말하는 가족은 부부, 부모, 자녀를 말한다. 가족구성원은 위에서 설명한 가족이외의 사람으로 조부모, 외조부모, 손자녀, 외손자녀, 형제자매 등을 말한다. 통상 가족 및 가족구성원은 생활을 함께 하며 상호간에 공동의 재산이익을 가지고 있다. 따라서 가족이나 가족구성원의 행위로 보험사고가 발생한 경우 보험자가 보험금을 지급한 후, 이들에 대하여 구상권을 다시 행사하게 되면, 왼쪽 주머니에 넣은 돈을 오른 쪽 주머니에서 꺼내는 것으로 보험계약자가 보험계약 체결 시 얻고자 하였던 목적을 달성할 수 있는 방법은 없어지게 된다. 그러므로 중국보험법은 피보험자의 가족이나 가정구성원이 고의로 보험사고를 야기한 경우에만 보험자는 이들에 대한 구상권을 취득할 뿐, 그렇지 않으면 보험자는 대위권을 행사할 수 없다고 규정하고 있다. 피보험자의 가족 등이 고의로 보험사고를 야기한 경우에는 보험보호의 필요성이 없으며, 도덕적 위험을 방지하여야 한다는 보험의 보충작용에도 부합되는 것이다.

1. 사건의 개요

호모는 자신이 살고 있는 곳의 모 보험회사와 가정재산보험계약을 체결하였다. 보험목적은 주방, 가정재산, 보험금액 2만 위안, 보험기간 1999년 5월 1일부터 2000년 4월 30일까지이다. 호모에게는 20세의 정신질환을 앓는 딸이 하나 있는데 지금까지 집에서 지내고 있다. 1999년 10월 1일 호모가 외출하고 그 딸이 혼자 집에 있게 되었다. 딸의 정신병이 발작하여 가구에 불을 질러 호모의 집과 가재도구 일체를 모두 태워 약 4만 위안의 손해를 가져왔다. 호모는 보험회사에 보상청구를 하였고, 보험회사는 현장에 조사를 하던 중 호모의 딸이 방화하여 집을 불태운 것을 발견하고는 이를 이유로 보험보상을 거절하였다. 호모는 법원에 제소하였고, 법원은 심리를 거쳐 호모의 딸은 정신질환자로 민법에서 규정하고 있는 행위무능력자이며, 이들은 자신의 행위의 성질을 이해하지 못하고 있어 그 행위는 고의에 속한다고 할 수 없다고 판시하였다. 이 사건은 ≪가정재산종합보험약관≫제6조 규정의 제외책임이며 보험자는 보험금을 지급하여야 한다.

2. 쟁점사항

중국≪보험법≫제45조가 보험자에게 대위권을 부여하고 있기는 하지만, 동시에 제47조에서 보험자의 대위권 행사에 대한 제한을 규정하고 있다. 즉 피보험자의 가족 및 가정구성원이 고의로 보험사고를 야기한 경우를 제외하고 보험자는 상술한 사람에 대하여 구성권을 행사할 수 없다. 이 사건에서 법원의 판결이 타당한가의 여부는 관련 법률 규정에 따라 판단하여야 할 것이다.

3. 법률규정

1) **≪보험법≫제45조** 제3자가 보험목적에 대하여 손해를 가하여 보험사고를 야기한 경우에 보험자는 피보험자에게 보험금을 지급한 날로부터 지급한 보험금이 범위 내에서 피보험자가 제3자에 대하여 가지는 배상청구권을 대위행사할 수 있다.

전항규정의 보험사고가 발생한 후 피보험자가 이미 제3자로부터 손해배상을 받은 경우에는 보험자는 보험금 지급 시에 그 금액에 상당하는 보험금을 감액하여 지급할 수 있다.

보험자는 제1항에 따른 보험자 대위권을 행사할 경우, 피보험자가 아직 보상받지 못한 부분에 대하여는 제3자에 대한 손해배상청구권에 영향을 주지 않는다.

2) **≪보험법≫제47조** 피보험자의 가족 혹은 가정구성원이 고의로 제45조 지1항에서 규정한 보험사고를 야기한 경우를 제외하고, 보험자

는 피보험자의 가족 혹은 그 가정구성원에 대하여 구상권을 행사할 수 없다.

4. 학리분석

이 사건에서 법원의 판결은 타당했다. 재산보험에서 보험사고가 제3자의 행위로 인하여 발생한 경우, 보험금을 지급한 보험자는 지급한 보험금의 범위 내에서 피보험자가 제3자에 대하여 가지는 손해배상청구권을 취득한다. 그러나 대위권의 행사에는 일정한 제한이 존재하는데, 피보험자의 가족 혹은 그 가정구성원이 고의로 보험사고를 야기한 경우를 제외하고 보험자는 이들에 대하여 구상권을 행사할 수 없다는 것이다.

각국 보험법은 대부분 이러한 조항을 두고 있다. 즉 보험자가 피보험자의 손실을 보상한 경우에도 특수한 신분관계에 있는 자에 대하여는 구상할 수 없다는 것이다. 특수신분관계에 있는 가해자의 범위에 대하여 국가별로 혹은 지역별로 법률의 규정이 조금씩 다르다. 독일 보험계약법은 '보험계약자와 동거하는 가족'으로 규정하고 있고, 대만의 보험법은 '피보험자의 가족 및 피용인'으로 규정하고 있으며, 호주 보험계약법은 '가정구성원 혹은 사실관계자, 보험계약자가 그 자동차를 사용하도록 허락한 자 및 보험계약자의 피용인'으로 규정하고 있다.[23] 당연히 위의 규정들은 제3자의 비고의행위에만 적용된다. 만약 제3자의 고의행위가 손해를 야기한 경우에는 이들 규정은 적용이 없다. 중국≪보험법≫제47조 역시 보험자의 대위권 행사의 제한을 규정하고 있으며, 이러한 제한은 반드시 두 가지 요건이 충족된 경우에만 적용된다. (1) 보험자가 대위권을 행사할 대상이 피보험자의 가족 혹

23) 邓成明, ≪中国保险法制度比较研究≫, 知识产权出版社, 2002, 第95页.

은 그 가정구성원이어야 한다. 가족 혹은 가정구성원에 대하여는 앞에서 상세히 언급한 것과 같지만, 외국의 입법례와 비교하여 볼 때 중국법의 제한범위가 더 좁은 것을 알 수 있다. 이것은 피보험자의 이익을 충분히 보호할 수 없다. 따라서 필자는 '가정구성원'의 문자를 확대해석하여야 한다고 생각한다. 피보험자가 기업 혹은 단체인 경우에는 구성원의 범위에는 당연히 기업 혹은 단체의 모든 직원이 포함되며, 피보험자가 고용주인 경우에는 구성원의 범위에는 고용주가 당해 자동차의 사용을 허락한 사람 및 보험계약자의 피용인이 포함된다고 해석하는 것이다. 이 외에도 구성원의 범위는 쌍방당사자가 계약에서 자유로이 약정할 수 있을 것이다. (2) 위의 가족 혹은 그 가정구성원이 보험사고를 야기한 것이 고의가 아니어야 한다. 피보험자의 가족 또는 그 가정구성원이 고의행위로 보험사고를 야기한 경우라면, 보험자는 여전히 이들에 대하여 구상권을 행사할 수 있다. 여기서 주의할 것은 모든 고의행위가 보험사고를 발생한 경우 보험자가 대위권을 행사할 수 있는 것은 아니라는 점이다. 만약 피보험자의 가족 혹은 그 가정구성원이 긴급피난과 같이 도덕상의 의무를 이행하기 위한 경우라면 고의가 있는 경우에도 보험자는 대위권을 행사할 수 없다. 그 밖에 중국의 법률상 '중대한 과실'행위로 사고가 초래된 경우와 '고의'행위로 사고가 야기된 경우를 동일하게 취급하고 있으므로, 보험사고가 중대한 과실로 발생한 경우에도 피보험자의 가족 혹은 그 가정구성원에게 대위권을 행사할 수 있다는 것이다.

이 사건에서 호모가 보험회사에 가정재산보험을 부보하였고, 자신의 주택과 가재도구를 보험의 목적으로 하여 보험금액 2만 위안의 보험에 가입하였다. 그 후 호모가 외출한 사이, 정신질환이 있는 딸이 혼자 집에 있게 되었고, 이 딸의 정신병이 발작하여 가구에 불을 질러 호모의 주택과 가재도구 전부를 소실케하였다. 호모가 부보한 보험목적이 화재로 손실되었고 이는 보험회사의 담보책임의 범위에 속하는 것이다. 단, 중국 ≪가정재산종합보험약관≫제6조에서 피보험자 및 그 가정구성원, 동거인, 피용인 등의 위법, 범죄행위 혹은 고의행위로 인하여 보험목적에 발생한 손실에 대하여 보험자는 보상책임을 부담하지 않는다고 규정하고 있다. 이 사건에서 호모의 딸은 가구에 불을 질러 호모의 부보재산 전부에 손해를 입혔다. 그 딸은 정신질환이 있으며, 이러한 자들은 자신의 행위의 결과를 판단할 수 없으며, 중국 민법에 의하면 그녀는 행위무능력자에 속하고 따라서 호모의 딸의 방화행위를 고의에 의한 것이라고 인정할 수 없어 보험회사는 보상책임을 부담하여야 한다. 그 밖에 중국≪보험법≫제47조에서도 피보험자의 가족 혹은 그 가정구성원이 고의로 보험사고를 야기한 경우를 제외하고는 이들에 대하여 보험자는 대위권을 행사할 수 없다고 명시하고 있다. 그러므로 이 사건에서 보험회사가 호모에게 보험금을 지급한 후에도 그 딸에게 구상권을 행사할 수 없다.

5. 연습문제

1993년 5월, 장모는 가정재산보험에 가입하였다. 장모의 딸 장홍은 정신분열증으로 집에서 오랫동안 치료를 받아오고 있다. 어느 날 장모가 외출한 사이 장홍은 집에 혼자 있게 되었다. 장홍의 정신병이 발작하여 스스로를 통제하지 못하고, 방에 불을 질러 장모의 새로 지은 기와집과 가재도구 일체를 모두 태워 7,000여 위안의 손실을 가져왔다. 장모는 보험회사에 보상청구를 하였다.

[문] 1. 장모와 보험회사가 체결한 가정재산보험은 유효한가?

2. 장모는 보험회사에 보험금의 지급을 청구할 수 있는가?

3. 보험회사는 장모에게 보험금을 지급한 후, 장홍에게 구상할

수 있는가?

제10절 피보험자가 제3자에 대한 권리를 포기한 경우의 법률 효과

피보험자의 재산손실이 제3자의 불법행위로 발생한 경우에는 피보험자는 두 가지 선택을 할 수 있다. 제3자에게 손해배상책임을 부담을 요구하거나 보험자에게 보험금지급을 청구하는 것이다. 보험사고 발생 후에 보험자가 보험금을 지급하기 전에 피보험자가 제3자에 대한 손해배상청구권을 포기한 경우라면 보험자는 보험금지급 책임을 부담하지 않는다. 만약 보험자가 피보험자에게 보험금을 지급한 후 피보험자가 보험자의 동의 없이 제3자에 대한 손비배상청구권을 포기한 경우라면 이 행위는 무효이다.

중국≪보험법≫제46조는 피보험자가 보험자의 동의 없이 제3자에 대한 손해배상청구권을 포기한 경우에 그 행위에 대한 법률 효과를 다음과 같이 두 가지로 규정하고 있다.

1) 보험사고 발생 후 보험금 지급 전. ≪보험법≫제46조 제1항에서 보험사고가 발생하고 보험자가 아직 보험금을 지급하기 전에 피보험자가 제3자에 대한 손해배상청구권을 포기한 경우 보험자는 보험금지급책임을 부담하지 않는다고 규정하고 있다. 보험자가 아직 보험금을 지급하기 전에는 만약 피보험자가 제3자에 대한 손해배상청구권을 포기한다면 보험자가 보험금을 지급한 이후에 제3자에 대하여 구상권을 행사할 수 있는 방법이 없게 된다. 이것은 보험자의 이익을 심각하게 침해할 수 있어 보험법은 이런 경우 보험자의 보상책임을 부담하지 않는 것으로 규정한 것이다.

2) 보험자가 보험금을 지급한 후. 중국≪보험법≫제46조 제2항에서는 보험자가 피보험자에게 보험금을 지급한 이후에 피보험자가 보험자의 동의를 얻지 않고 제3자에 대한 손해배상청구권을 포기한 경우에 그 행위는 무효라고 규정하고 있다. 보험사고 발생 후 만약 보험자가 이미 보험금을 지급하였다면 보험자의 대위권은 이미 발생하여 피보험자가 제3자에 대하여 가지는 손해배상청구권은 보험자에게 전가되어 보험자가 그 권리를 향유할 수 있게 된다. 이때 피보험자가 이 권리에 대하여 보험자의 동의 없이 처분을 하는 것은 법률상 효력을 발생할 수 없어, 보험자는 여전히 제3자에 대하여 구상권을 행사할 수 있게 된다.

1. 사건의 개요

2000년 5월, 왕모 위집에 살고 있는 송모는 수돗물을 잠그지 않고 출근하였다. 근무시간이어서 두 집에는 모두 사람이 없었다. 그 결과 왕모의 집은 바닥재, 가전제품 및 기타 몇 가지 가정시설이 파손되어 큰 손실을 입었다. 사고 발생 후에 송모는 왕모에게 보상해준다고 했었다. 하지만 왕모와 송모의 관계는 아주 친하였기 때문에 왕모가 송모에게 보상받지 않았다. 그 후에 왕모는 보험회사에게 보상을 요구했다. 보험회사는 사실 상황을 조사하고 보상금 8천 위안을 보상해준다고 했다. 사고가 송모에 의하여 발생하였기 때문에 보험회사는 왕모에게 권리양도서에 사인하라고 요구했다. 보험회사는 송모에게 구상권을 행사할 작정이었다. 그런데 왕모는 보험회사에 자기가 이미 송모에 대한 배상청구를 포기했다고 알려주었다. 이에 보험회사는 왕모에 대해 보상금 8천 위안의 지급을 거절했고, 왕모는 법원에 제소하였다.

법원 심리를 거친 후, 사고발생 후 왕모는 이미 송모에게 배상청구를 하지 않겠다고 하였기 때문에 보험회사는 보험금의 지급책임을 거절할 수 있다고 판시하였다.

2. 쟁점사항

정상적인 상황에서, 보험사고 발생 후 피보험자는 모두 제3자에게 손해배상청구권을 행사할 수 있을 것이다. 그러나 특수한 사정 하에서는 피보험자가 전적으로 보험회사의 보험금으로 자기의 손실을 보상받을 수 있을 거라 생각하여 제3자에 대한 손해배상청구권을 포기하는 경우도 있을 수 있다. 이 사건에서 왕모는 송모에 대한 배상청구권을 포기하였고, 법원의 판단이 옳은 것인가의 여부는 관련 법률의 규정에 따라 판단하여야 한다.

3. 법률규정

≪보험법≫제46조 보험사고 발생 후 보험금 지급 전. ≪보험법≫제46조 제1항에서 보험사고가 발생하고 보험자가 아직 보험금을 지급하기 전에 피보험자가 제3자에 대한 손해배상청구권을 포기한 경우 보험자는 보험금지급책임을 부담하지 않는다. 보험자가 보험금을 지급한 후. 중국≪보험법≫제46조 제2항에서는 보험자가 피보험자에게 보험금을 지급한 이후에 피보험자가 보험자의 동의를 얻지 않고 제3자에 대한 손해배상청구권을 포기한 경우에 그 행위는 무효이다. 피보험자가 과실로 보험자로 하여금 대위권을 행사할 수 없도록 만든 경우에는 보험자는 그에 상응하는 보험금을 감액하여 지급할 수 있다.

4. 학리분석

이 사건에서 법원의 판결은 타당한 것이다. 재산보험에서 보험사고가 제3자의 행위로 인하여 발생한 경우, 보험금을 지급한 보험자는 지급한 보험금의 범위 내에서 피보험자가 제3자에 대하여 가지는 손해배상청구권을 취득하게 되는데 이를 보험자의 대위권이라 한다. 중국≪보험법≫제45조는 보험자의 대위권에 관하여 상세한 규정을 두고 있다. 즉, 제3자가 보험목적에 대하여 손해를 가하여 보험사고를 야기한 경우에 보험자는 피보험자에게 보험금을 지급한 날로부터 지급한 보험금의 위 내에서 피보험자가 제3자에 대하여 가지는 배상청구권을 대위 행사할 수 있다. 보험법에서 규정한 보험자의 대위권은 크게 두 가지 측면에서 고려하여야 한다. 하나는 보험자에게 대위권을 부여함으로써 피보험자가 보험자의 보험금과 가해자의 배상금을 동시에 취득하여 2배의 보상을 받는 것을 방지하여 실손보상의 원칙을 구현하는 것이다. 또 다른 하나는 피보험자와 제3자가 통정하여 고의로 제3자의 불법행위책임을 면제하는 것을 방지하기 위한 것이다. 보험자의 대위권 행사를 통해, 제3자는 당연히 부담하여야 하는 손해배상책임을 이행하는 것이고, 보험자는 제3자로부터 지급한 보험금을 회수함으로써 보험자의 합법적인 권익을 보호하게 되는 것이다.

보험자의 대위권 행사를 보장하기 위하여, ≪보험법≫제46조 제1항에서 진일보한 규정을 두고 있는데, 보험사고가 발생하고 보험자가 아직 보험금을 지급하기 전에 피보험자가 제3자에 대한 손해배상청구권을 포기한 경우 보험자는 보험금지급책임을 부담하지 않는다. 보험자가 보험금을 지급한 후. 중국≪보험법≫제46조 제2항에서는 보험자가 피보험자에게 보험금을 지급한 이후에 피보험자가 보험자의 동의를 얻지 않고 제3자에 대한 손해배상청구권을 포기한 경우에 그 행위는 무효이다. 피보험자가 과실로 보험자로 하여금 대위권을 행사할 수 없도록 만든 경우에는 보험자는 그에 상응하는 보험금을 감액하여 지급할 수 있다는 내용이 그것이다.

이상을 종합하여 볼 때, 왕모가의 마루바닥, 가전제품과 일체의 생활용품의 손실은 모두 송모의 불법행위로 조성된 것으로, 왕모는 송모에 대하여 손해배상청구권을 가진다. 단 왕모가 자기와 송모의 관계가 매우 좋다는 생각과 자신은 보험회사에 가정재산보험을 가입하고 있어서 충분히 보상받을 수 있을 것이라 생각하고 송모에 대한 손해배상청구권을 포기한 것이다. 이러 사정 하에서 보험회사는 왕모의 권리포기행위로 인하여 송모에 대한 손해배상청구권을 상실하고 말았다. 만약 보험회사가 왕모에게 보험금을 지급한 다음이라면 보험회사가 지출한 보험보상금은 영원히 회수할 수 없게 되어, 보험회사의 경영발전에 중대한 장애를 초래하게 된다. 따라서 ≪보험법≫제46조 제1항의 규정에 따라 보험사고 발생 후 보험자가 보험금을 지급하기 전에 피보험자가 제3자에 대한 손해배상청구권을 포기한 경우라면 보험자는 보험금 지급책임이 없다. 이 사건에서 법원이 보험회사는 보험금 지급청구를 거절할 수 있다고 판시한 것은 타탕한 것이다.

5. 연습문제

장모는 트럭을 이용하여 운송에 종사하고 있다. 1999년 5월 6일, 장모의 트럭은 화물을 가득 적재하고 도로상에서 정상적으로 주행하고 있었다. 맞은편에서 봉고차량 한 대가 오고 있었는데 기사는 음주운전하면서 장모의 트럭과 정면충돌하여 화물차에 큰 손상이 발생하였다. 경찰은 사고를 조사한 후 이 사고의 책임은 전적으로 봉고차 기사에게 있으며, 장모의 손실금 3만 위안을 배상하라고 결정하였다. 그 후 장모는 충돌한 봉고차의 기사가 자기 동생의 친한 친구하는 것을 알게 되었고, 장모는 보험회사에 부보하고 있었기 때문에 그는 직접 보험회사에 3만 위안의 보험금 지급을 청구하였다. 보험회사는 현장에 사람을 보내어 사고를 조사한 후, 보험사고임을 확인하고 장모에게 보험금 3만 위안을 지급하였다. 장모는 보험금을 지급받은 후 기사와 자기 동생과의 관계도 걱정되고 자신은 이미 보험회사에서 손실액을 전부 보상받았다는 생각에 보험자의 동의를 얻지 않고 기사의 손해배상책임을 면제하였다.

[문] 1. 장모의 행위는 중국보험법 어느 규정에 위반되는가?
2. 장모가 기사의 책임을 면제한 것은 유효한가?
3. 보험회사는 계속하여 사고차량 기사에 대하여 구상권을 행사할 수 있는가?

제 11 절 재산중복보험의 법률 효과

세계 각국의 입법례에서 보면, 중복보험은 광의와 협의가 있다. 협의의 중복보험은 보험계약자가 동일한 보험목적, 동일한 피보험이익, 동일한 위험, 동일한 보험기간으로 다수의 보험자와 각각 수개의 보험계약을 체결하고, 그 보험금액의 총액이 보험가액을 초과하는 경우를 말한다. 독일, 프랑스, 일본 및 영미법계 국가가 모두 협의의 중복보험을 채택하고 있다. 광의의 중복보험은 보험계약자가 동일한 보험목적, 동일한 피보험이익, 동일한 보험사고에 대하여 다수의 보험자와 각각 보험계약을 체결하여 이 수개의 보험계약이 모두 동일한 보험기간 내에 효력을 발생하여야 함을 말한다. 광의의 중복보험과 협의의 중복보험이 다른 점은, 협의의 중복보험은 광의의 중복보험 요건을 제외하고 그 보험금액의 총액이 보험가액을 초과하여야 한다는 것을 요구한다는 점이다. 중국≪보험법≫제41조에서 중복보험은 보험계약자가 동일한 보험목적, 피보험이익, 동일한 보험사고에 대하여 각각 2인 이상의 보험자와 보험계약을 체결한 보험이라고 규정하여, 광의의 중복보험을 채택하고 있음을 명확히 알 수 있다. 일반적으로 중복보험이 성립하기 위해서는 다음의 요건이 갖추어져야 한다고 말한다.

첫째, 보험계약자가 다수의 보험자와 다수의 보험계약을 체결하였을 것. 만약 보험계약자가 한 명의 보험자와 한 개 혹은 여러 개의 보험계약을 체결한 경우라면 이것은 여전히 단일보험계약이다. 만약 보험계약자와 수명의 보험자가 하나의 보험계약을 체결하였다면 이것은 공동보험이지 중복보험이 아니다.

둘째, 다수의 보험자가 동일한 피보험이익에 대하여 인수하였을 것. 동일한 피보험이익이란 차주가 동일한 차량에 대하여 그 소유관계에 대하여 수개의 차량보험계약을 체결하는 것이다. 만약 보험계약자가 수명의 보험자와 수개의 보험계약을 체결하였지만 피보험이익이 다를 경우에는 중복보험을 구성하지 않고 각각 관계없는 단독 보험계약이 여러 개 존재하게 된다.

셋째, 보험계약자가 다수의 보험자와 체결한 보험계약이 동일한 보험사고일 것. 만약 보험계약자가 다수의 보험자와 체결한 보험계약의 보험사고가 다르다면, 중복보험이 될 수가 없다. 예를 들어, 누군가가 주택에 대한 화재보험을 A보험회사에 가입하고, B보험회사에 대하여는 수재보험에 가입하고, D보험회사에 대하여 지진보험을 가입하였다면 이것은 중복보험이 아닌 것이다.

넷째, 보험계약자와 다수의 보험자가 체결한 보험계약의 유효기간이 중복될 것. 여기서 말하는 기간의 중복이란 수개의 보험계약의 보험기간이 전적으로 동일하여야 하는 것은 아니고, 일정 기간이라도 동일하면 된다. 다시 말해 동일한 보험기간 내에 효력이 발생한 둘 혹은 둘 이상의 보험계약은 그 선후를 불문하고 중복보험이 되는 것이다.

중국보험법의 관련 규정이 보험법 총칙부분이 아니라 재산보험계약이 장에 규정되어 있는 것은 중복보험이 오직 재산보험에만 적용되고 인보험에는 적용되지 않음을 의미한다.

1. 사건의 개요

곽모는 1998년 1월 31일 당지 보험회사와 도난특약이 있는 가정재산보험계약을 체결하였다. 보험금액 5,000위안, 보험기간 1998년 1월 31일부터 1999년 1월 30일까지로 하였다. 그 후에 곽모의 처가 자신이 다니는 회사에서 도난특약이 있는 가정재산보험에 다시 가입하여 곽모의 보험금액을 3,000위안으로, 보험기간은 1998년 3월 18일부터 1999년 3월 17일까지로 하여 을보험회사에 부보하였다. 1998년 5월 10일 곽모의 집에 도둑이 들었다. 곽모는 공안부에 신고하고 보험회사에 통지하였다. 조사결과 곽모의 피해액은 20,000위안으로, 그중 현금이 7,000위안, 금은보석이 3,000위안, 족자 3,000위안, 캠코드와 양복 등 7,000위안으로 조사되었다. 곽모는 갑과 을 보험회사에 모두 보험금 지급을 청구하였다. 보상절차 진행 중 을보험회사는 곽모가 갑보험회사에 보험계약을 체결하고 그 후에 그의 처가 을보험회사와 보험계약을 체결하였다는 것을 알게되었다. 을보험회사는 이 보험계약은 중복보험으로 뒤에 체결한 보험계약은 무효라고 생각하여 보상을 거절하였다. 곽모는 법원에 제소하였고, 법원은 심리 후에 곽모가 갑과 을 두 개의 보험회사에 부보한 가정재산보험금액의 총액은 8,000위안이며 그가 입은 손실은 20,000위안이다. 두 보험회사의 보상금액의 총액이 손실액을 초과하지 않으므로, 갑과 을 보험회사는 각각 곽모에 대하여

5,000위안과 3,000위안을 지급하라고 판시하였다.[24)]

2. 쟁점사항

중국≪보험법≫제41조에서 중복보험의 보험금액 총액이 보험가액을 초과하는 경우에 각 보험자의 보상금액의 총액은 보험가액을 초과할 수 없다고 규정하고 있다. 보험계약에서 다른 약정이 없는 한, 각 보험자는 그 보험금액과 전체 보험금액의 총액의 비율로 보상책임을 부담하여야 한다. 이 사건에서 법원의 판결이 타당한가의 여부는 반드시 관련 법률의 규정에 따라 판단하여야 한다.

3. 법률의 규정

1) **≪보험법≫제41조** 중복보험의 보험계약자는 중복보험과 관련한 정황을 각 보험자에게 통지하여야 한다. 중복보험의 보험금액 총액이 보험가액을 초과하는 경우에, 각 보험자의 보험금의 합계액이 보험가액을 초과하여서는 안된다. 계약에서 다른 정함이 있는 경우를 제외하고 각 보험자의 책임은 그 보험금액의 보험금액 총액에 대한 비율로서 부담한다. 중복보험은 보험계약자가 동일한 보험목적에 대하여 동일한 피보험이익과 동일한 보험사고를 2인 이상의 보험자와 보험계약을 체결하는 것을 말한다.

2) **중국 보감회 ≪가정재산보험약관에 부가된 귀금속, 현금, 유가증권 도난 특약의 사용정지에 관한 통지≫**(1999년 3월 29일)

중국인민보험회사, 중국태평양보험회사, 중국평안보험주식회사, 회태재산보험주식회사, 천안보험주식회사, 대중보험주식회사, 미국미야

24) http://qzr.51.net/, 圈中人保险网, 案例分析.

보험 상해지사, 일본동경상해화재보험회사 상해지사, 스위스풍태보험주식회사 상해지사, 영국황가태양보험주식회사 상해지사 : 1996년 당초 중국인민은행 상해지사의 허가를 얻어 ≪가정재산보험약관에 부가된 귀금속, 현금, 유가증권 도난 특약≫이 상해에서 사용되고 있었다. 최근 우리 부서는 이 약관의 설계가 완전하지 않음을 발견하였다. 즉 보험목적인 귀금속, 유가증권의 가치를 확정하기가 어렵고, 보험목적인 현금의 손실에 대하여는 피보험자의 도덕적 위험을 방지하기가 더욱 어렵다. 따라서 이 약관을 가정재산보험에 부적절하다. 검토를 거쳐 이 통지가 도달한 날로부터 각 보험회사는 즉시 이 부가약관의 사용을 정지하여야 한다.

4. 학리분석

이 사건에서 법원의 판결은 잘못된 것이다. 통상적으로, 보험계약자는 하나의 피보험이익에 대하여 한 번의 보험사고를 1인의 보험화사와 보험계약을 체결한다. 그러나 개별사정이 있는 경우, 보험계약자는 하나의 보험목적에 대하여, 피보험이익과 보험사고가 동일한 보험계약을 다수의 보험자와 체결하는 경우도 있는데, 이것이 중복보험이다.

중국보험법은 광의의 중복보험 개념을 채택하고 있으며, 관련 규정에 따라 중복보험의 효력은 그 보험금액의 총액이 보험가액을 초과하느냐의 여부에 따라 다르다. 중복보험금액의 총액이 보험가액을 초과하지 않는 경우에는 수개의 보험계약의 변존으로 되어, 이 보험계약은 각각 모두 유효하다. 그러나 보험금액의 총액이 보험가액을 초과하는 경우에는 계약에서 다른 정함이 없는 한, 보험목적의 전부 가치에 대하여 각자의 보험금액의 비율로 보상책임을 분담한다. 단 각 보험자의 보상금액의 총액이 보험가액을 초과하여서는 안된다. 보험법에서 이러한 규정을 두고 있는 입법취지는 보험보상의 원칙, 즉 피보험자가 보험가액을 초과하는 보상을 받을 수 없다는 원칙에 근거하고 있다. 만약 피보험자가 보험가액을 초과하는 보상을 받을 수 있다면 피보험자는 보험제도를 통하여 부당이익을 얻을 수 있을 뿐만 아니라, 하나의 보험목적에 대하여 다수의 중복보험을 체결하였다가 고의로 보험사고를 야기하여 거액의 보험금을 수령하려고 하는 도덕적 위험을 야기할 수도 있기 때문이다.

중국≪보험법≫제41조에서 중복보험의 보험금액이 보험가액을 초과하는 경우에는 각 보험자의 보상책임은 그 보험금액의 보험금액 총액에 대한 비율로 분담한다고 규정하고 있는 이유이다.

이 사건에 관하여 구체적으로 적용하여 보면, 곽모는 1998년 1월 30일 당지의 갑 보험회사와 도난보험특약이 있는 가정재산보험계약을 체결하였다. 보험금액은 5,000위안이고 보험기간은 1998년 1월 31일부터 1999년 1월 30일까지이다. 그 후 곽모의 부인이 직장에서 전제 직원을 위하여 을 보험회사에 도난특약이 있는 가정재산보험에 부보하여 주었는데, 곽모의 집은 보험금액 3,000위안 보험기간은 1998년 3월 18일부터 1999년 3월 17일까지였다. 즉 곽모와 그의 부인의 회사는 각각 곽모의 집에 대하여 도난특약이 있는 가정재산보험계약에 동시에 가입하였으며, 두 개의 보험계약은 실제로 1998년 3월 18일부터 1999년 1월 30일까지 기간이 중첩되어, 중복보험이 되는 것이다. 보험사고가 발생하고 우선 곽모의 손실액 산정이 요구된다. 중국의 ≪가정재산보험약관≫제3조는 금은, 보석, 주옥, 화폐, 유가증권, 채권, 우표, 골동품, 고서, 글자, 문서, 서적, 기술 정보, 도표, 가축, 꽃, 나무, 물고기, 새, 분재 등등 가치산정이 불가능한 재산은 재산보험에 부보할 수 없어 재산보험의 담보범위에 속하지 않는다고 규정하고 있다. 1996년 중국인민은행 상해지점의 허가를 얻어 ≪가정재산보험약관에 부가된 귀금속, 현금, 유가증권 도난 특약≫이 이미 상해시장에서 적용되고 있지만, 이 약관의 적용과정에서 많은 문제가 야기되었다. 이 약관의 보험목적인 금은보석과 유가증권은 그 가치를 산정하기가 쉽지 않고 현금의 경우 피보험자의 도덕적 위험을 야기할 가능성이 높다는 문제점이 그것이다. 중국 보험감독관리위원회는 1999년 3월 29일 정식으로 이 약관의 사용을 정지하는 통지를 각 보험자에게 발송하였다.

이 사건에서 곽모가 도난당한 현금이 7,000위안, 보석류가 3,000위안, 액자 3,000위안 등은 부보재산의 범위에 속하지 않는 것으로 그에 대한 손실은 보험회사가 부담하지 않는다. 이렇게 보면, 곽모의 손실은 캠코더와 고급 양복만으로 모두 7,000위안만이 담보범위에 속하는 재산이고, 갑과 을 보험회사다 부담할 보험금액의 총액은 8,000위안으로 보험가액을 초과한다. 따라서 각 보험자는 보험금액의 총액에 대한 자신의 보험금액의 비율로 보상책임을 분담하여야 하므로, 최후의 보상금액은 다음과 같다. 갑 보험회사의 지급보험금은 7,000위안 × [5,000위안 ÷ (5,000위안 + 3,000위안)] = 4,375위안이며, 을 보험회사의 지급보험금은 7,000위안 × [3,000위안 ÷ (5,000위안 + 3,000위안)] = 2,625위안이다. 따라서 이 사건에 대한 법원의 판결은 잘못된 것이다.

5. 연습문제

2000년 2월 방모는 중국보험회사 제남지사와 도난담보특약이 있는 가정재산보험계약을 체결하였다. 보험금액은 20,000위안, 보험기간은 1년이었다. 같은 해 4월, 방모의 회사는 모든 직원을 대상으로 중국태평양보험회사 제남지점에 도난특약 가정재산보험에 부보하여 주었다. 각자의 보험금액은 20,000위안이며 보험기간은 1년이었다. 두 보험회사는 각각 방모에게 보험증권을 발급하였다. 2000년 7월 방모의 집에 도둑이 들었고 방모는 즉시 공안에 신고하고 각 보험회사에 통지하였다. 현장 조사 후 방모의 도난금액이 20,000위안으로 인정되었다. 공안에서 범인을 잡지 못하자 방모는 두 보험회사에 보상청구를 하였다. 두 보험회사는 방모가 중복보험에 가입하여 보험계약이 무효라는 이유로 지급을 거절하였다. 방모는 법원에 제소하였고 악 보험회사가 약정에 따라 20,000위안의 경제적 손실을 보상할 것을 요구하였다.

[문] 1. 방모와 두 보험회사가 체결한 가정재산보험계약이 유효한가?

2. 방모가 2배의 보상을 청구한 경우 법원은 이를 지지할 것인가?

3. 두 보험회사가 보험계약이 무효라는 이유로 보험금의 지급을 거절한 것은 법원의 지지를 받을 수 있는가?

4. 이 사건은 어떻게 해결되어야 하는가?

제 12 절 보험법상의 잔존물대위

재산보험에서 보험사고가 발생한 후, 보험자는 보험계약의 약정에 따라 보험금을 지급하여야 한다. 만약 보험자가 보험금액을 전부 지급하였고 보험금액과 보험가액이 동일한 경우라면 보험목적에 대한 권리의 전부는 보험자에게 귀속된다. 만약 보험자가 지급한 보험금액이 보험가액에 부족한 경우에는 보험자는 지급한 보험금액의 보험가액에 대한 비율로 보험목적에 대한 권리를 취득할 수 있다. 첫 번째 경우에 보험자는 보험목적에 대한 소유권을 취득하며, 두 번째 경우에는 보험자와 피보험자가 보험목적에 대하여 공유관계를 형성하게 된다.

보험실무상, 보험사고 발생 후 보험자는 보험목적에 대하여 추정전손을 할 수 있다. 추정전손이란 보험목적에 사고가 발생하였으나, 완전한 훼손 혹은 온전한 멸실상태에 이르지는 않았지만 실제로는 전손을 피할 수 없는 상황을 말한다. 추정전손은 보험목적이 완전히 멸실한 것이 아니기 때문에, 일부의 가치가 잔존할 수 있어 보험자가 전손에 대한 보험금을 지급한 후에 보험목적에 대한 권리를 취득하는 것이다. 법률이 이런 규정을 두고 있는 이유는 보험자가 피보험자에게 보험금을 지급한 후 피보험자의 손실은 보상을 받았다는 점에 있다. 이 경우 보험자는 손실된 보험목적에 대한 권리를 얻어야 하고, 그렇지 않으면 피보험자가 손해액 이상의 이익을 얻게 되어 부당이득을 구성하게 되기 때문이다. 보험자가 보험목적에 대한 권리를 취득한 후, 보험자와 피보험자간의 이익 형평이 이루어지며 보험자의 이익이 침해되는 것을 방지할 수 있다.

1. 사건의 개요

2001년 8월 18일, 모시에 거주하는 이모의 집에 도둑이 들어, 5,000위안 상당의 수입 오디어 세트가 도난당하였다. 사고 후 공안기관은 사건을 해결하지 못하였다. 이모는 도난특약부 가정재산종합보험에 가입하고 있어서, 보험회사는 이모의 손실에 대하여 손실액 전액인 5,000위안을 보험금으로 지급하였다. 2002년 3월 이 시의 공안기관이 실시한 도난물건 확인과정에서 우연히 자신이 도난당한 오디오를 발견하고 이웃과 소재지의 파출소에 증거를 제출한 후 자신의 오디오를 반환받아 왔지만, 보험회사에는 통지하지 않았다. 그 후 보험회사는 이러한 사정을 알게 되었고, 업무원을 이모의 집에 보내어, 오디오를 받고 보험금을 반환하든지 오디오를 포기하고 보험금을 수령하든지 둘 중의 하나를 선택하도록 하였다. 이모는 자신의 오디오가 보험기간 중에 도난되어 보험회사는 보험계약에서 정한 바에 따라 보험금을 지급하는 것은 당연한 것이라 생각하였다. 그 후 공안기관에서 오디오를 자신에게 반환한 것은 보험회사와는 전혀 무관한 것이라 생각하여, 보험금의 반환도 오디오의 반환도 거부하였다. 보험회사는 법원에 소송을 제기하였고, 법원은 심리를 거쳐, 보험사고 발생 후 보험회사가 이미 이모에게 보험금액의 전부를 지급하였고 보험금액과 보험가액이 동일한 점에서 도난 보험목적에 대한 모든 권리는 당연히 보험자에게 이전되었으므로, 보험자는 이모에게 오디오의 반환을 요구할 수 있다고 판시하였다.

2. 쟁점사항

재산보험계약에서 만약 보험자가 손실액 전부를 보상하여 피보험자의 손실이 전보되었다면 손실된 보험목적에 대한 모든 권리는 보험자에게 이전한다. 만약 보험자가 지급한 보험금이 보험가액에 못 미칠 경우에는 보험자는 지급한 보험금과 보험가액에 대한 비율로 보험목적에 대한 권리를 취득하게 된다. 이 사건에서 법원의 판단이 타당한가의 여부는 관련 법률 규정에 따라 판단되어야 한다.

3. 법률규정

≪보험법≫제44조 보험사고 발생 후 보험자가 보험금액 전부를 지급하였고, 지급 보험금액이 보험가액과 동일한 경우에는 손실 보험목적에 대한 권리의 전부가 보험자에게 이전된다. 보험금액이 보험가액에 부족한 경우에는 보험금액의 보험가액에 대한 비율로 보험목적에 대한 권리를 취득한다.

4. 학리분석

이 사건에서 법원의 판결은 타당하다. 중국≪보험법≫제44조는 보험사고 발생 후 보험자가 보험금액 전부를 지급하였고, 지급 보험금액이 보험가액과 동일한 경우에는 손실 보험목적에 대한 권리의 전부가 보험자에게 이전된다. 보험금액이 보험가액에 부족한 경우에는 보험금액의 보험가액에 대한 비율로 보험목적에 대한 권리를 취득한다고 규정하고 있다. 보험자가 보험목적에 대한 권리를 취득하기 위하여는 다음의 요건을 갖추어야만 한다.

첫째, 반드시 재산보험계약이어야 한다. 재산보험계약에서 보험목적은 일정한 재산이기 때문에 금전으로 형평을 도모할 수 있어 피보험자가 보험자의 보상으로 손실액 이상의 이익을 얻게 되는 것을 피하기 위하여, 보험법은 보험자가 보험금액을 전부 지급한 후 보험목적에 대한 권리의 전부 혹은 일부가 보험자에게 이전함을 규정한 것이다. 그러나 인보험의 경우 보험목적은 사람의 생명이나 신체로서 금전으로 평가할 수 없어 보험자가 지급하는 보험금은 보상금이 아니라 보험계약에서 정한 의무의 이행이자 위자료의 성격을 가지는 것으로 피보험자가 의외의 이익을 얻는 경우는 발생할 수 없다. 따라서 인보험에는 보험목적에 대한 권리양도의 문제가 발생하지 않는다.

둘째, 보험사고가 발생하였어야 한다. 보험사고가 발생한 후에 보험자는 보상하고 보험목적에 대한 권리를 취득할 수 있다. 만약 보험사고가 발생하지 않았다면 보험자는 보험금을 지급하지 않았을 것이고, 결국 보험목적에 대한 권리를 취득할 수 없다.

셋째, 보험자가 보험금액 전부를 지급하였어야 한다. 보험사고 발생 후 전손과 분손이 발생한 경우가 있다. 분손이 발생한 경우, 보험자는 보험금액의 일부를 지급하고, 전손이 발생한 경우 보험자는 보험금액 전액을 지급한다. 보험자가 보험금액 전부를 지급한 경우에만 추정전손에 의한 처리를 할 수 있고, 보험자는 보험목적에 대한 권리를 취득한다.

넷째, 보험목적이 완전히 멸실되지 않았어야 한다. 보험목적이 실제적으로 완전히 멸실된 경우에는 보험목적 상의 어떤 권리도 존재하지 않으므로 보험자가 보험목적의 권리를 향유할 가능성도 전무한 것이다.

이 사건에서 이모의 집에 도둑이 들어 5,000위안 상당의 수입 오디오 세트를 도난당하여 공안이 사건해결을 못하였다. 이에 이모는 자신이 가입한 가정재산종합보험(도난담보특약)의 보험회사에 보상청구를 하여, 보험회사로부터 그 손실액 전부를 보상받았다. 지급받은 보험금을 5,000위안으로 이는 이모가 부보한 수입오디오의 보험가액과 동일한 금액이다. 중국≪보험법≫제44조의 규정에 따라, 이 수입오디오에 대한 모든 권리는 보험자에게 이전하였고, 보험회사는 이모에게 수입오디오의 반환을 요구할 수 있다.

5. 연습문제

1999년 6월 5일, 왕모는 자신의 화물차에 대하여 차량위험, 제3자책임위험, 탑승자책임위험을 모 보험회사에 부보하였다. 2000년 3월 20일, 왕모가 도로상에서 운전할 때 맞은편에서 승용차 한 대가 운행하고 있었다. 이 승용차는 회전하면서 교통법규를 지키지 않아 결과적으로 왕모가 운전하던 화물차와 충돌하여, 왕모의 화물차를 훼손시켰다. 사고발생 후 왕모는 보험회사에 보상을 청구하였다. 보험회사는 조사를 하던 중 왕모의 차량은 보험사고 발생 당시에 차량가액이 30,000위안이었다. 보험회사는 왕모의 차량손실 전부를 보상한 후 왕모에게 사고 차량을 보험회사에 양도할 것을 요청하였다. 왕모는 이 차량이 자신의 소유라고 생각하여 보험회사의 요구를 거절하였다.

[문] 1. 보험회사는 왕모에게 화물차량의 인도를 요구할 권리가 있는가?

2. 왕모는 자기가 화물차에 대한 소유권을 향유할 수 있어 이를 이유로 보험회사의 차량 인도 요청을 거절할 수 있는가?

제 13 절 기업재산보험의 보상청구

기업재산보험계약은 기업, 국가기관, 공공기관 및 사회단체를 보험계약자로 하는 재산보험계약이다. 보험목적은 일반적으로 피보험자가 소유, 관리 혹은 기타 이익이 있는 재산을 포함하며, 보험사고 발생 시 보험계약자는 보험회사에 보상을 청구할 수 있다.

중국에서 기업재산보험계약의 보험계약자는 크게 두 범주가 있는데, 하나는 영업허가증을 소유하고 독립계산이 가능한 각종 기업이고 다른 하나는 국가기관, 공공기관과 인민단체 등이다. 기업재산보험에서 보험금액의 확정은 부보재산의 종류에 따라 다른 방법에 따른다. 우선, 고정자산을 부보할 경우 장부원가를 부보할 수 있으며, 보험자와 피보험자가 협의하여 장부원가에 일정율을 더하여 부보하거나, 재설치 혹은 재조립가액으로 부보할 수도 있다. 상대적으로 보면, 장부원가에 일정율을 더하여 부보하거나 재설치가액, 재조립가액으로 부보하는 것이 보험목적의 실제가치에 보다 가깝다고 말할 수 있다. 다음으로 유동자산을 보험에 붙이는 경우에는, 최근 12개월의 평균 장부가액으로 부보하거나 최근장부가액으로 부보할 수 있다. 마지막으로 이미 할부판매되었거나 장부에 기재하지 않은 재산의 경우에는 피보험자와 보험자가 협의하여 실제가치로 부보할 수 있다.

현행 ≪기업재산보험약관≫의 규정에 따라, 기업재산보험에서 보험자가 보험책임을 부담하는 주요 사고는 화재·폭발, 번개·태풍·사이클론·폭우·홍수·파괴성지진·지면함몰·붕괴·산사태·폭설·우박·결빙빙하·흙사태·공중비행물체의 추락 등을 포함하고 있다. 또한 ≪기업재산보험약관≫은 보험재산에 대한 다음의 열거한 손실에 대하여도 보험자는 보상책임을 부담하는 것으로 규정하고 있다. 하나는 피보험자 소유의 전기, 수도, 가스 설비가 위에서 열거된 보험책임범위 내의 재해 혹은 사고로 손실을 입어서 정전, 단수, 가스공급중단이 보험목적에 직접적으로 야기된 손실이다. 그러나 보험자에게 이러한 손실에 대한 보상청구를 하기 위해서는 다음과 같은 세 가지 요건이 충족되어야 한다. 첫째, 피보험자 소유 혹은 타인과 공유하는 전기, 수도, 가스설비에 대하여 보험책임범위 내의 재해나 사고로 정전, 단수, 가스공급중단의 사고가 조성되었어야 한다. 둘째, 피보험자 이외의 전기, 수도, 가스설비에 발생한 재해나 사고가 원인이 되어 '정전, 단수, 가스공급중단'을 일으켜 피보험자의 부보재산에 손실을 주었으나 전부 보험책임범위에 속하지 않는다. 셋째, 보상범위는 피보험자의 기구설비에 한정되며, 제조물과 저장물 등 부보재산의 손괴 혹은 폐기처분은 면책이다. 또 다른 하나는 보험책임 범위 내의 재해나 사고가 발생한 경우, 피보험자가 재산구조 혹은 손해의 확대를 방지하기 위하여 합리적이고 필요한 조치를 하였으나 보험목적에 손실이 발생하였다면 보험자의 보험책임에 속하고 보험자는 보상책임을 부담한다. 그러나 부보재산이 아닌 손실일 경우 보험자의 보상책임은 없다.

1. 사건의 개요

1991년 7월 4일, 장강 생태과학원은 보험회사와 기업재산보험계약을 체결하였다. 약정의 내용은 다음과 같다. : 卓刀泉과 马湖에 위치하고 있는 기업고정자산을 보험목적으로 하여, 보험금액은 고정자산 원가에 80%를 가산하여 계산한 금액 14,630,000위안으로 하고, 보험료 30,520위안으로 약정하였다. 또한 특약으로 고정자산은 평가인수하며, 자동차, 트랙터 운송설비, 노천에 보관하는 기계설비는 보상하지 않는다는 특약을 하였다. 보험금액 1,430,000위안, 보험료 1,430위안으로 자동화설비와 기계설비 도난 부가특약을 체결하였다. 보험기간은 1991년 7월 5일 0시부터 1992년 7월 4일 24시까지이다. 1991년 4월 26일 장강 생태과학원은 보험회사에 양식 물고기와 묘목을 보험에 가입하고 보험료 각 10,000위안을 납부하였으나, 보험청약서상 완전한 기재를 하지 않았고 쌍방은 아직 계약서에 서명하지 않고 있었다. 1991년 6월 30일에서 7월 12일까지 무한지역에 폭우가 쏟아졌다. 7월 5일 장강 생태과학원이 부보한 연못 및 일부 지면에 부속된 시설이 침수되어 무너졌다. 연못의 제방이 물에 잠겨 무너지고 풍랑으로 손상되었다. 당일 오후 장강 생태과학원은 전화로 보험회사 홍산지사에 보고하였다. 같은 해 8월 28일 장강 생태과학원은 ≪보상청구서≫ ≪부보재산 손실계산서≫ ≪홍수에 대한 긴급구조비용 정산서≫를 제출하고 고정자산 손실 6,753,960위안, 치어 및 종묘 손실 720,000위안, 시설비용 433,080위안의 보상을 청구하였다. 보험회사 홍산지사는 보상접수를 받은 후 7월 6일부터 여러 차례 사람을 현장에 보내어 폭우기간에 조성된 재산손실이 보험책임에 속한다는 것을 인정하고 같은 해 9월 21일 100,000위안을 선지급하고, 손해사정 중에 장강 생태과학원에 손실재산의 장부, 영수증, 시설비용 영수증 등 이 손실을 증명할 수 있는 증거서류의 제출을 요구하였다. 장강 생태과학원은 계약에서 약정한 "평가인수"는 위에서 열거한 서류의 제출이 필요없다고 주장하였으며, 보험회사는 보상을 거절하였다. 생태과학원은 1991년 12월 법원에 제소하였다. 법원은 호북성 수리감독측량설계원에 장강 생태과학원이 손실을 입은 연못 등 고정자산의 실제 손실액에 대한 감정을 진행할 것을 위탁하였고, "침수손해 회복공사정도"에 따라 회복공사자금 180,240위안으로 감정결과가 나타났다. 그 외 법원 심리 기간 동안에 생태과학원은 부보한 철골구조의 부화장이 1991년 12월 26일 눈보라에 손상되었다는 이유로 80,000위안의 보험금 지급을 청구하였다. 무한기상대가 제출한 기상정보증거자료에 따르면 당일 저녁 풍력 3-4급, 적설량 5센티미터로 눈보라 재해 표준에는 이르지 못하였다고 한다. 법원은 쌍방이 체결한 기업재산보험계약은 유효하며, 보험회사는 장강 생태과학원에 대하여 폭우로 조성된 보험목적에 대한 손실을 보험계약의 약정 및 호북성 수리감독측량설계원의 감정에 따라 보상해주어야 한다고 보았다. ≪중국인민보험회사 기업재산보험약관≫제11조는 평가보험에 대하여 실제손실에 따라 보상한다는 규정을 두고 있고, 장강 생태과학원이 "평가인수"가 "평가보상"이라는 주장은 이 규정과 서로 상반되어 지지할 수 없다. 구조비용에 대하여는필요한 장부와 유효한 영수증이 제출되지 않고 있어 역시 지지할 수 없다. 장강 생태과학원이 치어와 묘목에 대한 보험료를 지급하기는 하였지만, 보험청약서상의 기재사항을 기재하지 않았고 보험자와 보험계약을 체결하지도 않았기 때문에, 당사자 쌍방의 치어와 묘목에 대한 보험계약은 성립하지 않았다. 철골구조의 부화장에 대한 손실과 눈보라는 관계가 있으나, 무한기상대가 눈보라가 재해표준에는 이르지 못하였다고 증명하고 있어 보험회사는 보상책임이 없다고 판시하였다.[25)]

25) HTTP://qzr.51.net/,圈中人保险网, 案例分析.

2. 쟁점사항

중국에서 기업재산보험의 보험책임범위는 불가항력 혹은 불측의 사고 예컨대 화재, 번개, 단수, 정전, 가스공급중단으로 인한 손해, 피보험자의 시설비 등등을 포함한다. 보험자의 담보제외책임은 전쟁, 군사행위 혹은 폭동, 핵방사 혹은 오염, 피보험자의 고의행위 등이 포함된다. 이 사건에서 법원의 결정이 타당한 것인지의 여부는 관련 법률 규정에 따라 판단하여야 한다.

3. 법률규정

1) **≪보험법≫제33조** 재산보험계약은 재산 및 관련 이익을 보험목적으로 하는 보험계약이다.

2) **≪보험회사 관리 규정≫제47조** 중국 보감회의 허가를 받아 재산보험호사는 아래에 열거한 보험업무의 전부 또는 일부를 영위할 수 있다. : 재산손실보험; ……

4. 학리분석

이 사건에서 법원의 판결은 타당하다. 그 이유는 기업재산보험의 대상은 고정지점에 존재하면서 상대적으로 정지상태의 재산이기 때문이다. 기업재산보험에 가입하는 보험계약자는 반드시 보험목적에 대하여 피보험이익을 가지고 있어야 한다. 기업재산보험에 부보할 수 있는 재산은 피보험자의 소유 혹은 타인과 공유하고 있으나 피보험자가 책임이 있는 재산, 피보험자가 경영관리 혹은 타인을 대신하여 보관중인 재산, 기타 법률상 피보험자와 경제적인 이해관계가 있다고 인정되는 재산이다. 이 사건에서 장강 생태과학원은 탁도천과 마호에 위치하고 있는 기업고정자산을 기업재산보험에 부보하였고, 이것은 기업재산보험의 담보범위에 속하는 것이다. 따라서 장강 생태과학원과 보험회사가 체결한 기업재산보험계약은 유효하고, 이 사고가 발생 시 보험회사는 장강 생태과학원이 입은 부보재산에 대한 손실에 대하여 보상하여야 한다.

≪중국인민보험회사 기업재산보험약관≫제11조에서 평가인수보험에 손해가 발생한 경우에는 실제손실액을 보상하므로 보험계약자는 반드시 재산상의 손해발생사실과 손상 부보재산의 가치를 증명할 수 있는 관련 증빙을 제출하여야 한다고 규정하고 있다. 법률 등이 이러한 규정을 두는 이유는 보험자가 부보재산손실정산서, 구조비용정산서, 및 필요한 장부, 영수증과 증명서를 받은 이후에야 비로소 보상여부를 결정할 수 있기 때문이라는 점에 기인한 것이다. 이 사건에서 생태과학원은 필요한 장부와 관련 증명서를 제출하지 못하였으므로 법원은 그 주장을 받아들이지 않았다. 그 밖에 생태과학원이 비록 치어와 묘목에 대한 보험료를 납부하였으나, 보험청약서를 완전히 작성하지 않았고 보험자와 보험계약에 서명하지도 않았으므로 당사자 사이에 치어와 묘목에 대한 보험계약이 성립되지 않았다. 양어장에 발생한 손실에 대하여 보험자는 보상책임이 없다. 철골구조의 부화장의 훼손에 대하여는 비록 폭설과 관계가 있기는 하지만 무한기상대의 증명을 통하여 설해를 입을 정도는 아니라고 하였기 때문에 보험회사는 보상책임을 부담하지 않는 것이다.

5. 연습문제

1999년 5월 28일, 국광회사는 보험회사에 재산보험가입의 청약을 하자, 보험회사는 국광회사에게 중보재산보험회사가 인쇄한 계약관련 자료 네 가지를 제공하였다. 재산보험의 목적 소재지 명세표, 부보재산의 위험정보 관련 질문표, 재산보험종합보험계약 청약서, 재산보험종합보험증권. 국광회사가 작성한 부보재산의 위험관련 질문표에는 "부보재산 망간 대용 인 화학품류는 연소하기 쉬우며 폭발하기 쉬운 재료이다."라고 기재되어 있었고, 재산보험목적의 소재지는 "부보재산은 간양시 평천진에 위치하며, 부보재산의 가액은 4,030,000위안이다."고 기재되어 있었다. 재산보험종합보험계약의 청약서 상 기재된 내용에 '주의 : 첨부된 약관을 주의 깊게 읽고 공란에 상세하게 기재할 것 ; 종합보험의 내용은 고정자산 평가액 2,030,000위안, 유동자산(원자재, 완성품 및 반제품 등) 평가액 2,000,000위안, 특약의 보험목적은 없음, 총 보험료 16,120위안, 보험기간은 1999년 5월 29일 0시부터 2000년 5월 28일까지로 되어 있다. ; 특별약정으로 (1)상대면책금 10,000위안 (2) 고정자산, 유동자산 모두 평가액에 따라 부보함 (3)이 회사의 생산품, 원자재 및 생산과정이 3-5급 공업범위에 이를 경우 협의를 거쳐 4급 공업으로 인수한다.'라는 내용이 있었다. 보험계약자는 상술한 보험목적의 명세표 및 위험정황 질문표를 포함한 서류의 내용이 사실임을 밝히고, 이 보험청약서를 보험계약 성립의 근거로 함에 동의하였다. "귀 회사는 재산보험종합보험약관 및 부가특약(책임면제부분 포함)의 내용 및 설명을 이해하고 ; 보험증권에 서명한 날로부터 보험계약은 성립되며, 보험사고가 발생한 경우에도 보험계약자가 약정한 보험료를 지급하지 않으면 보험회사는 보상책임을 부담하지 않는다."는 내용이 었다. 이 부분의 내용은 보험회사가 규정한 것으로 고딕체로 작성하여 다른 규정과 구별되게 작성하였다. 원고는 질문표, 명세표, 청약서 상에 인감을 날인하였다. 이날, 쌍방은 재산보험종합보험계약을 (증권번호 0079033) 체결하였다. 사천 국광회사는 본 보험회사에 재산보험종합보험에 가입하고, 본 보험약관에 따라 보험료를 납부하며, 보험회사가 특별히 발행한 이 보험증권에 동의하였으며, 재산보험종합보험약관과 부가 특별약관 및 특별약정조건에 동의하며, 피보험자가 아래에 열거한 재산에 대하여 보험책임을 부담한다. 종합보험과 보험기간 등의 내용은 보험청약서상의 내용과 동일하다(생략). 피보험자는 이 보험증권을 수령한 후 즉시 내용의 정확성여부를 확인하고, 착오가 있는 경우에는 즉시 우리 회사에 통지하여야 한다. 보험증권의 뒷면에 첨부된 재산보험종합보험약관 제4조는 '화재나 폭발 등의 원인으로 조성된 보험목적의 손실에 대하여 보험자는 이 약관 규정에 따라 보상책임을 부담한다.'고 규정되어 있었다. 약관 제8조에서는 '보험목적의 자연연소로 인한 손실에 대하여 보험자는 면책이다.'고 규정되어 있다. 그 후에 국광회사는 보험료 16,120위안을 지급하였다. 2000년 1월 15일 새벽 2시 40분 경, 폭우가 내리고, 국광회사 간양시 평천진 제1창고에서 화재가 발생하였다. 국광회사 직원은 간양시 공안국 소방대원의 도움을 받아 4시 30분 경 화재를 진압하였고, 보험회사는 즉시 화재현장에 도착하여 촬영, 조사, 손해사정, 창고 및 창고 안의 원자재가 일부 연소되었음을 확인하고, 직접손실이 2,467,826위안으로 확정하였다. 2000년 1월 28일, 간양시 공안국 소방대는 화재원인은 창고 내에 적재되어 있던 아연과 망간이 물을 만나 분해되면서 열을 모아 화재를 일으킨 것으로 화재원인정서를 발행하였다. 쌍방 모두 이 인정서를 재발행하여 달라고 요구하지 않았다. 그 후에 국광회사는 보험회사에 보상청구를 하였고 보험회사는 부보하였던 재산이 자연발화하여 손실이 발생한 것이므로, 당사자가 체결한 보험계약의 면책범위에 속한다는 이유로 보험회사는 보상책임을 거절하였다. 당사자 간에 분쟁이 발생하였고, 국광회사는 자양시 중급인민법원에 제소하였다.

[문] 1. 쌍방의 보험계약은 유효한가?

2. 보험회사의 면책조항은 유효한가?
3. 보험회사는 국광회사의 기업재산 손실에 대하여 보상책임을 부담하여야 하는가?

제 14 절 가정재산보험보상

가정재산보험은 각 보험회사가 중국의 넓은 국토에 거주하는 주민을 위해 제공하는 보험의 한 종류이다. 개인주택, 가정생활용품, 농촌가정의 농기구, 수확한 농산물, 가축 및 각 노동자의 영업용 기재 등을 보험목적으로 하며, 이들 부보재산에 자연재해, 우연한 사고 혹은 도난 등으로 손실이 발생한 경우 보험회사가 보상을 행하는 일종의 재산보험이다.

가정재산보험은 가정재산종합보험과 가정재산양전보험의 두 가지 종류가 있다. 그중, 가정재산종합보험은 일반가정재산보험으로 불리는 것으로, 보험목적에 주택 및 부속설비(고정설치되어 있는 온수기, 난방기, 화장실, 수도, 가스파이프 및 전기설비, 주방설비 등), 실재장식, 가정용 전자제품과 문구오락용품, 의복, 침구류, 가구 및 기타 생활용품 등을 포함한다. 보험금액은 피보험자가 구입가격 혹은 시장가격에서 스스로 정하고 보험계약자는 보험계약의 효력 발생 전에 보험료를 납부하여야 한다. 그밖에 가정재산종합보험은 도난보험약관, 전자기구안전보험약관, 수도관파열 및 침수보험약관, 현금·보석도난보험약관, 자전거도난보험약관 및 제3자책임보험약관을 부가보험으로 하고 있어, 보험계약자는 자신의 필요에 따라 부가보험을 선택할 수 있다. 가정재산양전보험은 피보험자가 보험자에게 일정금액의 보험저축금을 교부하고 보험사고의 발생여부와 무관하게 보험기간의 만기 시에 보험저축금 전부를 반환하는 것으로, 이러한 보험은 보험사고시 경제적 보상을 하고 보험기간의 만기시 원금을 반환하는 이중적 성격을 가지고 있어 '양전보험(两全保险)'이라 한다. 그러나 가정재산양전보험은 보험료가 면제되는 것이 아니라 일반적으로 장기보험이어서 이 기간 동안 저축금은 당연히 이자가 발생할 것이며, 이 이자를 보험기간이 만기 시에 피보험자에게 반환하지 않고 보험료의 형식으로 보험자가 소유하게 된다.

1. 사건의 개요

1999년 12월 10일 장모는 자신이 이미 구매한 방 두 칸짜리 공유주택과 내부재산을 가정재산종합보험에 부보하였는데, 주택 보험금액 30만 위안, 가정용전기제품 8만 위안, 기타 재산의 보험금액 8만 위안으로 하였다. 보험증권상 "보험기간 내 보험목적의 전매, 양도 혹은 증여하거나 보험목적의 위험이 증가한 경우 7일 이내에 보험회사에 통지하여 수정절차를 밟아야 한다."고 규정되어 있었다. 장모는 자신의 주거조건이 불편하다고 생각하며 오랫동안 부동산시장의 동태를 살피다가 마침내 2000년 4월 원하던 한 개동 3실 주택으로 이사하였다. 자신의 공유주택은 시장에서 매각이 가능하다는 것을 알고 장모는 즉시 현지 정부의 부동산행정주관부서에 신청서를 제출하였고, 부동산행정관리부서는 부동산 매각을 허락하는 서면동의를 하였다. 친구의 소개로 장모는 원래의 2칸짜리 주택을 조모에게 매각하였고, 조모는 5월 5일 집값을 모두 치르고 입주하면서 양당상자가 일주일 후 부동산매매관리부서에 다시 거래등록절차를 진행하기로 하였다. 불행하게도 조모의 집 가스밸브가 덜 잠겨 화재가 발생하였고, 주택은 심하게 훼손되었다. 사고 발생 후 조모는 장모를 찾아가 장모가 보험회사에 손해보상을 청구하였다. 보험회사는 비록 화재가 가정재산종합보험에서 담보하는 범위 내의 위험에 속하는 것이기는 하지만, 장모가 이미 주택을 매각하고 조모가 대금을 완납하였기 때문에 장모는 사고가 발생한 주택에 대하여 피보험이익이 없으므로 보험회사와 장모간 체결된 보험계약은 이미 실효되었다. 장모는 보험회사에 보상을 청구할 권리가 없어 보험보상을 거절한다고 항변하였다. 장모는 법원에 제소하였고, 법원은 심리 후 보험회사의 생각에 동의하였다. ≪보험법≫제12조는 보험계약자는 보험목적에 대한 피보험이익을 가지고 있어야 하며, 그렇지 않은 경우 보험계약은 무효라고 규정하고 있다. 또한 ≪보험법≫제34조에서 보험목적이 양도된 경우 보험자에게 통지하여야 하며, 보험자의 계속부보의 승낙을 얻은 후 법에 따라 보험계약은 변경된다고 규정한다. 이 사건에서 장모는 주택을 조모에게 양도한 후 보험자에게 통지하지 않았고, 장모는 이 주택에 대하여 피보험이익을 향유하지 못하여 보험회사에 보상청구를 할 수 있는 권리가 없다고 판결하였다.[26)]

2. 쟁점사항

가정재산보험계약은 재산보험계약의 일종으로 보험계약자의 주택, 가정생활용품 등 자기소유재산을 보험목적으로 하여 보험자와 체결한 보험계약이다. ≪가정재산종합보험약관≫은 가정재산보험계약에서 부보가능재산과 불가능재산 및 제외책임을 구분하여 규정하고 있다. 이 사건에서 장모의 재산손실이 부보가능한 재산의 범위에 속하는가가 보험약관에 따라 판단되어야 한다. 또 하나는 장모와 조모가 체결한 주택양도협의가 이루어지고 대금을 지급받았지만, 아직 부동산거래관리부서에 등록변경절차를 거치지 않은 것은 이 주택에 대하여 피보험

26) 郭丽军 : ≪中国保险报≫, 2001. 6. 8.

이익을 아직도 가진다고 볼 수 있는가, 또한 보험회사가 보험금지급책임을 부담하는 것인가에 대한 판단은 모두 관련 법률규정에 따라 판단하여야 한다.

3. 법률규정

1) **≪보험법≫제12조** 보험계약자는 보험목적에 대하여 피보험이익을 가지고 있어야 한다. 보험계약자가 보험목적에 피보험이익을 갖고 있지 않으면 보험계약은 무효이다. 피보험이익은 보험계약자가 보험목적물에 대하여 가지는 법률상 인정된 이익이다. 보험목적은 보험의 대상이 된 재산 및 관련 이익 혹은 사람의 생명과 신체이다.

2) **≪보험법≫제34조** 보험목적의 양도는 반드시 보험자에게 통지하고 보험자의 승낙을 얻어야만 보험계약은 변경된다. 단 화물운송보험계약과 다른 약정이 있는 보험은 그러하지 아니하다.

4. 학리분석

이 사건에서 법원의 판결은 잘못된 것이다. 가정재산종합보험은 주민가정재산을 보험목적으로 하는 보험의 일종으로, 이러한 종류의 보험은 주민의 가정재산이 자연재해나 우연한 사고로 손실을 입을 경우 경제적 보상을 얻도록 함에 있어, 상부상조의 정신에 입각하여 국민생활의 안정과 행복을 보장할 수 있도록 해석하여야 한다.

이 사건에 대하여, 장모는 자기가 이미 구매한 2칸짜리 공유주택의 주택과 내부재산에 대하여 가정재산종합보험에 가입하였다. 그 후 가스밸브가 느슨하게 잠겨 화재가 발생하였고 이로 인하여 장모의 집은 심각한 훼손을 입었다. ≪가정재산종합보험약관≫제1조는 피보험자가 보험증권상 소재지로 기재한 곳의 방과 실내 설비(고정되어 있는 온수, 난방, 화장실, 급수, 가스관 및 전기공급장치, 주방설비 등)은 보험목적의 범위에 속한다고 규정하고 있다.

보험회사는 장모의 손실이 가정재산종합보험의 담보사고에 속한다고 승인하였지만, 장모가 이미 이 주택을 조모에게 매각하였고 조모는 장모에게 주택대금을 완급하였다. 보험증권상에 "보험기간 내에 보험목적이 전매, 양도, 혹은 증여되거나 보험목적의 위험이 증가한 경우 7일 이내에 보험회사에 통지하여 변경절차를 거쳐야한다."라는 규정이 있다. 장모는 주택을 조모에게 양도한 후 7일 이내에 보험회사에 통지하지 않았으므로 보험회사는 보험금지급책임을 부담하지 않았다. 어떻게 보면 보험회사의 보상거절이 상당히 합리적인 것으로 생각되지만, 좀 더 자세하게 관찰하여 보면, 사실 인정에 오류가 있음을 알 수 있다. 건설부에서 반포한 ≪도시 부동산 양도 관리규정≫제7조에 의하면, 부동산의 양도는 반드시 부동산관리부서의 등록절차를 거쳐 양도하여야 하며, 등록절차 전에는 부동산의 소유권은 양도되지 않는다고 규정하고 있다. 따라서 이 사건에서 장모가 이미 이 건 주택의 점유를 이전하고 매매대금을 전부 수령하였다 하더라도 당사자 쌍방이 부동산관리부서에 가사 등록절차를 이행하지 않았기 때문에, 장모는 여전히 부동산의 소유자이고, 그와 보험회사가 체결한 보험계약도 여전히 유효하며, 보험사고가 발생한 후 보험회사의 보험금지급책임은 당연히 남아있는 것이다. 그러므로 법원이 이 사건의 보험회사가 보험금지급책임이 없다고 판시한 것은 잘못된 판결이다.

5. 연습문제

1994년 5월 30일 왕모는 보험회사에 가정재산보험을 가입했다. 보험금액은 16,000위안으로 2칸짜리 아파트의 보험금액이 6,000위안에 보험료 12위안 ; 재산보험금액이 10,000위안에 보험료 20위안이며, 보험기간은 1994년 5월 30일 0시부터 1995년 5월 30일 24시까지였다. 보험회사 설계사 장모는 가정재산보험단체청약명세서를 작성하면서, 이 명세서상 왕모는 부보재산의 상세한 주소를 기재하지 않았다. 설계사 장모는 왕모가 교부한 보험료 32위안을 수령하고 보험회사가 정식 재산보험료 영수증을 발급하였다. 왕모는 1994년 2월 이 마을의 사당을 빌려 자신의 가구, 삼나무 목재. 휠체어의 적재 및 돼지도축판매장소로 사용하였다. 1994년 10월 23일 사당안의 전선이 노후로 누전되어 화재가 발생하여 왕모가 적재하여 둔 사당 내 가구, 목재, 논농산물와 휠체어, 돼지고기 등의 부보불가재산이 모두 연소되어 손실액이 총 19,800위안이었다. 사고발생 후 보험회사는 직원을 현장에 보내어 화재원인, 잔화경과, 손실정도에 대한 조사를 진행하였다. 왕모는 보험회사에 보험금지급청구를 하였으나 거절되자 법원에 소송을 제기하였다. 법원은 왕모가 지역단체청약의 형식으로 보험회사에 가정재산보험을 가입하였으며 보험회사가 보험료를 수령하였으므로 보험계약이 성립되었다고 인정하였다. 왕모는 보험회사에 부보재산중 일부는 사당에 두고 있음을 통지하지 않았고, 보험회사 역시도 이들 보험목적 및 존재장소에 대하여 설계사가 기재한 재산명세서를 조사하지 않고 보험승낙의 표시를 하였기 때문에 양 당사자는 모두 이 사건 분쟁에 대한 과실이 있다. 법원은 조정을 권유하였고 당사자가 이에 협의하여 보험회사는 왕모에게 4,000위안의 보험금을 지급하는 것으로 종결되었다.[27]

[문] 1. 이 사건에서 보험설계사가 매 보험계약자에게 보험료를 수취하고 재산명세서를 작성하고 보험료영수증을 발행하는 행위의 성질을 어떻게 이해할 것인가?

---

27) ≪中国审判案例要览≫, 最高人民法院出版社, 1995, 1062-1065页.

2. 원고 왕모가 사당에 재산을 적재한 것은 보험회사가 보험책임을 지는 범위에 속하는가?

제 15 절 선박보험계약

선박보험계약은 각종 유형의 선박과 수상부유물체(예컨대 부잔교, 부선거) 등을 보험대상으로 하여, 보험자가 정박 혹은 항해중인 선박이 자연재해 혹은 우연한 사고로 손해가 발생한 경우 약정에 따라 경제적 보상을 행하는 보험을 말한다.

선박보험은 교통용구보험의 일종으로, 화물운송보험과 비교하여 유사점과 차이점이 있다. 같은 점은 양자는 모두 재산보험에 속하고 부보재산이 유동성을 가진다는 점이다. 다른 점은 보험목적이 다르다는 것이다. 선박보험은 선박자체를 보험목적으로 하여 부보 선박에 보험사고가 발생하여 훼손, 멸실 시 보험자가 보상하는 것은 선체의 손실이다. 이에 비해, 화물운송보험의 보험목적은 운송 중인 화물, 즉 자동차, 선박, 기차, 비행기 등 운송용구에 적재된 화물이다. 보험사고 발생 시 보험자가 보상하는 것은 부보화물에 대한 보상책임이고 화물운송용구에 대한 보상책임은 없다.

선박보험계약에서 보험료는 선박의 종류, 선령, 항행구역에 따라 달라지는데, 선박이 오래될수록, 항행구역이 위험할수록, 선체의 내구성이 떨어질수록 보험료율은 높아진다. 보험계약자는 보험자가 보험증권을 발행하기 전에 당사자 간 다른 약정이 있는 경우를 제외하고 보험료를 납부하여야 한다. 선령 3년 이내의 선박을 신선박으로 보고, 신선박의 보험가액은 재취득가액(시장에서 신선박을 구매할 때의 가액)으로 확정하고, 선령 3년 이상의 선박을 구선박으로 보아, 구선박의 보험가액은 실제거래가액(선박의 시장가 혹은 사고당시의 시장가)으로 확정한다. 보험금액은 보험가액에 따라 확정되며 보험계약 당사자 간 협의로도 확정할 수 있다. 그러나 보험금액은 보험가액을 초과할 수 없다. ≪연해, 내수선박보험약관≫에서 규정하는 선박보험은 두 가지 종류인데, 전손위험과 all risks이다. 그중 전손위험은 (1)8급 이상의 폭풍, 홍수, 지진, 해일, 벼락, 붕괴, 산사태, 물사태, 유빙 (2)화재, 폭발 (3)충돌 (4)좌초 (5)(1)내지(4)의 재해 혹은 사고가 야기한 전복 또는 침몰 (6)선박실종을 포함한다. 전위험담보(all risks)는 전손위험이 열거한 여섯 가지 항목이 원인이 되어 피보험선박의 전손과 분손뿐만 아니라 선박충돌과 접촉책임과 공동해손, 구조료, 특별비용 등을 포함한다. 그러나 보상금액에 한계가 있는데 전위험담보는 매 충돌사고책임에 대해 보상책임의 3/4만 보상한다. 그러나 보험기간 내 한번 혹은 누적최고보상액이 선박보험금액을 넘지 않아야 한다. 이 밖에 공동해손, 구조료, 특별비용의 세 가지 비용보상의 누적최고액이 보험금액을 초과할 수 없다.

1. 사건의 개요

1998년 3월, 운수회사와 보험회사는 선박보험계약을 체결하였다. 계약의 내용은 ≪연해, 내수선박보험약관≫의 규정에 따른다. 구체적인 약정으로는 보험회사는 운수회사 "홍기호"화물선의 모든 위험을 담보한다 ; 보험기간은 1년으로 1998년 3월 6일부터 1999년 3월 5일까지이며 ; 보험료 3,000위안을 2회 분납한다 ; 1998년 8월 6일 2,000위안을 납부하고 1999년 1월 6일 1,000위안을 납부한다고 하였다. 보험계약 체결 후 운수회사는 제1회 보험료 2,000위안을 정해진 날짜에 지급하였으나, 2회분 보험료를 보험회사가 수차례 독촉하였음에도 불구하고

지체하며 납부하지 않고 있었다. 1999년 2월 10일 밤, 운수회사의 화물선 "홍기호"는 해상에서 다른 선박과 충돌하여 심하게 훼손되었고, 항로를 두절시키게 되어, 운수회사는 항로복구에 2만 위안의 비용을 지출하였다. 2월 12일 운수회사는 보험회사에 사람을 보내어 제2회분 보험료 1,000위안을 납부하면서 홍기호의 손실과 항로복구를 위해 지출한 비용 2만 위안의 지급을 청구하였다. 보험회사는 보험계약자가 정해진 날짜에 보험료를 납부하지 않아서, 그 보험료와 이자의 수령을 거부하고 보험계약을 종지할 수 있음을 알았다. 보험회사는 보험료 수령을 거절한 다음 일방적으로 전위험보험계약을 종지하였다. 그러므로 보험회사는 보상책임이 없다고 주장하였다. 운수회사는 법원에 제소하였다. 법원은 운수회사와 보험회사가 체결한 보험계약은 유효함을 알았다. 홍기호 선박의 충동손실은 계약에서 규정한 담보위험에 속하는 것이며, 보험사고가 보험기간 중에 발생하였으로 보험회사는 보상책임과 보험금지급책임이 있다. 다만 항로복구에 사용된 비용은 ≪연해, 내수선박보험약관≫제3조 제5항에 다라 보험자의 담보제외사항이므로 보험자는 보상책임이 없다고 판시하였다.

2. 쟁점사항

선박보험계약은 보험자와 피보험자 간에 선박을 보험목적으로 하여 부보선박에 보험사고로 인한 손실이 발생한 경우 이에 대한 보상책임을 부담하기로 약정한 것이다. 선박보험계약으로 생겨난 분쟁을 해결하기 위해, 중국인민은행은 ≪연해, 내수선박보험약관≫을 반포하였고, 이 사건에서 법원의 판결이 정확한 것인가는 당연히 관련 법률규정에 근거하여 판단하여야 한다.

3. 법률규정

1) **≪중화인민공화국계약법≫94조** 다음의 하나에 해당하는 경우 당사자는 계약을 해제할 수 있다.

① 불가항력으로 계약의 목적을 달성할 수 없는 경우

② 이행기한이 도래하기 전에 당사자의 일방이 명확한 의사의 표시 혹은 행위를 통하여 중요한 채무의 불이행을 표시한 경우

③ 당사자 일방이 계약의 중요한 의무의 이행을 지체하여 최고후에도 합리적인 기한 내에 이행이 없는 경우

④ 당사자 일방이 채무지체 혹은 기타 계약위반행위를 하여 계약의 목적을 달성할 수 없게 된 때

⑤ 기타 법률이 정한 경우

2) **≪계약법≫제96조** 당사자가 일방이 이 법 제73조 제2항, 제94조의 규정에 따라 계약해제를 주장하는 경우 상대방에게 통지하여야 한다. 통지가 상대방에게 도달한 때에 계약은 해제된다. 상대방이 이의가 있는 경우에는 인민법원 혹은 중재기관에 계약해제의 효력의 확인을 청구할 수 있다. 법률, 행정규칙에서 계약해제를 위하여 비준, 등기 등의 절차를 요구하는 경우에는 그 규정에 따른다.

3) **중국보감회 ≪연해, 내수선박보험약관 관련내용에 대한 회신≫** (1999년 4월 12일)

중국인민보험회사 : 귀 사가 질의한 ≪연해, 내수선박보험약관 관련내용에 대한 질의≫를 검토한 결과 다음과 같이 회신합니다. :

선박충돌로 인하여 야기된 항로방해제거비용이 보험자의 보험책임범위에 속하는 가에 대한 문제는 중국인민은행의 ≪연해, 내수선박보험약관≫에서 이미 명확하게 규정하고 있습니다. 약관 제3조 제5항에서 항로정리비용, 오염방지 및 오염제거비용, 수산양식 및 특별비용,

교각의 손실과 비용은 담보제외위험이다. 약관의 문자와 관행에 따라 항로정리비용은 보험사고발생으로 피보험선박, 기타 선박, 혹은 기타 물체의 항해에 장해가 되는 상황을 해결하는 데 소요된 비용을 가리키는 것이다.

4. 학리분석

이 사례에서 법원의 판결은 정당하다. 선박보험은 각종의 선박을 보험목적으로 하는 보험이다. 선박보험의 종류는 국내선박보험과 원양선박보험의 두 종류가 있다. 이 사건의 부보선박은 국내선박보험에 가입하였고, 이 보험이 보상하는 선박은 국경내 혹은 연안을 항행하는 각종 선박, 예컨대 철강선박, 목선, 기선, 철강 거룻배, 목선 거룻배, 콘크리트선, 동판선 등에 한한다. 이 사건에서 운수회사가 가입한 홍기호는 철강선박으로, 당사자 쌍방은 ≪연해, 내수선박보험약관≫에 따라 선박보험계약을 체결하였고, 계약의 내용은 보험회사가 홍기호의 전위험담보을 인수하며, 보험기간을 1년으로 보험료는 2차에 나누어 납부하는 것으로 약정하였다. 보험계약 후 운수회사가 1회 보험료인 2,000위안을 납부한 시점에 보험계약의 효력은 발생하였다. 쌍방당사자가 앞서 약정한 대로 운수회사는 1999년 1월 6일 제2회 보험료 1,000위안을 납부하였어야 한다. 그러나 보험회사의 수차례에 걸친 최고에도 불구하고 운수회사는 2회분 보험료를 지체하고 있었다. 운수회사는 보험계약의 약정을 위반하였고, 보험회사는 중국 ≪계약법≫제94조 제3항에 따라 당사자 일방이 계약상의 중요한 채무이행을 지체하고 있는 경우 최고 후 합리적 기간내에 여전히 이행하지 않은 것이어서 보험회사는 운수회사와의 보험계약을 해제할 수 있다.

≪계약법≫제96조의 규정에 따라 당사자 일방이 이 법 제93조 제2

항, 제94조의 규정에 따라 계약을 해제하고자 하는 경우에는 상대방에게 통지하여야 한다. 통지가 상대방에게 도달한 때 계약은 해제된다. 이 사건에서 보험회사는 운수회사에 대하여 보험료 납부의 최고를 수 차례에 걸쳐 하였지만 보험계약을 해제한다는 통지는 하지 않았다. 따라서 당사자 간의 보험계약은 여전히 유효하고, 보험기간 내에 발생한 보험사고에 대하여 보험회사는 여전히 보상책임이 있다. 1992년 2월 10일 밤, 운수회사의 홍기호가 해상에서 다른 선박과 충돌하여 입은 손상은 ≪연해, 내수선박보험약관≫의 규정에 따라 보험자의 보상책임 범위에 속하는 위험이고 보험회사가 1998년 3월 6일부터 1999년 3월 5일까지 보상책임을 부담하기로 하였다는 점, 보험사고가 보험기간 안에 발생하였다는 점에서 보면, 보험회사는 운수회사 홍기호의 충돌손해를 보상하여야 할 것이다.

그 밖에 이 사건에서, 운수회사는 선박충돌로 입은 손해는 "홍기호" 선체손해 이외에 항로복구를 위한 처리비용 2만 위안이 포함된다. 이 비용에 대하여 운수회사는 또한 보상청구를 하였다. 그러나 ≪연해, 내수선박보험약관≫제3조 제5항에서 항로정리비용, 오염방지 및 오염제거비용, 수산양식 및 특별비용, 교각의 손실과 비용은 담보제외위험으로 규정하고 있다. 이 외에 중국보험감독관리위원회가 중국인민보험회사의 질의에 대한 회답에서도 항로정리비용, 오염방지 및 오염제거비용, 수산양식 및 특별비용, 교각의 손실과 비용은 담보제외위험으로 보았다. 약관의 문자와 관행에 따라 항로정리비용은 보험사고발생으로 피보험선박, 기타 선박, 혹은 기타 물체의 항해에 장애가 되는 상황을 해결하는 데 소요된 비용을 가리키는 것이다. 이 부분 비용에 대하여 보험회사는 보험금지급책임이 없다. 따라서 이 사건에서 운수회사가 보험회사에 청구한 항로복구를 위해 지출한 2만 위안에 대하여는 인정될 수 없다.

5. 연습문제

선장 양복생(변채미의 자, 양혜의 부)은 1994년 3월 철강화물선 1척을 건조하고 이름을 '고순기 1099'로 명명하였다. 이 선박은 강소성 선박검사국 남경검사처의 검사에 합격하여 감항증명서를 발급받았다. 1995년 감항증명서의 유효기간은 1995년 5월 17일부터 1996년 5월 16일까지였다. 1995년 5월 19일 양복생은 양혜에게 위탁하여 중보재산보험유한회사에 보험가입을 의뢰하였고, 보험회사는 보험증권을 발급하였다. 주요 내용을 보면, 고순기 1099호 선박은 500마력의 철강화물선으로 건조가격 115만 위안, 보험금액 80.5만 위안, 보험요율 2%, 보험료 16,100위안, 보험기간 12개월은 1995년 5월 21일 0시부터 1996년 5월 20일 24시까지, 항행구역은 A, B, C이고, 피보험자는 양복생으로 기재되어 있었다. 보험증권의 뒷면에 ≪중국인민보험회사국내선박보험약관≫이 첨부되어 있었으며, 1995년 1월 1일 A, B, C 항행구역에서 선박의 실종은 보상책임이 없다는 선박보험의 특별약정의 집행에 관하여 명시되어 있었다. 특별약정에서 규정한 보험책임은 모두 14종의 위험담보로서 이는 ≪국내선박보험약관≫에서 규정한 16종 위험담보에서 선박침몰, 전복의 두 가지 위험을 담보책임에서 제외한 것이다. 양혜는 양복생을 대신하여 보험료 16,100위안을 지급하고 이 특별약관에 서명하였다. 중국보험 고순지점은 보험인수 시 고순기1099호의 선박감항증명서를 조사하고 선원의 명단을 기재하였으나, 이 회사는 이의를 제출하지 않았다. 1996년 1월 29일 새벽 5시경 고순기1099호는 남경시 매자주에서 모래를 싣던 중 침몰하였다. 선주 양복생은 실종되었다. 같은 날 유족은 보험회사와 남경 장강항행감독국에 즉시 보고하였다. 같은 해 3월 9일 염성시 태남선박인양회사가 보험계약자 측의 위탁을 받아 침몰선박의 관측을 진행하였고, 관측보고에서는 이 선박이 아직 절단되지 않았으나, 수심이 깊고 물살이 세어 상세한 탐색은 불가능하다고 적시되었다. 남경 장강항행감독국은 이 보고서상 인양회사는 감독국의 요구에 따라 침몰지점에서 관측하였음을 명시하였다. 같은 달 27일 감독국은 보험회사에 침몰선박에 대한 타당하고 합리적인 처리방법을 위해 사람을 보내어 의논하기를 원한다는 서신을 보내었다. 그러나 보험회사는 그렇게 하지 않았다. 4월 9일 감독국은 남경항무감독해사증명서를 발급하였고 증명서상 선박침몰의 상황이 사실과 일치한다는 내용이 기재되었다. 선박침몰의 원인불명으로 아직 인양되지 않아 감독국은 사고책임판결문을 작성하지 않았다. 피고가 원고에 대하여 청구한 보상청구가 이루어지지 않자, 원고는 고순현 인민법원에 소송을 제기하였다. 즉 선박침몰은 ≪국내선박보험약관≫에서 규정한 보험사고의 하나로, 중국보험회사 고순지점의 선박보험의 특별약정에서 이를 제외시키기로 한 것은 보험책임범위를 축소한 것으로 위 약관과 저촉되어 효력이 없다고 주장하였다. 중국인민은행이 인정한 국내선박보험표준요율에 따르면, 고순기1099호의 보험료율은 0.8%임에도 불구하고 보험회사는 2%의 보험료율을 적용하여 보험료를 기준보다 초과하여 징수하였다. 보험금의 지급청구와 동시에 지체배상금 및 초과징수보험료의 반환을 청구하였다.

피고 보험회사는 다음과 같이 항변하였다. 고순기1099호는 침몰 후, 원고는 계약에서 정한 바에 따라 일정한 기간 내에 보험회사와 감독국에 보고하지 않았고, 보험회사에 사고의 성질, 원인과 손실정도 기타 보상절차진행에 요구되는 서류를 제출하지도 않았다. 이 선박의 침몰원인은 적재불감항이었다. 첫째, 규정에 부합하는 선원의 배치가 없었다. 둘째, 적재량을 초과하여 선체가 파손되면서 침몰한 것이다. 보험계약의 약정에 따라 선박침몰은 담보제외사유이고 보험자는 보상책임

이 없다. 특별약정은 보험증권을 보충하는 것으로 합법적으로 유효하다.[28)]

[문] 1. 중국보험회사 고순지점의 "선박보험약관에 대한 특별약정"은 유효한가?
2. 양복생이 가입한 선박의 선원배치가 요구에 불합치 하는 것은 ≪국내선박보험약관≫에서 정한 담보제외사유가 되는가?
3. 이 사건에서 보험회사는 보험금지급책임을 면할 수 있겠는가?

제16절 직원보증보험

직원보증보험은 근로자가 고용기간 중 자신의 성실의무를 이행하지 못해서 권리자에게 경제적 손실을 야기한 경우에, 보험자가 보상책임을 부담하는 재산보험의 일종이다. 직원보증보험계약 및 책임보험계약, 신용보험계약은 모두 무형재산보험계약에 속하지만, 다소 차이점이 있다. 즉 책임보험계약은 피보험자가 제3자에게 민사상 배상책임을 부담하게 될 경우 보험자가 보상책임을 지는 것이고, 신용보험계약은 보험자가 피보증인의 신용을 담보하는 것이다. 피보증인 즉 채무자가 계약상의 책임을 이행하지 않을 경우 보험자가 보상책임을 부담하는 일종의 재산보험계약이다. 반면에 직원보증보험계약은 근로자가 자신의 성실의무를 이행하지 않거나 고용주에 대하여 사기, 부정행위를 한 경우 보험자가 보상책임을 부담한다.

직원보증보험은 유럽과 미국 등 다른 선진국에서 유래되었다. 미국에서는 직원의 부패, 사기, 절도가 직원 이외의 자에 의한 강탈, 절도,

---

28) 周玉华, ≪最新保险法法理精义与实例解析≫, 法律出版社. 2003. 168-169页.

천재와 인재보다 더 큰 손실을 입힌다. 어떤 경우에는 기업도산의 치명적인 이유가 되기도 한다. 관련 자료는 다음과 같은 사실을 보여준다. 전 세계적으로 직원에 의한 사기 피해규모가 매년 최대 십 수억 달러에 달한다. 직원의 이러한 범죄는 때로 장기간에 걸쳐 발견되지 않아 존경스럽고 상당이 고위직에 있는 직원에 의해 이루어지기도 하고, 오랜 세월동안 신임한 직원에 의한 것이기도 하다. 많은 투자자들은 자기 회사의 직원들이 회사 기밀을 팔았거나 돈을 가지고 도망치는 등 기망행위로 경제적 손실을 가져올까 걱정한다. 보험회사는 이러한 종류의 위험전가를 필요로 하는 투자자의 수요를 충족시키기 위하여 새로운 보험상품을 개발하였다. 개혁개방초기, 외국투자자가 중국에 투자를 할 당시 국제보험업의 관습에 따라 그들은 중국에서 직원들이 이 보험을 구매하도록 요구하였다. 이에 중국인민보험회사는 1980년 외국의 "직원보증보험"을 최초로 도입하였다. 보험약관을 영문에서 중문으로 번역하여 국내 직원보증보험약관으로 삼았다.

일반적으로 직원보증보험계약의 체결방식은 기명식과 무기명식의 두 가지가 있다. 기명식은 특정 직원을 보장의 대상으로 하고, 각 자에 대해 보상책임한도액을 달리 정하는 것이다. 무기명식은 모든 직원이 보장의 대상이 되어, 노동의 종류, 직접 혹은 간접으로 경영을 하느냐에 따라 분류된 직원별로 보상책임한도액을 정하는 방식이다.

보험사고 발생 후에 보험회사는 약정한 보상책임한도액의 범위 내에서 피보험자가 실제 입은 경제적 손실에 대한 보상을 진행한다. 직원의 불성실행위는 즉시 발견되는 것이 아니어서 직원이 보험기간 중 퇴직, 이직, 사망, 담당업무 변경의 날 혹은 보험기간이 종료한 날로부터 반년 혹은 1년 이내에 발견된 경우에도 보험회사는 보상책임을 부담하여야 한다.

1. 사건의 개요

1998년 초, 광저우합자회사는 상해시 모 백화점 피부보호용품 전문 판매대에서 특판활동을 하기로 계획하였다. 이 활동을 잘 하기 위하여 회사는 모 인재시장을 통해 5명의 판촉전문판매원을 고용하였다. 어느 날, 회사는 스킨케어 제품 20박스(가치 50,000위안)가 급히 필요하다는 주문을 받고, 상해 회사 사무실에서 백화점까지 운송하였다. 당시 시간이 오후 4시였는데 회사의 전용배달차량이 모두 외근나가 돌아오지 않고 있었고 현장에서는 물건의 도착을 기다리고 있었다. 이에 이번 특판활동을 책임지고 있는 직원은 판촉사원 A에게 택시를 불러 화물을 배달하도록 하고, 그 차를 뒤따라 가 지정된 장소까지 화물을 호송하고 동시에 백화점전문판매대 파견인으로 하여금 백화점 입구에서 화물을 기다리도록 하였다. 몇 시간 뒤 백화점 입구에서 화물의 도착을 기다리던 직원은 판촉사원 A를 볼 수가 없었다. 책임자는 회사에 제출된 호출번호로 판촉사원 A와 연락을 시도하였으나, 연락이 닿은 사람은 호출기의 주인이라는 남자로 찾고 있는 A를 전혀 모른다고 하였다. 회사는 오직 호출번호와 일반적인 인적사항만을 알고 있을 뿐이어서 A의 종적을 찾을 수 있는 방법이 없었다. 회사는 즉시 파출소에 신고하였다. 공안경찰은 회사가 제공한 정황과 자료를 받고 관련 호출기 교환국의 도움을 받아 A가 제공한 호출기 번호와 실제 번호의 주인이 다른 사람이라는 점과 A가 인재시장에 남긴 신분증, 이름, 주소 역시 신뢰할 수 없다는 사실을 알게 되었다. 이 사건에 대해 공안은 모든 검색방법을 동원하여 수사하였으나 결과는 나타나지 않았다. 회사는 가입한 직원보증보험에 따라 보험회사에 보상을 청구하였다. 보험회사는 손실기업의 청구를 받은 후 즉시 이 회사의 관련 직원들에 대한 조사를 실시하였으며, 약관의 규정에 따라 피보험자에게 판촉사원

A의 고용 전 상황에 대한 자문을 진행할 증명자료를 제출할 것으로 요구하였다. 사실상 회사는 판촉사원 A를 고용할 당시 채용에 필요한 상황을 질문하지 않았다. 피보험자는 고용인을 사용하기 전에 그 고용인이 충성성실의 측면에서 잠재된 위험이 있는가에 대하여 필요한 질문을 하지 않았고, 보험회사는 보험약관의 규정에 따라 보상거절의 결정을 내렸다. 합자회사는 법원에 보험회사의 보험금지급을 명하는 소송을 구하였다. 법원은 심리를 거쳐, 합자회사가 판촉사원 A를 고용하면서 필요한 고용 전 상황에 대하여 질문하지 않은 것은 ≪직원보증보험약관≫의 규정을 위반한 것으로 보험회사는 보상책임이 없다고 판시하였다.

2. 쟁점사항

직원보증보험은 피보험자의 직원이 고용기간 동안에 사기 혹은 불성실한 행위(횡령, 회계장부위조, 절도 등)로 가져온 직접적인 경제적 손실을 보장하는 내용의 보험이다. 그러나 ≪직원보증보험약관≫에 따르면, 보험자가 보상책임을 부담하는 전제는 피보험자가 직원을 사용하기 전에 반드시 그 직원의 고용 전 상황에 대한 질문을 하여야 하며, 그 자료를 보관하도록 요구하고 보상청구시 필요한 경우 보험회사에 제출하도록 규정하고 있다. 이 사건에서 법원의 판결이 옳은가의 여부는 관련 법률에 근거하여 판단하여야 한다.

3. 법률규정

1) **≪보험법≫제33조** 재산보험계약은 재산 및 관련 이익을 보험목적으로 하는 보험계약이다.

2) **≪보험 회사 관리 규정≫제47조** 중국보험감독위원회의 비준을 거쳐 재산보험회사는 다음에 기재한 전부 또는 일부의 영업을 수행할 수 있다. ……(4)신용보험과 보증보험, …

3) **중국보험감독위원회 ≪보증보험계약 관련 분쟁에 대한 회신≫** (1999년 8월 30일)

최고인민법원 고소 항소법정 : 귀 법정이 질의한 "중국공상은행 임주시 방선지점과 중보재산보험유한회사 임주시 방선구지점간의 보증보험분쟁"에 대하여 검토한 결과를 다음과 같이 회신한다.

(1) 이 사건은 보증보험계약에 속하는 분쟁이다. 보증보험은 재산보험의 일종으로 보증인인 보험자와 피보증인인 피보험자로 구성되며, 권리자에 대하여 담보를 제공하는 형식이다. 예를 들어 피보험자가 작위 또는 부작위로 계약의무를 불이행하여 권리자가 경제적 손실을 입은 경우 보험자는 피보험자 또는 보험수익자에게 보상책임을 부담한다. 보증보험계약과 보증계약을 구분하여야 하는데, 보증계약은 보증인이 담보채무자가 되어 채무를 이행하기로 채권자와 협의하여 설정하는 것이어서 그 당사자는 주 계약의 채권자와 보증인이며 피보증인은 보증계약의 당사자가 아니다. 보증보험계약의 당사자는 채무자(피보증인)와 보험자(보증인)이고, 채권자는 일반적으로 보증보험계약의 당사자가 아니라 계약의 제3자(수익자)가 된다. 이 사건에서 회사와 임현보험회사 사이에는 보증보험계약이 체결되었고, 따라서 그들 간에 계약이 이행에 관하여 발생한 분쟁은 보험계약분쟁으로 보험계약이 약정에 따라 보험자가 보상책임이 있는가의 여부를 판단하여야 한다.

(2) 이 사건에 대하여는 보험법과 담보법이 적용되지 않으며, 1983년 공포된 ≪재산보험계약약관≫이 적용된다. 보험법은 1995년 10월 1일부터 발효되었으므로, 이 이전에 체결된 보험계약에 대하여 소급력이 없다. 이 사건은 보험계약분쟁으로 담보법의 적용범위가 아니다.

(3) 보험증권에 보험기간을 1년으로 제한한 약정은 유효하다. 이 건에서 ≪기업대출보증보험시행방법≫제7조에서 보험기간을 "피보험자가 대출을 한 날로부터 대출금을 상환하는 날까지"로 규정되어 있으나, 당사자 간 보험증권에 보험기간을 1년으로 한다고 기재하였다. 보험증권과 위 ≪시행방법≫은 모두 보험계약의 내용을 구성하며, 보험증권에 보험기간을 1년으로 한다는 기재는 보험기간에 대한 당사자의 특약으로 보아야 하고, 보험계약에서 당사자 간에 특별한 약정이 있는 경우에는 이에 따른다. 기타 보험증권상 보험기간에 대한 제한은 대부분 수기로 기재한다. 실무에서 수기문자의 효력은 타자문자에 우선한다. 타자문자의 효력은 인쇄문자의 효력에 우선한다. 따라서 보험증권상 보험기간의 약정은 유효하다.

4. 학리분석

이 사건에서 법원의 결정은 타당하다. 직원보증보험은 보험회사가 경영하는 일종의 담보업무이고, 보험자가 피보증인(고용주)를 위하여, 권리자(고용기관)에 담보를 제공하는 것이다. 구체적으로 말하면, 직원보증보험은 당해 직원이 고용기간 동안에 사기 혹은 불성실한 행위로 고용주에게 경제적 손실을 초래한 경우, 고용주는 보험회사에 보험금의 지급을 청구할 수 있다. 다른 재산보험과 비교할 때 다음과 같은 특징을 가진다.

첫째, 보험자 자격의 특수성이다. 직원보증보험업무를 영위하고자 하는 보험자는 반드시 특정한 요건을 갖추어야 한다. 일반적으로는 정부의 금융감독관리부분의 엄격한 심사를 받아야 한다. 선진적 기술조건, 전문적인 인력, 엄격한 신용조사기구, 풍부한 보험경영경험 및 충분한 경제력을 갖추고 심사를 신청하여야 한다.

둘째, 담보책임의 연대성이다. 직원보증보험계약에서 약정한 보험사고 발생 후, 당해 직원과 보험회사는 고용주에 대하여 연대하여 전보할 책임이 있다. 즉 고용주는 직원에게 배상청구를 할 수 있으며, 보험회사에 대하여 보험금의 지급을 청구할 수도 있다. 보험자가 고용주에게 보험금을 지급한 후 당해 직원에 대하여 구상권을 행사할 수 있다.

셋째, 고용주의 의무의 법정성이다. 직원보증보험은 직원이 사기 또는 불성실한 행위로 고용주에게 경제적 손실을 야기한 경우 보험자가 보험금을 지급하는 보험계약으로, 직원의 신용은 보험자에게 있어 담보책임을 부담할 것인지 혹은 어떤 조건으로 부담할 것인지를 결정함에 있어 중대한 영향을 미친다. 따라서 고용되는 자가 충성도에 있어서 잠재된 위험을 판단하기 위하여, 법률은 고용주가 반드시 당해 직원의 고용전 상황에 대하여 자세한 질문을 하도록 규정하고 보험금청구시 이들 자료를 보험회사에 제출하도록 하고 있다.

이 사건에서 합자회사와 보험회사는 직원보증보험을 체결하였다. 이 계약의 요구에 따라 피보험자는 판촉사원 A를 고용할 당시 그 고용전의 사정에 대하여 자세하게 질문하고 그 관련 자료를 취득하였어야 한다. 이러한 피보험자의 의무는 법정의무이므로, 보험계약 당시 당사자 쌍방이 피보험자의 고용대상자에 대한 자세한 질문의무를 약정하지 않았다 하더라도 피보험자의 이러한 의무가 면제되는 것은 아니다. 법률은 왜 이러한 규정을 두게 되었을까? 이는 보험제도의 목적과 원칙에서 설명할 수 있다. 보험이란 일정한 재해가 발생한 이후에 제공되는 구제조치의 하나이지, 재해가 발생하지 않거나 보험목적이 손실을 입지 않는다는 보증은 아니다. 그러나 근대보험경영의 또 다른 발전방향은 손해의 예방을 보편적으로 받아들이고 있다. 현재의 보험경영자들은 이미 사후전보에서 사전예방노력으로 전향하였으며, 질병에 대한 예방과 질병에 대한 치료 원칙은 동일한 것이다. 바로 이러한 생각에서, 직원보증보험계약상 피보험자에게 고용대상자의 고용 전 사정에 대한 자세한 질문의무를 부담시키는 것은 피보험자가 상응한 예방조치를 취득하여 직원의 위법행위로 인하여 손실을 입을 수 있는 위험을 피할 수 있게 되어, 보험사고 발생의 사전예방작용이 된다는 점에 근거하고 있다. 이 사건에서 합자회사는 A를 고용할 당시 고용 전의 사정에 대하여 필수적인 질문을 하지 않아서 위험발생의 개연성을 증가시켰다. 뿐만 아니라 이러한 행위는 ≪직원보증보험약관≫의 규정을 위반한 것으로, 보험회사는 보험책임을 거절할 수 있다. 따라서 이 사건에 대한 법원의 판단은 타당한 것이었다.

5. 연습문제

1999년 6월 30일, 펩시 아시아 음료 유한회사(이하 아주회사)와 중국인민보험회사 광동성지점(이하 '중보')은 종합보험계약을 체결했다. 보험목적은 직원보증 등을 포함하고 있으며, 보험기간은 1999년 7월 1일 0시부터 2000년 6월 30일 24시까지, 담보범위는 보험수익자가 보험기간이 종료한 날로부터 12개월 이내에 직원의 범죄행위 혹은 불성실 행위로 한하여 직접적인 경제적 손실을 입은 경우에는 사고의 횟수에 관계없이 매 사고당 5만 달러의 한도 내에서 보상을 받을 수 있으며, 사고당 500달러에 대하여는 면책으로 정하였다. 계약체결 4개월 후, 아주회사의 영업부 경리 이문강이 수십만 달러에 해당하는 운송비를 가지고 도주하였다. 이후 아주회사는 62만 5천 달러의 지급청구소송을 당하였다. 아주회사는 운송회사에 운임을 지급한 후 보험회사에 보험금을 청구하였다.

[문] 1. 아주회사와 중보가 체결한 직원보증보험계약은 유효한가?
2. 중보는 아주회사의 보상청구에 대한 책임이 있는가?

제 3 장 인보험계약

제 1 절 인보험과 재산보험의 구별

인보험계약이란 사람의 생명, 신체 및 건강을 보험목적으로 하는 보험이다. 구체적으로는, 인보험계약은 보험계약자가 자신 혹은 타인의 신체 및 생명을 보험목적으로 하여 보험계약자가 보험료를 지급하고 피보험자가 사망, 장애, 질환, 혹은 약정한 연령에 도달하였을 때, 보험자가 보험계약자 혹은 보험수익자에게 보험금을 지급하기로 약정한 보험계약이다. 재산보험은 재산 혹은 관련 이익을 보험의 목적으로 하는 보험이다. 전통적 의미에서의 재산보험은, 유형의 재산을 보험목적으로 하는 보험이고, 해상보험에서 시작되어 그 후 화재보험을 거치면서 발전을 거듭하였다. 사회경제의 발전과 함께 무형재산이 이미 경제의 한 축을 이루면서 사회적 자원의 중요한 구성부분이 되면서 현대재산보험은 유형재산보험의 기초 위에 무형재산보험을 구축하게 된다. 즉 재산보험계약은 보험계약자와 보험자간의 협의로서 보험계약자가 보험료를 지급하고 보험자가 재산이나 관련된 이익에 대하여 보험사고로 인한 손실이 발생한 경우에 전보책임을 부담하기로 약정한 서면의 협의이다. 인보험과 재산보험의 구별점은 다음과 같다.

첫째, 양자의 계약 성질이 다르다. 인보험은 급부성 계약으로, 피보험자가 우연한 사고 혹은 질병으로 노동능력의 상실을 가져오거나 자연적으로 노쇄하여 생활능력을 상실하는 경우 보험자가 피보험자 혹은 보험수익자에게 보험금을 지급하는 보험계약이다. 재산보험은 손실보상의 성질을 가지는 것으로, 손해의 전보가 재산보험의 목적이다. 재산보험계약의 주요 내용은 보험자의 보험책임을 확정하는 것으로, 보험자는 재산보험계약의 약정에 따라 보험목적에 사고로 조성된 손실을 보상하는 것이다. 재산보험에서 손해전보를 보험금으로 보고 있기 때문에 지급보험금의 결정은 오직 보험목적의 경제적 가치(보험가액)로 제한되며 이것은 보험자가 보상책임을 부담하는 최고한도액이다.

둘째, 양자의 보험목적과 피보험이익이 다르다. 인보험은 사람의 생명, 신체 및 건강을 보험에 가입하는 것이다. 사람의 가치는 평가를 할 수 없기 때문에 인보험의 피보험이익은 금전으로 산정될 수 없고, 보험계약자와 피보험자의 인적 신뢰 혹은 관계로 표현된다. 이것은 인보험이 정액보험으로 채용할 수 밖에 없는 이유이다. 재산보험계약은 재산 및 재산상의 이익을 보험목적으로 한다. 재산보험의 피보험이익은 반드시 금전상의 이익으로 보험계약자 혹은 피보험자가 보험목적물에 대하여 가지는 법률상의 이해관계이다. 금전이익의 계산성으로 인하여 재산보험계약은 이미 보험가액을 계산 할 수 있기 때문에 재산보험계약은 평가보험이나 미평가보험 혹은 정액보험이나 부정액보험으로 가입할 수 있다.

셋째, 인보험은 저축성이 있다. 인보험의 저축성은 생명보험의 저축성이라고도 하는데, 생명보험계약이 보험계약자가 지급한 보험료는 보험사고가 발생한 경우에는 보상을 얻을 수 있는 요소가 되고, 보험기간의 만기 시에는 보험자가 보험료에 일정한 이자를 가산하여 반환하기 때문에, 생명보험의 보험증권은 현금가치를 가지는 유가증권이라 볼 수 있는 요소가 된다. 생명보험의 저축성은 생명보험을 대부분 장기보험으로 만들게 된다. 그러나 재산보험, 상해보험, 의료보험 등은 저축성이 없기 때문에 대부분이 단기보험이다.

넷째, 인보험의 보험료 지급의 자율성이다. 인보험에서 보험계약자가 보험료를 지급하는 것은 보험계약자가 보험계약상의 당연히 이행하여야 하는 의무이다. 그러나 인보험계약의 체결은 보험계약자가 피보험자를 위한 일종의 공익적 보장으로서 그 보험료는 보험계약자가 스스로 지급하는 것이며, 법률은 보험자가 소송을 통하여 보험료의 지급을 강제하는 것을 금지하고 있다. 그러나 재산보험의 보험료는 보험계약 성립 후 보험계약자가 부담하여야 하는 의무로서 보험자는 소송이나 중재의 방식으로 구상할 수 있다.

다섯째, 인보험은 대위권이 적용되지 않는다. 재산보험에서 대위권은 피보험자가 보험을 이용하여 잉여 이익을 얻는 것을 방지하기 위해 존재하는 것이다. 그러나 인보험은 피보험자의 생명이나 신체에 우연한 사고가 생길 때 보장을 제공하는 것으로 이를 금전으로 계산할 수 없고 또한 장래에도 계속 되는 것이므로, 이러한 사람에 대한 이익보장에는 피보험자가 혹은 보험수익자가 의외의 이익을 얻을 수 있는 경우는 존재할 수 없다. 따라서 인보험계약에서는 보험계약자 혹은 보험수익자가 보험사고로 인하여 제3자에 대하여 가지는 손해배상청구권을 대위할 수 없도록 하고 있다.

인보험과 재산보험의 구별은 보험업경영에 매우 중요한 의의가 있다. 세계각국의 보험업 분업 경영은 모두 이러한 구별점에 따르고 있다. 중국에서도 생명보험회사는 인보험, 상해보험과 건강보험을 영위하며, 재산보험회사는 재산보험업무를 영위하며, 허가를 얻어 단기의 상해보험과 건강보험을 영위할 수 있도록 하고 있다.

1. 사건의 개요

1995년 10월 5일, 모시의 구민 진모는 보험회사에 가정재산보험을 가입했다. 보험금액은 5만 위안이다. 보험기간은 1년이다. 1995년 11월 22일에 진모의 모친이 진모의 집에 와서 처음으로 압력밥솥을 사용하여 녹두죽을 만드는 과정에서 압력솥의 배기공이 녹두로 막히면서 폭발했다. 압력솥과 주방의 손실은 총 800위안이며, 진모 모친의 오른쪽 손이 부상당했고 의료비용이 500위안이다. 보험사고 발생 후 진모는 바로 보험회사와 연락을 했다. 보험회사는 사고의 진실성과 경과를 확인했다. 진모는 보험회사에 재산손실과 의료비의 보상을 청구하였다. 보험회사의 보상과 관련하여 세 가지 의견이 있다.

첫째 의견은 피보험자가 압력밥솥의 안전 사용규칙을 지키지 않아 압력밥솥의 폭발로 조성된 손해이기 때문에 보험회사가 보험보상을 하지 않는다. 또 다른 의견은 압력밥솥의 폭발은 압력밥솥의 증기가 자동으로 배출되지 못하였기 때문에 발생한 것으로 압력밥솥의 결함으로 조성된 손실은 보험자의 담보제외사유이다. 다만 압력밥솥이 폭발로 인한 가스관의 손실에 대하여는 보험회사가 보상을 해야 된다. 마지막 의견은 진모의 재산손실 및 그의 모친이 부상을 당하고 지출한 의료비용은 압력솥 폭발로 인한 것이다. 폭발은 보험회사의 보험범위에 속하는 보험사고이므로 보험회사가 보상책임을 져야 한다는 것이었다.[29)]

2. 쟁점사항

이 사건을 분석하여 해결하기 위해서는 다음과 같이 진행되어야 한다. 우선 해결하여야 할 문제는 재산보험에서 보험회사의 보상책임 범위가 무엇인가? 보험사고로 조성된 인신손해에 대하여 보험자는 보상책임이 있는가? 하는 것이다. 이상의 두 가지 문제를 해결한 후, 발생

29) 陈敬,彭虹编者：≪保险法案例说≫, 湖南人民出版社, 1999, 第131-132页.

한 사고가 보험자의 보상책임의 범위에 속하는 지 여부를 결정할 수 있다.

3. 법률규정

1) **≪보험법≫제2조** 이 법에서 보험이란 보험계약자가 계약의 약정에 따라 보험자에게 보험료를 지급하고, 보험자는 계약에서 정한 사고로 발생한 재산손실에 대하여 보상책임을 부담하거나 혹은 피보험자의 사망, 장애, 질병 또는 약정한 연령에 도달할 때 보험금을 지급하기로 약정한 영리보험행위를 말한다.

2) **≪보험법≫제12조 제4항** 보험목적은 보험의 대상이 되는 재산 및 관련이익 혹은 사람이 생명이나 신체이다.

3) **≪보험법≫제33조** 재산보험계약은 재산 및 관련 이익을 보험목적으로 하는 보험계약이다.

4) **≪보험법≫제52조** 인보험계약은 사람의 생명과 신체를 보험목적으로 하는 보험계약이다.

5) **≪보험법≫제92조** 보험회사의 업무범위

① 재산보험업무, 재산손실보험, 책임보험, 신용보험 등 보험업무를 포괄함

② 인보험업무, 생명보험, 건강보험, 의외상해보험 등 보험업무를 포괄함.

같은 보험자는 동시에 재산보험과 인보험을 겸영할 수 없다. 그렇지만 재산보험업무를 경영하는 회사는 보험감독기관의 허가를 얻어 단기 건강보험업무와 의외상해보험업무를 할 수 있다.

보험회사의 업무범위는 보험감독기관의 법률의 규정에 따라 따로 정한다. 보험회사는 정해져 있는 업무범위 내에서만 보험경영활동을

할 수 있다.

보험회사는 본 법률과 기타 법률, 행정법규 등 규정 되어 있는 업무 이외의 다른 활동을 할 수 없다.

6) **중국보감회 ≪태평양재산보험회사와 태평양생명보험주식회사 상호대리보험업무 요청의 회답≫**(보감복2001 제412호, 2001년 11월13일 공시)

중국태평양보험(그룹)주식회사 : 귀사가 제출한 ≪태보그룹 재산보험회사와 생명보험회사의 경영범위에서 보험업무의 겸업대리에 관한 질의≫를 검토한 결과, 다음과 같이 회신함.

① 중국태평양재산보험주식회사와 중국태평양생명보험주식회사의 보험업무 상호대리를 원칙적으로 인정함.

② 귀사는 그룹내부에서 보험업무와 대리업무에 대한 관리를 엄격하게 하여야 하며, 분업경영의 정책을 이행하여야 한다. ≪보험법≫및 <보험겸업대리관리시행법>에 따라 재산목록을 작성하고, 생명보험 대리업무 내부관리 방법을 만들어 중국 보감회에 보고하여야 한다.

③ 중국태평양재산보험주식회사와 중국태평양생명보험주식회사의 지사는 현지 보감회에서 <보험겸업대리허가증명>을 신청하여야 한다.

7) **중국 보감회 ≪책임보험과 상해보험의 경계에 관한 통지≫**(1999년 12월 15일 발표)

각 보험회사 : 보험영업에 대한 보다 발전적인 규제와 보험시장의 질서유지를 위하여, 현재의 책임보험과 상해보험의 경계에 관한 의문에 대하여 다음과 같이 통지한다.

① ≪보험법≫제91조의 규정에 따라 책임보험은 재산보험에 속하는 것으로 재산보험회사가 영위한다. 상해보험은 인보험업무에 속하는 것으로 생명보험회사가 영위한다. 피보험자의 불법행위로 조성된 제3자의 인신손해는 법률에 따라 민사상 배상책임을 부담하는 행위를 보험

의 목적으로 하는 책임보험에 속한다.

② 책임보험과 상해보험의 경계의 원칙

ㄱ. 책임보험의 보험목적은 피보험자가 법률에 따라 제3자에게 민사배상책임을 부담하는 것이고, 상해보험의 보험목적은 피보험자의 신체와 생명이다.

ㄴ. 책임보험의 피보험자는 자연인이고 법인도 가능하고 민사배상책임을 부담할 수 있는 자이다. 상해보험의 피보험자는 오직 자연인이고 우연히 상해를 입을 수 있는 자이다.

ㄷ. 책임보험은 피보험자가 제3자에 대하여 법률상 민사배상책임을 부담하게 되는 경우에만 보험자는 보험금지급책임을 부담한다. 상해보험은 사고의 원인을 불문하고, 보험책임 범위 내의 사고가 발생하여 피보험자의 사망, 상해, 장해 등을 야기한 경우라면 보험자는 항상 지급책임을 부담한다.

ㄹ. 책임보험은 실손보상이 원칙이 적용된다. 책임보험의 보험금액은 보상한도액이며, 보험사고 발생 후 보험자가 피보험자가 제3자에게 실제로 배상한 민사책임액을 보험금으로 지급하며, 보험자의 보상금액은 보험금액을 한도로 한다. 보험금을 지급한 후 법률의 규정에 따라 대위권을 행사할 수 있다. 상해보험은 정액급부의 원칙이 적용된다. 보상금액은 보험계약에서 규정한 사망, 상해, 장해의 정도를 표준으로 하여 보험금을 지급하며, 보험자는 보험금 지급 후 대위권을 행사할 수 없다.

ㅁ. 책임보험의 보험계약자는 피보험자와 일반적으로 동일인이며, 보험료지급의무자이다. 상해보험의 보험계약자는 자기를 위하여 혹은 피보험이익이 있는 타인을 위하여 보험가입이 가능하며, 보험계약자와 피보험자를 동일인으로 하거나(피보험자가 보험료 납부 의무자) 혹은 다른 사람으로 하여도 무방하다(이 경우 피보험자는 보험료납부 의무

자가 아니다).

③ 각 보험회사는 중국≪보험법≫제91조의 규정에 따라 엄격하게 보험업무범위에 있는 경영을 해야 한다. 임의로 책임보험과 상해보험의 경계를 모호하게 할 수 없으며, 업무 이외의 다른 활동을 금지한다.

④ 각 보험회사가 이 통지를 받은 후에 즉시 회사의 보험약관에 대한 정리를 하여야 한다. 범위 이외의 다른 경영활동은 바로 금지하여야 한다.

⑤ 본 통지를 받은 후 또 범위 이외의 경영활동이 발견되면 법으로 엄격하게 처리할 것이다.

8) **중국보감회 ≪인보험업무관련 문제에 대한 통지≫**(보감발 1999 15호 1999 1월 15일에 공시)

제1조 제3항 보험회사가 보험을 인수함(조합보험책임을 포함)에 있어서는 반드시 이 비준을 거친 약관을 사용하여야 한다. 생명보험은 협의서의 형식으로 인수를 할 수 없으며, 명확한 필요가 있는 경우, 비준을 받은 약관 위에 주의사항으로 첨가할 수 있다. 그러나 그 보험증권과 첨가조항은 약관에 규정된 보험책임과 보험기간을 변경할 수 없다. 보험계약서는 반드시 2부를 작성하여 하나는 보험증권과 복본상에 각각 첨부하여야 한다. 이 이외의 어떤 보충적 협의로 허용되지 않는다.

4. 학리분석

재산보험에서 보험자는 보험사고로 인하여 보험목적에 발생한 손실에 대하여 보상책임을 진다. 이것은 재산보험의 기본구성이다. 이 사건에서 보험계약자 진모는 그의 집에 있는 재산을 가정재산보험에 가입하였으므로, 진모의 모친의 신체는 이 보험의 보험목적이 아니다. 그러나 일부 학자는 진모의 모친이 치료비로 지출한 비용도 진모의 가정재산의 일부분이므로 역시 보험목적에 속한다고 보고 있다. 이 보험회사 ≪가정재산보험약관≫의 부담보재산 조항에서 화폐는 보험목적의 범위에 포함되지 않는다고 규정되어 있다. 진모의 모친이 부상을 당하여 지출한 의료비 500위안은 진모 의 가정재산의 일부이지만 보험목적이 아니기 때문에 보험회사가 의료비에 대한 보상책임을 부담하지 않는다.

재산보험과 인보험은 보험목적으로 구분 표준을 삼는다. 다만, 재산보험에서 보험자가 모든 인신손해를 보상하지 않는다는 의미는 아니다. 자동차 제3자책임보험에서 보험자가 부담하는 보험목적은 피보험자가 제3자에게 조성한 손해배상책임이다. 피보험자의 차량이 제3자에게 인신피해를 줄 경우에 보험자는 피해를 입은 제3자에게 배상책임을 부담하여야 한다. 이렇게 보면, 재산보험에서 보험자가 인신손해에 대하여 책임을 부담하지만 그것은 인신 자체가 보험목적이 되기 때문이 아니라 보험자가 담보하는 보험목적은 책임이익이 있기 때문이다. 즉 피보험자가 조성한 타인의 재산 혹은 신체의 손해에 대하여 보험책임을 부담하는 것이다. 이 사건에서 진모가 가입한 가정재산보험은 책임보험을 포함하고 있지 않기 때문에 진모의 모친이 치료비로 지출한 500위안은 보험자의 담보범위에 속하지 않는 것이다.

이 사건에서 보험회사의 책임을 인정하기 위해서는 밥솥의 폭발이 보험사고에 포함되는가에 대하여 고찰하여야 한다. 보험회사의 ≪가정재산보험약관≫에서는 폭발은 보험책임의 하나로 규정하고 있다. 통상, 재산보험에서의 폭발은 물리적 폭발과 화학적 폭발이 있다. 그러나 다음과 같은 경우는 폭발이 아니다. 물체의 고유한 결함 혹은 사용마모 혹은 상품의 질이 나쁘거나 용기 내부의 압력을 견디지 못하고 일어난 폭발. 이 사건에서 압력솥의 폭발이 보험사고인지의 여부는 다음과 같이 분석할 수 있다. 첫째, 압력솥의 폭발은 내압이 증대하였으나 배출할 수가 없어서 조성된 사고이다. 이것은 밥솥의 질적 하자로 인한 사고이다. 둘째, 진모의 모친은 압력솥의 안전 사용규칙을 지키지 않아 폭발이 된 것이다. 근인관계에서 볼 때 안전조작규칙을 지키지 않고 사용한 것이 폭발의 직접적인 원인이다. 따라서 압력솥의 폭발은 물리적 폭발이고 보험사고에 해당한다.

보험회사의 보험책임을 확인함에 있어, 또한 보험법과 보험약관의 규정에 따라 보험자의 면책사유에 해당하는 경우는 제외하여야 한다. 이 사건에서 ≪가정재산보험약관≫은 피보험자 혹은 그의 가족구성원의 고의행위로 보험사고가 야기되어 재산상손실이 발생된 경우에 보험자는 책임을 지지 않는다고 규정하고 있다. 진모의 모친이 압력솥을 사용하면서 안전사용규칙을 준수하지 못하여 발생한 사고는 고의행위가 아니라 과실행위로 인정하여야 한다. 따라서 사용규칙 미준수로 진행된 폭발은 보험자의 면책사유에 속하지 않는다.

이상에서 보건대, 이 사건의 정확한 처리는 보험회사가 진모의 재산손실 800위안을 보상하여야 하며, 진모의 모친이 의료비로 지출한 비용 500위안에 대해서는 보상책임을 지지 않는다.

5. 연습문제

2000년 7월 10일 위선생은 구입한 산타나 승용차를 자동차보험에 가입하면서, 좌석의 한 자리에 대하여 탑승자 책임보험을 부가하였다. 그러나 어느 좌석인가에 대하여 약정하지 않았다. 보험가입 후 9월 15일, 교통사고 발생하여, 위모와 탑승하고 있던 동모와 이모 2명의 승객이 부상을 입었고, 차량도 훼손되었다. 교통경찰은 사고에 대하여 위모가 모든 책임을 부담하여야 한다고 인정하였다. 보험보상 과정에서 보험회사는 차량의 손실에 대하여 보상하였지만, 부상자에 대하여는 이의를 제출하였다. 부상을 입은 세 명 중에 위모의 의료비용이 2,000위안, 동모씨 5,000위안, 이모씨 3,000위안이었다. 한 좌석 책임보험에서 어느 좌석인지를 약정하지 않았기 때문에 보상방법을 두고 세 가지 의견이 제시되었다. 첫째는 좌석을 약정하지 않았다면, 운전석으로 보고 보상하여야 한다는 것이고, 둘째는 세 명의 평균의료비를 한명에게 지불한다는 의견이었으며, 셋째는 의료비용이 최고 많은 사람에게 지불하여야 한다는 것이었다.

[문] 1. 차량 탑승인원 책임보험의 보험목적은 무엇인가? 어떤 보험인가?
2. 보험회사는 어떤 방식으로 보험보상을 해야 하는가? 그 이유는?
3. 재산보험과 인보험을 어떻게 구분하는가?

제 2 절 인보험에서의 피보험이익

인보험에서의 피보험이익이란 보험계약자가 피보험자의 생명이나 신체에 대하여 가지는 모든 이해관계이다. 인보험의 피보험이익은 반드시 인보험계약을 체결할 때 존재하지 않으면 보험계약은 무효이다. 그러나 보험사고 발생 시 혹은 보험금 지급조건이 성취될 때에 피보험이익이 존재하는가의 여부는 인보험계약의 효력에 영향을 미치지 않는다.

인보험에서 보험계약자가 피보험자에 대하여 피보험이익을 가지는가의 여부는 보험계약자와 피보험자의 이해관계가 존재하는가의 여부에 따라 결정되는 것이 아니라, 법률상 특별규정에 따른다. 중국보험법은 인보험의 피보험이익을 규정함에 있어 이해관계와 동의라는 2원적 고려를 원칙으로 하고 있다. 하나의 원칙으로 보험계약자와 피보험자가 피보험이익이 있는지, 혹은 보험계약자와 피보험자가 이해관계가 존재하는가에 따라 확정하는 것이며 다른 하나는 보험계약자가 피보험자의 동의를 얻었는가의 여부로 결정하는 것이다. 즉 양자 사이에 이해관계가 있으면 피보험이익이 있으며, 또한 보험계약자가 피보험자의 동의를 얻어 보험계약을 체결할 경우에도 피보험이익이 있다.

인보험의 피보험이익의 범위는 아래와 같다. 첫째, 보험계약자와 이해관계가 있는 사람으로, (1) 본인. 누구라도 자신의 생명과 신체에 대하여 무제한의 피보험이익이 있다. (2) 가정구성원. 가정구성원 간에는 혈연, 친족, 경제상의 이해관계가 있으므로, 보험계약자와 그의 가정구성원 간에는 피보험이익이 있다. 가족구성원은 배우자, 자녀, 부모, 부양관계가 있는 기타 친척이 포함된다. (3) 기타 이해관계인이다. 앞에서 규정한 사람 이외에 보험계약자와 부양관계에 있는 가정 기타의 구성원과 근친을 말한다. 둘째, 피보험자의 동의를 얻어 계약을 하는 경우, 보험계약자는 피보험자에 대하여 이해관계가 있는 것으로 본다. 다만, 다음과 같은 제한이 있다. (1) 부모가 미성년자녀를 위한 보험가입을 제외하고, 행위무능력자는 사망을 보험금지급조건으로 하는 보험에 가입할 수 없다. (2) 제3자의 사망보험에 있어서는 피보험자의 서면동의와 보험금액인가를 받아야만 한다.

1. 사건의 개요

고모와 하모는 결혼 후 불임증 때문에 자녀가 없었다. 1999년 8월 29일에 모시 경찰서에서 버려진 아기를 입양하였다. 9월 8일 공안국에 호적을 신청했다. 호적상 이 아기는 1998년 11월 8일 출생하였으며, 고모, 하모는 이 아기와 부녀, 모녀관계에 있다고 기재되었다. 그러나 고모부부는 민정관리부에 입양증명서를 만들지 않았다. 같은 날 고모부부는 생명보험회사에 가서 입양사실을 고지하고 호적을 보여준 뒤 독자생사양전보험계약에 가입하였다. 보험계약의 내용은 이렇다. 보험계약자와 보험 수익자는 고모, 피보험자는 전전(아기 이름), 상해보험금액 150,000위안, 보험기간 계약의 효력 발생일부터 피보험자가 만 18세가 되는 날까지이다. 계약 성립 후 고모는 당월 보험료 200위안을 지불했다.

1999년 10월 10일, 고모의 처 하모가 석모와 함께 전전을 데리고 공원에 놀러 갔다. 석모와 그 딸이 전전을 데리고 배를 탔는데 전전이 물에 빠져 석모의 딸이 구출하였다. 하모는 전전을 데리고 모 의원에 가서 진찰을 받았으며, 검사결과 이상을 발견할 수 없었고 의사는 입원하여 관찰할 것을 요구하였다. 하모는 입원소속을 하지 않고 전전에게 타월을 걸쳐주고, 외출하여 식사를 하였다. 식사 후 전전이 입에 하얀 거품을 토히며 이상증세를 보이자 하모는 즉시 병원에 데려가 진료를 받았으며, 진료 후 전전의 병세가 안정되어, 하모는 그 다음날 퇴원절차를 밟았다. 약 1시간 후 하모는 전전을 데리고 인민병원으로 진료를 받으러 갔는데, 의사가 전전을 진찰하고는 전전이 이미 진찰 전에 사망하였다고 진단하였다. 고모의 요청에 따라 이 병원은 전전이 익사사고로 사망하였다는 증명서를 발급해 주었으며, 고모는 경찰서에 통보를 하고 전전을 화장했다. 10월 11일 고모는 생명보험회사에 전전의 사망사실을 통지하고 보상을 요청하였다. 보험회사가 보상을 거절하여 고모는 제소하였다. 법원은 심리를 거친 후, 피보험이익은 보험계약의 성립 및 효력의 전제가 되며, 보험보상의 첫 번째 조건이다고 인정하였다. 고모 부부가 전전을 2년간 양육하였고, 호적을 만들었으나, 민정부문에 합법적인 입양절차를 거치지 않아 입양법에 따라 입양행위가 성립되지 않았다. 고모는 자신과 전전은 이미 부양관계가 성립하였다고 주장하였다. 입양행위가 불성립하여 전전과 고모 부부가 혈친관계에 속하지 않고 혈친관계를 의제할 수 없기 때문에 전전은 고모의 가정구성원과 친척이 아니면 부양관계는 성립될 수 없다고 주장하였다. 다른 조사에 의하면, 고모부부가 다른 보험회사들에도 전전의 사망보험을 가입하였으며, 이러한 행위는 보험법 및 중국보감회에의 사망보험금액의 제한에 대한 규정을 위반한 것이다. 따라서 고모 부부는 피보험자인 전전에 대하여 피보험이익이 없어, 보험계약은 무효이다. ≪입양법≫제25조, ≪보험법≫(1995년 보험법) 제52조 제54조 및 ≪계약법≫제52조 제1항 제5호, 제58조의 규정에 따라 다음과 같이 판결한다. 원고와 피고가 체결한 보험계약은 무효이며, 피고는 원고에게 보험료 200위안을 반환하여야 한다.[30)]

2. 쟁점사항

본 사건은 인보험계약의 분쟁에 관한 것으로 보험계약자가 보험목적에 대하여 피보험이익이 있는가를 조사하여야만 한다. 이 사건에서 부양관계의 성립여부는 피보험이익의 존재여부에 직접적으로 관련이 있다. 부양관계의 인정은 부양법의 규정에 따라 고찰하여야 한다.

3. 법률규정

1) **≪보험법≫제12조** 보험계약자는 보험목적에 대하여 피보험이익을 가지고 있어야 한다. 보험계약자가 보험목적에 피보험이익을 갖고 있지 않으면 보험계약은 무효이다. 피보험이익은 보험계약자가 보험목적물에 대하여 가지는 법률상 인정된 이익이다. 보험목적은 보험의 대상이 된 재산 및 관련 이익 혹은 사람의 생명과 신체이다.

30) 周玉华著 : ≪最新保险法法理精义与实例解析≫, 法律出版社, 2003, 57-61页.

2) **≪보험법≫제53조** 보험계약자는 다음과 같은 자에 대하여 피보험이익이 있다. (1) 본인, (2) 배우자, 자녀, 부모, (3) 전호 이외에 보험계약자와 일정한 부양관계에 있는 가정의 기타 구성원, 근친.

전항의 규정 이외 피보험자가 그 보험계약의 체결에 동의한 경우, 보험계약자는 피보험자에게 피보험이익이 있는 것으로 본다.

3) **≪보험법≫제55조** 보험계약자는 행위무능력자를 사망을 보험금 지급조건으로 하는 인보험계약을 체결할 수 없고, 보험자도 인수하여서는 안된다.

부모가 미성년자녀를 위하여 인보험에 가입하는 경우에는 전 항의 규정에 제한되지 않는다. 그러나 사망보험금의 총액이 보험감독관리기관에서 정한 최대금액을 초과할 수 없다.

4. 힉리분석

인보험에서 피보험이익은 보험계약자가 피보험자의 생명이나 신체에 대하여 가지는 이해관계를 말한다. 인보험의 피보험이익은 반드시 인보험계약을 체결할 때 존재하고 있어야 하며, 그렇지 않으면 보험계약은 무효이다.

이 사건에서 고모 부부가 전전을 입양하고 호적으로 만든 것이 입양관계를 구성하는가의 문제는 보험계약자가 피보험자에 대하여 피보험이익이 있는가를 판단하는 근거가 된다.

≪입양법≫제15조 제1항과 제2항에서, 입양은 반드시 현급 이상의 인민정부 민정부문에 등기하여야만 한다고 규정하고 있다. 입양관계는 등기한 날로부터 성립되며, 생부모를 찾을 수 없는 아이들의 경우에는 민정부문은 등기 전에 공고를 하여야 한다. 이 법 제16조는 입양관계 성립 후에 공안기관은 관련규정에 따라 입양자의 호적등기 절차를 진

행하여야 한다고 규정하고 있다. 또 제25조는 ≪중화인민공화국민법통칙≫제55조 및 이 법에서 규정된 입양행위를 위반한 경우 입양은 법적 효력이 없다고 규정하고 있다. 따라서 고모 부부가 공안기관에서 호적을 만든 것만으로 입양관계가 성립하였다는 것은 지지할 수 없다. 법원이 입양관계가 성립되지 않는다고 본 것은 타당하다.

≪입양법≫제23조는 입양관계 성립 일부터 양부모와 양자녀 간의 권리의무관계에 대하여는 부모자녀에 관한 법률 규정을 적용하며, 양자녀와 양부모의 근친간의 권리의무관계도 자녀와 부모의 근친간의 권리의무관계에 관한 규정을 적용한다고 규정하고 있다. 따라서 고모 부부와 전전과의 사이에는 부모자녀관계가 구성될 수 없고, 보험계약자와 피보험자 간에는 피보험이익이 없다는 법원의 판결은 타당한 것이다.

5. 연습문제

1997년 9월 장모는 해당구 생명보험회사에 가서 그의 증조모 마모에 대하여 100,000위안의 홍복종신보험계약을 체결하였다. 보험회사의 영업사원이 보험청약서의 작성을 대신하였고, 보험수익자를 장모로 하였다. 청약서상의 개인 병력사항에 아무런 기재가 없었다. 보험회사의 요청에 따라 장모는 마모와 보험회사 영업사원을 데리고 병원에서 신체검사를 하였으며, 결과는 정상이었다. 보험회사는 장모에게 보험계약을 승낙하였고, 장모는 8,884위안의 보험료를 지급했다.

보험계약 체결 후 145일 후에 마모는 질병으로 사망하였다. 장모는 보험회사에 통지하고 보험금의 지급을 청구하였다. 보험회사는 조사를 통해 마모가 장모의 친 증조모가 아닌 것을 확인하였다. 장모와 부양관계도 아니고, 같은 구에 거주하는 것도 아니었다. 마모는 1989년 이미 모병원에 입원한 적이 있었다. 보험회사는 보험계약자가 보험목적에 대하여 피보험이익이 없다는 점과 고지의무를 이행하지 않았다는 점을 들어 장모의 청구를 거절했다. 장모는 법원에 제소하였다.

[문] 1. 보험계약은 유효한가?

2. 보험회사의 보상 거절은 인정되는가? 그 이유는?

제 3 절 연령의 부실고지와 처리

인보험에서 피보험자의 연령은 보험자가 위험을 평가하여 보험료를 산정함에 있어 중요한 근거가 된다. 보험계약자의 고지의무에 근거하여, 보험계약 성립 시 정확하게 기재하여야만 한다. 만약 보험계약 시 보험계약자가 피보험자의 나이를 사실대로 기재하지 않았을 경우(이하 '오고지(误告知)'라 함)에 어떻게 처리할 것인가? 보험법의 규정에 따라, 나이를 잘못 알려준 것은 고지의무의 불이행이며, 보험자는 보험계약을 해제할 수 있다. 그러나 연령계산과 기재가 잘못되었다고 하여 모든 계약을 해제하고 피보험자의 보험계약상의 이익을 전부 없애버린다면 보험제도가 피보험자를 위하여 보험보장을 제공한다는 보험 본래의 목적에 위배된다. 그래서 중국보험법은 보험계약자의 피보험자의 나이에 대한 오고지에 대하여 특별 규정을 두고 있다. ≪보험법≫ 제54조에서 보험계약자가 고지한 피보험자의 연령이 사실과 다르고, 실제 연령이 보험계약에서 연령 제한에 부적합할 경우, 보험자는 보험계약을 해제할 수 있고, 수수료를 제외한 보험료를 반환한다. 그러나 계약 성립의 날로부터 2년이 경과한 경우에는 그러하지 아니하다고 규정하고 있다. 보험계약자가 연령을 오고지하여 보험계약자가 지급하여야 할 보험료가 실제 지급하여야 할 보험료보다 적은 경우에 보험자는 추가 보험료의 청구를 할 수 있다. 혹은 보험금을 지급할 때 납입한 보험료와 납입하여야 할 보험료의 비율로 지급한다. 보험계약자가 피보험자의 연령을 부정확하게 고지하여 보험계약자가 응당 납입하여야 할 보험료보다 많은 보험료를 납부한 경우에는 보험자는 과다징수한 보험료를 반환하여야 한다. 그 밖에 보험실무상, 생명보험약관은 피보험자의 연령 오고지에 대하여 명확한 규정을 두고 있다. 보험법이 규정에 따라 피보험자의 연령 오고지는 다음과 같은 방식으로 처리하여야 한다.

1) 실제나이가 보험최고한도 연령을 초과한 경우. 인보험에서, 보험회사의 각종 약관은 피보험자의 연령에 대해 최고 연령이라는 제한을 두고 있다. 예를 들어, 중국생명보험회사 1999년판 강녕종신보험약관은 "70세 이하의 신체건강한 자는 모두 피보험자가 될 수 있다."고 규정하고 있다. 이에 의하면, 만약 피보험자의 진짜 나이가 70세를 초과하면, 보험자는 보험계약을 해제할 수 있으며, 수수료를 제외한 남은 금액을 보험계약자에게 반환한다. 계약을 체결한 지 2년이 경과한 경우에는 제외이다. 즉 계약체결 후 2년이 경과하면 보험자가 계속하여 계약의 내용을 이행하여야 한다.

2) 실제나이가 보험회사가 요구하는 최소연령보다 어린 경우. 많은 인보험의 약관 중에는 피보험자의 최소연령을 제한하는 규정을 두고 있다. 피보험자의 실제나이가 보험회사가 정한 최소연령보다 어린 경우에, 보험자는 보험계약을 해제할 수 있다. 역시 수수료를 제외한 남은 금액을 보험계약자에게 돌려주며, 계약체결 후 2년이 경과한 경우에는 제외된다. 체약 후 2년이 경과한 경우에 보험자는 계속하여 계약을 이행하여야 한다. 그런데 인보험 실무 중에 이런 상황이 발생한 경우에 보험자가 보험계약을 해제하는 경우는 많지 않고, 피보험자가 최소 연령에 도달하기를 기다려 보험계약의 효력을 발생시키는 방법을

선택하고 있다.

3) 실제 나이가 인수 가능한 연령의 범위 내에서 오고지 된 경우. 인보험에서 피보험자의 실제 나이가 보험회사가 규정한 인수연령의 범위 내에 있는 경우에는, 나이를 오고지하는 사정이 발생하고 피보험자의 연령이 진실하지 않더라도 보험자는 보험계약을 해제할 수 없다.

4) 연령오고지가 보험료에 영향을 준 경우. 인보험에서 나이를 잘못 고지한 상황이 발생한 경우에도, 보험자가 해제권을 포기하거나 혹은 법으로 보험계약이 해제가 금지되는 경우 혹은 보험법에서 보험자의 해제권에 대한 규정을 두고 있지 않는 경우에 보험계약은 당연히 유효하게 존속한다. 다만 보험자와 보험계약자 및 피보험자의 이익을 보호하기 위하여, 보험법상 보험료의 처리에 관하여 규정을 두고 있다. 첫째, 실제나이보다 어리게 고지한 경우이다. 보험법의 규정에 따르면, 보험계약자가 피보험자의 연령을 오고지하여 보험계약자가 지급한 보험료가 지급하여야 할 보험료보다 적게 된 경우에는 보험자는 피보험자의 실제나이로 정정할 권한이 있으며, 동시에 추가보험료의 지급을 요구하거나 보험금지급시에 실제 납입보험료와 납입하여야 할 보험료의 비율에 따라 지급할 수 있다. 둘째, 실제나이보다 더 많게 나이를 오고지한 경우이다. 보험법의 규정에 따르면, 보험계약자가 피보험자의 나이를 잘못 고지하여 실제 납입한 보험료가 더 많은 경우 보험자는 과다 징수한 보험료를 보험계약자에게 돌려주어야 한다.

1. 사건의 개요

1999년 6월 7일, 진여사는 그의 딸 송모를 모생명보험회사에 보험금액 5만 위안의 생명보험에 가입하였다. 이 보험약관에는 피보험자의 연령이 최소 16살이어야 한다는 규정이 있었다. 송모는 1983년 6월 생으로 보험계약 당시 16살이 아닌데, 진여사는 보험청약서상 송의 출생 년월을 1983년 4월이라고 기재하였고, 보험회사는 언더라이팅(underwriting) 후 보험을 인수하였다. 1999년 10월 13일 송모는 수업을 마치고 귀가하기 위해 도로를 횡단하던 중 사고를 당해 사망하였다. 진여사는 딸의 장례를 마치고 보험회사에 보험금청구를 하였다. 보험회사는 심사를 마치고 피보험자의 나이가 이 보험에 적합하지 않다는 이유로 보험계약을 해제하고 보상을 거절하였다. 진여사는 다만 몇 개월의 차이가 날 뿐인데, 보험회사는 왜 보상을 거절하는지 아무리 생각을 해도 이해가 안된다.

2. 쟁점사항

이 사건을 분석하기 위해서는 우선, 연령에 대한 오고지가 있었는가를 확인하여야 한다. 그 다음에 연령에 대한 오고지가 있을 때 보험법 규정과 보험계약 약관상의 규정을 확인한다. 마지막으로 보험회사의 처리 결과를 분석하며 그 결과가 법률과 계약의 약정에 일치하는가를 살펴보아야 한다.

3. 법률규정

≪보험법≫제54조 보험계약자가 고지한 피보험자의 연령이 사실과 다르고, 실제 연령이 보험계약에서 연령 제한에 부적합할 경우, 보험자는 보험계약을 해제할 수 있고, 수수료를 제외한 보험료를 반환한다. 그러나 계약 성립의 날로부터 2년이 경과한 경우에는 그러하지 아니하다고 규정하고 있다. 보험계약자가 연령을 오고지하여 보험계약자가 지급하여야 할 보험료가 실제 지급하여야 할 보험료보다 적은 경우에

보험자는 추가 보험료의 청구를 할 수 있다. 혹은 보험금을 지급할 때 납입한 보험료와 납입하여야 할 보험료의 비율로 지급한다. 보험계약자가 피보험자의 연령을 부정확하게 고지하여 보험계약자가 응당 납입하여야 할 보험료보다 많은 보험료를 납부한 경우에는 보험자는 과다징수한 보험료를 반환하여야 한다.

4. 학리분석

인보험 특히 생명보험에서 피보험자의 연령은 보험자가 위험의 부담여부와 보험료율을 산정함에 있어 특히 중요한 영향을 미친다. 피보험자의 연령은 피보험자가 보험계약을 체결하는 때의 실제 생존연령이다. 인보험계약에서 보험금의 급부는 주로 피보험자의 생사를 지급의 조건으로 하고 있다. 일반적으로 피보험자의 연령이 적을수록 혹은 많을수록 우연한 사고 혹은 질병이 조성될 가능성은 점점 커진다. 따라서 보험자는 보험상품의 종류와 보험요율을 설계할 때 인수할 피보험자의 사망개연율을 기준으로 정확한 계산을 하여야만 한다. 사망률의 통계는 생명보험계약에서 생명표라고 불리는 것이다. 생명표는 대수의 법칙에 따라 과학통계의 기법으로 인간의 생존 혹은 사망규칙을 계산한 것이다. 생명표의 계산에 따라 보통 10세 이하 혹은 60세 이상의 연령에서 사망률이 가장 높다. 그래서 합리적인 위험인수를 위하여, 보험자는 보험상품에 피보험자의 연령이 다르면 다른 보험료율을 적용할 뿐만 아니라, 피보험자의 보험적격 연령을 최고와 최저로 제한하고 있다.

이를 보면, 피보험자의 연령은 보험자가 보험료율의 높고 낮음을 계산하고 보험계약의 인수연령범위를 결정하는 중요한 기준이 된다. 보험계약자가 잘못된 연령을 보험자에게 제공하면 보험자가 인수한 위험의 크기에 영향을 미치게 된다. 따라서 보험법은 보험계약자가 고지한 연령이 사실과 다르고, 실제 나이가 보험계약에서 정한 제한에 적합하지 않을 경우에는 보험자가 보험계약을 해제할 수 있도록 규정하고 있다. 다만, 인보험계약에서 피보험자의 연령 오고지의 대부분은 연령 계산상의 두 가지 방법(만 연령과 일반 연령)으로 인한 경우 등 보험계약자의 고의가 아닌 경우가 많아 보험자가 이를 이용한다면, 보험계약 시에는 묻지 않고 보험사고가 발생하면 엄격하게 조사하여 보험계약을 해제하고 보상을 하지 않는 경우가 발생할 수 있다. 이것은 피보험자의 이익을 침해할 것이다. 보험자가 해제권을 남용하는 것을 방지하기 위하여, 중국보험법은 연령 오고지로 인한 계약해제권의 행사기간을 제한하여 보험계약을 체결하고 2년이 경과하면 보험자가 해제권을 행사할 수 없도록 규정하고 있다.

이 사건에서 진여사가 딸 송모를 보험에 가입할 때 송모의 나이가 어려서 보험가입을 할 수 있는 최저 나이에 도달하지 않았고, 보험법에서 규정한 보험계약해제권을 행사하기 위해서는 세 가지 조건을 충족하여야 한다. 첫째, 보험계약자가 보험계약 시 피보험자의 연령을 잘못 기재하였어야 한다. 둘째, 피보험자의 실제 나이가 보험계약에서 정한 제한에 해당하는 것이어야 한다. 즉, 보험계약 시 보험약관에서 정한 최소연령인 16세에 도달하지 않았어야 한다. 셋째, 보험계약을 체결한 날로부터 2년이 경과하지 않았어야 한다. 따라서 보험자가 보험계약을 해제하고 보험금 지급을 거절하고 보험료를 반환한 것은 타당한 것이다.

5. 연습문제

1996년 4월 8일, 동방모씨는 자기를 위해 모생명보험회사에 복수강

녕생명보험을 가입하였다. 입원의료비 특약이 있었으며, 생명보험의 보험금액은 150,000위안, 의료보험의 보험금액은 100,000위안이었다. 생명보험의 보험기간은 보험계약을 체결한 날로부터 180일이 되는 날 개시되며, 의료보험의 보험기간은 1996년 4월 8일부터 1997년 4월 7일까지였다. 이 생명보험약관에는 만 60세 이하 신체건강한 자는 이 보험에 가입할 수 있다는 규정이 있었다. 의료보험에는 나이제한이 없었다. 동방모씨는 1935년 1월 15일 생으로 보험을 가입할 때 61세였다. 그런데 청약서에 동방모씨는 1937년 1월 15일로 기재하였다. 계약을 체결한 후 1997년 3월 5일, 동방모씨는 간암으로 병원에서 입원 치료를 했다. 의료보상을 하면서 보험회사는 연령이 잘못 고지되었음을 발견했다. 보험회사 내부적으로 두 가지의 의견이 있다. 하나는 피보험자가 연령을 잘못 고지하였기 때문에 보험회사는 보험계약을 해제할 권리가 있다는 견해였다. 계약법의 규정에 따라, 의료보험계약이 종된 계약이므로 당연히 같이 해제할 수 있어 보험자는 100,000위안의 입원의료보험금을 지급하지 않고 보험료를 반환하면 된다는 것이었다. 다른 하나는 동방모씨가 보험계약을 체결할 때 연령을 잘못 고지하였지만, 보험자는 보험법의 규정에 따라 오직 생명보험계약만을 해제할 수 있을 뿐이고, 입원의료보험계약은 해제할 수 없으므로 당연히 보상하여야 한다는 생각이었다.

[문] 1. 어느 의견에 동의하는가? 그 이유는?
2. 이 사건은 어떻게 처리되어야 하는가?

제 4 절 사망보험의 제한

인보험에서 피보험자의 사망을 보험금 지급의 조건으로 하는 것으로 사망보험이라 부르기도 한다. 보험에서 보험계약자, 피보험자 혹은 보험수익자가 보험사고가 발생하거나 보험계약에서 정한 보험금지급조건이 성취되면 보험자가 지급하는 거액의 보험금을 획득할 수 있어 도덕적 위험이 발생할 가능성이 높다. 인보험에서 사망을 보험금지급조건으로 하는 보험에서는 이러한 도덕적 위험이 피보험자의 생명의 안전을 위협하는 결과를 가져올 수도 있다. 때문에 세계 각국의 보험법은 모두 사망보험에 대한 제한규정을 두어 도덕적 위험의 발생을 줄이고 사망보험의 보험보장기능을 실현하고 있다. 중국보험법에 따르면 사망보험은 다음의 요건에 부합하여야 한다.

첫째, 사망보험계약을 체결할 때 피보험자의 서면동의와 보험금액에 대한 인가를 얻지 않으면 계약은 무효이다. 인보험에서 보험계약자는 피보험자에 대하여 피보험이익을 가져야 하지만, 사망보험의 특수성에서 사망보험의 경우에는 이 외에도 두 가지 요건을 더 갖추도록 요구하고 있다. 즉 보험계약의 성립 후 피보험자의 서면동의를 얻어야 보험계약이 유효하고, 피보험자가 보험금액에 대하여 확인을 하여야 보험계약이 유효하게 된다.

둘째, 보험계약자는 행위무능력자를 사망보험에 가입시킬 수 없으며, 보험자도 승낙해서는 안된다. ≪민법통칙≫제12조와 제13조의 규정에 따라 행위무능력자는 만10세 미만의 미성년자와 자기의 행위를 인식하지 못하는 정신질환자이다. 그러나 부모가 미성년의 자녀를 사망보험에 가입하는 경우는 예외로 한다. 다만 사망보험금의 총액이 보험감독관리기구에서 정한 금액을 초과할 수 없다. 중국보험감독관리위원회는 사망보험금의 한도액을 북경시, 상해시, 광주시와 심천시는 100,000위안으로 하고 기타 지역은 50,000위안으로 제한하는 규정을 두고 있다.

셋째, 사망보험계약의 보험증권은 피보험자의 서면동의를 얻지 않고는 양도 혹은 담보로 제공할 수 없다. 보험증권의 양도는 피보험자가 피보험이익을 계약의 방식으로 타인에게 이전한 것이다. 보험증권의 담보는 보험계약자가 보험증권상의 이익을 채무의 담보로 타인에게 제공하는 것이다. 양도 혹은 담보는 모두 보험수익자 혹은 보험계약자의 변경을 가져오는 것이므로, 보험증권의 양도와 담보 시에는 피보험자의 서면동의를 받아야만 유효하다. 그러나 부모가 미성년자녀를 위하여 가입한 인보험에는 적용이 없다.

1. 사건의 개요

1990년 3월 10일, 모 성에 살고 있는 손모 부부는 결혼 후 5년이 지났으나 자녀가 없자, 그의 친척을 통해 태어난 지 5일이 된 여자아이를 입양하여 이름을 양운이라 지었다. 1990년 6월 6일 손모가 거주하는 곳의 주민위원회가 그에게 입양증명을 했고, 관할 공안국 경찰서에서 호적등기도 하였다. 호적부에 손양운이라고 기재하고 손모 부부와 부모자녀관계가 기재되었다. 그 이후 입양절차를 다시 밟지는 않았다. 1996년 7월 17일, 손모는 모 보험회사 영업사원의 반복적인 권유에 따라 딸 양운에게 아동건강보험을 가입하여 주었다. 보험금액은 50,000위안, 상해보험금액 50,000위안, 보험기간은 1996년 7월 17일 24시부터 시작되었다. 건강보험증권에는 보험계약 성립 후 1년 내에 심장병, 암 등 10대 중대질병이 발생한 경우 보험자는 10,000위안을 중대질병보험금으로 지급하고 보험계약을 종지한다는 규정이 있었다.

1999년 10월 11일, 양운은 학교에 가는 길에 자동차사고로 사망했다. 장례식을 마친 후, 손모는 보험회사에 보험금지급을 청구하였고, 보험회사가 필요한 서류들도 모두 제공했다. 보험회사는 보상처리를 하던 중 양운이 손모 부부의 양녀라는 사실을 알게 되었고, 추가로 손모 부부에게 입양증명서를 제출할 것을 요구하였다. 손모 부부는 공안기관에서 발급한 증명서, 민정기관에서 취득한 양운의 입양증명서를 받았다. 그러나 이들 증명서는 양운과 손모 부부가 사실입양관계라는 증명을 하였다. 보험회사는 사실입양관계는 입양법의 규정에 부합하지 않으므로, 입양관계가 성립되지 않았지만, 양운이 이미 손모 부부의 부양관계를 가지는 기타 가정구성원으로서 피보험이익이 있다고 생각했다. 그러나 ≪보험법≫제55조는 보험계약자는 행위무능력자를 사망보험에 부보할 수 없도록 규정하고 보험자도 승낙하여서는 안된다고 규정하고 있다. 따라서 보험회사는 보상거절의 결정을 하고 손모 부부에게 통지하였다. 손모는 불복하여 법원에 제소하였다.

법원은 심리를 거쳐, 손모 부부가 양운을 입양한 것은 1990년으로, 당시에는 중국의 ≪입양법≫이 시행되지 않아, 입양행위는 사실입양이었으므로, 손모 부부는 파출소에서 양운의 호적을 만들었다. ≪<중화인민공화국 입양법>의 학습, 선전, 관철에 대한 최고인민법원의 통지≫제2조의 규정에 의하면, 입양법 시행 후 이루어진 입양 관계는 심리시에 입양법을 적용한다. 입양법 시행 전 수리, 시행 시에 아직 심리되지 않은 입양관계, 입양법 시행 후 당사자가 입양관계에 대한 확인을 청구한 경우에는 심리 시에 당시의 관련 규정을 적용하여야 한다. 당시의 규정이 없다면, 입양법에 의해 처리한다. 입양당시의 정황에 따라, 민간입양은 공안기관에서 호적등기를 마치는 시점에 입양은 성립하고, 따라서 법원은 입양관계의 성립을 인정하였다. 손모 부부와 양운의 입양관계가 구성되었다. 따라서 사실입양은 입양법의 규정에 적합하지 않아, 입양관계가 불성립하고, 다만 손모 부부와 양운은 이미 부양관계에 있는 기타 가정구성원에 포함된다는 보험회사의 주장에 대하여 지지하지 않았다. 법원은 보험회사는 손모 부부에게 사망보험금 100,000위안을 지급하여야 한다고 판시하였다. 보험회사는 항소하지 않았다.

2. 쟁점사항

이 사건의 분석과 처리를 위하여는 우선 보험계약자와 피보험자 사이에 피보험이익이 존재하는가에 대한 판단을 하여야 한다. 피보험이익의 존재 유무에 대한 해결은 입양관계의 성립을 인정할 것인가의 여부가 전제가 된다. 보다 깊이 분석하여야 할 문제는 보험계약자의 청약이 보험법에서 규정한 사망보험에 대한 제한을 위반한 것인가이다.

3. 법률규정

1) **≪보험법≫제55조** 보험계약자는 행위무능력자를 사망을 보험금 지급조건으로 하는 인보험계약을 체결할 수 없고, 보험자도 인수하여서는 안된다.

부모가 미성년자녀를 위하여 인보험에 가입하는 경우에는 전 항의 규정에 제한되지 않는다. 그러나 사망보험금의 총액이 보험감독관리기관에서 정한 최대금액을 초과할 수 없다.

2) **≪보험법≫제56조** 보험계약자가 사망을 보험사고로 하는 인보험계약에 가입하는 경우, 피보험자의 서면동의와 보험금액의 인가를 얻지 않으면 보험계약은 무효이다.

사망을 보험금지급의 조건으로 하는 보험계약은 보험증권상 보험자의 동의를 얻지 않으면, 양도나 압류를 할 수 없다.

부모가 미성년자녀를 위하여 인보험에 가입하는 경우에는 전 항의 규정에 제한되지 않는다.

3) **중국보감회 ≪부모가 미성년자녀를 위하여 가입하는 사망보험금 한도액에 관한 통지≫**(보감발 [1999]43호, 1999년 3월 22일 반포)

중국생명보험회사, 중국태평양보험회사, 중국평안보험주식회사. 신화생명보험주식회사, 태강생명보험주식회사, 신강병단보험회사, 미국우방보험유한회사 상해지사, 미국우방보험유한회사 광주지사, 중홍생명보험유한회사, 태평양안태생명보험유한회사, 안련대중생명보험유한회사 : 미성년자의 합법적 권익을 보호하기 위하여 중국보험법의 관련 규정에 따라 다음과 같은 규정을 제정 통지한다.

-부모가 미성년자녀를 위하여 보험에 붙인 인보험, 사망보험금액의 총액은 50,000위안을 초과할 수 없다. 이 통지를 반포한 날로부터 새로이 발행되는 보험증권은 이 통지에 따라 작성되어야 하며, 이미 발행된 보험증권은 그 보험책임에 대한 이행책임이 보험계약 종료 시까지 계속된다.

4) **중국보감회 《<부모가 미성년자녀를 위하여 가입하는 사망보험금 한도액에 관한 통지>와 관련한 질의에 대한 회신》**(보감수[1999]7호, 1999년 5월 25일)

중국생명보험회사 : 귀 회사가 질의한 《<부모가 미성년자녀를 위하여 가입하는 사망보험금 한도액에 관한 통지>와 관련한 질의》를 검토한 결과 다음과 같이 회신한다.

① "사망보험금액이 50,000위안을 초과할 수 없다."라는 것은 사망보험금액의 누적한도액을 말한다. 보험계약 체결 시 보험회사는 보험계약자에게 기타 보험회사와 미성년자녀에 대한 사망보험을 체결하였는가의 여부를 알리도록 요구하여야 하고, 만약 보험계약자가 고의로 고지의무를 이행하지 않고 누적보험금액이 50,000위안을 초과하는 사정이 발생하면 초과부분에 대하여 보험회사는 보험금지급책임이 없으며, 보험료 반환의무도 없다.

5) **중국보감회 《북경 등 시범지역의 미성년자 사망보험금의 확대에 관한 보감회 통지》**(보감발 [2002]34호, 2002년 3월 22일 반포)

각 생명보험회사 : 보험시장 발전이 수요를 위하여, 중국보험법의 관련 규정에 따라 다음과 같이 통지함.

① 이 통지가 반포된 날로부터 북경시, 상해시, 광주시, 심천시에서 미성년자녀를 사망을 보험금지급이 조건으로 하는 인보험계약이 보험금액은 50,000위안에서 100,000위안까지 상향조정한다.

② 기타 지역의 보험회사 및 보험회사의 지점은 미성년자 인보험업무를 처리함에 있어, 그 사망보험금액은 보감회 [1999]43호의 문건을 엄격하게 준수하여야 한다.

6) **중국보감회 ≪보험법의 관련 규정의 의미에 대한 질의에 대한 회신≫**(보감복[1999]154호, 1999년 8월 18일)

중국≪보험법≫제55조에서 "사망보험에서 피보험자의 서면동의와 보험금액에 대한 인가를 받지않으면 보험계약은 무효이다."라고 규정하고 있다. 이 조항의 입법취지에 따라 난순히 사망보험에만 적용되어, 만약 피보험자의 서면동의와 보험금액에 대한 인가없이 사망을 보험금지급조건으로 하는 인보험계약이 체결되었다면 그 계약은 무효이다. 사망, 질병, 장해 및 의료비용을 보험책임으로 하는 종합보험의 경우, 피보험자의 서면동의와 보험금액에 대한 인가가 없었다면, 이 보험은 사망보험금의 부분만이 무효이다.

7) **중국보감회 ≪중국보감회 문건의 집행과정에서의 의문에 관한 질의에 대한 회신≫**(보감수[1999]21호, 1999년 8월 16일)

중국보감회 ≪부모가 미성년자녀를 위하여 가입하는 사망보험금 한도액에 관한 통지≫(보감발 [1999]43호)중의 관련문제 :

① 중국민법통칙 제11조에서 "만 18세 이상이 공민은 성년자이다."고 규정하고 있기 때문에, "미성년자"의 연령은 만 18세 이하를 경계표준으로 삼아야 한다.

② "사망보험금액"이란 보험증권상 약정한 사망시 지급할 금액이다.

③ 사망보험금액의 한도액은 보험계약에서 명확하게 확정되어야 하며, 특별약정의 방식을 취하여서는 안된다.

4. 학리분석

보험법에서 사망을 보험금 지급의 조건으로 하는 인보험에 제한을 두고 있는 것은 도덕적 위험을 방지하고 피보험자의 인신의 안전을 보호하며 미성년자의 인권을 보호함에 입법의 목적이 있다. 중국보험법에서는 사망보험에 대한 세 가지 제한을 규정하고 있다. 하나는 사망보험계약에서 피보험자의 서면동의와 보험금액에 대한 인가를 받지 않으면 보험계약을 무효로 하는 것이다. 또 하나는 보험계약자는 행위무능력자를 사망보험의 피보험자로 할 수 없으며, 보험자도 승낙할 수 없다는 것이다. 마지막으로 사망보험계약은 피보험자의 서면동의를 거치지 않고 양도나 담보에 제공할 수 없다는 것이다.

이 사건에서 손모 부부가 그 입양하여 양육하고 있던 손양운을 피보험자로 하여 사망보험에 가입할 수 있느냐에 대한 문제는 손모 부부와 양운간에 입양관계가 존재하느냐에 대한 판단이 중요하다. 보험회사가 소위 사실입양관계는 입양법상의 입양관계에 적합하지 않으므로 입양관계는 성립하지 않고, 다만 손모 부부와 양운 사이에는 부양관계에 있는 기타 가정구성원으로서의 관계만이 존재한다고 주장하는 것은 입양법의 적용에 있어 인식상 존재한 오해이다. 최고인민법원의 사법해석에 따르면, "입양법 시행 전에 발생한 입양관계와 입양법 시행이후 당사자가 입양관계에 대한 확인을 청구하는 경우에는 법원은 심리시에 입양 당시의 관련 규정에 따라 처리하여야 한다."고 규정하고 있다. 이 사건의 입양행위는 1990년에 일어났고, 중국의 입양법은 1992년 4월 1일 시행되었다. 따라서 입양관계가 성립하는가에 대한 판단은 입양법의 규정에 따르는 것이 아니라 입양 당시의 규정에 따라야 한다. 따라서 1심 법원이 입양관계에 대한 존재를 인정한 것은 타당하다.

손모 부부와 손양운의 입양관계가 확정되면 부모인 손모 부부는 그 자녀를 사망보험에 가입할 수 있으며, 보험법에서 규정한 "행위무능력자를 사망보험에 부보할 수 없으며, 보험자도 승낙할 수 없다."라는 제한의 적용을 받지 않는다. 따라서 보험회사의 보험금 지급거절 결정은 잘못된 것이며, 법원의 판결은 타당하다.

5. 연습문제

1998년 11월 5일, 광주시에 거주하는 여모는 자기와 함께 감소성에서 생활하는 4살짜리 딸 여소연을 위하여 모 보험회사 광주지점에 아동성장보험을 가입해 주었다. 사망보험금액은 100,000위안이었으며, 보험회사는 승낙하였다. 2000년 4월 13일 여모는 이 보험의 존재에 대하여 고지하면서, 광주에 있는 또 다른 보험회사와 자기 딸을 위하여 사망보험금의 지급이 포함된 중대질병의료보험에 가입하였다. 보험금액은 50,000위안이었다. 이 보험회사는 인수를 승낙하였다. 2002년 2월 22일, 여소연은 백혈병으로 입원하여 치료받았으나, 끝내 사망하였다. 우모가 사망보험금의 지급을 청구하자, 두 보험회사는 검토를 거쳐 50,000위안의 사망보험금만을 지급하기로 결정하였다.

[문] 1. 보험회사의 결정은 타당한가?

2. 이 사건은 어떻게 처리되어야 하는가? 그 이유를 설명하라.

제 5 절 피보험자의 자살조항

사회의 경쟁이 치열해지면서 자살현상은 이미 사회 문제가 되고 있다. 사망을 조건으로 보험금을 지급하는 인보험계약에서는 만약 자살사망을 보험자가 보험금을 지불하는 조건으로 하고 아무런 제한도 하지 않으면, 피보험자 중에서 자살한 사망자가 금전상의 지급을 받을 수 있게 되고, 이것은 사망보험금이 피보험자를 자살하도록 유도한다는 의심도 받을 수 있고 또한 고의로 자살하고자 하는 사람이 사망보험에 가입하는 형식으로 가족들을 위하여 보험금을 얻게 할 수도 있다. 이렇게 되면 보험업의 명예에도 손상을 줄 뿐만 아니라 도덕적 위험의 발생이 가능하게 되어 보험자가 많은 손실을 입게 된다. 하지만 만약 자살을 제외책임이라고 한다면 피보험자가 자살한 상황에서는 일체 보험금을 지급하지 말아야 하므로, 보험금을 의도하지 않고 자살한 사람의 경우에는 보험수익자와 피보험자의 가족의 정상적인 생활에 영향을 준다. 따라서 각국의 보험업은 인보험계약 중에 자살 조항을 규정하는 방식으로 피보험자가 자살하는 상황 하에서의 보험금 지급을 제한하여 보험금을 의도하고 사망한 자가 보험을 이용하여 부당 이익을 얻는 것을 방지하고자 하였다. 각국의 보험법은 당사자가 계약방식으로 피보험자의 자살 시에 보험금을 지급할 것인가의 여부에 대해 제한하는 것을 허락하는 동시에 법률에서 명시적으로 조건을 설정하고 있다. 통상적인 보험입법례는 자살의 기간 상에 제한을 주는데, 사망보험계약이 성립한 후의 일정한 기간 내에 자살하는 것은 보험자가 면책된다는 것이다. 중국≪보험법≫제66조는 사망을 보험금 지급의 조건으로 한 계약에서 피보험자가 자살한 경우, 본 조 제2항의 규정 외에 보험자는 보험금을 지급할 책임을 지지 않는다. 하지만 피보험자가 이미 지불한 보험료는 보험자가 보험증권에 의해서 그 현금 가치를 환불해주어야 한다. 사망을 보험금 지불조건으로 한 계약은 성립한 날로부터 만 2년이 경과한 후 피보험자가 자살하면 보험자는 계약에 근거하여 보험금을 지급해야 한다.

중국≪보험법≫의 규정에 의하면 중국은 피보험자의 자살에 대하여 보험계약의 성립과 자살기간의 방법으로 보험자의 면책을 제한하는 명문규정을 두고 있다. 피보험자가 보험계약이 성립한 날로부터 만 2년 내에 자살한 경우라면 보험자는 보험금 지급책임을 지지 않지만, 보험증권의 현금가치를 돌려주어야 하고, 피보험자의 자살이 보험계약 성립 일로부터 만 2년 후에는 보험자가 보험계약의 약정에 근거하여 보험금 지급책임을 부담하여야 한다. 이 규정은 다음과 같은 측면에서 불합리한 부분이 존재한다.

첫째, 사망을 보험금 지급의 조건으로 하는 인보험에서, 피보험자의 자살은 기간조건을 제외하고는 모두 보험자의 보험금지급책임을 면제하는 조건으로 된다. 이것은 중국 보험법 입법자가 자살을 반대하는 사회이념에서 자살을 이해하였기 때문으로 설명할 수 있다. 이러한 입법이념은 서구 국가가 통용하고 있는 자살의 분류방식, 즉 의식적 자살과 무의식적 자살에 따라 법률적 효력을 달리 부여하는 방법을 채택하지 않았다. 예를 들면, 독일 ≪보험계약법≫제169조는 피보험자가 자살하면 보험회사는 보상의무를 면할 수 있지만, 피보험자의 행위가 정신적 장애로 그 의사를 결정할 수 없는 상황에서 일어난 경우에는 보험자의 의무는 여전히 존재한다고 규정하고 있다. 중국은 매년 약 20만 명이 자살하는 현실 앞에서[31] 보험법의 규정만으로 자살현상의 발생을 막는다는 것은 이미 불가능하다. 고의 자살, 정신질병, 무의식하에서의 자살, 미성년자의 자살 등 자살 원인을 만약 보험법상에서

---

31) http://www.xinhuanet.com

구분하지 않는다면 보험자가 보험법의 규정으로 자살한 사람의 보험수익자 혹은 피보험자의 가족들에게 이유를 불문하고 보험금을 지급하지 않게 된다. 이렇게 되면 인보험의 보험보장기능이 약화되며, 보험계약자는 인보험을 불신하게 될 것이다. 따라서 공평의 각도에서 무의식적 자살에 대한 보다 관대한 처리와 이해를 설립하는 것은 인보험의 발전에 필요한 것이다.

둘째, 이 규정은 사망보험에서 보험계약이 성립한 날로부터 만 2년이 지난 후에 피보험자가 자살한 경우에 보험자는 보험계약의 약정에 따라 보험금의 지급 책임을 부담"할 수" 있다는 내용이다. 이 규정의 본의는 보험계약 성립일로부터 만2년 후에 피보험자가 자살하는 경우에 대하여 보험자와 보험계약자가 보험계약 체결 시 보험자의 면책사유로 할 것인가에 대하여 협의할 수 있도록 하고자 함에 있었다. 그러나 실무적으로는 인보험계약 중 보험계약 성립일로부터 만2년 후 피보험자의 자살은 보험자가 보험금 지급의무를 부담하는 약관 하에서 만약 피보험자의 자살이 발생하면 보험자는 보험금을 줄 수도 있고 주지 않을 수도 있다는 것으로서 보험자는 보험금의 지급여부에 대해 선택권을 누리고 있다. 이것으로부터 알 수 있는바, "지급할 수"있다는 표현은 입법상의 과실이다. 직접적으로 보험자가 보험계약에서 약정하기를 보험자가 보상책임을 부담할 의무가 있다고 하고, 단순히 법률규정을 자신의 이익보호를 위하여 보험금지급상의 항변사유로 활용하면서 보험수익자와 유족의 이익을 직접적으로 침해하는 결과를 조성하게 된다. 따라서 "사망을 보험금지급의 조건으로 하는 인보험에서, 피보험자가 보험계약 체결일로부터 만 2년이 경과한 시점에 자살한 경우에 보험자는 계약에 따라 보험금을 지급할 수 있다."라는 규정을 "……보험금을 지급하여야 하다."라는 내용으로 개정하여야만 할 것이다.

1. 사건의 개요

왕모는 자신을 위하여 모 생명보험회사에 종신생명보험에 가입했다. 보험금액은 300,000위안이고 보험계약 성립 및 효력발생 시점은 1997년 3월 1일이며, 보험료는 매년 지급하며 지급기간은 20년이다. 왕모가 제때에 보험료를 내지 못하여 이 보험계약은 1998년 5월 2일 종지되었고, 1999년 5월 1일 왕모와 보험회사가 협의를 거쳐 왕모가 연체된 보험료와 지연이자를 납부하고 보험계약을 부활시켰다. 1999년 10월 10일 왕모는 음독자살하였고, 지정된 보험수익자는 보험회사에 사망보험금의 지급신청을 제기했다. 보험회사는 이 보험계약은 부활계약이기 때문에 그 효력이 회복된 날을 마땅히 보험계약의 성립일로 보아야 하고, 보험법상 사망보험계약에서 계약 성립일로부터 만 2년 후에 피보험자가 자살하면 보험사는 계약에 근거하여 보험금을 지불할 수 있다는 규정에 따라 이 보험계약의 성립 후 2년 이내에 피보험자가 자살한 것이기 때문에 보험회사는 보험금을 지불하지 못한다고 하였다. 쌍방은 분쟁이 일어났다.[32)]

2. 쟁점사항

이 사건에 관련된 문제는 보험법상 사망보험계약에서 계약 성립일로부터 만 2년 후 만약 피보험자가 자살하면 보험자는 계약에 근거하여 보험금을 지급할 수 있다는 규정에 따라 검토되어야 한다. 인보험계약이 종지된 후 부활된 경우에 "보험계약 성립일"은 보험계약의 효력회복일로 보아야 하는가도 문제된다.

---

32) 周玉华著 : ≪最新保险法法律精义与实例解析≫, 法律出版社. 2003, 370-371页.

3. 법률규정

≪보험법≫제66조 사망을 보험금 지급의 조건으로 하는 계약에서 피보험자가 본조 제2항의 규정 외에 보험계약이 성립한 날로부터 만2년 내에 자살한 경우에는 보험자는 보험금 지급 책임을 지지 않지만 보험증권의 현금 가치를 돌려주어야 한다.

사망을 보험금 지불의 조건으로 하는 계약에서 만약 피보험자의 자살이 보험계약 성립일로부터 만 2년 후에 일어난 경우에는 보험자는 보험계약의 약정에 근거하여 보험금 지불책임을 질 수 있다.

4. 학리분석

인보험계약에서 보험계약의 중지와 부활에 대하여는 대부분 약정이 있는데, 중국 보험법은 인보험계약의 중지와 부활의 효력에 관하여 규정을 두고 있다. 하지만 인보험계약이 부활할 경우 회복일이 인보험계약의 성립일로 될 수 있는가? 이에 대하여 보험회사는 부활한 인보험계약은 그 부활이 날이 계약의 성립일로 된다고 생각한다. 그 이유는 ≪보험법≫제66조가 사망을 보험금 지불의 조건으로 하는 계약에서 만약 피보험자의 자살이 보험계약 성립일로부터 만 2년 후에는 보험자가 보험계약의 약정에 근거하여 보험금 지불책임을 부담할 수 있다고 규정하고 있기 때문이다. 그러나 ≪보험법≫제59조는 인보험계약의 효력이 중지된 경우, 보험자와 보험계약자는 협의를 거쳐 보험계약자가 연체 보험료를 납부하고 보험계약을 부활시킬 수 있다. 그러나 계약의 효력이 중지된 날로부터 2년 내에 쌍방이 협의를 달성하지 못하면 보험자는 계약을 해제할 권리가 있다. 따라서 부활한 인보험계약에 대하여 그 효력이 최초 계약 성립 일부터 기산하는지 아니면 부활한 날부터 기산하는지는 보험법에 명확한 규정이 없다. 따라서 부활한 인보험계약은 마땅히 부활일부터 그 효력을 회복하는 것으로 해석하고 자살조항 중의 계약 성립일은 마땅히 효력회복일로 보아야 한다는 견해가 있다. 이 견해에 대해 필자의 생각이 같다고 하기 어렵다. 이유는 첫째, 부활일과 계약 성립일은 두 개의 다른 개념이다. 보험법 중 피보험자의 자살기간에 대한 제한은 명확한 규정이 있는데, 즉 성립일로부터 만 2년 후 만약 피보험자가 자살하면 보험자가 계약에 근거하여 보험금을 지급하여야 한다는 것이다. 보험법상에서 부활일은 인보험계약이 중지되었다가 보험계약자와 보험자가 보험계약의 부활에 대한 협의를 달성한 날이다. 여기서부터 알 수 있는바 여기에서의 계약 성립일과 효력회복일은 두 개의 다른 의미의 개념이다. 효력회복일은 단지 중지된 인보험계약의 효력이고 그것은 보험계약 성립일에 영향을 미치지 않는다. 둘째, 계약 성립일은 계약 체결일로써 보험법은 보험계약이 성립될 때 효과가 발생하지만 당사자가 효과발생 조건 혹은 효과발생일에 대하여 다른 약정을 한 경우는 제외한다고 규정하였다. 따라서 인보험계약의 성립일은 꼭 계약 효과 발생일인 것은 아니다. 보험법상 자살조항 중의 계약 성립일도 마찬가지이다. 인보험계약의 효력회복일은 보험계약의 효력을 회복한 날이고 그것은 보험계약의 효력발생일에 대응된다. 따라서 보험회사가 "계약 효력이 2년이 채 되지 않는다."는 이유로 보험금 지불을 거절하는 주장은 보험법이 규정한 "성립일로부터 만2년 후"와 비교한다면 보험회사의 주장은 근본적으로 성립될 수 없다.

따라서 이 사건 중 보험계약에서 약정한 자살 조항의 효력은 마땅히 보험계약 성립일부터 계산해야하고 이 보험계약이 성립일부터 이미 만2년이기에 보험회사는 보험계약의 약정에 근거하여 왕모의 수익자에게 보험금을 지급하여야 한다.

5. 연습문제

1997년 4월 28일 엄모는 자기 딸(8살)을 위하여 보험회사에 5부의 아동보험에 가입했다. 보험수익자는 엄모이다. 1998년 3월 22일 저녁 엄모의 아내 유모는 딸아이와 같이 11층 사무실에서 추락하여 사망했다. 경찰의 조사에 따르면, 유모와 그 딸의 사망이 자살이라고 인정했다. 사고발생 후 보험수익자 엄모는 보험회사에 사망보험금을 신청했다.

[문] 1. 엄모의 딸은 행위무능력자인데, 자살 면책조항을 적용할 수 있는가?

2. 이 사건이 어떻게 처리되어야 한다고 보는가? 그 이유를 설명하시오.

제6절 인보험 보험수익자의 지정과 변경

보험수익자란 보험계약자 혹은 피보험자가 지정한 자로 보험사고가 발생한 후 혹은 약정된 보험기간이 만료된 후 보험계약에 따라 보험자에 대하여 보험금 청구권을 가지고 있는 사람을 말한다. 보험수익자는 보험금의 수령인이라고도 하는데 보험수익자가 보험계약중의 지위는 보험자 혹은 피보험자가 지정함으로써 확정된다. 보통 재산보험계약의 보험수익자는 보험계약자 혹은 피보험자 자신이고 보험계약자 혹은 피보험자가 지정한 제3자가 될 수도 있다. 하지만 인보험계약에서는 자신의 이익 혹은 제3자의 이익을 위하여 보험계약을 체결하는데 특히 사망을 보험금 지급의 조건으로 하는 보험에서 그 설립목적은 제3자의 이익을 위하여 보험계약을 체결하는 것이다. 따라서 인보험에서 보험수익자의 이익을 확립하고 보호하는 것은 보험법의 중요한 내용의 하나이다. 중국≪보험법≫제61조는 인보험의 보험수익자는 피보험자 혹은 보험계약자가 지정해야 한다고 규정하였다. 피보험자가 행위무능력자이거나 행위능력이 제한되는 사람은 그 보호자가 보험수익자를 지정할 수 있다. ≪보험법≫제62조는 지정된 보험수익자는 한 사람일 수도 있고 여러 사람일 수도 있다고 규정하였는데 여러 사람을 보험수익자로 규정한 경우에 지정자가 수혜순서와 수혜분액을 확정할 수 있으며, 수혜분액을 확정하지 않았을 경우 보험수익자는 똑같이 수익권을 가질 수 있다.

1) 보험수익자의 지정 : 인보험에서 보험수익자는 보험계약자 혹은 피보험자 본인일 수도 있고 제3자를 보험수익자로 지정할 수도 있다. 제3자를 보험수익자로 정하는 것은 보험계약자가 제3자의 이익을 위하여 인보험에 가입하였을 때 발생한다. 보험수익자로 지정되는 자는 자연인일 수도 있고 법인 혹은 기타 사회단체, 조직일 수도 있다. 그 지정 방법은 성명을 지명하거나 신분관계를 지명하거나 성명과 신분관계 겸용의 방식으로 보험수익자를 지정할 수 있다.

인보험에서 보험수익자의 지정권리는 보험계약자 혹은 피보험자가 행사한다. 즉 보험수익자는 보험계약자가 지정할 수도 있고 피보험자가 지정할 수도 있는데 만약 피보험자가 행위무능력자이거나 행위능력을 제한 받는 사람이라면 그 후견인이 보험수익자를 지정할 수 있다. 하지만 도덕적 위험의 발생을 방지하기 위하여 보험계약자와 피보험자가 동일인이 아닌 상황 하에서 보험계약자가 지정한 보험수익자는 마땅히 피보험자의 동의를 받아야 한다. 지정된 보험수익자는 한 사람일 수도 있고 여러 사람일 수도 있다.

2) 보험수익자의 변경 : 보험계약자 혹은 피보험자가 보험수익자를

변경할 수 있지만 마땅히 서면으로 보험자에게 알려야 하고 보험자가 보험증권상에 승인을 한 후에 효력을 발생한다. 보험계약자가 보험수익자를 변경하기 위해서는 피보험자의 동의를 받아야 하고 피보험자가 행위능력이 없거나 혹은 행위능력이 제한된 사람이면 그 후견인이 보험수익자를 변경할 수 있다. 보험계약에서 유서로 보험수익자를 변경한다는 약정이 없으면 유서의 방식으로 보험수익자를 변경하는 것은 무효이다.

3) 보험수익자의 이익분배 : 보험수익자가 여러 사람일 경우 보험수익자의 수혜순서와 수혜분액은 보험계약자 혹은 피보험자가 확정하는데 수혜순서는 먼저 보험수익자를 지정하고 다음에 잇따르는 보험수익자와 법정 보험수익자를 정하고 보험수익자의 수혜순서와 수혜분액에 대해서는 보험계약자 혹은 피보험자가 확정하지 않았다면 보험수익자가 똑같이 수익권을 누릴 수 있다. 인보험에서 보험수익자를 지정하고 확정한 후 만약 피보험자가 사망하면 피보험인의 상속인은 보험금에 대하여 보험수익자에게 분배 요구를 할 권리가 없다.

4) 보험수익자의 권리 상실 : 중국 보험법은 보험수익자가 피보험자에 대하여 피보험이익이 있는가에 대하여는 규정을 하지 않고 있다. 도덕적 위험의 발생을 방지하기 위하여 ≪보험법≫제65조 제2항은 보험수익자가 고의로 피보험자의 사망이나 상해를 조성할 경우 혹은 고의로 피보험자를 살해미수 할 경우 보험수익자는 청구권을 상실한다고 규정하고 있다. 상술한 원인으로 청구권을 상실하는 것은 단지 행위자 자신이 청구권을 상실하는 것이다. 하지만 ≪보험법≫제65조 제1항은 보험계약자, 보험수익자가 고의로 피보험자의 사망, 상해 혹은 질병을 야기한 경우에는 보험자는 보험금 지급 책임을 지지 않는다고 규정하고 있다. 따라서 ≪보험법≫제65조 제1항과 제2항의 규칙은 서로 중첩되어 청구권을 상실하게 하는 규정은 불필요한 것이 되었다.

1. 사건의 개요

1997년 1월 9일 예모는 자신을 피보험자로 하여 모 보험회사에 양로보험에 가입했다. 보험금액은 20만 위안이고 납입한 보험료는 10,780위안이며 그 아내 주모와 그 동생 예광을 보험수익자로 지정하고 수익분은 균등하게 분할하게 하였다. 1999년 1월 19일 피보험자 예모와 그 아내 주모가 가정의 분쟁으로 인하여 주모는 밤에 예모가 잔틈을 타서 가스를 열어놓아서 두 사람이 사망하게 되었다. 경찰의 조사결과 예모는 피해자이고 주모는 자살로 확정하였다. 1999년 2월 15일 다른 한명의 보험수익자 예광은 보험회사에 보험금 지급을 신청했고 보험회사는 보험법에 따르면 보험수익자가 고의로 피보험자의 사망 혹은 상해, 고의로 피보험자를 살해한 경우 보험수익자는 청구권을 상실한다는 이유로 배상을 거절하는 통지서를 보냈다. 예모는 불복하여 법원에 기소를 제기하였다.

1심법원은 예모는 보험회사에서 양로보험을 구매하고 보험회사는 보험 증권을 발급하고 예모는 보험료를 납입하여 쌍방의 보험계약은 유효하다. 보험자는 마땅히 보험계약의 약정에 의하여 보험금을 지불할 책임을 져야 한다. 예모는 보험가입 시 이미 두 사람의 보험수익자가 수혜를 똑같이 나누는 방식이라고 지정했기에 보험수익자 중의 한 명인 예광은 피보험자 예모의 사망에 아무런 과실이 없으므로, 그 수익권은 다른 보험수익자의 범죄행위로 상실되어서는 안 되므로, 보험자가 예광에게 보험금을 지급하지 않는 것은 불합리한 것이라고 판시하였다. 보험회사의 판결에 따라 보험수익자 예모는 보험금 10만 위안을 받았다. 보험회사는 불복하고 상소를 제기했다. 2심법원은 일심법원이 적용한 법률이 부당하다고 판단하여 원심을 기각하였고, 예광의

청구를 기각했다.[33]

2. 쟁점사항

이 사건에 관련된 문제는 두 가지이다. 하나는 보험수익자가 여러 명 있을 경우 그 중 1인의 보험수익자가 피보험자의 사망, 상해 혹은 고의로 피보험자를 살해할 경우 기타 보험수익자도 청구권을 상실하는가이고, 다른 하나는 ≪보험법≫제65조 제1항에 따라 보험계약자 혹은 보험수익자가 고의로 피보험자의 사망, 상해 혹은 질병을 야기하면 보험자는 보험금 지급 책임을 지지 않는다는 규정의 적용여부이다. 보험계약자가 이미 2년 이상 보험료를 지불했고 보험자는 보험계약의 약정에 의하여 기타 권리가 있는 보험수익자에게 보험증권의 현금 가치를 환불해주어야 한다. 제65조 제2항은 보험수익자가 고의로 피보험자의 사망이나 상해를 조성할 경우 혹은 고의로 피보험자를 살해 미수할 경우 보험수익자는 청구권을 상실한다고 규정하였다. 이 두 조항의 관계를 어떻게 이해해야 하는가?

3. 법률규정

1) **≪보험법≫제61조** 인보험의 보험수익자는 피보험자 혹은 보험계약자가 지정한다.

보험계약자는 보험수익자를 지정할 때 반드시 피보험자의 동의를 거쳐야 한다.

피보험자가 민사행위능력이 없거나 혹은 민사행위능력이 제한된 사

33) 周玉华著：≪最新保险法法律精义与实例解析≫，法律出版社. 2003. 364-365页.

람은 그 보호자가 보험수익자를 지정할 수 있다.

2) **≪보험법≫제62조** 피보험자 혹은 보험자는 한사람 혹은 여러 사람을 보험수익자로 지정할 수 있다.

수인을 보험수익자로 지정한 경우 지정자가 수혜순서와 수혜분액을 확정할 수 있고, 수혜분액을 확정하지 않았을 경우 보험수익자는 똑같이 청구권을 가질 수 있다.

3) **≪보험법≫제63조** 피보험자 혹은 보험계약자는 보험수익자를 변경할 수 있고, 이 경우 반드시 서면으로 보험자에게 알려야 한다. 보험자는 보험수익자 변경의 통지를 받은 후에 보험증권 상에 서명하여야 한다.

보험계약자가 보험수익자를 변경하려면 피보험자의 동의를 받아야 한다.

4) **≪보험법≫제65조** 보험계약자, 보험수익자가 고의로 피보험자의 사망, 상해 혹은 질병을 야기하면 보험자는 보험금 지급 책임을 지지 않는다. 보험계약자가 이미 2년 이상 보험료를 지불한 경우에는 보험자는 보험계약의 약정에 의하여 기타 권리가 있는 보험수익자에게 보험증권의 현금 가치를 환불해주어야 한다.

보험수익자가 고의로 피보험자의 사망이나 상해를 조성한 경우 혹은 고의로 피보험자를 살해 미수할 경우 보험수익자는 청구권을 상실한다.

4. 학리분석

이 사건의 성질은 보험수익자가 청구권을 상실하는 것과 관련한 사건이다. ≪보험법≫제65조 제2항은 보험수익자가 고의로 피보험자의 사망이나 상해를 조성할 경우 혹은 고의로 피보험자를 살해하면 보험수익자는 청구권을 상실한다고 규정하였다. 이 규정을 정확하게 이해하려면 세 가지 문제를 해결해야 한다.

첫째, 하나는 수인의 보험수익자가 있을 경우 어느 1인의 보험수익자가 피보험자의 사망, 상해 혹은 고의로 피보험자를 살해미수 할 경우 기타의 보험수익자의 청구권에 영향을 미치는가? 중국보험법은 이에 대하여 상세한 규정을 두지 않았다. 하지만 민법통칙의 규정에 의하면, 민사책임의 주체는 법률이 따로 규정하거나 계약상 따로 약정이 있는 경우를 제외하고 그 행위에 대해 마땅히 독립적으로 민사책임을 부담하여야 한다고 규정하고 있다. 중국 형법에서도 범죄 자기책임의 원칙을 규정하고 있다. 따라서 1인이 수익자가 보험금 청구권을 상실한 경우, 그 행위가 범죄를 구성하는가의 여부를 불문하고 자기책임의 원칙에 따라 보험수익권의 상실이란 법률효과는 본인이 부담하여야 한다. 기타의 보험수익자는 연좌금지의 원칙에 따라 그 청구권은 당연히 영향 받지 않는다.

둘째, 보험수익자가 법정 청구권 상실의 행위를 한 경우, 보험자가 이에 근거하여 보험금 지급 책임을 면할 수 있는가? 중국≪보험법≫제65조 제1항에 의하면 보험계약자, 보험수익자가 고의로 피보험자의 사망, 상해 혹은 질병을 만들면 보험자는 보험금 지급 책임을 지지 않는다는 규정이다. 보험법의 이 규정은 "보험수익자가 고의로 피보험자의 사망, 상해 혹은 고의로 피보험자를 살해 미수하는 것"은 청구권 상실의 규정을 포함하고 있다. 따라서 보험자가 보험수익자가 법정사유로 청구권을 상실한다면 보험자의 보험책임은 면제된다. 이 규정에 따라 수인의 보험수익자가 있을 때, 그 중에 1인의 보험수익자가 청구권 상실 행위를 한 경우에 다른 과실이 없는 보험수익자가 모두 청구권을 상실한다는 것은 실질적으로 입법자의 범죄 책임 연루사상을 반영하고 책임 독립부담주의의 민사 원칙과 형법의 원칙과 모순된다. 이 규정은 동시에 ≪보험법≫제65조 제2항의 규정과도 모순된다. 이 문제를 해결하려면 제65조 제1항에서 "보험수익자"란 단어를 삭제하여야 한다. 입법자가 보험법 개정 시 개정이 필요하다.

셋째, 보험수익자가 고의로 피보험자를 사망 혹은 상해를 입히거나 혹은 고의로 피보험자를 살해미수 할 경우 형사 범죄로 되어 처벌을 받을 것이 보험수익자가 청구권을 상실하는 조건으로 보아야 하는가 이다. 중국 보험법은 여기에 대한 규정이 없다. 미국은 형사소송과 민사소송의 절차가 다르므로, 형사상 절차에서 의심할 여지가 없을 때 유죄를 확정할 수 있지만, 민사상으로는 우세한 증거만으로도 만족한다. 따라서 형사상의 유죄 혹은 무죄 판결과 민사상 권리의 취득과 상실은 일치하지가 않기에 당사자는 보험수익자가 형사 소추를 받는다고 하여 그 청구권이 당연히 상실되었다고 주장해서는 안 된다. 하지만 만약 보험수익자가 고의로 피보험자를 사망케 하였음이 확실하면 형사 처벌의 판결이 없더라도 청구권을 상실했다고 할 수 있다. 만약 보험수익자의 행위가 확실히 과실, 혹은 자기보호행위 혹은 정신이상 상태에서의 행위였다면 청구권은 영향을 받아서는 안 된다.[34)]

상술한 논증으로부터 알 수 있는바, 이 사건의 1심, 2심법원의 판결에 차이가 나는 것은 법률규정을 다르게 적용한 결과이다. ≪보험법≫ 제64조 제1항과 제2항 사이에 서로 모순이 존재하기 때문에 법률규정에서 판단한다면 두 판결의 옳고 그름을 판단할 수가 없다. 하지만 보험법 이론으로 논증한다면 1심의 판결이 정확한 판결이다.

5. 연습문제

1999년 장모는 그의 아내 한모가 부정행위를 한 것을 발견하고 법원

34) 周玉华, 앞의 책, 361-362면.

에 이혼소송을 제기하였다. 법원의 조정을 거쳐 혼인 중 출산한 장**(5살)는 장모가 키우기로 하였다. 2000년 5월 장모가 보험업무에 종사하면서 한모를 설득하여 인보험에 가입하게 했고 한모는 5개의 인보험에 가입하는데 동의하였다. 보험수익자는 장**이고 보험약관상 만약 피보험자가 우연한 사고로 사망하면 보험자는 30만 위안의 상해보험금을 지급한다고 규정되어 있었다. 2001년 8월 2일 장모는 칼을 가지고 한모의 집에 가서 한모를 살해하고 불을 질러 시체를 태워 증거를 없앴다. 경찰의 조사를 거쳐 장모는 한모와 이혼한 뒤, 증오심을 가지고 있다가 한모를 설득하여 보험에 가입하도록 한 후, 아내를 살해하여 아이가 잘살게 하려고 했다는 진술을 받았다. 감옥에서 장모는 공증의 방식으로 장**의 보호권을 장모의 어머니에게 위임했고 장모의 엄마는 보험회사에 보험금 지급 신청을 하였다. 보험회사는 장모가 보험대리인이라는 전문 보험지식을 이용하여 한모를 설득해서 보험가입하게 한 후 살해한 목적은 보험금을 편취하기 위한 것이다. 비록 장모가 계약당사자는 아니지만 보험법 규정에 부합되지 않으므로 보상을 거절했다. 보험수익자가 장모와 부자 관계이므로 보험계약에 간접적인 이해관계가 있다고 볼 것이어서 보험금을 지급하는 것은 도리에 부합되지 않는다고 했다. 보험회사는 사회 공공이익의 원칙을 위반했다는 이유로 보험계약이 무효라고 주장하며 보험금 지급을 거절했다. 장모의 어머니는 법원에 고소를 제기했다.

[문] 1. 행위무능력자가 보험수익자일 경우 그 법정대리인이 피보험자의 사망을 초래하면 보험수익자는 청구권을 상실하는가?
2. 보험자가 그 법정대리인이 피보험자의 사망을 야기하였다는 이유로 보험금 지급책임을 면할 수 있는가?
3. 보험회사의 주장은 성립되는가?
4. 이 사건이 어떻게 처리되어야 한다고 생각하는가? 그 이유

를 설명하시오.

제 7 절 인보험의 보험금과 상속

인보험에서 보험수익자는 보험계약자 혹은 피보험자가 될 수 있고 보험계약자 혹은 피보험자 이외의 제3자가 될 수도 있다. 제3자가 인보험의 보험수익자이면 마땅히 보험계약자 혹은 피보험자가 지정해야 한다. 하지만 인보험에서 보험수익자를 지정하지 않았거나 지정한 보험수익자가 명확하지 않거나 보험수익자가 피보험자보다 먼저 사망 혹은 보험수익자가 청구권을 상실하는 경우가 자주 발생하는데 이런 상황 하에서 보험자는 어떻게 보험금의 최종 수익자를 확정할 것인가? 보험법이론상 보험계약에서 보험수익자를 지정하지 않으면 법률 규정 혹은 법리상 누군가를 보험수익자로 추정할 수 있다. 만약 보험수익자가 의심스러우면 보험계약자가 자신의 이익을 위하여 보험계약을 체결했다고 추정하여야 한다.[35] 중국 보험법상 이런 경우의 보험수익자 확정방식은 보험금을 피보험자의 유산으로 하여 상속법의 규정에 따라 피보험자의 상속인을 보험수익자로 하여 보험금을 지급한다.

중국보험법의 규정에 의하면, 피보험자가 사망한 후 아래의 상황 중 하나에 해당하면 보험금은 피보험자의 유산으로 보아, 피보험자의 상속인에게 보험금 지급 의무를 이행한다. (1) 보험수익자를 지정하지 않았을 때 (2) 보험수익자가 피보험자보다 먼저 사망하고 기타 보험수익자가 없을 때 (3) 보험수익자가 법에 의해 청구권을 상실했거나 청구권을 포기하고 기타 보험수익자가 없을 경우이다.

상속이란 상속인이 사망자의 생전 재산에 대한 권리와 의무의 상속

35) 赖源河著 : ≪实用商事法精义≫, 台湾五南图书出版公司, 1984, 476页.

이다. 상속법의 규정에 의하여 유산은 공민이 사망 시 남긴 개인의 합법적인 재산으로서 공민의 수입, 부동산, 저축과 생활용품, 입목, 가축과 가금, 문물, 도서자료, 법률이 허용한 공민이 가지고 있는 생산자료, 공민의 저작권, 전리권 중 재산이익, 공민의 기타 합법적인 재산이다. 이외에 보험법의 규정에 의하여 피보험자가 사망 후 법률이 규정한 상황 하에서 인보험계약에 근거하여 획득할 수 있는 보험금은 유산에 포함된다.

통상적인 상황 하에서 인보험의 보험금은 피보험자가 사망 시 피보험자의 유산에 속하지 않는다. 이것은 인보험의 보험수익자 제도가 결정한 것이다. 따라서 보험금을 피보험자의 유산으로 하려면 마땅히 아래의 법정 조건에 부합하여야 한다.

첫째, 피보험자가 사망 후 보험수익자를 지정하지 않았을 때이다. 인보험상의 보험수익자는 보험금의 수령인으로서 그것이 나타내는 방식은 보험계약자 혹은 피보험자가 지정한다. 보험수익자를 지정하지 않고 피보험자가 사망한 경우 그 보험금은 피보험자의 유산으로 하여 상속인이 상속받는다. 이외에 보험수익자의 지정이 불명확하여 보험수익자를 확정하지 못할 때 보험수익자가 없는 것으로 추정한다.

둘째, 피보험자가 사망 시, 보험수익자가 피보험자보다 먼저 사망하고 다른 보험수익자가 없을 때이다. 보험수익자가 피보험자보다 먼저 사망하면 그 청구권은 보험수익자의 사망과 함께 상실된다. 만약 다른 보험수익자가 존재하지 않으면 보험금은 피보험자 자신에게로 간다. 피보험자가 사망 후 이 보험금은 바로 유산이 된다.

셋째, 보험수익자가 법에 의해 청구권을 상실했거나 청구권을 포기하고 기타 보험수익자가 없을 경우이다. 보험법의 규정에 의하여 보험수익자가 청구권을 상실하거나 청구권을 포기한다는 것은 보험수익자의 지위에서 이탈한다는 것을 의미하므로 다른 보험수익자가 없는 경우 보험금은 피보험자 자신에게로 간다. 만약 피보험자가 사망하면, 보험금은 유산이 된다.

피보험자의 보험금이 유산으로 되면, 피보험자의 상속인이 유산을 상속받는다. 상속법의 규정에 의하면 상속인은 법정 상속인의 범위 내에서 사망한 자의 생전 재산에 대한 권리와 의무를 가지는 자로서 법정 상속인과 지정 상속인이 있다. 하지만 보험법은 보험금이 피보험자의 유산이 될 경우 보험자가 지정 상속인에게 지급하여야 하는지 아니면 법정 상속인에게 보험금을 지급하여야 하는지는 아직 규정이 없다. 어떤 학자는 보험금이 피보험자의 유산일 경우 보험자는 마땅히 법정 상속인에게 보험금을 지급하여야 한다고 했다. 왜냐하면 인보험의 보험수익자를 지정하고 유서의 방식으로 상속인을 지정하게 되면 보험계약자 혹은 피보험자가 보험계약에서 보험수익자를 지정하지 않았다 하더라도 피보험자의 유서로서 피보험자의 유족에게 보험금을 지급할 필요성은 없어져 버리는 것이 되기 때문이다. 또한 만약 상속인이 보험금을 수령하는 것이 허락되면 지정 보험수익자와 모순이 발생하고, 유서방식으로 보험수익자를 확정할 수 있게 되는데 이것은 보험수익자의 지정은 보험자의 등기를 거쳐 보험 증권에 승낙되어야 유효하다는 규정과 충돌된다. 따라서 보험금이 유산으로 되는 경우 법정 상속인이 상속순서에 따라 상속을 받게 된다. 필자는 보험법은 피보험자의 사망 후 보험금이 유산으로 될 때의 법정상황만 규정하고 보험금의 유산 상속의 순서는 마땅히 상속법을 적용해야 한다는 규정이 없다고 생각한다. 상속법은 유서 상속인과 법정 상속인을 구분하고 있다. 양자의 순서는 상속개시 후 법정 상속에 따라 처리하고 유서가 있는 경우에는 유서에 따라 처리해야 한다. 따라서 보험수익자의 지정과 유서 지정이 같은 것은 유서 상속의 존재를 부정하는 것으로서 상속법의 규정에 부합되지 않는다. 상술한 이유에 기초하여 필자는 상속법이 보험수익자를 확정할 때 유서 상속인이 있는 경우 유서 상속인을 보험수익자로 하고 유서 상속인이 없는 경우에는 법정 상속인을 보험수익자로 한다고 생각한다.

1. 사건의 개요

조모(52살)는 1998년 1월 자신을 피보험자로 하여 종신생명보험에 가입하고 보험금액은 10만 위안으로 한 후 보험수익자를 지정하지 않았다. 1999년 3월 4일 조모는 교통사고로 사망하였다. 조모의 아내와 두 아들은 동시에 보험회사에 보험금을 신청했고 또한 서로 자기의 의견을 고집하였다. 조모의 아내는 조모의 유서를 내놓으면서 유서에 아내를 보험수익자로 한다고 기재되어 있음을 주장하였다. 사법 감정결과 이 유서는 조모가 생전에 쓴 것이 맞다고 하였다. 이 사건 처리 과정에서 두 가지 의견이 제시되었다.

첫 번째 의견은 유서가 지정한 보험수익자는 보험회사의 등기를 거치지 않고 보험 증권에 주의적으로 기재되지 않았기 때문에 무효라는 것이다. ≪보험법≫제64조는 보험계약에서 보험수익자를 지정하지 않고 피보험자가 사망한 경우, 보험금은 사망자의 유산으로 되며, 보험자는 피보험자의 상속인에게 보험금 지급의무를 이행하여야 한다고 했다. 따라서 조모의 사망 보험금은 마땅히 조모의 아내와 그의 두 아들이 공동으로 받아야 하고 똑같이 나누어야 한다.

두 번째 의견은 보험금은 조모의 아내만 받을 수 있다. 왜냐하면 보험계약자는 보험계약의 약정과 법률규정을 위반하지 않는 전제 하에서 이런 권리가 보험계약에서 지정된 것이거나 유서에서 정한 것이거나를 막론하고 보험금의 귀속을 처분할 권리가 있다. 따라서 피보험자의 유서에서 보험수익자를 지정한 것은 유효하다.

2. 쟁점사항

본 사건의 처리를 위해서는 먼저 조모가 사망 후 그 보험금이 유산에 속하는가를 확정해야 한다. 다음으로 유서의 성질을 어떻게 정해야 하는가? 즉 그것이 보험수익자를 정하는가 아니면 보험금의 귀속을 정하는가? 이 두 가지 문제를 해결하면 이 사건의 처리 결론을 자연적으로 얻을 수 있다.

3. 법률규정

1) **≪보험법≫제64조** 피보험자가 사망 후 아래의 상황 중에 하나면 보험금은 피보험자의 유산으로 하여 보험자가 피보험자의 상속인에게 보험금 지급 의무를 이행한다.

① 보험수익자를 지정하지 않았을 때

② 보험수익자가 피보험자보다 먼저 사망하고 기타 보험수익자가 없을 때

③ 보험수익자가 법에 의해 청구권을 상실했거나 청구권을 포기하고 기타 보험수익자가 없을 경우이다.

2) **최고인민법원 ≪<중화인민공화국상속법>을 관철 집행하는데 문제에 관한 의견≫제1조** 상속은 피상속인의 사망 혹은 사망 선고시에 개시한다.

실종자가 사망선고를 받으면, 법원 판결 중 실종자의 사망일자로 확정된 날이 상속의 개시일이다.

제2조 서로 상속관계에 있는 여러 사람이 동일한 사고로 사망하여 사망의 전후를 확정할 수 없는 경우에는 상속인이 없는 사람이 먼저

사망했다고 추정한다. 사망자는 모두 각자의 상속인이 있고 만약 사망자의 촌수가 다를 경우에는 연장자가 먼저 사망한 것으로 추정하고 사망자의 촌수가 같으면 동시에 사망했다고 추정하여 서로 상속이 발생하지 않고 그들의 각자 상속인이 각각 상속을 한다.

3) **≪상속법≫제5조** 상속이 개시된 후에는 법정 상속에 따라 처리하고, 유서가 있는 경우에는 유서에 의하여 상속하거나 유증으로 처리하고 유증부양협의가 있는 때에는 협의에 의하여 처리한다.

4) **≪상속법≫제7**조 상속인이 아래의 행위중에 하나를 하면 상속권을 상실한다.

① 고의로 피상속인을 살해한 것

② 유산을 쟁탈하기 위하여 기타 상속인을 살해한 것

③ 피상속인을 유기하거나 혹은 피상속인을 심히 학대한 경우

④ 유서를 위조, 변조하거나 멸실시킨 사정이 중대할 경우

5) **≪상속법≫제10조** 유산은 아래의 순서에 따라 상속한다.

제1순위 : 배우자, 자녀, 부모

제2순위 : 형제자매, 조부모, 외조부모

상속 개시 후 제1순위자가 상속받으면 제2순위자는 상속받지 못한다. 제1순위자가 없는 경우 제2순위가 상속받는다.

본법에서 말하는 자녀는 혼인중의 자녀, 혼인외 자녀, 양자녀와 부양 관계가 있는 계자녀를 포함한다.

본법에서 말하는 부모는 친부모, 양부모와 부양관계가 있는 계부모를 포함한다.

본법에서 말하는 형제자매는 동일한 부모의 형제자매, 동부이모 혹은 동모이부의 형제자매, 양형제자매, 부양 관계가 있는 계형제자매를 포함한다.

6) **≪상속법≫제11조** 피상속인의 자녀가 피상속인보다 먼저 사망

한 경우 피상속인의 자녀의 직계혈족이 대위상속한다. 대위상속인은 일반적으로 그 부친 혹은 모친이 상속받을 권리가 있는 유산 부분을 상속받는다.

4. 학리분석

피보험자의 보험금을 유산으로 분배를 진행하는 것은 피보험자의 사망을 발생조건으로 한다. 피보험자의 사망은 생리사망과 사망선고 두 종류가 있다. 하지만 피보험자의 사망은 필연적으로 상속문제가 나타나는 것이 아니라, 보험법의 규정에 따라 ① 보험수익자를 지정하지 않았을 때 ② 보험수익자가 피보험자보다 먼저 사망하고 기타 보험수익자가 없을 때 ③ 보험수익자가 법에 의해 청구권을 상실했거나 청구권을 포기하고 기타 보험수익사가 없을 경우의 어느 하나가 존재하는 경우, 보험금을 피보험자의 유산으로 하여 보험자가 피보험자의 상속인에게 보험금 지급 의무를 이행하게 되는 것이다.

피보험자의 보험금이 유산으로 상속과 분배를 진행할 경우 법정 조건을 구비할 때 진행해야 한다. 이 사건에서 조모의 사망과 보험계약에서 보험수익자를 지정하지 않았다는 사실은 이미 조모의 보험금이 유산으로 되어 상속과 분배를 진행해야 한다는 것을 의미한다.

조모의 유서에서 그의 아내를 보험수익자로 정하고 있다. 이 유서의 성질에 관한 인정은 본 사건 처리의 관건이다. 만약 이 유서가 보험수익자를 지정하는 유서라면 보험법의 규정에 의하여 보험수익자를 지정할 경우 보험자에게 등기를 하고 보험자가 보험증권 상에 주의적 기재를 하여야만 유효한데, 이 사건의 유서는 보험수익자를 지정하면서 보험자의 주의적 기재를 등기하지 않았기 때문에 유서로 보험수익자를 지정한 부분은 마땅히 무효라고 보아야 한다. 만약 이 유서의 성질을 보험금에 대한 유산의 처분으로서 인정하게 되면, 유서에서 확정한 보험수익자는 마땅히 유서 상속인의 확정으로 인정하여야 하고, 상속법의 규정에 따라 유산 상속에서 유서상속이 법정 상속보다 우선하기 때문에, 유산이 된 보험금은 당연히 유서 상속인인 그의 아내가 수령하여야 한다. 이 사건의 사실에 근거하여 필자는 이 유서의 성질에 대해서 단순하게 해석해서는 안 된다고 본다. 비록 이 유서에서 보험수익자를 지정하였지만, 보험자에게 통지하지 않고 보험 증권에 기재하지 않았기 때문에 보험계약자의 보험수익자 지정의 효력은 더 이상 존재하지 않는다. 하지만 유서에서 보험수익자에 대해 지정한 것은 다른 한편으로는 보험금을 수령할 사람을 확정한 것으로서 보험수익자란 명의로 유산상속인을 확정할 수 있는 것이다. 따라서 이 유서에 대해서 보험수익자를 지정한 효력이 없다고 보아야지 유서를 무효로 해서는 안되고, 이 사건에서 조모의 아내는 당연히 유서 상속인이 되며, 보험회사는 조모의 아내에게 보험금을 지급하여야 한다.

사법실무에서는 보험수익자를 지정하여 보험금을 받는 것과 보험금이 유산으로 상속인이 보험금을 받는 상황을 엄격히 구분하여야 한다. 보험수익자가 보험금을 받는 상황은 보험수익자의 본래의 청구권을 행사하는 것으로서, 이런 상황에서의 보험금은 피보험자의 유산이 아니므로 보험수익자를 지정하는 것은 단지 보험금의 수령을 할 수 있는 권리일 뿐이므로, 피보험자가 생전에 남긴 기타 의무(채무)에 대하여 부담할 책임을 지지 않는다. 그러나 보험금이 유산으로 될 때는 보험자가 피보험인의 상속인에게 보험금을 지급한다. 보험수익자를 지정하지 않는 등 법정 원인이 있는 경우 보험금은 유산으로 되고, 그 보험수익자는 상속법이 규정한 법정 상속인의 범위 내에서 확정하게 된다. 따라서 상속법의 규정에 따른 법정 보험수익자는 유산을 상속받으므로 피상속인의 생전의 무를 상속해야 한다.

또 하나 주의해야할 문제는, 보험수익자와 피보험자가 동시에 사고로 사망하여 그 사망순서를 정할 방법이 없을 때 보험수익자는 어떻게 정해야 하는가이다. 보험법은 보험수익자가 피보험인보다 먼저 사망하고 다른 보험수익자가 없을 때 피보험자의 사망보험금은 피보험자의 유산으로 한다고 규정하였다. 하지만 만약 보험수익자와 피보험자의 사망시기의 전후를 확인할 수 없을 경우에는 보험수익자를 어떻게 처리할 것인가는 보험법에 규정이 없다. 최고인민법원의 사법해석에 의하면 서로 상속관계가 있는 여러 사람이 동일한 사고로 사망하여 그 사망의 전후를 확정할 수 없을 경우, 상속인이 없는 사람이 먼저 사망했다고 추정하고, 사망자에게 모두 각자의 상속인이 있으며, 만약 몇 사람의 사망자의 촌수가 다르면 연장자가 먼저 사망한 것으로 추정하고 사망자의 촌수가 같으면 동시에 사망했다고 추정하여 서로 상속이 발생하지 않고 그들의 각자 상속인이 각각 상속을 하는 것으로 되어 있다.

5. 연습문제

1997년 3월 유모는 자신을 피보험자로 하여 모 보험회사에 보험금액이 20만 위안인 인보험에 가입하고 갓 태어 난 아들 소호를 보험수익자로 지정하였다. 1999년 8월 10일 유모는 외출하여 일을 처리하던 중 교통사고로 사망하게 되었다. 보험회사는 조사한 후 보험책임의 범위에 속하여 보험금액 20만 위안을 전액 지급하기로 결정했다.

보험금을 지급하려고 할 때 보험회사는 법원의 민사조정서를 받았는데, 이모가 피보험자 유모와 대출에 관하여 분쟁 중이었기 때문에 보험금을 보전하여 달라는 것이었다. 1999년 9월 20일 법원은 보험회사에 집행협조 통지서를 보내어 20만 위안의 보험금을 유모의 생전 채무상환에 지출하여야 한다고 했다. 보험회사는 법원에 이의를 제기하여 이 보험증권은 이미 보험수익자를 명확히 지정했고 20만 위안의 보험금은 이미 보험수익자의 재산에 속하므로 피보험자의 생전채무를 상환해서는 안 된다고 주장하였다. 즉 법원은 보험수익자의 20만 위안의 보험금에 대하여 집행할 권리가 없다고 하였다.

[문] 1. 보험금 청구권과 상속권의 구별은 무엇인가?

2. 보험회사는 이의를 제기할 권리가 있는가?

3. 이 사건은 어떻게 처리해야 하는가? 그 이유를 설명하시오.

제 8 절 생명보험계약

생명보험계약은 피보험자의 생명을 보험목적으로 하여 보험계약자와 보험자가 피보험자가 계약에서 정한 기간 내에 사망하거나 보험기간의 만기 후에 생존한 경우에 보험자가 보험금을 지급하고, 보험계약자는 보험료를 지급하기로 약정한 인보험계약이다. 생명보험계약에서 보험계약자는 자신을 피보험자로 하고 제3자를 보험수익자로 할 수도 있고 피보험자와 보험수익자를 겸할 수 도 있으며, 타인을 피보험자로 하고 피보험자의 동의를 얻어 자신이나 제3자를 보험수익자로 할 수도 있다.

생명보험계약은 보험사고의 구분 표준에 따라 다음과 같이 구분할 수 있다.

① 사망보험 : 이것은 피보험자의 사망을 보험사고로 하여 피보험자가 사망 시 보험자가 보험금을 지급하는 인보험이다.

② 생존보험 : 이것은 피보험자가 일정한 기간 내에 생존할 것을 보험사고로 하여 피보험자가 보험기간 만기 때까지 계속하여 생존해 있

으면 보험자가 보험금을 지급하는 보험이다.

③ 생사혼합보험 : 이것은 생존보험과 사망보험의 혼합으로서 피보험자가 보험기간 내에 사망하였거나 보험기간의 만기까지 생존하는가를 불문하고 보험자는 모두 보험금을 지급하여야 하는 인보험이다.

④ 연금보험 : 이것은 보험계약자가 약정에 의해 보험료를 지불하고 피보험자가 생존해서부터 약정한 연도가 되면 보험자는 정기적으로 연금을 피보험자가 사망할 때까지 지급하는 인보험이다.

보험법상 생명보험계약은 당사자의 협의에 도달하게 되면, 법적 효력이 발생한다. 하지만 생명보험이 아래의 같은 상황중의 하나이면 법률규정에 따라 생명보험의 효력을 확정해야 한다. 첫째, 제3자가 사망보험계약을 체결하면서 피보험자의 서면 동의와 보험금액에 대한 승인을 거치지 않으면 그 보험계약은 무효이다. 둘째, 제3자가 체결한 생명부험계약에서 그 권리를 이전 혹은 담보로 제공하는 경우 피보험자의 서면동의를 얻지 않으면 효력이 발생하지 않는다. 행위무능력자 혹은 심신상실자, 정신박약자를 피보험자로 하는 사망보험계약은 무효이다. 다만 부모가 미성년의 자녀를 위하여 생명보험에 부보하는 경우에는 예외이다. 생명보험계약이 효력이 발생한 후 계약 당사자는 아래와 같은 의무를 부담하여야 한다.

1) 보험계약자의 주요 의무

(1) 보험료를 납입하는 의무

생명보험에서 보험료를 납입하는 것은 보험계약자의 주요 의무이다. 보험료의 납입방식에 대하여 보험계약자는 한 번에 납입할 수도 있고 약정에 의하여 할부로 납입할 수도 있다. 만약 보험계약자가 보험료 납입 의무를 이행하지 않을 경우 그 이해관계자는 보험계약자를 대신해서 보험료를 납입할 수 있지만 보험자는 소송의 방식으로 보험계약자에게 보험료 납입을 강제할 수는 없다. 보험계약자가 보험료를 내지 않을 경우 아래와 같은 법적 효과가 있다. 첫째는 계약 효력중지인데 부활을 신청할 수 있다. 둘째는 보험자가 계약을 해제할 수 있고, 셋째는 보험금액 혹은 연금을 감액할 수 있다.

(2) 고지의무

생명보험계약에서 보험계약자는 사실에 근거하여 고지할 의무가 있다. 첫째 피보험자의 나이를 고지하는 것이다. 보험계약자가 피보험자의 나이에 대해 솔직하게 설명하지 않아서 피보험자의 실제 나이가 보험연령한도를 초과할 경우 계약은 해제된다. 만약 그 실제 나이가 법정의 최저 나이 규정에 도달하지 못하면 규정나이에 도달할 때 계약이 유효하다. 둘째, 피보험자의 상황에 대하여 솔직하게 고지하는 것이다. 보험계약자 혹은 피보험자는 피보험자의 직업 및 예전의 병력 등에 대하여 솔직하게 고지해야 하고 보험자가 건강검진을 할 것을 요구하면 검진을 받아야 한다.

2) **보험자의 주요의무**

(1) 보험금 지급 의무

생명보험계약애서 약정한 보험사고가 발생하면 보험자는 계약의 약정에 의하여 보험금 지급 의무를 부담한다.

(2) 책임준비금의 반환의무

책임준비금이란 보험증권의 현금 가치라고도 하는데, 이것은 보험자가 피보험자를 위하여 저축한 축적한 금액을 말한다. 이것은 생명보험계약에만 적용된다. 책임준비금은 다음과 같은 상황 하에서 보험자는 마땅히 반환해야 한다. 첫째, 피보험자가 고의로 자살한 경우 보험자는 기타 권리가 있는 사람에게 책임준비금을 반환하여야 한다. 둘째, 보험료가 약정에 따라 납입되지 못했을 때 보험자는 법에 의해 계약을 중지하고 마땅히 책임준비금을 돌려주어야 한다. 셋째, 보험수익자가 고의로 피보험자를 사망하게 했을 때 보험료가 이미 2년 이상 납입되었다면 보험자는 책임준비금을 기타 권리가 있는 사람에게 돌려주어야 한다. 넷째, 피보험자가 범죄처형 혹은 체포 혹은 탈옥으로 사망한 경우 보험료를 이미 2년 이상 납부하였으면 보험자는 책임준비금을 마땅히 받을 사람에게 돌려주어야 한다. 다섯째, 보험계약자가 고의로 피보험자를 사망하게 할 경우 보험료를 이미 2년 이상 납부하였으면 보험자는 책임준비금을 마땅히 받을 사람에게 돌려주어야 하고 마땅히 받을 사람이 없을 경우 국고에 주어야 한다.

다음가 같은 상황이 발생하면 보험자는 보험금 지급 의무를 지지 않는다. 첫째, 피보험자가 고의로 자살할 경우 법률에 따로 규정이 있거나 계약에 따로 약정이 있는 것 외에 보험자는 책임을 지지 않는다. 둘째, 보험수익자가 고의로 피보험자를 사망하게 할 경우 청구권을 상실하여 보험금 청구권이 없다. 만약 보험수익자가 고의로 피보험자를 살해 미수할 경우 그 청구권은 상실되어야 한다. 셋째, 보험계약자가 피보험자를 사망하게 할 경우 보험자는 보험금 지급책임을 지지 않는다. 넷째, 피보험자가 범죄로 사형을 당하거나 체포 탈옥으로 상해 사망할 경우 보험자는 보험금 지급 책임을 지지 않는다.

1. 사건의 개요

2001년 3월 22일 상해 시 주민 손모는 자신을 위하여 중국생명보험에 '홍수연금'보험을 가입하였다. 보험증권상 보험가입연령 30세, 연금을 받는 연령 60세, 피보험자의 성별 남, 보험료 납입 기간 10년, 보험금액 5만 위안, 매년 내는 보험료 6,550위안, 보험수익자는 그 부모라고 지정했다. 2003년 5월 5일 손모가 외지 여행에 참가하던 중 물사태를 만나 불행히도 사망하였다. 손모의 부모는 보험회사에 신고하였고, 보험회사는 조사를 거친 후 손모의 부모에게 사망보험금 10만 위안을 지급하였다.

부 : 중국생명보험사의 '홍수연금보험' 약관 소개

1) 보험승낙 연령 : 16세 이상, 60세 이하

2) 보험책임 : 본 계약의 유효 기간 내에 본 회사는 아래의 보험책임을 부담한다.

① 본 계약에서 약정한 연금은 수령할 수 있는 날로부터 피보험자가 만 79세가 되는 효력발생일 해당일에 지급이 중지되며, 매년 본 계약의 효력발생 대응일에 피보험자가 생존하면 본 회사는 보험 증권에 기재한 보험금액의 5%를 연금으로 지불한다.

② 피보험자가 사망하면 본 회사는 보험 증권에 명시한 보험금액의 2배를 사망보험금으로 지불하고 계약은 종지된다.

③ 피보험자가 만 80살되는 날까지 생존하는 경우, 본 회사는 보험 증권에 명시된 보험금액의 2배를 만기보험금으로 지급하고 본 계약은 종지된다.

3) 납입방식 : 보험료의 지불방식은 일시납, 연납, 월납의 세 가지 종류로 나뉘는데 할부 지불 보험료의 기간은 10년과 20년 두 가지로 나누고 보험계약자가 보험 가입할 때 선택한다.

4) 보험기간 : 계약의 효력이 발생한 날로부터 피보험자가 만 80살의 효력발생 대응 일에 종료한다.

5) 연금수령시작일 : 연금수령시작일은 만 55세와 만 60세의 두 가지가 있는데 보험계약자가 그중의 한 가지를 본 계약의 연금 수령시작일로 선택할 수 있다. 연금수령시작일은 연금수령 시작연령의 효력발생 해당일로 한다.

6) 보험약관 대출 : 본 계약의 유효 기간 내에 만약 본 계약 당시 이

미 현금 가치를 갖고 있으면 보험계약자는 서면형식으로 본 회사에 대출을 신청할 수 있는데 최고 대출 금액은 본 계약 당시의 현금 가치에서 미납 보험료, 대출금 및 이자를 뺀 남은 금액의 70%이고 매번 대출 기한은 6개월을 넘기지 않는다. 대출 및 이자는 대출 기한이 만기될 때 상환한다. 제때에 상환하지 못한 것은 모든 이자를 원 대출의 금액 중에 더하여 다시 대출한 것으로 본다.

본 계약 당시 현금가치가 미납 보험료와 대출 및 이익을 변상하지 못할 경우 본 계약의 효력은 중지된다.

7) 배당금 사항 : 본 계약 유효기간 내에 보험감독부분의 규정에 부합되는 전제하에서 본 회사가 매년 직전 회계연도의 이윤과 보험업무의 경영상황을 기준으로 배당금 분배 방식을 결정한다. 만약 본 회사가 본 계약이 배당금 분배가 있다면 이 배당금은 보험계약자에게 주어야 한다. 보험계약자가 보험가입할 때 아래의 배당금 처리 방법 중의 하나를 선택할 수 있다. ① 현금 수령 ; ② 누적 이자 발생 : 배당금 보류는 본회사가 복리 방식으로 누적하여 이자가 발생하고 배당금 누적 이율은 매년 본 회사에서 선포한다.

"홍수연금"생명보험의 특징 : 이 상품은 퇴직한 사람들의 양로를 위하여 제공되는 이익배당형 생명보험으로서 피보험자를 위하여 사망위험 보장을 제공할 뿐만 아니라 연금도 받을 수 있고 만기 시 많은 만기 보험금도 받을 수 있다. 동시에 이 제품은 피보험자를 위하여 많은 매년 이익을 제공한다.

2. 쟁점사항

이 사건에서 생명보험회사의 "홍수연금" 생명보험은 생존보험, 사망보험, 연금보험과 이익분배보험 네 가지 보험의 종류의 구성으로 종합보험에 속하고 피보험자를 위하여 보험보장을 제공할 뿐만 아니라 보험 재정 관리 서비스도 제공하며 정기적으로 피보험자에게 배당금을 지급한다.

3. 법률규정

1) **≪보험법≫제52조** 인보험계약은 사람의 생명과 신체를 보험목적으로 한 보험계약이다.

2) **≪보험법≫제92조** 보험회사의 업무 범위 :

① 재산보험업무, 재산손실보험, 책임보험, 신용보험 등 보험 업무를 포함

② 인보험업무, 생명보험, 건강보험, 상해보험업무를 포함

동일한 보험자가 재산보험업무와 인보험업무를 겸영할 수 없다. 하지만 재산보험업무를 경영하는 보험회사는 보험감독 관리기구의 허가를 얻어 단기건강보험업무와 상해보험업무를 겸영할 수 있다.

3) **중국보감회 ≪인보험업무의 관련 문제에 관한 통지≫**(보감발[1999]15호, 1999년 1월 15일 반포)

업무경영에 관하여 :

② 개인생명보험약관의 단체생명보험계약 승낙 금지

③ 단체 인보험에 가입하려는 회사는 이 회사의 직원 중 75%이상이 보험에 가입해야 할 뿐만 아니라 보험계약자수는 8인 이상이어야 한다. 단체 종합보험의 보험기간은 3년 이하로 할 수 없다.

④ 단체 양로보험 보험증권 중 약정한 피보험자의 양로금 수령 나이는 국가가 규정한 퇴직 연령에 도달해야 하고, 특수한 상황 하에서 먼저 퇴직하는 것은 퇴직 수속을 마친 후 수령 금액을 다시 계산해야 한다. 이미 발급한 단체 양로보험 보험증권이 이 규정에 부합되지 않으

면 보험회사는 보험계약자, 피보험자와 협상후 수정하여 본 규정에 부합되게 해야 하고 만약 보험계약자, 피보험자가 수정에 동의하지 않으면 양로금 지급은 은행 계좌이체를 통하여 원 보험계약회사에 주고 피보험자 개인에게 현금 혹은 은행 저축통장으로 지급하여서는 안 된다.

⑤ 단체 생명보험의 만기 생존 급부와 반환보험금은 일률적으로 은행 계좌이체 방법으로 원 보험계약회사에게 지급하여야 하고 보험계약회사에게 현금을 지불하거나 개인에게 현금 혹은 은행통장을 주어서는 안 된다.

4) **중국보감회 ≪단체보험의 개인이 가지는 보험증권의 귀속에 관한 문제 회신≫**(보감복[1999]255호, 1999년 12월 9일)

중국생명보험회사 : 귀사가 질의한 ≪단체보험의 개인이 가지는 보험증권의 귀속에 관한 문제≫에 대하여 검토한 결과 다음과 같이 회신함.

① ≪보험법≫제21조 제2항의 규정은 피보험자는 그 재산 혹은 생명에 대하여 보험계약상의 보장을 받으며 보험금 지급청구권을 향유하는 사람이다. 만약 회사가 직원을 위하여 보험계약자가 되어 일시불 방식으로 개인양로금보험에 가입한 경우라면 직원이 피보험자이다.

② 개인양로금보험에서 피보험자는 보험증권상의 보험금청구권을 향유한다. ≪보험법≫제24조 제3항은 어떤 회사 혹은 개인도 불법으로 보험자가 보상 혹은 보험금 지급 의무를 이행하는 것을 간섭해서는 안되고 피보험자 혹은 보험수익자를 채권자로 하여 보험금을 청구할 권리를 제한하여서도 안된다.

5) **중국보감회 ≪인보험상품의 명칭 결정에 대한 임시시행 방법≫**

제5조 생명보험은 보험책임에 따라, 정기생명보험, 종신생명보험, 양전보험, 연금보험으로 나뉜다.

정기생명보험은 사망을 보험금 지급 조건으로 하고 보험기간이 고정된 생명보험이다.

종신생명보험은 사망을 보험금 지급 조건으로 하고 보험기간이 종신인 생명보험이다.

양전보험은 보험기간 내 사망 혹은 생존을 보험금 지급 조건으로 하는 생명보험이다.

연금보험은 생존을 보험금 지급 조건으로 하여 약정에 따라 할부로 생존보험금을 지급하고 할부로 생존보험금을 지급 간격이 1년을 초과하지 않는(1년 포함) 인보험이다.

6) **중국보감회 ≪太保(1999)48호 문건에 대한 회신≫**(보감수[1999] 12호, 1999년 7월 20일 반포)

중국태평양보험회사 : 귀사의 태보(1999)48호 문건을 검토하고 다음과 같이 회신함.

귀사의 ≪老来福 종신생명보험약관≫제5장 제7조의 "책임면제"조항 중 "피보험자의 법률, 법규 위반행위 혹은 기타 범죄행위"는 그 내용이 불명확하여, 피보험자의 위법행위와 범죄행위로 이해할 수도 있고, 피보험자의 범죄행위만을 가리킨다고 이해할 수도 있다. ≪보험법≫의 관련된 규정에 의하여 약관의 내용이 불분명하여 다른 해석이 가능한 경우에는 피보험자에게 유리하게 해석하여야 하므로 피보험자의 범죄행위로 인하여 일어난 사망에 대하여 보험책임을 부담하지 않는다고 보아야 한다.

귀사에서 언급한 무면허운전은 행정법규를 위반한 행위이지만 범죄행위에는 속하지 않기에 상술한 이유로 책임면제조항의 약정범위 내에 속하지 않는다고 보아, 귀사는 이 조항에 의하여 보험책임을 면제할 수는 없다.

4. 학리분석

생명보험계약은 피보험자의 생존, 사망을 보험사고로 하는 보험이다. 보험은 불확실한 위험을 담보위험으로 하여야 하므로, 생명보험에서 피보험자의 사망은 위험으로 되며 이에 대하여는 다른 의견이 없다. 하지만 피보험자의 생존을 담보위험으로 하는 경우 사람의 생존을 위험요소로 해석하기에는 어려운 점이 있다. 이에 대하여 대만 학자 계유(桂裕)는 피보험자의 생존 혹은 불사망은 예상외의 생활상의 부담을 증가시키므로 생존은 위험이 된다고 한다.

생명보험에서 사망보험은 피보험자의 사망을 보험사고로 하고 사망보험의 보험금은 피보험자 사망 후 지급하므로, 이 보험금은 피보험자가 받을 수 없고 타인이 이익을 얻으므로 보험금을 획득하기 위하여 고의로 피보험자를 실해하는 경우가 발생할 수 있다.[36] 이것은 사망보험이 타인으로 하여금 피보험자를 살해하도록 유인하는 도덕적 위험이 존재하여 생명보험이 가지고 있는 피보험자 및 그 가정에 생활보장을 제공한다는 본래의 이념과 충돌한다. 따라서 이러한 도덕적 위험의 발생을 방지하기 위하여 각국 보험법은 사망보험에 대하여 모두 일정한 제한을 두고 있다.

생명보험의 보험가입은 보통 보험업무원 혹은 보험대리인이 가입을 권유하여 보험계약자를 설득하여 보험계약자가 보험청약서의 방식으로 보험가입을 요청한다. 보험청약서는 대부분 보험자가 인쇄하여 만든 정형화된 서류이다. 보험청약서는 보험계약자의 서면 청약으로 아래와 같은 세 가지 방면의 주요 내용을 포함하고 있다. 첫째, 보험계약자, 피보험자와 보험수익자의 기본 자료이다. 그 중에서 보험계약자와 피보험자의 관계는 피보험이익과 관련이 있고 피보험자의 나이는 보

36) 秦道夫妇主编. ≪保险法论≫, 机械出版社, 2003, 第253页.

험료 계산과 관련이 있기에 중요 사항이다. 둘째, 보험계약자와 피보험자의 고지 혹은 설명이다. 보험계약자는 고지의무를 부담하는데, 보험청약서상 보험회사는 질문할 사항을 설정하고 있으며, 이에 대하여 보험계약자는 진실하게 설명하여야 한다. 셋째, 조사보고이다. 피보험자의 정황에 대하여 조사하고 그 내용을 기재하는 것으로, 보험자의 영업사원이 기재하며 보험자가 보험계약을 인수할 지 여부를 판단하는 중요한 자료이다.

보통 보험자가 보험청약서를 받을 때 보험계약자에게 최초 보험료를 납입할 것을 요구하고 보험료를 받으면 영수증을 발급한다. 이것은 생명보험계약이 성립되어 효력을 발생한다는 표시인가? 그렇지 않다. 왜냐하면 생명보험에서 보험자가 보험청약서를 접수하고 나면 보험자는 인수여부를 확인하고 보험청약을 승낙하여야만 보험계약이 성립되었다고 할 수 있기 때문이다. 또 보험자는 보험약관상 종종 보험계약의 효력 발생 조건 혹은 시기를 제한하기도 한다. 따라서 생명보험에서 보험계약은 보험료 영수증이 발급된 때부터 보험계약이 성립되는 것이 아니다. 중국 보험법의 규정과 보험실무상의 관행에 근거하면 보험료 임시영수증의 발급은 단지 보험료를 미리 받은 것을 증명할 뿐이지 보험계약의 성립을 증명할 수는 없고, 임시적인 보험보장도 없다. 연구할 만 한 가치가 있는 것은 대만의 ≪보험법 시행세칙≫에서 생명보험자가 보험승낙을 동의하기 전에 최초 보험료 상당액을 수령하여야 한다. 당사자 간에 다른 약정이 있는 경우를 제외하고 보험자의 보험책임은 보험자가 보험승낙을 하면 최초보험료를 수령한 날로 소급하여 발생한다는 규정이다. 이 규정은 보험계약자가 최초보험료를 미리 낸 후부터 보험자가 확인하고 보험을 승낙하는 기간 동안에 보험보장을 할 수 있을 뿐만 아니라, 최초보험료의 임시영수증의 발급도 승낙의 성질이 있음을 보여주는 것이다.

이상을 종합하여 보면, 보험회사의 처리의견은 타당한 것이다.

5. 연습문제

1997년 4월 신모는 자신의 쌍둥이 태아를 위하여 각각 10만 위안의 인보험에 가입했다. 1999년 2월 1일 신모는 교질세포암에 걸려 불행히도 사망하였다. 하지만 보험계약의 약정에 따라, 신모의 두 아들은 만 15세부터 만 22세가 될 때까지 각자 매년 보험회사가 지급하는 교육연금 2만 위안을 모두 7회에 걸쳐 수령할 수 있다. 보험계약자가 사망하였기 때문에, 두 아들은 각자 매년 보험회사가 지급하는 양육연금 6만 위안을 2011년까지 모두 13회에 걸쳐 지급받을 수 있고, 2011년 두 아들이 만 22세가 될 때 각자는 보험회사로부터 10만 위안의 만기보험금을 수령할 수 있다.

[문] 1. 생명보험의 작용은 어떤 것이 있는가?
2. 연금보험의 특점은 무엇인가?

제 9 절 상해보험계약

상해보험계약은 보험계약자와 보험자가 피보험자가 우연한 사고로 상해를 입거나, 상해의 결과 장해 혹은 사망한 경우, 보험자가 보험금을 지급하기로 승낙하고 보험계약자는 보험료를 납부할 것을 약정한 인보험계약이다. 상해보험은 피보험자가 우연한 사고로 신체에 상해를 입는 것을 보험사고로 하므로, 의외상해보험이라고도 한다.

상해보험계약의 종류는 크게 다음과 같이 나눌 수 있다. 첫째, 일반상해보험계약. 이것은 피보험자가 우연한 사고로 신체에 상해를 입는 경우를 말하는 일종의 인보험계약이다. 둘째, 여객상해보험계약. 이는 여객이 여행 중 우연한 사고로 상해 혹은 상해로 인하여 장해나 사망할 경우 보험자가 보험금을 지불하는 일종의 인보험계약이다. 셋째, 단체상해보험계약. 이는 다수의 피보험자를 합쳐서 하나의 단체를 구성하고 그 단체를 상해보험계약의 피보험자로 하는 상해보험계약이다. 상해보험계약은 보험실무에서 독립적으로 체결되는 경우도 있지만, 생명보험의 특약으로 체결하는 것이 일반적이다.

상해보험에서 보험자가 제공한 보험보장은, 우연한 사고로 인한 사망보험금, 우연한 사고로 인한 장해보험금, 우연한 사고로 지불한 의료보험금, 우연한 사고로 일시적으로 노동능력을 상실하여 받는 휴업보험금 등이다. 하나의 상해보험계약에서 보험자는 전부의 보험보장을 제공할 수도 있고 한 개 혹은 몇 개의 보험보장을 제공할 수도 있다.

1) 상해보험계약의 당사자의 주요의무

(1) 보험계약자의 주요의무

보험료 납입의무로서 보험계약자는 계약에서 약정한 기한과 액수로 보험자에게 보험료를 납부해야 한다. 보험계약자가 보험자의 요구에 따라 진실하게 피보험자의 상황을 고지하여야 한다. 피보험자의 이름, 성별, 연령, 회사, 구체적인 직업의 종류 등이며, 보험자의 요구가 있는 경우 신체검사를 받아야 한다.

(2) 보험자의 의무

보험자의 주된 의무는 보험금을 지불하는 것이다. 보험계약에서 약정한 우연한 사고가 발생하여 피보험자가 상해를 입거나 그 상해로 인하여 장해 혹은 사망에 이른 경우 보험자가 보험금 지급책임을 져야 한다. 상해보험계약 약관상 보험금은 보통 아래의 두 가지 부분으로 구성되어 있다. 하나는 우연한 상해로 받은 경제적 손실에 대한 보상금이다. 예를 들면 의료비, 입원비, 일을 그르친 비용 등 비용에 대한 보상금으로서 손실보상의 성질을 갖고 있다. 다른 하나는 상해 혹은 사망의 발생으로 정액의 보험금을 지급하는 것으로서 당사자가 계약에서 약정한 보험금액을 지급하여야 한다. 하지만 보험자가 대위권을 행사하여 가해자에게 구상해서는 안 된다.

2) **보험자의 보험책임의 면제**

상해보험계약에서 아래와 같은 상황이 발생하면 보험자의 보험책임은 관련 규정에 따라 처리해야 한다. 첫째, 보험계약 성립 후 만 2년 이내에 피보험자가 고의행위로 다치거나 장해가 되거나 사망한 경우 보험자는 보험책임을 지지 않는다. 둘째, 피보험자가 범죄행위로 인하여 상해, 장해 혹은 사망할 경우 보험자는 보험책임을 지지 않는다. 셋째, 보험수익자가 고의로 피보험자를 해칠 경우 보험수익자는 보험금을 청구할 권리를 상실하며, 피보험자를 상해 미수한 경우 피보험자는 그 수익권을 박탈하여야 한다. 넷째, 상해보험계약에서 약정한 담보제외 사고가 발생하여 피보험자가 상해, 장해, 사망한 경우 보험자는 보험책임을 지지 않는다.

상해보험계약상의 담보제외사유는 ① 피보험자가 위법 범죄행위로 인하여 의외상해를 입을 경우이다. 하지만 정당방위 행위 중 받은 의외상해는 의외상해보험의 보험승낙 사고에 속한다. ② 피보험자가 고의로 트집을 잡아서 싸움을 걸어 받은 의외상해. ③ 피보험자가 독약을 흡입하거나 주입함으로 인하여 발생한 의외상해이다.

상해보험의 특약으로 보험사고에 포함되는 것은 ① 전쟁으로 인한 상해, ② 등산, 레이싱, 권투 등 격렬한 체육활동과 경기 시 받은 의외상해, ③ 핵 복사로 인한 의외상해, ④ 의료사고로 인한 의외상해 등이다.

1. 사건의 개요

피보험자 사모는 상해보험에 가입하고 상해의료보험을 부가했다. 어느 날 사모가 기관지 염증으로 병원에 가서 진단을 받은 후 병원은 의료 조작 과정에 따라 조작하여 먼저 사모에게 페니실린 테스트를 했는데 결과가 음성이어서 후에 사모에게 페니실린을 주사를 처방하였다. 주사치료 2일후 사모는 알레르기성 반응이 나타나서 병원에서 최선을 다하여 구조했지만 결국 사망하였다. 병원이 발급한 사망증명서는 사망원인이 늦게 발생하는 페니실린 알레르기라고 기재되어 있었다. 사모의 보험수익자는 병원의 사망증명서와 보험증권을 가지고 보험회사에게 보험금 지급신청을 했다. (주 : 이 보험계약 약관에는 "의사의 처방대로 약을 사용하여 피보험자가 사망하거나 상해를 입은 경우"를 보험자의 면책조건으로 규정하고 있지 않다.)

보험회사는 보험금 지급신청서를 받은 후 지급여부를 검토하면서 두 가지 다른 견해가 제출되었다. 첫째 의견은 피보험자는 질병치료를 받던 중에 사망한 것이므로 상해의 범위에 속하지 않는다. 피보험자가 보험 가입한 것은 상해보험이지 질병과 의료보험이 아니기에 사망원인은 보험책임범위에 속하지 않으므로 보험자가 보험금 지급 책임을 부담하지 않는다는 것이다. 두 번째 의견은 비록 피보험자가 질병을 치료하는 중에 사망하였지만 늦게 발생하는 페니실린 알레르기는 병원과 피보험자에게 모두 갑작스러운 의외사건인데 특히 알레르기 체질의 사람은 그 몸이 단지 어떤 물질에 알레르기가 생기는 것은 건강하지 않은 체질이다. 따라서 페니실린 알레르기가 사망에 이르게 한 것은 중독 사망처리로 보아야지 질병으로 인하여 사망한 것으로 봐서는 안 된다. 피보험자가 질병으로 사망한 가능성을 제외한다면, 의외사망이라고 인정할 수밖에 없다. 따라서 보험자는 상해보험계약의 약정에 따라 보험금 지급의무를 이행해야 한다는 것이다.[37)]

2. 쟁점사항

이 사건의 결정적인 문제는 사모가 늦게 나타나는 페니실린 쇼크로 사망한 것이 상해보험계약중의 "의외상해사망"의 보험책임범위에 속하는가 하는 것이다. 의외상해의 인정범위와 인정표준에 관한 문제를 해결해야 한다.

3. 법률규정

1) **≪보험법≫제92조** 보험회사의 업무 범위 :

① 재산보험업무, 재산손실보험, 책임보험, 신용보험 등 보험 업무를 포함

② 인보험업무, 생명보험, 건강보험, 상해보험업무를 포함

동일한 보험자가 재산보험업무와 인보험업무를 겸영할 수 없다. 하지만 재산보험업무를 경영하는 보험회사는 보험감독 관리기구의 허가를 얻어 단기건강보험업무와 상해보험업무를 겸영할 수 있다.

2) **중국 보감회 ≪책임보험과 상해보험의 경계에 관한 통지≫**(1999년 12월 15일 발표)

각 보험회사 : 보험영업에 대한 보다 발전적인 규제와 보험시장의 질서유지를 위하여, 현재의 책임보험과 상해보험의 경계에 관한 의문에 대하여 다음과 같이 통지한다.

① ≪보험법≫제91조의 규정에 따라 책임보험은 재산보험에 속하는

37) 周玉华, 앞의 책, 2003, 303-305면.

것으로 재산보험회사가 영위한다. 상해보험은 인보험업무에 속하는 것으로 생명보험회사가 영위한다. 피보험자의 불법행위로 조성된 제3자의 인신손해는 법률에 따라 민사상 배상책임을 부담하는 행위를 보험의 목적으로 하는 책임보험에 속한다.

② 책임보험과 상해보험의 경계의 원칙

ㄱ. 책임보험의 보험목적은 피보험자가 법률에 따라 제3자에게 민사배상책임을 부담하는 것이고, 상해보험의 보험목적은 피보험자의 신체와 생명이다.

ㄴ. 책임보험의 피보험자는 자연인이고 법인도 가능하고 민사배상책임을 부담할 수 있는 자이다. 상해보험의 피보험자는 오직 자연인이고 우연히 상해를 입을 수 있는 자이다.

ㄷ. 책임보험은 피보험자가 제3자에 대하여 법률상 민사배상책임을 부담하게 되는 경우에만 보험자는 보험금지급책임을 부담한다. 상해보험은 사고의 원인을 불문하고, 보험책임 범위 내의 사고가 발생하여 피보험자의 사망, 상해, 장해 등을 야기한 경우라면 보험자는 항상 지급책임을 부담한다.

ㄹ. 책임보험은 실손보상이 원칙이 적용된다. 책임보험의 보험금액은 보상한도액이며, 보험사고 발생 후 보험자가 피보험자가 제3자에게 실제로 배상한 민사책임액을 보험금으로 지급하며, 보험자의 보상금액은 보험금액을 한도로 한다. 보험금을 지급한 후 법률의 규정에 따라 대위권을 행사할 수 있다. 상해보험은 정액급부의 원칙이 적용된다. 보상금액은 보험계약에서 규정한 사망, 상해, 장해의 정도를 표준으로 하여 보험금을 지급하며, 보험자는 보험금 지급 후 대위권을 행사할 수 없다.

ㅁ. 책임보험의 보험계약자는 피보험자와 일반적으로 동일인이며, 보험료지급의무자이다. 상해보험의 보험계약자는 자기를 위하여 혹은

피보험이익이 있는 타인을 위하여 보험가입이 가능하며, 보험계약자와 피보험자를 동일인으로 하거나(피보험자가 보험료 납부 의무자) 혹은 다른 사람으로 하여도 무방하다(이 경우 피보험자는 보험료납부 의무자가 아니다).

③ 각 보험회사는 중국≪보험법≫제91조의 규정에 따라 엄격하게 보험업무범위에 있는 경영을 해야 한다. 임의로 책임보험과 상해보험의 경계를 모호하게 할 수 없으며, 업무 이외의 다른 활동을 금지한다.

④ 각 보험회사가 이 통지를 받은 후에 즉시 회사의 보험약관에 대한 정리를 하여야 한다. 범위 이외의 다른 경영활동은 바로 금지하여야 한다.

⑤ 본 통지를 받은 후 또 범위 이외의 경영활동이 발견되면 법으로 엄격하게 처리할 것이다.

3) **중국보감회 ≪인신보험상품의 명칭결정 임시 시행방법≫제7조**

상해보험은 우연한 상해로 사망하거나 죽거나 장해를 입는 것을 보험금 지급 조건으로 하는 인보험이다.

4. 학리분석

상해보험은 피보험자가 우연한 사고로 신체에 상해를 입었을 경우 및 상해로 인하여 장해 혹은 사망할 위험을 보험사고로 하는 것으로 의외상해보험이라고도 한다. 그렇다면 무엇이 의외상해인가? 이것은 이 사건을 해결하는 결정적인 문제이자 상해보험이론 연구의 중요문제 중의 하나이다.

소위 의외상해는 보통 외부에서 온 것, 갑작스러운 것, 본의 아니게 피보험자로 하여금 격렬한 상해를 입힌 객관적인 사건을 말한다. 의외상해사고를 인정할 때 의외와 상해 두 가지가 필수조건이다.

상해보험상의 상해는 피보험자의 생리상과 신체상의 손해를 말한다. 상해를 인정할 때 부상당하게 한 물체, 상해대상과 상해 사실이 구성요소이다. (1) 부상당하게 한 물체 : 이것은 신체에 상해를 직접 만들게 한 물체 혹은 물질이다. 부상당하게 한 물체는 상해의 구성요소 중의 하나로서 그것은 피보험자의 신체외부 혹은 신체내부에서 온 것인가에 따라 외부물질과 내부물질로 구분한다. 소위 외부에서 온 물체는 내부에서 생긴 부상당하게 한 물체의 상대적인 표현인데, 피보험자의 신체외부에 존재하는 물체 혹은 물질을 말한다. 소위 내부에서 생긴 물체는 피보험자의 신체내부에서 발생한 물체 혹은 물질이다. 상해보험 중 외부에서 온 부상당하게 한 물체가 만든 상해는 보험사고에 속하고 내부에서 생긴 부상당하게 한 물체는 피보험자 몸 안에서 형성된 질병 등이 피보험자에게 주는 손상은 보험사고에 속하지 않는다. 외부에서 온 물체가 만든 상해는 물체의 종류가 다름에 따라 이하의 다섯 가지로 나눌 수 있다. 첫째는 기계 상해인데 이것은 도구, 예리한 기계, 기계설비 등의 사용으로 신체에 상해를 주는 것이다. 둘째는 자연 상해로서 이것은 자연환경 혹은 자연재해, 예를 들어 폭풍우, 번개, 기온 혹은 일광이 비추는 것 등이 신체에 상해를 주는 것이다. 셋째는 화학 상해인데 이것은 각종 독성 물질, 알칼리성 물질 및 기타 화학제품으로 인하여 신체에 발생한 상해이다. 넷째는 생물 상해. 즉 야수 등 동물과 식물에 의한 신체 상해이다. 다섯째는 사회 상해. 실업이나 수치심, 놀람 등으로 신체에 상해가 발생하는 것이다. (2) 상해대상 : 상해보험에서 상해를 입는 대상은 피보험자의 신체여야 한다. 상해결과에서 상해는 반드시 피보험자에게 생리상의 상해, 즉 인체의 결손, 기관기능의 감소 혹은 인체기능의 상해 등을 야기하여야 한다. 상해보험에서 상해는 피보험자 신체의 상해와 생리상의 상해이며, 정신상의 것과 권리상의 침해는 포함하지 않는다. (3) 상해사실 : 이것은 갑작스러운 의도하지 않은 것임을 조건으로 한다. 소위 '갑작스러운 것'이란 사고의 발생이 예측 불허이고 피보험자의 예상을 벗어나서 발생한 것이면 갑작스러운 사고라고 한다. '본의 아니라는 것'은 피해 입은 사람이 예견하거나 피면할 수 없는 사고를 말한다. 하지만 특정 직업상 법률규정 혹은 특징으로 인한 것이라면, '본의 아니라는 것'을 강조하지 말아야 하다. 그렇지 않으면 상해보험이 선량한 사회 풍속과 충돌될 수 있다. 예컨대, 소방대원이 상해보험에 가입하고 화재발생 후 진화과정에서 생긴 신체상해는 상해보험계약 상 '본의 아니라는 조건'에 해당하진 않는다고 하여 보험사고로 인정하지 않아서는 안 된다. 이 사건에서 사모는 늦게 발병하는 페니실린 알레르기로 사망했는데 그 부상당하게 한 물질인 페니실린은 외부에서 온 것이고, 알레르기가 사모의 신체 구조에 상해를 주었고, 페니실린의 알레르기의 발생은 피보험자 사모기 예측할 수 없기에 페니실린 알레르기로 사망한 것은 피보험자가 피면할 수 없는 것이다. 따라서 늦게 발병하는 페니실린 알레르기로 사망한 것은 의외상해에 속한다. 또 하나 이 상해보험 보험약관에서 "의사의 처방에 따라 약을 복용하여 피보험자의 사망 혹은 상해를 초래한 것"은 보험자의 면책조건으로 규정하고 있지 않다. 따라서 보험회사는 보험금 지급 의무를 감당해야 한다. 이로써 전술한 두 가지 의견은 정확한 것이다.

5. 연습문제

1997년 10월 20일 엄모는 시어머니를 피보험자로 하여 모 보험회사에 상해보험을 가입하였다. 보험금액은 50만 위안이고, 보험료를 지급하고, 보험기간은 1997년 10월 24부터 1998년 10월 24일까지, 보험수익자는 엄모로 하였다. 1998년 1월 1일 엄모의 시어머니가 걸어가던 중 갑자기 쓰러져 병원에서 구조했지만 효과가 없어 사망하였고 병원에서 발급한 사망증명은 뇌출혈로 인한 사망이라고 했다. 엄모는 보험회사에 50만 위안의 사망보험금을 지불할 것을 신청했다. 보험회사는 조사를 거쳐 엄모의 시어머니는 장기적으로 고혈압이 있고 거기에 나이가 이미 많기에 1997년 12월 28일 밤에 집에서 발병했고 그전에는 아무런 의외상해가 발생하지 않았다. 따라서 보험회사는 피보험자가 넘어져서 발병한 것이 아니고 뇌출혈로 사망하였기 때문에 보험계약에서 약정한 의외사고의 구성요소에 부합되지 않는다는 이유로 보험금 지급 책임을 감당하지 못한다고 했다. 엄모는 보험회사를 법원에 고소했다.

[문] 1. 이 사건에서 피보험자의 사망은 의외상해의 구성요소에 들어가는가?
2. 이 사건은 어떻게 처리해야 하는가?

제 10 절 건강보험계약

건강보험계약이란 보험계약자가 보험료를 지급하고 보험자는 피보험자가 질병, 분만 및 사고로 다치거나 사망한 경우 보험금 지급 의무를 부담하기로 약정한 보험계약이다. 건강보험계약의 사고는 질병, 분만 및 기타 원인으로 다치거나 사망한 것을 포함한다. 일반적으로 건강보험은 대부분 입원의료보험의 형태이다.

건강보험사고에 따라 건강보험계약은 질병보험과 생육보험으로 나뉜다. 소위 질병보험이란 피보험자가 질병에 걸렸을 때 질병으로 인하여 다치거나 사망 시 보험자가 보험금을 지불해주는 보험이다. 생육보험이란 여자의 분만을 보험사건으로 하는 건강보험이다.

건강보험에서 보험자가 보험금을 감당하는 범위는 보통 의료비, 입원비, 수술비, 장해보조금, 장례비 및 기타 약정비용이 포함된다. 보험자가 제공하는 보험보장범위로 구분하면 건강보험은 의료비용보험, 노동능력상실보험, 입원보상보험과 중대질병보험 등이 있다. 의료비용보험은 피보험자가 의외의 상해 혹은 질병으로 의료비를 지출한 경우를 보험사고로 하는 보험으로서 건강보험의 주요한 종류이다. 능력상실보험은 피보험자가 의외상해 혹은 질병으로 노동능력을 상실하여 정상적인 수입을 얻을 수 없거나 수입이 감소하거나 하면 보험자가 보험금을 지불해주는 보험이다. 입원보상보험은 피보험자가 의외의 상해 혹은 질병으로 의사의 진단을 거쳐 반드시 입원해서 치료해야 된다고 진단하여 입원 시 보험회사가 실제 입원비를 보험금으로 지불해주는 보험이다. 중대질병보험은 중대질병을 담보위험으로 약정한 보험이다.

건강보험에서 보험계약자의 주요의무는 (1) 약정에 의하여 보험료를 지불하는 것이다. (2) 피보험자의 연령, 성별, 직업, 신체상황, 예전의 병력 및 생활습관과 기호 등을 사실대로 고지하는 것이다. (3) 보험자의 요구에 의하여 건강검진을 하는 것이다.

건강보험에서 보험자의 주요의무는 보험금을 지급하는 것이다. 보험자는 마땅히 계약 약정에 의하여 보험사고와 사건이 발생 후 피보험자 혹은 보험수익자에게 보험금을 지급하여야 한다. 건강보험금의 지급은 약정된 보험금액의 최고 한도 내에서 지급한다. 보험자가 보험금을 지급한 후 보험사고 혹은 사건의 발생을 만들어낸 마땅히 책임져야 할 제3자에게 피보험자 혹은 보험수익자를 대신하여 구상권을 행사할 수 없다.

건강보험계약 중에서 만약 아래의 상황이 발생 시 보험계약에 특약이 있는 경우를 제외하고는 보험자는 보험금을 지급할 책임을 지지 않는다. 첫째, 보험계약 체결 시 피보험자가 이미 질병 중이거나 혹은 임신 중일 때, 둘째, 피보험자가 고의로 자살하거나 낙태를 함으로써 생긴 질병, 장애, 유산 혹은 사망이다.

1. 사건의 개요

1997년 11월 18일 재학생 기모는 학교로 가는 도중에 자동차에 치여 다쳤고 당지 현의 인민병원에서 응급치료를 받고, 병원을 옮기여 군구종합병원에서 치료를 받았고 입원한 날은 모두 166일이고 지급한 의료비는 30,058.85위안이다. 기모는 양 다리를 무릎 관절아래에서 절단되었고, 모시 도로교통사고 상해평가위원회에서 2급장애로 판정받았다.

기모가 다니던 학교는 1997년 8월 31일 단체로 모 생명보험회사에 학생평안의료보험에 가입하였는데(질병입원의료보험 특약), 매 학생당 20위안의 보험료를 납부하였으며, 보험기간은 1997년 9월 1일 0시부터 1998년 8월 31일 24시까지였다. 보험금액은 34,000위안이고 그중 의외상해보험금액은 2,000위안이며 의외상해의료비 2,000위안, 입원의료는 30,000위안이었다. 기모에게 사고가 발생한 후, 그 부친은 즉시 보험회사에 신고하였지만 1998년 11월 29일에야 비로서 기모의 아버지는 갖고 있던 관련 증명을 보험회사에 제출하고 보험금 지급을 신청했다. 보험회사는 기모의 원래 의료비 영수증을 제출해야 하는데 기모의 아버지가 제출하지 않았다는 이유로 보험회사는 보험금지급을 하지 않았고 기모의 아버지는 법원에 고소를 제기하였다.

기모의 아버지는 기모가 학교에서 학생평안보험에 가입하였고 피보험자 기모가 보험기간 내에 의외상해로 입원비로 모두 30,058.85위안을 지출하였으므로, 보험회사는 입원비 의료최고보험금액 30,000위안을 지급하여야 하고, 피보험자 기모가 의외상해로 무릎관절아래를 잘라서 영구 장애가 되었기에 보험회사는 의외상해 최고보험금액 2,000위안을 지급하여야 한다고 주장했다.

보험회사는 변론하기를 : 기모가 사고가 발생한 후, 정해진 시간 내에 보험회사에 관련된 증명과 의료비 영수증을 제공하지 않아 보험회사가 제때에 처리하지 못하게 된 과실이 기모에게 있고 학생평안보험약관에서 제3자의 책임 있는 행위로 피보험자의 상해를 만들어낸 의료비용은 마땅히 제3자가 배상책임을 부담하여야 하는 것이므로 보험회사에서 지급하지 않는다고 규정하였다. 피보험자가 보험회사에 보험금지급을 요구하기 위해서는 법률의 규정에 따라 제3자에 대한 의료비구상권을 보험회사에 양도하여야 한다고 하였다. 하지만 기모가 교통사고로 지출한 의료비용을 이미 제3자가 배상하였기 때문에 보험회사에게 보험금 지급을 더 요구해서는 안 된다고 주장하였다.

심리를 거쳐, 1심 법원은 보험회사가 기모의 상해보험금 2,000위안과 입원의료보험금 30,000위안을 지급하여야 한다고 판결했다. 보험회사는 1심의 판결에 불복하고 중급인민법원에 항소하였다. 중급인민법원은 심사를 거쳐 기모가 있는 학교와 보험회사에서 체결한 학생평안의료보험 질병입원특약의 보험약관은 합법적이고 유효한 것이며, 기모가 피보험자 중의 한명으로 보험사고가 발생한 후 객관적 원인으로 기모가 제때에 보험회사에 의료비 영수증을 제시하지 않았지만 보험회사는 의료비 액수에 다른 이의가 없다. 중국≪보험법≫제67조의 "인보험의 피보험자가 제3자의 행위로 사망, 장애 혹은 질병을 발생한 보험사고는 보험자가 피보험자 혹은 보험수익자에게 보험금을 지급한 후 제3자에 대한 구상권을 갖지 못한다." 는 규정에 따라 보험회사는 제3자에 대한 구상권을 대위할 수 없다. 따라서 기모는 보험회사에 대하여 의료비용의 진실성만 증명하면 되는 것이고 보험회사의 이익에 손해를 주지 않음을 증명하지 않아도 된다. 따라서 기모는 이 분쟁의 조성에 책임이 없다. 또 하나 보험회사가 기모의 부모에게 제공한 보험증권에서 제외책임과 대위권의 문제에 대하여 설명하지 않았기 때문에, 보험회사의 항소이유는 타당성이 결여되어 법원이 지지 할 수 없다고 판시하였다. 기모의 아버지가 제3자에게 상해배상을 청구한 것은 보험회사를 기소하고 보험계약에 근거하여 보험금지급을 청구하는 것은 같은 법률관계가 아니므로 중복보상의 문제가 존재하지 않는다. 1심법원이 인정한 사실은 정확하고 법률을 정확하게 적용하였기에 판결은 부당하지 않다. 중급법원은 보험회사의 항소를 기각하고 1심의 판결을 유지한다고 판결하였다.

2. 쟁점사항

이 사건에 관련된 결정적인 문제는 상해보험에서 보험자가 보험금지급책임을 부담한 후 피보험자에게 상해를 입힌 가해 제3자에게 구상권을 행사할 수 있는가 하는 문제이고, 피보험자 혹은 보험수익자가 제3자에게 손해배상권을 행사하고 다시 보험회사에 보험금지급을 청구하는 것이 중복보상에 해당하지 않는가라는 것이다.

3. 법률규정

1) **≪보험법≫제68조** 인보험의 피보험자가 제3자의 행위로 사망, 장애 혹은 질병을 발생한 보험사고는 보험자가 피보험자 혹은 보험수익자에게 보험금을 지급한 후 제3자에 대한 손해배상청구권을 대위하지 못한다. 하지만 피보험자 혹은 보험수익자는 제3자에게 손해배상을 청구할 권리가 있다.

2) **중국보감회 ≪상업의료보험은 실손보상의 원칙을 적용하는가에**

관한 회신≫(보감함[2001]156호, 2001년 7월 25일)

무한보감반 : 귀 반의 ≪상업의료보험은 실손보상의 원칙을 적용하는가≫라는 질의에 대하여 검토한 결과 다음가 같이 회신한다.

① 우리 회의 ≪보험계약 분쟁처리에 관한 의견≫(보감발[2001]74호)의 문건 정신에 따라 보험회사가 제정한 약관에 대하여 우리 회는 구체적인 해석과 정식 답변을 진행하지 않는다.

② 중국≪보험법≫제17조 "보험계약에서 규정하고 있는 보험자의 책임면제조항에 관하여 보험자가 보험계약 체결 당시 보험계약자에게 명확하게 설명을 해야 하고 명확하게 설명하지 않으면 이 조항은 효력이 발생하지 않는다."는 규정에 근거하여 이 약관에서 보험금을 지급하지 않음을 명확하게 설명하지 않았다면 보험회사는 마땅히 보험금을 지급하여야 한다.

3) **중국보감회 ≪'초중등학생평안보험'의 대행처리 업무 관련 문제에 대한 통지≫**(보감발[1999]118호, 1999년 7월 9일 반포)

각 생명보험회사, 중국태평양보험회사, 중국평안보험주식회사, 신강병단보험회사 :

"초중등학생 평안보험(이하 "학생보험")"은 처리하기 시작한 이래 학교와 부모의 환영을 받았고 좋은 사회적 평가를 받았다. 하지만 "학생보험"의 체결과정에서 일부 규범적이지 않은 것이 있어 "학생보험"의 관리를 강화하기 위하여 보험회사의 행위를 규제하여 지금 "학생보험" 대행 업무와 관련한 문제에 대하여 다음과 같이 통지한다.

① 보험회사가 "학생보험"을 처리할 때 반드시 자율적 보험가입원칙을 견지해야 하고 정부관리부문의 연합문을 발급해서는 안 된다. 어떠한 지역, 회사와 개인이 행정수단을 이용하여 학생들에게 강제로 보험에 가입하게 해서는 안 된다.

② 보험회사는 학교에 위탁하여 보험겸업대리인이 "학생보험"의 업

무를 대리하도록 해서는 안 되지만, 학교 측에서 선정한 한 명의 학교 직원(겸직대행인)이 겸직대리서명을 하게 할 수는 있다. 겸직 대행처리 서류 형식은 각 보험회사의 본사가 통일적으로 제정하고 중국보감회에 등록해야 한다.

③ 학교의 겸직대행인은 계약에서 규정한 학생보험 및 부가 위험을 대행 처리할 수 있을 뿐, 보험회사의 업무와 관련된 트레이닝을 받아서는 안 된다.

④ 보험회사가 지급한 “학생보험”의 수수료의 상한선은 5%이다.

4) **중국보감회 ≪건강보험발전을 가속화하기 위한 의견에 지도의견 통지≫**(보감발 [2002]130호, 2002년 12월 26일)

중국의 건강보험제도의 발전을 가속화하기 위하여 중국국정의 건강보험발전에 어울리는 모식을 건립하기 위하여 중국보감회는 조사 연구한 결과 다음과 같이 의견을 제기한다.

① 건강보험의 전문적 경영과 관리를 강화하여야 한다.

건강보험은 현대 보험의 중요 부분 중의 하나로서 광범한 발전공간을 갖고 있다. 건강보험은 위험성질, 보험사고의 특징, 위험통제의 이념과 방법, 계산 원리 등의 방면에서 기타 보험업무와 상당히 다르다. 건강보험의 발전을 가속화하려면 전문적인 경영 관리 이념을 수립할 필요가 있으며 건강보험의 특징과 발전규율에 따라 전 문화 경영을 해야 한다.

(ㄱ) 전담관리기구의 설치. 건강보험을 경영하는 보험회사는 건강보험 전담관리기구를 설치하고 기구의 관리기능을 명확히 해야 한다.

(ㄴ) 단독적인 계산의 실행. 각 보험회사는 건강보험업무에 대하여 단독적으로 경영성과를 계산해야 한다.

(ㄷ) 건강보험상품 체계의 완전성 도모. 각 보험회사는 현재의 건강보험상품을 완전하게 하기 위하여 시장과 소비자행위 등에 대한 연

구를 강화하고 시장수요를 발굴하여 건강보험의 상품체계를 완성하여야 한다.

(ㄹ) 전문적인 보장과 보상 체계의 구축. 건강보험의 위험 통제 특징에 근거하여 각 보험회사는 전문적인 건강보험보장과 보상체계를 구축하여야 하고 건강보험 인수인과 손해사정인의 관리방법을 제정하여 실시해야 하며 건강보험 전용의 보장과 보상 대책 등 전문 기술 도구의 연구와 사용을 강화하여야 한다.

(ㅁ) 전문적인 사정체계의 구축. 각 보험회사는 건강보험의 정산 업무를 중요시하여 정산인재를 배양하고 정산방법을 탐색하고 정산데이터를 축적하여 정산예측을 강화하고 건강보험의 전문 정산 체계를 구축해 나가야 한다.

(ㅂ) 전문적 정보관리 시스템의 구축. 정보관리시스템은 건강보험의 전문화 실현을 위한 기초이자 건강보험의 위험통제와 장기적 발전에 있어 매우 중요하다. 각 보험회사는 마땅히 정보관리시스템의 개발을 충분히 중시하고 건강보험업무에 해당하는 정보관리시스템을 구축하여야 한다. 특히 건강보험의 보상관리시스템과 통계분석 시스템을 완전히 구축하여야 한다.

5) **중국보감회 ≪인보험 상품명의 결정과 임시시행 방법≫제6조** 보험책임에 따라 건강보험은 질병보험, 의료보험, 수입보장보험으로 나뉜다.

질병보험은 질병을 보험금 급부조건으로 하는 보험이다.

의료보험은 약정한 의료비용을 보험금 급부조건으로 하는 보험이다.

수입보장보험은 의외상해, 질병으로 인한 수입의 중단 혹은 감소를 보험금 급부조건으로 하는 보험이다.

4. 학리분석

건강보험계약은 피보험자가 질병, 분만 혹은 질병, 분만으로 인하여 상해 혹은 사망을 보험금 지급 조건으로 하는 인보험이다. 건강보험은 중국 보장체계의 중요 부분이고 국민의 증대되는 건강보장수요를 만족시키고 국민경제 발전과 사회 안정을 촉진하는 측면에서 더욱 더 중요한 작용을 발휘하고 있다.

그러나 건강보험에서 의료보험은 약정된 의료비용을 보험금 지급조건으로 하는 보험이다. 따라서 피보험자가 의료비용만 발생하면 질병이 원인이든지 의외상해가 원인이든지 불문하고 모두 보험금 지급 조건이 된다. 이것은 상해보험과 다른데 상해보험에서는 피보험자가 의외사고로 인하여 생긴 상해, 장해, 사망을 보험금 지급 조건으로 한다.

건강보험은 사람의 신체를 보험목적으로 하기 때문에 기타의 인보험과 같이 그 보험가치를 예측할 수 없다는 특징이 있어서 건강보험의 지급 보험금은 보험계약에서 약정한 것에 한한다. 하지만 제3자의 행위가 원인이 되어, 피보험자의 의외상해로 의료비용이 발생한 경우 보험자의 보험금 지급은 피보험자가 제3자에게 손해배상을 청구함에 영향을 주지 않는다. 중국보험법은 인보험의 피보험자가 제3자의 행위로 사망, 장해 혹은 질병 등의 보험사고가 발생할 경우 보험자가 피보험자 혹은 보험수익자에게 보험금을 지급한 후 제3자에게 구상할 권리를 취득하지 못한다고 규정하였다. 하지만 피보험자 혹은 보험수익자는 제3자에게 손해배상을 청구할 권리가 있음은 물론이다.

중국인민은행에서 발행한 ≪의료비용 중복급부문제에 관한 회신(총행[1999]63호)≫ 문건에서 규정하기를, 만약 의외상해의료보험약관에서 "피보험자가 제3자로부터 상해를 받아 법에 따른 배상책임을 추궁할 수 있을 경우, 보험자는 의료비 지급 책임을 지지 않는다."는 약정에 관계없이 보험자는 의료비 급부책임을 부담한다고 보는 경우가 있다. 이러한 해석의 의미는 의료보험계약에서 당사자가 피보험자가 제3자로부터 상해를 당하여 지출한 의료비에 대하여 약정할 수 있고, 보험자가 의료비 지급 책임을 지지 않으면 제3자가 법에 따라 책임을 부담하기로 한다. 그렇지 않으면, 의료비용의 중복급부가 나타나 피보험자 혹은 보험수익자는 부당이익을 얻게 된다. 만약 보험자가 의료비를 감당하면 피보험자는 제3자에 대한 손해배상청구권을 보험자에게 이전해야 한다고 했다. 따라서 중국≪보험법≫제68조에서 규정한 "인보험의 피보험자가 제3자의 행위로 사망, 장해 혹은 질병을 발생한 보험사고는 보험자가 피보험자 혹은 보험수익자에게 보험금을 지급한 후 제3자에게 구상할 권리를 갖지 못한다. 하지만 피보험자 혹은 보험수익자는 제3자에게 배상 청구할 권리가 있다."는 규정은 당사자가 약정으로 적용을 선택할 수 있는 임의 규범에 속한다는 것이다.

필자는 상술한 관점이 잘못되었다고 생각한다. 첫째, ≪보험법≫제68조에서 "인보험의 피보험자가 제3자의 행위로 사망, 장해 혹은 질병을 발생한 보험사고는 보험자가 피보험자 혹은 보험수익자에게 보험금을 지급한 후 제3자에게 구상권리를 갖지 못한다. 하지만 피보험자 혹은 보험수익자는 제3자에게 배상청구 할 권리가 있다."라고 규정하였지만 이 규정에서 "갖지 못한다."라는 문언의 의미는 법률상 금지규정에 속하고 뒤에서 규정한 "권리가 있다."라는 법률에서 강조한 박탈할 수 없는 권리이다. 따라서 ≪보험법≫제68조에서 규정은 강행 규정에 속하고 당사자가 약정으로 적용을 배제해서는 안 된다. 둘째, 만약 중국인민은행의 회신에 근거하여 의외상해의료보험을 확인하는 과정에서 "피보험자가 제3자로부터 상해를 받아서 법에 의한 배상책임을 물을 경우 보험자는 의료비 지급책임을 지지 않는다."의 효력에 관하여 비록 제3자가 법에 의해 배상책임을 부담해야 하지만 그 지급능력이 없을 때에도 보험자는 똑같이 약정에 따라 보험금 지급 책임을 부담하지 않는다는 항변을 할 수 있다. 그렇다면 의외상해의료보험은 결국 피보험자가 제3자로 인하여 상해를 입을 경우 의료보험보장을 제공하지 않게 되어, 피보험자는 민법상의 손해배상구제를 받을 수밖에 없다. 이것은 상해의료보험이 피보험자의 의료보험보장을 위해 건립된 것이라는 취지에 위배되고 인보험의 보험목적이 금전으로 평가할 수 없는 성질을 갖는 것으로 중복보상으로 인하여 피보험자 혹은 보험수익자가 부당한 이익을 얻는 것이 아니라는 인보험의 보험법 원리와도 상반된다. 셋째, ≪보험법≫제68조의 규정에 근거하여 중국인민은행의 전술한 해석과 상해의료보험약관에서 "피보험자가 제3자의 상해를 받아서 법에 의하여 배상책임을 물을 수 있는 경우 보험자는 의료비 지급책임을 지지 않는다."는 약정은 보험법의 규정에 현저히 위배되고 법률의 강제성에도 위반되므로 무효조항이라고 생각한다.

따라서 이 사건의 심리 중 법원이 학생보험약관에서 "제3자 책임으로 피보험자의 상해를 만들어 낸 의료비용은 마땅히 제3자가 배상책임을 부담하여야 하므로 보험회사에서 지급하지 않는다. 피보험자가 보험회사에 보험금 지급을 요구할 때 법에 의해 제3자에 대한 의료비용 청구권을 보험회사에게 이전하여야 한다."는 규정이 중국≪보험법≫제68조와 위배되어 채택할 수 없다는 판결은 타당한 것이다.

5. 연습문제

피보험자 왕모는 1998년 10월 23일 자신을 위하여 중대질병의료종신보험에 가입하고 보험책임은 계약 효력발생 일부터 180일 후 처음으로 중대 질병이 발생 시 중대질병보험금 2만 위안을 지급하고, 이후의 보험료납부를 면제하며, 피보험자가 사망, 신체의 고도장해가 발생할 경우 보험금 3만 위안을 지급하기로 약정했다. 1999년 10월 12일 왕모는 보험회사에 보상신청을 하고 상해 제2군 병원대학 부속의 장해병원에서 1999년 6월 11에 진찰받은 병력 복사본, 병리 보고서를 제출하였다. 기록에는 의사가 오른쪽 비강의 임파선암이라고 진단했다. 보험회사 직원의 조사를 거쳐 왕모가 예전에 1999년 3월 19일에 상해 제일 인민병원에서 병리 절편 검사를 하여 T 세포 임파선 종양으로 진단받은 것을 알았다. 1999년 6월 11일 장해병원에서 오른쪽 비강 임파선암으로 진단받고 입원하여 치료한 후 남통시 제일인민병원으로 옮겨 화학치료를 받았다. 보험회사는 보상을 거절했고 보험계약을 종지하였다.

[문] 1. 보험회사의 결정은 타당한가? 그 이유는?

제 11 절 인보험 보험자의 면책사유

인보험에서 보험자의 보험금 지급 책임은 보험계약에서 약정한 금액을 한도로 한다. 하지만 도덕적 위험의 발생으로 보험자의 이익이 침해되는 것을 방지하기 위하여 보험실무상 보통 보험자는 일정한 면책조항을 설정하는 방식으로 자신의 이익을 보호하고 있으며, 각국 보험법에서도 보험자의 책임을 면제하는 법정 사유를 확립하고 있다.

인보험계약에서의 보험자의 책임을 면제하는 중요한 면책약관은 책임제외약관, 자살약관, 전쟁약관이 있다.

책임제외약관이란 보험계약에서 보험자가 보험금 지급 책임을 부담하지 않기로 약정한 위험 혹은 사고에 관한 약관조항으로서 담보제외조항이라고도 한다.

자살약관이란 보험계약에서 피보험자가 자살로 사망할 경우 보험자의 보험금 지급 책임을 제한하기로 약정한 계약조항이다.

전쟁 혹은 군사행위로 인하여 보험목적에 손해가 발생하면 보험자는 마땅히 보험책임을 져야 한다. 하지만 당사자가 보험계약에서 전쟁으로 인한 손해는 보험자가 보상책임을 부담하지 않는다고 약정하는 경우 이런 약정을 전쟁제외약관이라고 한다.

보험자의 법정면책사유는 중국보험법에서 아래의 상황중의 하나가 발생할 때 보험자는 보험금 지급 의무를 부담하지 않는다고 하였다. 첫째, 피보험자가 고의로 자살할 경우 법률에 따로 규정이 있거나 계약에 따로 약정이 있는 것 외에 보험자는 책임을 지지 않는다. 둘째, 보험수익자가 고의로 피보험자를 사망하게 할 경우 청구권을 상실하여 보험금 청구 권리가 없다. 만약 보험수익자가 고의로 피보험자를 상해 미수할 경우 그 청구권을 마땅히 철수해야 한다. 셋째, 보험계약자가 피보험자를 사망하게 할 경우 보험자는 보험금 지급책임을 지지 않는다. 넷째, 피보험자가 범죄로 사형을 당하거나 체포 탈옥으로 상해 사망할 경우 보험자는 보험금 지급 책임을 지지 않는다. 다섯째, 피보험자가 통지의무를 이행하지 않아 보험목적의 위험의 증가로 발생한 보험사고는 보험자가 보상책임을 지지 않는다.

그러나 아래의 상황 하에서 보험자의 책임을 면제되지 못한다. 첫째, 보험계약에서 보험자의 책임면제조항에 대하여 보험자가 보험계약을 체결할 때 명확히 설명하지 않으면 이 조항은 효력이 없어진다. 둘째, 보험계약자 혹은 피보험자가 도덕상의 의무를 이행하기 위해 혹은 법정 직무를 이행하기 위해 보험목적이 손해를 입으면 보험자는 보험책임을 부담해야 한다. 도덕상의 의무로 인하여 손해를 입는 행위는 보험계약자 혹은 피보험자가 보험금을 얻기 위한 것이 아니고 사회공공의 이익을 수호하기 위한 것이기 때문이다. 사회의 선량한 풍속과 도덕을 수호하기 위하여 보험자는 마땅히 보험책임을 부담해야 한다.

1. 사건의 개요

1996년 7월 6일 모도시 주민 범모는 자신을 위하여 종신보험에 상해보험을 부가하여 보험 가입했다. 보험금액은 10만 위안이었다. 종신보험은 피보험자가 사망하면 보험자는 보험금액의 두 배를 보험금으로 지급하여야 한다고 약정하였다. 상해보험은 만약 피보험자가 사고로 사망하면 보험자는 10만 위안의 보험금을 지급하여야 한다고 약정하였다. 보험기간은 보험계약 체결일부터 유효하다. 보험계약의 면책조항으로 제3자의 책임으로 피보험자가 상해를 입어 발생하는 치료비용은 법에 의해 제3자가 배상책임을 부담하여야하고 보험회사는 보험금 지급을 하지 않는다고 하였다. 1998년 3월 범모는 직업의 조정으로 원래의 창고관리직에서 모 공장의 치안팀으로 옮기게 되었다. 1998년 3월 범모는 저녁에 당직을 서고 있다가 범죄혐의자가 공장구역 밖에서 여성을 성폭행하는 데 범모는 구조소리를 듣고 경찰에 신고하고 한편으로 현장에 가서 제재를 하였다. 이 과정에서 범모는 범인이 쇠막대기로 머리부위를 강타하여 쓰러지고 범인은 기회를 타서 도망하였다. 범모는 후에 도착한 경찰과 여성과 함께 병원에 호송되어 긴급구조를 받았지만 부상정도가 심하여 불행히도 사망하였다. 범모의 아내는 사고를 처리한 후 보험회사에 보험금을 30만 위안을 지급할 것을 청구하였다.

보험회사는 신청 받은 후 경찰에서 범모의 사망상황을 확인한 후 양로보험금 20만 위안을 지급하는 것에는 분쟁이 없지만 상해보험금의 지급에 대해서는 보험회사 내부에 두 가지 대립되는 의견이 있었다. 첫 번째 의견은 범모가 보험가입증서에 기입한 직무는 창고관리인이었지만, 근무지를 옮긴 후 치안팀에서 치안업무를 담당하에 되었고, 그 직무의 위험은 원래의 직무위험보다 현저하게 증가한 것임에도 불구하고 피보험자가 보험회사에 그 직무 변동 상황을 알리지 않았다. 직무가 다르면 그에 적용하는 보험료율도 달라진다. ≪보험법≫제37조의 규정에 의하면 계약 유효 기간 내에 위험목적의 위험정도가 증가하면 피보험자는 보험계약의 약정에 의하여 즉시 보험자에게 알려야하고 보험자는 보험료를 증가하거나 계약을 해제할 권리가 있다. 따라서 보험회사는 보험금을 지급하지 않아야 한다는 것이다. 보험계약중의 면책조항은 제3자의 책임으로 피보험자가 상해를 입음으로 발생하는 치료비용은 법에 의해 제3자가 배상책임을 부담하여야하고 보험회사는 보험금 지급을 하지 않는다고 하였다. 이 규정에 근거하여 범모의 사망은 제3자의 상해로 사망한 것이기에 보험회사는 보험금을 지급하지 말아야 한다. 또한 피보험자가 위험이 존재하는 것을 알면서도 위험현장에 들어가서 사망 사고가 발생하게 된 것이기에 의외사망에 속하지도 않는다. 따라서 보험회사는 범모에게 상해사망보험금을 지급하지 않아야 한다. 두 번째 의견은 피보험자 범모가 보험가입한 것은 상해보험이고 피보험자는 직무위험 증가를 보험회사에 알리는 의무를 하지 않았다. 보험계약 중 비록 면책조항 규정이 존재하지만 죽을 것을 예상하지는 못했고 범모의 행위는 도덕의무를 이행한 행위에 속하고 도덕상의 의무를 이행함으로 인하여 손해 받은 행위는 보험계약자 혹은 피보험자가 보험금을 얻기 위함이 아니고 사회공동의 이익을 수호하기 위해서 한 것이다. 따라서 발생한 사망사건은 상해로 사망하게 한 보험책임 범위에 속하므로 보험자는 마땅히 상해보험금을 지급하여야 한다.

2. 쟁점사항

이 사건을 분석하고 해결하기 위해서는 두 가지 문제에 중점을 두어야 한다. 첫째는 피보험자의 사망원인이 보험자의 면책조항에 속하는가? 둘째는 피보험자가 도덕상의 의무를 이행하여 사망하게 된 경우에 보험자는 보험금을 지급하여야 하는가? 이다.

3. 법률규정

1) **≪보험법≫제25조** 보험자가 피보험자 혹은 보험수익자의 보상청구 혹은 보험금 지급 청구를 받은 경우, 보험책임에 속하지 않음이 확인된 경우에는 피보험자 혹은 보험수익자에게 보상거절 혹은 보험금 지급 거절의 통지를 하여야 한다.

2) **≪보험법≫제28조 제2항** 보험계약자, 피보험자 혹은 보험수익자가 고의로 보험사고를 야기하면 보험자는 보험계약을 해제할 권리가 있고 보험보상 혹은 보험금 지급 책임을 지지 않고 본 법 제65조 제1항에 다른 규정이 있는 경우를 제외하고는 보험료를 환불해주지도 않는다.

3) **≪보험법≫제66조** 사망을 보험금 지급의 조건으로 하는 계약에서 피보험자가 자살하면 본조 제2항의 규정 외에 보험계약이 성립 일로부터 만 2년 내에 보험자는 보험금 지급 책임을 지지 않지만 보험증권의 현금 가치를 돌려주어야 한다.

사망을 보험금 지급의 조건으로 하는 계약에서 만약 피보험자의 자살이 보험계약 성립일로부터 만 2년 후에는 보험자가 보험계약의 약정에 근거하여 보험금 지급책임을 져야 한다.

4) **≪보험법≫제67조** 피보험자의 고의 범죄로 자신이 상해 혹은 사

망한 경우에 보험자는 보험금 지급책임을 지지 않는다. 보험계약자가 이미 2년 이상 보험료를 지급했으면 보험자는 마땅히 보험증권에 근거하여 그 현금 가치를 반환하여야 한다.

5) **중국보감회 ≪보험약관에서 위법범죄행위를 제외책임으로 한 의미에 관한 회신≫**(보감복[1999]168호, 1999년 9월 6일 반포)

중국평안보험주식회사 : 귀사의 ≪보험약관에서 위법범죄행위를 제외책임으로 한 의미에 관한 질의≫를 검토한 후 다음과 같이 회신함.

① 계약법상 사적자치의 원칙에 따라 보험약관중의 약정과 법률, 법규중의 수권성 규범 혹은 임의규범은 비록 동일하지 않거나 중첩되는 경우에도 상호 저촉되지 않는 약정은 유효하여, 보험계약당사자에 대해 구속력이 있다.

② 각각의 위험종류별 약관에서, 재산보험과 생명보험약관에는 위법범죄행위를 부담보책임으로 한다는 것에 상당한 차이가 있다. 따라서 위법행위, 위법범죄행위, 범죄행위 혹은 고의범죄행위는 부담보책임으로 한다는 의미이고 구체적인 상황에 따라 구체적인 분석을 통해 각 약관의 구체적인 내용을 밝혀야 할 것이지 일괄적으로 논할 수 있는 것이 아니다.

③ 보험약관 중에 일반위법행위를 부담보책임으로 할 경우에는 열거방식에 따라야만 한다. 예컨대, 음주운전, 무면허운전 등 ; 만약에 위법범죄행위적 표현으로 서술한 경우에는 고의범죄행위도 함께 지칭하는 것으로 해석하여야 한다.

④ 범죄행위에 대해서는 당사자가 아직 생존하는 경우 법원의 판결에 따라 범죄구성여부를 판단하여야 하고, 당사자가 이미 사망한 경우에는 판결을 진행할 수 없어 사실상의 증명에 따라 범죄여부를 이해하여야 한다.

⑤ 위법범죄행위에 대해서, 범죄행위 혹은 고의범죄행위가 부담보

책임 혹은 책임면제를 구성하는 경우에는 보험계약에서 다른 정함이 있는 경우를 제외하고 피보험자가 실행한 범죄행위와 보험사고의 발생사이에 인과관계가 있어야 하는 것으로 이해되어야 한다.

6) **중국보감회 ≪太保(1999)48호 문건에 대한 회신≫**(보감수[1999] 12호, 1999년 7월 20일 반포)

중국태평양보험회사 : 귀사의 태보(1999)48호 문건을 검토하고 다음과 같이 회신함.

귀사의 ≪老来福 종신생명보험약관≫제5장 제7조의 "책임면제"조항 중 "피보험자의 법률, 법규 위반행위 혹은 기타 범죄행위"는 그 내용이 불명확하여, 피보험자의 위법행위와 범죄행위로 이해할 수도 있고, 피보험자의 범죄행위만을 가리킨다고 이해할 수도 있다. ≪보험법≫의 관련된 규정에 의하여 약관의 내용이 불분명하여 다른 해석이 가능한 경우에는 피보험자에게 유리하게 해석하여야 하므로 피보험자의 범죄행위로 인하여 일어난 사망에 대하여 보험책임을 부담하지 않는다고 보아야 한다.

귀사에서 언급한 무면허운전은 행정법규를 위반한 행위이지만 범죄행위에는 속하지 않기에 상술한 이유로 책임면제조항의 약정범위 내에 속하지 않는다고 보아, 귀사는 이 조항에 의하여 보험책임을 면제할 수는 없다.

4. 학리분석

필자는 전술한 보험회사의 첫 번째 의견이 정확하지 않다고 생각한다. 그 이유는 : 인보험에서 보험계약자 혹은 피보험자의 고지의무이다. 보험법의 규정에 근거하여 인보험 보험계약자의 고지의무는 보험계약을 체결 시 보험자가 질문한 사항에 대하여 사실대로 고지하여야 한다. 즉 보험계약자가 보험계약을 체결할 때 보험자의 질문에 대해 솔직하게 설명을 해야 한다. 보험계약자가 진실을 은폐하거나 과실로 빠뜨려서 진실하게 설명하지 못했거나 고의로 성실하게 설명하지 않으면 바로 고지의무를 이행하지 않은 것이 된다. 고지의 방식은 구두, 서면 혹은 기타 보험자로 하여금 알 수 있게 하는 형식이면 족하다. 보험계약자의 고지의무는 단지 보험계약을 체결할 때뿐이고, 보험계약 체결 후 중지계약을 부활할 경우, 계약변경시, 그리고 '자동갱신약관'에 의해 계약이 갱신되는 경우에도 보험계약에 다른 약정이 있는 경우를 제외하고는 보험계약자는 별도로 고지의무를 부담하지는 않는다. 따라서 인보험에서 보험계약자의 고지의무는 인보험계약 체결 시에만 나타나고 보험계약 체결 후 보험계약에서 다른 약정이 없으면 보험계약자와 피보험자는 고지의 법정의무가 없다.

마땅히 지적해야 할 것은 ≪보험법≫제37조의 규정에 의하면 계약기간 내에 보험목적의 위험정도가 증가하면 피보험자는 보험계약의 약정에 의하여 즉시 보험자에게 알려야하고 보험자는 보험료를 증가하거나 계약을 해지할 권리가 있다는 것이다. ≪보험법≫제2장 제2절 재산보험계약에서 규정하고 있어 이 규정은 재산보험계약에만 적용되지 인보험계약에는 적용되지 않는다.

보험계약에서 "제3자의 책임으로 피보험자가 상해를 입음으로 발생하는 치료비용은 법에 의해 제3자가 배상책임을 부담하여야하고 보험회사는 보험금 지급을 하지 않는다."라는 면책조항에 관하여 중국≪보험법≫제68조는 "인보험의 피보험자가 제3자의 행위로 사망, 장해 혹은 질병을 발생한 보험사고는 보험자가 피보험자 혹은 보험수익자에게 보험금을 지급한 후 제3자에게 구상할 권리를 향유하지 못한다."고 규정하였다. 하지만 피보험자 혹은 보험수익자는 제3자에게 배상청구권리를 계속 가지고 있다. 이 사건에서 보험계약에서 약정한 면책조항은 보험법의 강행 규정을 위반한 것이므로 무효조항으로 인정해야 한다.

피보험자가 위험이 존재하는 것을 분명히 알면서도 위험현장에 진입하여 사망사고를 야기한 것이 의외사망에 속하는가 하는 문제는 보통상황에서 피보험자가 위험이 존재하는 것을 분명히 알면서도 예방하지 않고 상해의 발생을 만든 것은 의외상해에 속하지 않고 보험자는 보험금 지급 책임을 지지 않는다. 이것은 의외상해의 요건으로 피보험자의 본의 아닌 것을 조건으로 하기 때문이다. 하지만 의외상해를 인정할 때 중국 보험법 이론과 실무가 모두 승인하는 것은 피보험자가 법정 직무이행을 위하여 위험을 명확히 인지하고 있었다는 것은 의외사망의 요건으로 요구하지 않는다. 예컨대, 피보험자가 소방대원이고 화재 진화작업 중 사망한 경우이다. 도덕상의 의무를 이행하기 위하여 위험을 분명히 아는 것은 의외상해의 조건이 아닌가? 만약 피보험자가 물에 빠신 아이를 구하다가 사망하면 그 사망을 의외상해로 보아야 하는가? 이에 대하여 대만지구 ≪보험법≫제30조는 보험계약자 혹은 피보험자가 도덕상의 의무를 이행하면서 보험목적이 손해를 입은 것은 보험자가 마땅히 보험책임을 부담하여야 한다고 규정하고 있다. 중국 ≪보험법≫은 비록 명확한 규정은 없지만, 도덕상의 의무 이행으로 손해가 발생한 행위는 보험계약자 혹은 피보험자가 보험금을 얻기 위함이 아니고 사회공공이익과 사회공덕을 수호하기 위하여 한 것이기 때문에 사회의 선량한 풍속과 도덕을 수호하기 위하여 보험자가 보험책임을 부담한다고 해석하여야 할 것이다.

상술한 것을 종합하면 필자는 보험회사의 두 번째 처리의견에 동의한다.

5. 연습문제

신풍정유공장은 보험계약자로서, 1996년 10월 14일 심명 등 17명을 피보험자로 하여 보험회사에 상해보험을 가입하였다. 보험금액은 100만 위안이고 모두 보험수익자를 지정했다. 보험기간은 1996년 10월 31일부터 1997년 10월 31까지이다. 보험계약 약관에서, 피보험자가 유효기간 내에 외부의 돌발적인 사고로 사망하거나 상해를 입은 경우 보험회사는 약정에 근거하여 보험금을 지급하며, 피보험자가 범죄행위 혹은 집적거리는 행위로 몸싸움이 일어나 사망하는 경우에는 보험자가 보험책임을 부담하지 않는다고 규정하였다(면책조항은 고딕체로 인쇄).

1997년 1월 27일 새벽, 주점에서 심명과 란모는 싸움이 일어났고 약 20분후 란모는 칼을 가진 채, 주점에 있는 심명을 찾아 심명의 등을 연이어 두 번 찔러 심명이 현장에서 사망하였다. 심명이 지정한 보험수익자 심광은 보험회사에 대하여 100만 위안의 사망보험금을 지급할 것을 요청했다. 보험회사는 조사를 거쳐 모시 중급인민법원 1997형 제111호 형사 판결에서 인정하기를 심명이 주점에 들어갈 때 란모가 힐끗 쳐다보았다는 이유로 란모를 때렸다는 것을 알았다. 란모는 화가 나서 참지 못하고 살의가 생겨서 집에 가서 칼을 가져와 보복을 하려고 주점으로 돌아온 후 심명이 아직 주점에 있는 것을 보고 살해하였다는 것이다. 이를 근거로 보험회사는 심명의 사망은 먼저 시비를 건 행위에 의한 것이므로 보험면책조항의 약정에 근거하여 보험회사는 보험금 지급을 하지 않는다고 했다.

[문] 1. 보험증권 중의 면책조항은 유효한가?

2. 심명의 사망은 우연한 사고로 인한 사망이 되는가?

3. 보험회사는 면책되는가? 그 이유는?

제 4 장 보험대리계약

제 1 절 보험법 중의 표현대리

중국≪보험법≫제125조의 규정에 따르면, 보험대리인은 보험자의 위탁에 근거하여 보험자에게 대리수수료를 받고 보험자가 수탁한 권한 범위 내에서 보험업무를 대리하는 단체 혹은 개인을 말한다. 근본적으로 보험대리는 민사대리의 일종이므로 대리행위의 귀속에 대하여는 일반 민사대리의 규정을 적용한다. 즉, 보험대리인은 보험자의 수권에 따라 보험자의 명의로 보험 업무를 처리하고 그 행위의 효과는 보험자에게 귀속한다. 예컨대, 보험대리인이 보험자의 수권에 의하여 보험계약자와 보험계약을 체결한 경우, 곧 보험자의 보험승낙표시가 되며 보험책임을 부담하겠다는 표시이다. 장래에 보험사고가 발생하더라도 보험자가 피보험자에게 보험금을 배상해야 하고 보험대리인은 아무런 책임도 부담하지 않는다. 또 하나, 보험대리인은 보험자의 수권을 받아 보험 업무를 처리하는 과정에서 만약 보험계약자와 피보험자에게 손실을 조성하면 보험자가 보상책임을 부담하여야 하고, 만약 보험자에게 손실을 조성한 경우에는 보험자 자신이 부담하여야 한다.

통상적인 의미에서 보험대리인이 보험활동을 대리할 때는 반드시 보험자의 수권이 있어야 하며, 그 수권의 범위 내에서 진행하여야 한다. 만약 보험대리인이 무권대리나 월권대리, 대리권 종지 후 보험자를 대리하여 보험활동에 종사하면 그 대리 행위는 효력이 미정되는 민사행위에 속하게 된다. 보험자의 추인이 있는 경우에만 비로소 이 행위는 보험자에 대해 법적 효력이 생긴다. 만약 보험자가 추인을 하지 않으면 보험자에게 효력이 발생하지 않아 보험대리인이 책임을 진다. 하지만 이런 상황에도 예외가 존재하는데, 즉 ≪보험법≫제128조 제2항의 규정에 의하여 보험대리인이 보험자를 위하여 보험 업무를 대리하여 처리함에 있어, 월권대리행위가 있는 경우, 보험계약자가 그 대리권의 존재를 믿을 이유가 있고, 그에 기하여 이미 보험계약을 체결하였다면 보험자가 보험책임을 부담하여야 한다는 것이다. 그러나 보험자는 법률의 규정에 따라 월권 대리인에게 책임을 추궁할 수 있다. ≪보험법≫상의 이 조항은 실제상 ≪계약법≫제49조의 규정을 참고로 한 것이다. 즉 행위자가 대리권이 없거나 대리권을 초월하거나 혹은 대리권이 중지된 후 피대리인(본인)의 명의로 계약을 체결하면 상대방은 행위자가 대리권이 있다고 믿을만한 이유가 있는 경우 이 대리행위는 유효하다는 것이 바로 민법 중의 표현대리이다. 법률이 표현대리제도를 규정한 목적은 상대방의 합법적인 권익을 보호하고 거래의 안전을 보호하기 위함인데 보험대리에서도 마찬가지이다. 실제상 보험대리에서 보험계약자의 지식, 기능, 정보이해도에 국한하여 보면, 그는 보험대리인이 가지고 있는 권리위탁서와 관련된 기타 객관적 증거를 근거로 판단할 수밖에 없다. 복잡한 시장거래에서 이런 판단은 종종 정확하지 않을 경우가 있다. 이때 만약 선의적인 보험계약자의 합법적인 권익을 보호하지 않으면 보험계약자는 거래의 안전을 상실하게 되어 대리제도의 신용과 효력에 부정적인 영향을 미친다. 따라서 선의적인 보험계약자의 이익을 보호함으로써 보험대리제도의 신용을 확보하여야만 보험대리제도의 사회적 효용을 증강시키고 진정으로 보험제도의 가치를 실현할 수 있다.

1. 사건의 개요

1996년 4월 15일 모성의 농기구수입회사는 자동차보험에 가입되어 있는 그 회사의 차량 한 대가 운송과정 중 전복사고가 발생하였다고 당지의 한 보험회사에 사고신고를 하였다. 보험증권과 교통경찰 발행의 관련 증명자료를 함께 제출하였다. 보험회사는 조사 후 이 보험계약이 태안보험 자문서비스부에서 계약한 것임을 발견하였다. 이 부와 보험회사는 대리관계가 있었고 대리협의도 체결했었다. 이 협의에는 : 서비스부는 매월 20일 전에 당월의 보험 증권과 비용을 결산하고 보험인수 업무의 처리 상황을 보험회사에 알려주어야 하며, 만약 시간이 지났는데 보험료를 내지 않고 보험사고가 발생하면 보험회사는 보험보상을 거절할 권리가 있고, 이로써 생긴 모든 효과에 대하여는 서비스부가 책임진다는 규정이 있었다. 이 서비스부는 1995년 12월부터 보험회사와 결산하지 않고 처리한 업무를 보험회사에 넘기지 않았지만 여전히 이 보험회사의 명의로 보험계약을 체결한 것은 현저히 위법이다. 농기구수입회사의 자동차보험은 1996년 4월 9일 서비스부에서 보험회사의 명의로 체결한 것이기에 당연히 무효이고, 서비스부가 이에 대한 모든 책임을 부담하여야 한다. 1996년 4월 9일 농기구수입회사는 이 서비스부와 보험회사 모두를 법정에 제소하였다. 법원은 다음과 같이 판결하였다. '서비스부는 보험회사의 수권범위 및 대리권한 내에 이 회사의 명의로 원고와 보험계약을 체결하고 또한 원고의 보험료를 받았기에 이 보험계약은 이미 법에 의해 성립되고 또한 유효하다. 보험회사는 계약의 약정에 근거하여 농기구수입회사에게 보험금 10만 위안을 보상하여야 한다. 서비스부가 그 받은 보험료를 보험회사에 전달하지 않은 것은 보험회사와 서비스부 사이의 다른 법률관계 즉 대리관계로서 이 사건의 쟁점 범위에 속하지 않는다.'

2. 쟁점사항

보험대리는 민사대리의 일종이므로 민법 중 대리에 관한 법률규정을 적용해야 한다. 중국 현행의 ≪계약법≫제49조는 표현대리제도를 규정하고 있는데, 민법의 특별법인 보험법은 의심할 바 없이 표현대리에 관한 규정을 적용해야 한다. 따라서 이 사건에서 법원의 판결이 정확한가 하는 것은 관련 법률규정에 따라 판단해야 한다.

3. 법률규정

1) **≪보험법≫제125조** 보험대리인은 보험자의 위탁에 근거하여 보험자에게 대리수수료를 받고 보험자가 수여한 권리 범위 내에서 보험업무를 대리하여 처리하는 기업 혹은 개인을 말한다.

제128조 보험대리인은 보험자의 수권에 근거하여 처리한 보험업무의 대리행위에 대하여는 보험자가 책임을 부담한다.

보험대리인이 보험자를 위하여 보험 업무를 대리할 때, 대리권한을 초월하는 행위가 있으면 보험계약자가 그 대리권을 믿을 이유가 있고 이미 보험계약을 체결한 경우에는 보험자가 마땅히 보험책임을 부담하여야 한다. 그러나 보험자가 법에 의해 권리를 초월한 보험대리인의 책임을 추궁할 수 있다.

2) **≪계약법≫제49조** 행위자가 대리권이 없거나 대리권을 초월하거나 혹은 대리권이 중지된 후 피대리인의 명의로 계약을 체결한 경우 상대방은 행위자가 대리권이 있다고 믿을만한 이유가 있는 경우 이 대리행위는 유효하다.

4. 학리분석

이 사건에서 법원의 판결은 정확한 것이다. 보험대리는 보험자의 위탁에 근거하여 보험자에게 대리수수료를 받고 보험자가 수여한 권리 범위 내에서 보험 업무를 대신하여 처리하는 행위를 말한다. 통상적인 상황에서 보험자는 단지 보험대리인이 그 권리 부여 범위 내의 행위에 대해서 상응한 책임을 부담한다. 대리인이 대리권이 없거나 대리권을 초월하거나 혹은 대리권이 중지된 후 피대리인의 명의로 계약을 체결하면 이때 상대방은 행위자가 보험대리권이 있다고 믿을만한 이유가 있다면 이 대리행위는 유효하고 보험회사가 그 대리행위의 법률효과를 부담하여야 한다.

보험법상에서 표현대리는 주요하게 세 가지 상황이 존재한다. 즉 보험대리인이 처음부터 대리권이 없었던 무권대리; 보험대리인이 대리권을 초월한 무권대리; 보험대리인이 대리권 중지 후 진행한 무권대리이다. 이 세 가지 상항 중에서 만약 보험계약자가 보험대리인이 대리권이 있다고 믿을 충분한 이유가 있으면 보험계약자는 그러한 신뢰에 터잡아 보험대리인과 보험계약을 체결한 행위의 법률효과는 보험자가 부담하여야 한다. 이로써 알 수 있는바 보험법상 표현대리로 인정되기 위하여는 이하의 몇 가지 요건을 구비해야 한다.

1) 보험대리인의 대리권의 부존재. 만약 보험대리인이 대리권이 있으면 유권대리에 속하고 표현대리의 문제가 발생하지 않는다. 여기서 말한 대리권의 부존재라 함은 보험대리인이 처음부터 대리권이 없는 무권대리, 보험대리인이 대리권을 초월한 무권대리, 보험대리인이 대리권 중지 후 진행한 무권대리를 포함한다.

2) 보험대리인은 반드시 대리권을 수여 받은 것과 같은 외관을 갖추고 있어야 한다. 즉 "외관권리부여"가 있어야 한다. 예컨대, 보험회사

가 그 회사의 간판, 도장, 보험증권, 회사 이름이 있는 편지지 혹은 기타 서류를 보험대리인에게 교부하였거나 혹은 보험회사가 타인이 그 명의로 대리행위를 한다는 것을 알면서도 이의를 제기하지 않을 때 모두 외관권리부여가 된다.

3) 보험계약자가 이 무권대리인이 대리권이 있다고 신뢰할 정당한 이유가 있어야 한다. 만약 비록 보험대리인이 대리권을 수여 받은 외관이 존재한다 하더라도 상대방이 이를 신뢰하지 않으면 협의의 무권대리에 속하기 때문에 표현대리가 성립되지 않는다. 이런 상황에서 만약 보험자가 추인하지 않으면 보험대리인이 계약을 이행하거나 책임을 부담하여야 한다.

4) 보험계약자가 이 신뢰를 기초로 하여 보험대리인과 법률행위를 하였어야 한다. 비록 보험계약자가 그 보험대리인의 대리권이 있다는 것을 믿을 이유가 있다고 하더라도 만약 마지막에 보험대리인과 법률행위를 성립하지 않으면 표현대리 문제가 발생하지 않는다.

이 사건에서 비록 태안서비스부가 연속 4개월 동안 보험증권 및 관련된 비용에 대하여 결산을 하지 않았고 업무상황을 보험회사에 넘기지 않았지만 보험회사는 그 서비스부 사이의 보험대리관계를 해지하는 유효한 조치를 취하지 않았다. 이런 상황 하에서 농기구 공장이 서비스부의 외관에 기초하여 선의로 그 대리권을 신뢰하고 보험계약을 체결하였다면 표현대리가 성립한다. 농기구수입회사의 이익을 보호하기 위하여 마땅히 이 회사가 서비스부와 체결한 보험계약은 유효하다고 인정하고 보험회사는 농기구회사의 차량손실을 보상하여야 한다. 보험회사와 서비스부 사이의 분쟁은 양자 사이의 대리계약의 약정에 따라 처리해야 한다.

5. 연습문제

1999년 3월 22일 모 회사 사장 왕모는 보험회사 영업원 장모의 권유에 따라 그 보험회사의 점차 늘어나는 양로보험을 구매하기로 결정하였다. 그는 자신을 위하여 2좌를 구입하고, 사촌동생 이모를 위하여 2좌를 구입하였다. 매 좌의 보험금액은 1만 위안이고 보험책임은 1999년 3월 28일부터 시작한다. 처음 보험료는 당시에 모두 지급했다. 2000년 3월 1일 이모는 홍반낭창으로 인하여 오랜 치료 끝에 치료가 되지 않아 다발성 장기능 손상으로 사망하였다. 후에 왕모는 보험회사에 가서 보상을 요구하였다. 보험회사는 심사를 거쳐 이모는 1996년 6월 이미 홍반낭창에 걸렸고 1997년 5월부터 보험가입 전까지 두 번 입원하여 치료를 받았지만, 보험계약자가 보험가입시 청약서상에 아무런 질병이 없다고 기재하였기 때문에 보상을 거절하였다. 왕모는 자신이 보험청약서상에 이미 이모의 질병증상을 기재하여 보험회사가 보상을 거절하는 것은 정당한 이유가 없다고 하였다. 후에 조사를 거쳐 보험회사의 영업원 장모가 이 보험계약을 접수하는 과정에서 조심하지 않아 보험청약서를 분실하였고, 분실책임을 면하기 위하여 장모는 자신의 기억에 근거하여 보험청약서 상에 "이모는 아무런 질병이 없다."고 기재하였다는 사실이 밝혀졌다.

[문] 1. 장모와 보험회사 사이에는 어떤 법률관계가 존재하는가?

2. 이 사건에서 보험회사는 왕모에게 보험금을 지급하여야 하는가? 그 이유는 무엇인가?

제 2 절 보험대리인과 보험계약자가 사기로 보험가입한 후의 책임

보험대리는 보험회사의 모집업무와 경영업무를 대리하는 일종의 제도로서 보험대리제도라고도 한다. 보험경영의 위험대수의 원칙에 근거하여 담보가능 위험의 범위 내에서 보험자는 자신이 역량을 끌어 올려 대량의 위험과 보험목적을 인수하도록 노력하여야 한다. 일반적으로 보험위험은 불확정적이고 고정되지 않은 것인데, 보험자가 인수한 동일한 위험의 수량이 많으면 많을수록 비교적 정확하게 손실의 확률을 계산하고 보험료율을 산정할 수 있기 때문이다.

이와 동시에 대량의 위험과 보험목적을 인수하여야만 보험경영상 수익을 증대시키고 보험경영능력을 확대하여 비경영성 지출을 감소시켜 보험원가를 낮추고 보험기업을 위하여 경제적 효용을 제고시키는 조건을 창조해 낼 수 있다. 위의 설명에 근거하여 보험회사는 자신의 전문 인력으로 보험계약을 끌어 모으는 동시에 광범위하게 대리기구를 설치하고 보험대리인을 통하여 업무를 확대할 필요가 있다. 하지만 어떤 일도 이익이 있으면 폐단도 있기 마련이다. 보험대리인은 보험회사를 도와 업무량을 증가하고 영업비용을 감소시키고 영업원가를 낮추게 하는 동시에 보험회사에게 불이익한 행동을 할 수도 있다. 예컨대, 보험대리인과 보험계약자가 공모하여 보험에 가입하는 것으로 보험자가 사기를 당하게 하는 것이다. 이런 상황이 나타나는 주요한 원인은 일반적으로 보험대리인의 보수는 그가 대리하는 업무의 많고 적음에 따라 결정되므로 어떤 보험대리인은 보험인수업무를 전혀 철저하게 진행할 수 없거나 심지어 보험계약자와 짜고 보험자를 기망하는 상황도 나타나는 것이다. ≪보험법≫은 이런 상황에 대비하여 엄격한 처벌 조치를 규정하였는데, 제140조에서 보험대리인 혹은 보험중개인이 업무 중 보험자, 보험계약자, 피보험자 혹은 보험수익자를 기망하면 범죄가 되므로 법에 의해 형사책임을 부담하여야 하며; 만약 범죄가 성립되지 않는 경우에는 보험감독 관리기구가 5만 위안 이상 30만 위안 이하의 벌금에 처하고 ; 사정이 중대한 경우 보험대리업무의 허가증 혹은 영업허가증을 취소한다고 규정하고 있다.

1. 사건의 개요

임해시 백수양진 황촌에 거주하는 왕모의 17세 된 아들은 자주 아파, 왕모는 매일 걱정을 했다. 그 후 보험영업원인 왕모의 사촌동생 장모가 왕모를 설득하여 그 아들이 몸이 안 좋으면 미리 인보험을 가입해 두라고 하였나. 왕보는 장모의 제의에 동의하고 장모와 중대질병종신보험계약을 체결하였다. 보험금액은 모두 8만 위안이고 보험료 1,784위안을 납부했으며, 보험료 납부기간은 20년으로 약정하였다. 보험청약서를 작성할 때 피보험자 관련 질문항에 장모는 왕모에게 그 아들의 질병 상황을 속일 것을 건의하였다. 이렇게 하면 보험료를 적게 낼 수 있다고 말했고 왕모는 장모의 건의를 받아들여 그 아들이 갖고 있는 질병을 속이고 기입하지 않았다. 1998년 9월 28일 피보험자는 병세가 악화되어 북경 중국인민 해방군 해군종합병원에 입원하여 치료를 받으면서 세포종양 4기로 진단을 받았다. 세포종양 치료에 적합한 방향을 정한 후 수술하고 삽관수술을 하였다. 1998년 11월 2일 퇴원하였으며, 1999년 5월 17일 사망하였다. 1999년 6월 8일 왕모는 보험자에게 사망보험금 24만 위안의 지급을 청구하면서, 단지 해군종합병원 입퇴원증명서 1부만 제출하고 접수하는 직원이 그 전의 병력과 기타 자료를 제공하라고 하자, 피보험자는 그전에 한 번도 병원에서 치료 받은 적이 없고 해군종합병원에서 퇴원 후 임해대주병원에서 계속하여 치료를 받았다고 했다. 직원이 조사할 당시에도 왕모는 1998년 9월 28일 이전에 피보험자가 병으로 병원에 간 적이 없다고 주장하였다. 왕모에게 어떻게 해군종합병원에 입원했는가를 묻자 왕모는 아들을 데리고 북경에서 여행하다가 북경에서 병이 생겨 해군종합병원에 입원했다고 설명하였다. 직원은 피보험자가 걸린 질병특징에 근거하여 병력이 있을 거라고 생각하고 바로 조사를 하기 시작했고 대주병원에서 환자가 예전에 1998년에 사지에 힘이 없어 이 병원에서 CT검사를 했다는 것을 알아내었다. CT영상은 환자의 오른쪽 두정엽밀도와 대응되는 쪽을 비교했을 때 균형이 맞지 않고 자리를 차지한 효과가 없기에 병리변화와 회백질의 이상여부를 확인하기 위하여 MRI검사를 할 것을 제안했다. 1998년 8월 25일 MRI신청서에 기재하기를 환자의 증상에 대하여 왼쪽 사지 힘이 없는 것이 5개월 정도 되었고 점점 심해지며 상해 화산병원 MRI상 우측 백질에 병리변화가 나타나서 종양을 고려하지 않을 수 없고 건강검진에서 오른쪽 인중이 얇아진 것을 볼 수 있다고 나타났다. 태주병원의 조사보고는 우측 반구 뇌백질 변성질병으로 피보험자가 보험가입 전에 엄중한 세포종양 질병을 앓고 있었다는 것이 나타났다. 보험자는 보험계약자 왕모와 보험영업원 장모가 1998년 6월 29일에 보험계약을 체결하면서 보험사기를 위해 고의로 피보험자의 질병 상황을 속였기 때문에 이 보험계약은 무효라고 보아, 법률의 규정에 따라 일방적으로 보험계약을 해제하고 보험금 지급을 거절했다. 왕모는 법원에 고소하고 법원은 심리를 거쳐 보험계약자 왕모와 보험대리인 장모가 보험계약을 체결하면서 공모하여 피보험자의 질병을 속인 것은 ≪보험법≫제17조와 제131조의 규정을 위반한 것이라고 보아, 보험회사는 보험금 지급을 거절할 수 있고 보험료를 반환하지 않아도 된다고 판결했다.

2. 쟁점사항

보험회사가 보험업무를 영위하는 과정에서 경영범위를 부단히 확대하고 업무량을 늘이기 위하여 대부분의 보험회사는 다수의 보험대리인을 고용하는데 이것은 일정한 정도에서 보험회사 내부의 전문 인원의 부족으로 나타나는 결함을 보충하여 보험회사가 부단히 그 경영규모를 확대해 나가는데 유리하다. 하지만 보험대리인은 보험회사 내부의 직원이 아니고 보험회사가 보험대리인을 관리하는 과정에서 실수를 면하기 어렵다. 동시에 소수의 보험대리인이 보험계약자와 공모하여 보험자를 기망하는 경우가 있고 이런 상황 하에서 누가 상응한 법률 효과를 부담하여야 하는가? 이것은 관련 법률 규정에 따라 판단하여야 힌다.

3. 법률규정

1) **≪보험법≫제17조** 보험계약을 체결할 때 보험자는 보험계약자에게 보험계약의 약관의 내용에 대해 설명을 해야 하고 또한 보험가입목적 혹은 피보험자의 관련된 상황에 대해 질문한 경우, 보험계약자는 마땅히 진실하게 고지해야 한다.

보험계약자가 고의로 사실을 속이거나 고지의 의무를 이행하지 않거나 혹은 과실로 진실하게 고지해야할 의무를 이행하지 않아, 보험자가 보험계약의 승낙여부 혹은 보험료의 결정에 영향을 주는 경우 보험자는 보험계약을 해제할 권리가 있다.

보험계약자가 진실한 고지의무를 이행하지 않으면 보험자는 보험계약의 해제 전에 발생한 보험사고에 대해 보상 혹은 보험금 지급 책임이 없으며 보험료를 환급하지 않는다.

보험계약자가 과실로 고지의무를 위반한 경우, 보험사고의 발생에 상당한 영향을 미친 경우 보험자는 보험계약의 해제 전 보험사고에 대해 배상 혹은 보험금 지급 책임을 지지 않지만 보험료를 환불할 수 있다.

보험사고는 보험계약의 약정한 보험자의 책임 범위내의 사고를 말한다.

2) **≪보험법≫제131조** 보험대리인이나 보험중개인은 보험업무를 처리하는 중 다음과 같은 행위를 하여서는 안 된다.

① 보험자, 보험계약자, 피보험자 혹은 보험수익자를 기만하는 것;

② 보험계약과 관련된 중요상황을 기만하는 것;

③ 보험계약자가 본법에서 규정한 고지의무의 이행을 방해하거나 혹은 본법에서 규정한 고지의무를 이행하지 않도록 유도하는 것;

④ 보험계약자, 피보험자 혹은 보험수익자에게 보험계약 규정 이외의 기타 이익의 제공을 약속하는 것;

⑤ 권력이나 직무 혹은 직업편리를 이용하거나 기타 부정한 수단으로 보험계약자의 보험계약 체결을 강제하거나 유인 혹은 제한하는 것.

3) **≪보험법≫제140조** 보험대리인 혹은 보험중개인이 업무 중 보험자, 보험계약자, 피보험자 혹은 보험수익자를 기망하면 범죄가 되므로 법에 의해 형사책임을 부담하여야 하며; 만약 범죄가 성립되지 않는 경우에는 보험감독 관리기구가 5만 위안 이상 30만 위안 이하의 벌금에 처하고 ; 사정이 중대한 경우 보험대리업무의 허가증 혹은 영업허가증을 취소한다.

4. 학리분석

이 사건에서 법원의 판결은 타당한 것이다. 보험대리인은 보험자의 위탁에 근거하여 보험자에게 대리수수료를 받고 보험자가 수여한 권리 범위 내에서 보험 업무를 대신하여 처리하는 기업 혹은 개인을 말한다. 보험대리인은 보험 업무를 대리할 때 보험자의 명의로 하여야 하며, 자신의 명의로 해서는 안 된다. 더욱 중요한 것은 보험대리인이 처리하는 보험 업무는 보험자가 직접 그 법률 효과를 부담하기 때문에 그 보험대리인과는 무관하다는 점이다. 이상에서 볼 때 보험대리인은 계약을 체결하거나 업무를 집행할 때 알고 있었던 사실 혹은 고지한 사항은 보험자에게 직접적으로 효력을 발생하며, 보험대리인이 보험자에게 전달하지 않은 경우에도 동일한 결과가 된다. 법률이 이런 규정을 두고 있는 이유는, 한편으로 보험대리인이 보험자를 대신하여 경영활동에 종사하는 것을 고려한 것이고 다른 한편으로 그가 알고 있는 정보는 직접 보험자에게 귀속하지 않으면 안 되는데 이것은 피보험자 혹은 보험계약자의 이익에 막대한 영향을 주고 대리제도의 본질에도 위배된다는 점을 고려한 것이다. 따라서 보험계약자 혹은 피보험자가 보험대리인과 보험계약을 체결하는 과정에서 보험자에 대한 기만이 되는가 하는 것은 주로 보험계약자가 보험목적물에 대한 구체적인 상황을 보험대리인에게 고지했는가의 여부로 판단한다. 만약 보험계약자가 이미 보험목적에 대한 구체적 상황을 보험대리인에게 고지했는데, 대리인이 자신의 책임으로 그 정보를 보험자에게 알리지 않았다면 보험사고 발생 후 보험자는 보험계약자가 고지의무를 이행하지 않았다는 이유로 보험계약자에게 사기가 있었다고 주장할 수 없고 또한 보험금 지급책임을 부담하여야 한다.

다만, 사법실무에서 다른 상황이 나타날 수도 있다. 즉 보험대리인이 영업과정에서 자신의 사익을 고려하여 보험계약자와 공모하고 보험자를 기망한 상태에서 보험계약을 진행하는 것은 보험사고 발생 후 보험금을 편취하려는 것에 있다. 이런 상황에서 보험회사는 보험금 지급 책임을 부담하지 않을 뿐만 아니라 보험대리인의 법률 책임을 추궁할 수 있다.

이 사건에서 보험계약자의 17세 아들이 자주 아프자, 보험영업을 하는 사촌동생 장모와 공모하여 아들을 중대질병종신보험계약에 가입시키면서 보험청약서상 피보험자 정보란에 장모는 왕모에게 아들의 질병 상황을 속일 것을 제안하였고, 보험료를 적게 낼 수 있다는 장모의 제안을 받아 들여 그 아들의 질병을 속이고 기입하지 않았다.

그러나 보험회사는 조사를 거쳐 왕모의 아들은 1998년에 사지가 힘이 없어 모 병원에서 CT검사를 했다는 것을 알아내었고, CT영상에서 환자의 오른쪽 두정엽밀도와 대응되는 쪽을 비교했을 때 균형이 맞지 않고 자리를 차지한 효과가 없기에 병리변화와 회백질의 이상여부를 확인하기 위하여 MRI검사를 할 것을 제안했다는 사실을 알았다. 1998년 8월 25일 MRI신청서에 기재하기를 환자의 병력, 왼쪽 사지 힘이 없는 게 5개월이 되었고 점점 심해지고 상해 화산병원 MRI에는 우측 백질 병리변화가 나타나서 종양을 고려하지 않을 수 없고, 건강검진에서 우측 인중이 얇아진 것을 볼 수 있다고 나타났다. 태주병원의 조사보고는 오른쪽 뇌백질 변성질병이므로 피보험자가 보험가입 전에 엄중한 세포종양 질병을 앓고 있었다는 것이 나타났다. 상술한 상황으로부터 보험계약자와 보험대리인이 짜고 피보험자의 병력을 속이고 보험계약을 체결한 것을 알 수 있다.

이로부터 알 수 있는바, 보험대리인 장모는 보험자의 이익을 보호하는 의무를 이행하지 않았을 뿐만 아니라 도리어 보험계약자와 공모하여 보험자를 기망하고 보험금을 편취할 것을 도모하였음을 알 수 있다. 따라서 이 사건에서 보험회사는 보험금 지급 책임을 지지 않을 뿐만 아니라 왕모와 장모의 형사 책임을 추구할 권리와 장모의 보험업무 대리허가증을 정지시킬 수 있다. 이 사건에서 우리는 한 가지 시사점을 얻을 수 있다. 보험회사가 보험대리인을 고용할 때 수량만 고려하고 품질을 고려하지 않아서는 안 된다는 점이다. 보험회사가 보험대리인에 대한 관련된 책임을 강화하고 보험회사는 보험대리인의 직업윤리와 업무 소양 교육을 강화할 것이 필요하다. 또한 보험대리인에 대한 일상 관리를 강화하여야만 보험대리인의 효용을 충분히 발휘할 수 있게 되고 보험회사 업무가 정상적으로 진행되는데 든든한 기초를 만들 수 있다.

5. 연습문제

1999년 2월 8일 모 건축회사 사장 이모와 모 보험회사 대리인 장모는 파티에서 알게 되었다. 후에 이모는 자신의 자동차를 보험에 가입하기 위하여 장모와 보험계약 상담을 하였다. 하지만 이모가 청약한 자동차는 1997년부터 줄곧 연1회의 정기검사를 받지 않았다. 장모는 이모에게 보험회사의 규정에 의하면 정기검사를 받지 않은 자동차는 보험회사에서 보험가입을 받아들이지 않지만 자신과 이모의 관계를 생각해서 이모를 도와 이 사실을 속이기로 했다. 후에 쌍방은 이 자동차에 대하여 보험계약을 체결하였다. 1년 기간의 차량손실위험 및 제3자 책임보험을 부보하였다. 보험증권에 서명할 때 보험료를 전부 지급했다. 보험가입 40일 후, 이 차는 주유소에서 봉고차와 충돌하여 상대방 봉고차에 탑승 중이던 2명을 다치게 하고 두 차량이 모두 부서졌다. 사고 발생 후 교통경찰은 건축회사 운전자가 모든 책임을 져야 한다고 인정하여 보험회사는 4.1만 위안의 손실을 예상했다. 이모는 보상신청을 청구하였고, 보험회사는 심사 중에 이 자동차가 보험가입 당시 차량관리기구의 정기검사를 받지 않았다는 것을 발견하였고, 보험금 지급을 거절했다.

[문] 1. 이 사건 중 이모와 장모가 체결한 보험계약은 유효한가?
2. 보험회사는 보험금 지급 책임을 거절할 수 있는가?

후기

보험법의 발전이라는 측면에서 볼 때, 서구 보험선진국의 보험제도의 발달과 보험법이론의 치밀함은 무수히 많은 보험판례를 통해 이루어졌다. 필자가 보험법연구를 진행하면서 얻은 것은 실제사례분석을 중심으로 하는 연구방법이다. 이는 보험법판례와 법률사례에 대한 관심과 분석을 통하여, 한편으로는 보험법이론의 의미를 명백하게 논술하고 반영할 수 있으며, 다른 한편으로는 보험법실무상 실제문제에 대한 해결책을 제공할 수 있다. 보험안건을 검토하는 과정에서 보험이론을 명쾌히 설명하고 보험 제도를 분석하는 것이 이 책의 집필과정 중 핵심이었다.

이 책의 집필과정에서, 필자는 郭明瑞교수와 房绍坤교수의 사심 없는 지도와 도움을 받았다. 이 책의 완성시점이 마침 연태대학교 법학원의 창립 20주년이 되는 시점이어서, 필자는 이 책의 출판으로 삼가 연태대학교 법학원의 무궁한 발전을 축하하고자 한다.

이 책은 모두 4개의 장으로 이루어져 있다. 史卫进이 제1장, 제2장의 일부와 제3장을 서술하였고, 孙洪涛는 제2장의 일부와 제4장을 서술하였다. 史卫进이 이 책의 전체를 총괄하였다.

필자의 학식과 수준에 구애받아 이 책에 존재하는 보험법이론과 실무상의 심도, 범위와 관점상의 부족한 부분에 대하여는 독자여러분의 많은 가르침을 바란다.

史卫进

2004년 9월 연태대학에서

옮긴이 : 박은경 (朴恩京)

법학박사, 제3종 대인손해사정사
현재 경성대학교 법학과 교수

▮ **경력사항**

중국 대외경제무역대학 방문연구원
금융감독위원회 위원 역임
현재 한국손해사정학회 편집위원
현재 한국법학회 부회장

▮ **주요저서**

보험해상법 강론(2004)
실무자를 위한 금융법규(2001)
손해보험계약의 이론과 실무(2001) 외 다수

▮ **주요논문**

중국보험법의 주요 개정내용과 그 시사점(2010)
중국보험법상 정보제공의무와 시사점(2010)
피보험자동차의 양도와 보험계약의 승계(2009)
무보험자동차 상해보험이 둘 이상 가입된 경우의 중복보험 해당성 연구(2008)
자동차보험 표준약관상 기왕증 상계에 관한 고찰 (2008) 외 다수

보험법 판례 강의

편저자 | 房绍坤 郭明瑞 总主编 史卫进 孙洪涛
역 자 | 박은경
발행인 | 김대성

초판1쇄 인쇄 | 2010년 9월 5일
초판1쇄 발행 | 2010년 9월 10일

출판등록 | 1985년 1월 28일 제331-1985-000001호
펴 낸 곳 | 경성대학교출판부
주 소 | 부산광역시 남구 대연동 110-1
전 화 | (051) 663-4195, 4196
팩 스 | (051) 663-4199
홈페이지 | www.ks.ac.kr/~press

ISBN 978-89-7314-220-0 93360